中小企业永续经营之道
理论·准则·方法

Sustainable Development of Small and Medium-sized Enterprises: Theory, Guideline and Method

梁文潮 / 编著

WUHAN UNIVERSITY PRESS
武汉大学出版社

图书在版编目(CIP)数据

中小企业永续经营之道:理论·准则·方法/梁文潮编著.—武汉:武汉大学出版社,2008.12
ISBN 978-7-307-06653-3

Ⅰ.中…　Ⅱ.梁…　Ⅲ.中小企业—企业管理　Ⅳ.F276.3

中国版本图书馆 CIP 数据核字(2008)第 167246 号

责任编辑:范绪泉　　责任校对:黄添生　　版式设计:马　佳

出版发行:**武汉大学出版社**　(430072　武昌　珞珈山)
(电子邮件:cbs22@ whu.edu.cn　网址:www.wdp.com.cn)
印刷:武汉中科兴业印务有限公司
开本:720×1000　1/16　印张:22　字数:393 千字　插页:1
版次:2008 年 12 月第 1 版　2008 年 12 月第 1 次印刷
ISBN 978-7-307-06653-3/F·1211　定价:30.00 元

序

中小企业是社会经济发展的主力军，它们的健康成长和能否永续经营，事关国泰民安大计。改革开放30年来，我国中小企业每年数以千计地增长，每个企业都从成立之日起憧憬着健康成长和快速发展，可激烈的竞争和无情的优胜劣汰法则，使得每天都有企业活着也有企业逝去。如何能让中小企业的生命更长，如何能让它们生命力持续成长得更鲜活更快……，事业长青这个问题一直以来都被企业家们关注和力求得到答案，也是企业管理理论研究者们力图探究的问题。正是基于这些原因，我们编写了这本书，期望对中小企业的管理者们思考企业的成长与发展能有所帮助。本书的出版之时，正遇全球性金融海啸在肆虐，我们衷心希望本书对中小企业成功地抵御风险，开创光明的未来能出绵薄之力。

本书在现代企业管理的基本理论框架下，通过对中小企业管理理论与方法的阐述，尤其是对近年来企业管理新的理论、观点和新方法的论述，力图脱离教条式的说教，注重对中小企业经营管理中的现实问题提出管理理论上的新视角和思考方式，力求做到易懂、实用、新颖。

本书紧扣企业永续经营主题，详尽全面地涵盖了企业经营管理中主要管理活动和内容，与其他关于中小企业经营管理书籍相比，在相关内容的论述上具有继承、延续和前沿等特点。本书还选取了一些实例并以现代企业管理理念、技巧、工具的应用为导向，对于中小企业管理者而言，通俗易懂更具有实用性。

本书在编写过程中学习和借鉴了国内外学者的许多研究成果，他们的真知灼见对本书的编著有极大的教益，在此对他们表示衷心的感谢！

本书既可为中小企业管理人士、管理专业教师的参考书，也可作为MBA和EMBA及管理专业学生的学习和研究之用。

在本书的编写过程中，几名优秀的研究生参与了相关文献资料的检索、收集、整理、校对等工作，正是由于他们的协助和认真努力的工作，书稿的编写才得以顺利完成。在此也对他们表示衷心的感谢！参与编写的有：张玉霞

（第一、第二、第三章）；魏圆（第四、第五、第六章）；刘超凡（第七、第八、第九章）；梁锴（第十章）。

由于时间仓促和水平有限，编写中定有不当之处，敬请读者原谅并指正。

武汉大学经济与管理学院

梁文潮

2008. 11 于珞珈山

目　录

第一章　绪　论

第一节　中小企业概论

一、中小企业的定义

中小企业是企业规模形态的概念。一方面它有决定自身本质的内在的质的规定性，另一方面也有量的界线。前者属于内涵的范畴，后者则是外延的表象。所以，对于中小企业，一般就是从这两方面进行界定的。

1. 中小企业的内涵

所谓中小企业内涵，就是最能反映中小企业本质特征的理论表述，也就是人们通常所说的定性。各国一般以企业所有权集中程度、自主经营程度、管理方式和在本行业所处地位为标准，对中小企业做定性分析。以美国为例。美国的《中小企业法》规定，凡独立所有和经营，并在某一行业领域不占支配地位的企业均为中小企业。这个定义坚持了独立所有、自主经营和较小的市场份额等要求。美国经济发展委员会对小企业做了四点质的规定：独立经营管理，通常由业主兼任经理；由一个或有限几个人投资；产品或劳务主要为当地市场服务；与同行业大企业比，规模较小，规模可以销售额、从业人数或其他可比因素衡量。凡符合其中两个条件的，可视为小企业。事实上，美国对中小企业的这两个定义是在定性划分的基础上辅以定量分析，是两种标准的结合。我国的中小企业划分也主要是从定量的角度："中小企业的划分标准由国务院负责企业工作的部门根据企业职工人数、销售额、资产总额等指标，结合行业特点制定，报国务院批准。"①

2. 中小企业的外延

这里说的中小企业外延，实质上是企业规模划分的数量界线。目前在国

① 引自《中华人民共和国中小企业促进法》。

外，对于企业规模的划分，一般采用的是“3 要素法”，即以从业人员、实收资本、一定时期（通常为 1 年）的经营额的多少，来确定企业规模。在这 3 项要素中，少数国家 3 项都用或只用其中的 1 项，而多数国家用其中的 2 项。但几乎所有国家都比较重视从业人员这个要素，有的国家干脆就使用从业人员 1 个要素作为划分企业规模的标准。具体内容将在后面一节中详细论述。

3. 中小企业国际界定标准

早在第二次世界大战刚结束时，各国为了早日医治战争创伤，恢复经济，安排大量的失业人口，增加社会产品供给，都把发展中小企业作为一大战略。为了支持中小企业的发展，给中小企业以应有的法律地位和政策支持，就必须在数量界线上对中小企业进行定义。

美国是世界上较早重视中小企业发展的国家。早在 20 世纪 50 年代初，美国就在议会设有“小企业委员会”，接着便在政府设立了试验性的“小企业管理局”。在美国，中小企业的含义，一是指那些不要求具有较大规模的企业（包括经济规模中性和规模不经济产业，规模指标主要指企业人数）；二是指尚处于较大规模方向发展过程中的中小型企业。美国中小企业的划分标准主要有两种：第一种是由美国中小企业管理局颁布的，主要从数量上划分中小企业，如 20 世纪 80 年代初制造业的数量界限是雇佣人数不超过 1 500 人。第二种是由美国经济发展委员会颁布的，主要从质的方面划分。在近年美国中小企业管理局每年出版的《中小企业状况》中，已使用更简略的划分标准，一般把雇员不超过 500 人、年营业额不超过 600 万美元的企业称为中小企业。另外美国还根据不同发展时期的情况和不同行业的经营特点，分门别类地对中小企业标准进行具体划分。

欧洲各国都十分重视对中小企业管理的法律规范，多数国家都有关于中小企业的专门立法，并有界定中小企业的条款；没有中小企业专门立法的国家，也都在相关法律中设立对中小企业的特有条款，并对中小企业作出相应的量的规范。例如，英国博尔顿委员会最初把制造业、零售业、批发业、建筑业、采矿业、汽车业、服务业、公路运输业、饮食业 9 个部门，规定为雇员不到 200 人为中小企业，后又改为不超过 100 人。在英国经济学界，对中小企业又提出了另外的标准。例如，《小企业——金融与控制》一书的作者吉姆则认为，一个企业如果符合下列 3 个条件中的 2 个就可以称为中小企业。这 3 个条件是：（1）年营业额不超过 100 万英镑；（2）资产总负债不超过 70 万英镑；（3）平均每周雇员不超过 50 人。在德国，国家经济部对企业规模的划分标准，一般是用从业人数和营业额两个标准来划分企业规模的。对于工业部门，规定企业雇员在500人以下，年营业额在1亿马克以下的为中小企业；对于商业和其他服务型行业，雇员在50人以下，年营业额不超过20万马克的为中小企业。意大利是欧洲中小企业最发达的国家，素有“中小企业王国”之称。意大利主要是以企业雇员人数作为划分企业规模的主要参照系，规定雇员在500人以下的为中小企业，其中100～499人为中型企业，99人及以下的为小型企业。此外，手工业有时列入小型企业，有时则作为单独一项列出。此外，欧洲联盟委员会和欧洲投资银行对中小企业的界定采用如下3个参照系：一是企业人数不超过500人；二是资产少于7 600万欧洲货币单位；三是如果有中心企业，中心企业不能控制1/3以上小企业资产。

在亚洲，对中小企业立法和政策比较健全的是日本。日本在1963年颁布的《中小企业基本法》中规定，在工业、矿业、运输业中，其资本额或出资额为1亿日元以下，经常雇用人员为300人以下的企业为中小企业；商业零售业、服务业资本额或出资额为1 000万日元以下，经常雇用人员为50人以下的企业为中小企业；经营批发业3 000万日元以下的公司，经常雇员100人以下的企业为中小企业。在1967年修订的《相互银行法》中，对中小企业的界定标准又修订为雇员在300人以下，资金在2亿日元以下的为中小企业。1999年10月日本通产省又确定了中小企业基本法修改案，将制造业的资本金提高到3亿日元。素有亚洲“四小龙”之称的中国香港地区、新加坡、韩国和中国台湾地区，中小企业比较发达，各自都有对中小企业的界定标准。中国香港地区的界定标准是雇员1～200名；新加坡界定标准为公司资产在800万新元以下，从业人员300人以下，劳务企业雇员为1～50名；韩国将雇员定在1～1 000名，劳务方面雇员为1～20名（运输除外）；中国台湾地区从1956年以来多次修改指标，最近的一次是由台湾“中华经济研究院”在1996年所作的《中小企业认定标准之研究》的报告中，提出了台湾中小企业界定的新标准：对于制造业、营造业、矿石及土石采矿业，规定实收资本额在新台币1亿元以下或经常雇用员工人数300人以下的为中小企业；对于农林渔牧业、水电燃气业、商品运输仓储及通讯业、金融保险不动产业、工商服务业及个人服务业，规定前一年营业额在新台币15 000万元或经常雇用员工人数100人以下为中小企业。

4. 中小企业国内界定标准

我国对中小企业的界定标准自中华人民共和国成立以来先后经过几次调整。20世纪50年代，主要是以企业职工人数的多少，作为企业规模的划分标准：职工在3 000人以上的为大型企业，500～3 000人之间为中型企业，500

人以下为小型企业。1962 年，改为按固定资产价值划分。在计划经济体制下，国有大中型企业的地位日趋重要，成为国民经济发展的重要力量，为了加强政府对国民经济的控制，大企业自然是政府经济管理工作的中心，界定企业规模标准的制定以大企业为中心，主要围绕如何确定大企业展开，在大企业之外的都属于中小企业。1978 年国家计委发布《关于基本建设项目和大中型划分标准的规定》，把划分企业规模的标准改为“年综合生产能力”。1984 年，国务院颁布的《国营企业第二步利改税试行办法》对我国非工业企业的规模按照企业的固定资产原值和生产经营能力创立了划分标准。主要涉及的行业有公交、零售、物资回收等国有小企业。如规定京、津、沪三市固定资产原值不超过 400 万元且年利润不超过 40 万元的属国有小型工交企业；三市以外相应标准为固定资产原值 300 万元以下和年利润 30 万元以下。1988 年对 1978 年标准进行修改和补充，重新发布了《大中小型工业企业划分标准》，按不同行业的不同特点做了分别划分，将企业规模分为特大型、大型（分为大一、大二两类）、中型（分为中一、中二两类）和小型四类六档。当时中小企业一般指中二类和小型企业。具体为：凡产品比较单一的企业如钢铁企业、炼油厂、手表厂、水泥厂等按生产能力为标准划分；一些企业如发电厂、棉纺厂，习惯上以生产设备数量为标准划分；对于产品和设备比较复杂的企业，以固定资产原值数量为标准划分。1992 年又对 1988 年划分标准做了补充，增加了对市政公用企业、轻工业、电子工业、医药工业和机械工业中的轿车制造企业的规模划分。1999 年对标准再次修改，将销售收入和资产总额作为主要考察指标：分为特大型、大型、中型、小型四类。其中年销售收入和资产总额均在 5 亿元以下、5 000 万元以上的为中型企业，年销售收入和资产总额均在 5 000 万元以下的为小型企业。2000 年中期又针对企业所处的不同行业，新的划分标准又出台了一些新的解释。参与划分的企业范围原则上包括所有行业中各种所有制形式的工业企业。

最新一次对中小企业标准的修改制定是为贯彻实施《中华人民共和国中小企业促进法》，于 2003 年 2 月 19 日国家经济贸易委员会、国家发展计划委员会、财政部、国家统计局联合公布的国经贸中小企［2003］143 号文件《关于印发中小企业标准暂行规定的通知》中规定的。该《通知》指出，《中小企业标准暂行规定》中的中小企业标准上限即为大企业标准的下限，国家统计部门据此制定大中小型企业的统计分类，并提供相应的统计数据；国务院有关部门据此进行相关数据分析，不再制定与《中小企业标准暂行规定》不一致的企业划分标准；对尚未确定企业划型标准的服务行业，有关部门将根据 2003

年全国第三产业普查结果，共同提出企业划型标准。中小企业标准根据企业职工人数、销售额、资产总额等指标，结合行业特点制定，该规定适用于工业、建筑业、交通运输和邮政业、批发和零售业、住宿和餐饮业。其中，工业包括采矿业、制造业、电力、燃气及水的生产和供应业。根据《中小企业标准暂行规定》，中小企业标准为①：工业，中小型企业须符合以下条件：职工人数2 000人以下，或年销售额30 000万元以下，或资产总额为40 000万元以下。其中，中型企业须同时满足职工人数300人及以上，年销售额3 000万元及以上，资产总额4 000万元及以上；其余为小型企业。建筑业，中小型企业须符合以下条件：职工人数3 000人以下，或年销售额30 000万元以下，或资产总额40 000万元以下。其中，中型企业须同时满足职工人数600人及以上，年销售额3 000万元及以上，资产总额4 000万元及以上；其余为小型企业。批发和零售业，零售业中小型企业须符合以下条件：职工人数500人以下，或年销售额15 000万元以下。其中，中型企业须同时满足职工人数100人及以上，年销售额1 000万元及以上；其余为小型企业。批发业中小型企业须符合以下条件：职工人数200人以下，或年销售额30 000万元以下，其中，中型企业须同时满足职工人数100人及以上，年销售额3 000万元及以上；其余为小型企业。交通运输和邮政业，交通运输业中小型企业须符合以下条件：职工人数3 000人以下，或年销售额30 000万元以下。其中，中型企业须同时满足职工人数500人及以上，年销售额3 000万元及以上；其余为小型企业。邮政业中小型企业须符合以下条件:职工人数1 000人以下,或年销售额30 000万元以下。其中,中型企业须同时满足职工人数400人及以上,年销售额3 000万元及以上;其余为小型企业。住宿和餐饮业,中小型企业须符合以下条件:职工人数800人以下,或年销售额15 000万元以下。其中,中型企业须同时满足职工人数400人及以上,年销售额3 000万元及以上;其余为小型企业。见表1-1。

《中小企业标准暂行规定》适用于在中华人民共和国境内依法设立的各类所有制和各种组织形式的企业。增强了《中华人民共和国中小企业促进法》的可操作性，为今后更好地贯彻实施《中华人民共和国中小企业促进法》，为各级政府、中小企业服务机构明确扶持和服务对象，为进一步制定和落实中小企业的各项优惠政策，为中小企业自身定位与发展提供了标准依据。

二、中小企业的形式

在大部分发达国家中，中小企业采取的法律形式主要有三种，即：单一业主，通常完全由一个人出资经营。合伙经营，由二人或多人共同出资经营。股

① 数据来源于《关于印发中小企业标准暂行规定的通知》。

份公司，公司所有权被若干持股人拥有。从理论上说，这些股东对公司拥有控制和指导的权力。合作经营是企业的第四种法律形式，但用得不多。有些国家的小企业采取这种组织形式。三种主要的企业形态占所有企业的95%以上。英国企业中，单一业主制占41.1%，合伙制占27.1%，有限公司占29.9%，其他形式占1.94%，而且这种结构比例很具典型性。

表 1-1　　　　统计上大中小型企业划分标准

行业名称	指标名称	计算单位	大型	中型	小型
工业企业	从业人员数	人	2 000 及以上	300 ~ 2 000	300 以下
	年销售额	万元	30 000 及以上	3 000 ~ 3 0000	3 000 以下
	资产总额	万元	40 000 及以上	4 000 ~ 40 000	4 000 以下
建筑业企业	从业人员数	人	3 000 及以上	600 ~ 3 000	600 以下
	年销售额	万元	30 000 及以上	3000 ~ 30 000	3 000 以下
	资产总额	万元	40 000 及以上	4 000 ~ 40 000	4 000 以下
批发业企业	从业人员数	人	200 及以上	100 ~ 200	100 以下
	年销售额	万元	30 000	3 000 ~ 30 000	3 000 以下
零售业企业	从业人员数	人	500 及以上	100 ~ 500	100 以下
	年销售额	万元	15 000 及以上	1 000 ~ 15 000	1 000 以下
交通运输业企业	从业人员数	人	3 000 及以上	500 ~ 3000	500 以下
	年销售额	万元	30 000 及以上	3 000 ~ 30 000	3 000 以下
邮政业企业	从业人员数	人	1 000 及以上	400 ~ 1 000	400 以下
	年销售额	万元	30 000 及以上	3 000 ~ 30 000	3 000 以下
住宿和餐饮业企业	从业人员数	人	800 及以上	400 ~ 800	400 以下
	年销售额	万元	15 000 及以上	3 000 ~ 15 000	3 000 以下

说明：1. 表中的“工业企业”包括采矿业、制造业、电力、燃气及水的生产和供应业三个行业的企业。2. 工业企业的年销售额以现行统计制度中的年产品销售收入代替；建筑业企业的年销售额以现行统计制度中的年工程结算收入代替；批发和零售业的年销售额以现行报表制度中的年销售额代替；交通运输和邮政业、住宿和餐饮业企业的年销售额以现行统计制度中的年营业收入代替；资产总额以现行统计制度中的资产合计代替。3. 大型和中型企业须同时满足所列各项条件的下限指标，否则下划一档。

数据来源：国家统计局。

1. 单一业主

单一业主形式企业是指有一个人出资和经营，并且由业主（出资人）对企业债务负无限清偿责任的企业形态。作为单一业主，法律对业主本人和他的企业不加区分。企业是业主个人财产的一部分，就像他的汽车和住房一样。因此，如果经营失败，债权人不仅可以要求用企业的财产还债，也可以要求业主在《中华人民共和国企业破产法》允许的范围内用个人财产抵债。单一业主形式是民营企业主要的企业组织形式。其主要优点为：一是企业资产所有权、控制权、经营权、收益权高度统一。这有利于保守与企业经营和发展有关的秘密，有利于业主个人创业精神的发扬。二是企业业主自负盈亏和对企业的债务负无限责任成为了强硬的预算约束。企业经营好坏同业主个人的经济利益乃至身家性命紧密相连，因而，业主会尽心竭力地把企业经营好。三是企业的外部法律法规等对企业的经营管理、决策、进入与退出、设立与破产的制约较小。单一业主形式也有比较明显的缺点：一是难以筹集大量资金。因为一个人的资金终归有限，以个人名义借贷款难度也较大。因此，它限制了企业的扩展和大规模经营。二是投资者风险巨大。企业业主对企业负无限责任，在硬化了企业预算约束的同时，也带来了业主承担风险过大的问题，从而限制了业主向风险较大的部门或领域进行投资的活动。这对新兴产业的形成和发展极为不利。三是企业连续性差。企业所有权和经营权高度统一的产权结构，虽然使企业拥有充分的自主权，但这也意味着企业是自然人的企业，业主的病、死，他个人及家属知识和能力的缺乏，都可能导致企业破产。四是企业内部的基本关系是雇佣劳动关系，劳资双方利益目标的差异，构成企业内部组织效率的潜在危险。

2. 合伙经营

合伙经营是指企业由两个或两个以上的出资者共同投资兴办和联合经营，企业财产为合伙人的共有财产，由合伙人统一管理和使用。合伙经营的投资者对企业债务负连带无限清偿责任，债权人有权对合伙人中的一名或数名直至全体同时或先后行使债权，要求其偿还全部的债务。

与单一业主形式相比合伙经营具有以下特征：(1) 合伙经营与单一业主形式均是以企业所有者为企业主体，所有权与经营权高度统一。不同的是合伙经营企业的所有者是两个以上，多的可达数十人或上百人，因而其所有权的集中程度显然低于单一业主形式企业，呈分散化趋势。(2) 单一业主形式经营权为业主个人所把持，而合伙经营的合伙人之间具有相互信任的关系——这也是合伙的重要基础。每一个合伙人一般均有权对企业的生产经营活动“指手划脚”，并作为合伙制企业的代理人与他人订立契约和进行其他业务活动。

(3) 由于所有者数目增加，合伙经营使得协调规范企业内部各所有者之间的相互关系的外部制约变得较为复杂。合伙人的资格、数量、合伙企业是否具备法人资格等问题均有较为系统的法律法规进行规范。

合伙经营方式的优点有：一是出资者人数的增加，从一定程度上突破了企业资金受单个人所拥有量的限制，使得企业从外部获得贷款的信用能力增强，扩大了企业的资金来源，有利于扩大经营规模。二是由于风险分散在众多的所有者身上，使合伙经营的企业抗风险能力较之单一业主形式也大大提高。企业可以向风险较大的事业领域拓展，拓宽了企业的发展空间。三是经营者即出资者人数的增加，突破了单个人在知识、阅历、经验等方面的限制。众多的经营者在共同利益驱动下，集思广益，各显其长，从不同的方面进行企业的经营管理，必然会有助于企业经营管理水平的提高。

然而，合伙经营也存在与单一业主形式类似的缺陷：一是合伙经营形式对资本集中的有限性。合伙人数比股份公司的股东人数少得多，且不能向社会集资，故资金还是有限。二是风险性大。合伙人的无限连带责任，使得任何一个合伙人在经营中犯下的错误都由所有合伙人以其全部资产承担责任，合伙人越多，企业规模越大，每个合伙人承担的风险也越大，合伙人也就不愿意进行风险投资，进而妨碍企业规模的进一步扩大。三是合伙经营方式仍然没有简化自然人之间的关系。由于经营者数量的增加，在显示出一定优势的同时，也使企业的经营管理变得较为复杂。合伙人相互间较容易出现分歧和矛盾，使得企业内部管理效率下降，不利于企业的有效经营。

3. 股份公司①

股份公司是指由若干个所有者（股东）以认购股份的形式出资联合，并按出资比例进行收益分配的具有独立法人地位的企业形态。包括无限责任公司、有限责任公司、股份有限公司、两合公司以及股份两合公司等五种形式。其中，有限责任公司和股份有限公司是比较常见的。它们已经成为公司制的代名词。现代股份公司的特征简单说就在于它是建立在企业的所有权和经营权彻底分离基础上的企业法人制度。具体来讲，股份公司有以下特征：

(1) 企业拥有真实的法人地位。法人是自然人的对称，是具有民事权力能力和民事行为能力、依法享有民事权利和民事义务的组织。企业作为法人具有多方面的含义：①企业是依法成立，即依照国家法律允许的形式、内容、经

---

① 邓荣霖．中小企业制度与市场经济．中国人民大学出版社，1998：27-30. 部分内容有改动。

营范围和经营方式成立，超出法定范围或不属于法定的公司组织形式的均属非法性质；在企业的组建、成立、合并、分立、变更章程、解散等一系列问题上，都必须严格按照有关法律规定进行。②企业拥有能够独立支配和管理的财产，即法人财产，这是企业参与民事活动，进行生产经营活动的物质基础，更是其独立承担民事责任的前提条件。③企业具有法律所虚拟、创新和认可的独立人格，是一种“人格化”的经济组织，是经济法律关系所规定的权利和义务的直接承担者。企业可以有自己独立的名称，并对之拥有专用权。企业可以享有专利权、发明权、商标权和获得荣誉权，可以以自己的名义在法院起诉、应诉等。④股份制企业的法人特征，有别于作为自然人企业的单一业主制企业与合伙制企业。自然人企业是其所有者的延伸，在法律上，无法同创办他们的自然人所有者分开。依法人财产权为核心的企业法人制度，使企业摆脱了对自然人的依附关系，获得一种独立存在的生命力，从而保证了企业生存与发展的连续性和稳定性。

(2) 企业出资人即所有者的有限责任制度。这一特征的本质是企业法人特征的延伸，企业法人财产这一形式使企业财产与出资人所有者即股东的个人财产在法律上得以区别。企业以其所拥有的全部法人财产承担民事责任，股东则以其出资额对企业承担有限责任。有限责任制度大大降低了出资人的投资风险，有利于资本高效率的流动和组合。特别是有利于企业进行风险程度较高的诸如新兴产业部门的生产经营活动。

(3) 企业可以以发行股票和债券的方式筹集资金，把各种闲散的资金纳入企业内部，极大地扩大了企业的资金来源，使企业规模突破了资金的限制得以迅速扩展。同时股票、债券的流动性所包含的财产所有权的转移机制，使得企业资产能够在不同的产业部门之间自由、迅速地进出。

(4) 企业的治理结构。企业治理结构也就是为协调、规范企业所有者(股东)、董事会、监事会、高层管理人员之间关系而进行的一系列安排。其目的是为了明确划分上述各个方面的权利、责任和利益，形成分工合理、互相合作又互相制约的企业内部机制。一般地，企业的所有者股东拥有对企业的终极所有权，由股东决定董事会的构成人员，并拥有推选或不推选甚至起诉某一董事的权力。董事会一经授权成立并负责公司事务后，股东便无权随便直接干预董事会的工作。董事会作为企业法人代表，全权负责企业的生产经营活动，委托专业经理人员负责企业的日常事务并对其进行激励和监督。经理人员受聘于董事会，作为企业的代理人统管企业的日常事务，并在其职权范围内进行决策，他人不能随意干涉。监事会依据公司章程和有关法律规定，对董事会和高层经理人员进行监督，以保障其行为与企业所有者股东的利益一致。

(5) 来自企业外部的监督评价机制。除了上述的内部监督机制外，企业还处于来自外部的监督评价之中。股份企业是一种资合性的经济组织，它的资本来源不限于个人（像单一业主企业）或若干个具有某一相似行为特征的个人所构成的集体（像合作经营企业），而是向社会开放、具有较高的兼容性的经济组织。企业的终极所有者股东可以是任何公民，也可以是各种法人组织(营利性的法人组织如企业，非营利性的法人组织如学校、医院等)，还可以是来自外国的投资者。企业股票上市后，其价格的变化可以在一定程度上反映企业的经营业绩，从而形成一种较为客观的外部评价机制。股东手中股票的购进购出，在某种程度上是其对企业意见的宣泄，从而也对企业经营者形成一种独特的监督作用。

然而，虽然股份公司有上述种种优点，这一制度形式本身也有许多缺陷。比如股份公司形式没有从根本上解决企业中劳资对立的古老问题；企业所有权与经营权分离后，企业经营管理人员的目标行为模式与企业所有者股东的利益不相一致，甚至是前者对后者利益的侵蚀；很多企业所有者股东的投资目的并非是从企业的盈利中获取红利，而是在于从股价的涨落中获得差额利润，因而并不真正关心企业的经营情况；企业的设立过程较为复杂，以及运营过程中的信息披露问题，均会对企业产生不利的影响。

三、中小企业的特点

中国中小企业是在中国工业化初始阶段和经济转轨的过程中崛起的，因而带有这个特定条件下的明显特征。

1. 数量众多、比重大、分布面广

中国的中小企业比重比以中小企业比重大而著名的意大利还要高。截至2006年10月底，我国中小企业数已达到4 200多万户，占全国企业总数的99.8%，经工商部门注册的中小企业数量达到430多万户，个体经营户达到3 800多万户。中小企业创造的最终产品和服务的价值占国内生产总值的58%，生产的商品占社会销售额的59%，上缴税收占50.2%。① 中小企业在我国经营范围十分广泛，计划涉及所有竞争性的行业和领域。除个别特殊行业外，中小企业广泛分布于第一、第二和第三产业的各个行业，尤其在农业、加工制造

① 引自国家发展和改革委中小企业司发布的《2006年中小企业发展情况和2007年工作要点》。

业、建筑业、运输业、批发和零售业、餐饮和其他社会服务业等。

2. 资本与技术有机构成低

中小企业相对于大中型企业来说资金缺乏，只能动用较少的财力开展市场营销活动。一般来说，中小企业的生产规模小、设备简陋、技术陈旧、科研创新能力薄弱、产品档次低、花色品种少、加工深度低、大多靠模仿获得新技术；此外人才匮乏、组织不健全、缺乏现代管理观念和知识等更是它们的弱点。

3. 投资主体多元化

在中国，中小企业既不像大中型企业那样，多为国家投资兴建，因而多为国有企业；也不像资本主义国家那样，多为私人投资兴建，因而多为私有企业，而是既有国家投资兴建的国有企业，也有大量属于劳动人民集体所有的集体所有制企业，还有相当一部分为个体（私营）企业。一般地说，大型企业多为国有企业，小型企业多为非国有企业。以工业企业为例，在独立核算的中小工业企业中，国有企业的户数、资产总额和工业总产值仅占总数的14.85%、38.5%和22.8%，即85%的中小企业均是非国有企业。另据调查，目前国有小企业改制面已近80%，余下的20%大多是救不活、卖不掉、破不了的极度困难企业。应当说，中小企业的改革与发展势在必行，国家应该大力扶持中小企业发展。

4. 劳动密集度高，两极分化严重

中小企业生存并发展于劳动密集型企业，就业容量和就业投资弹性均明显高于大企业。据统计，目前中国大、中、小型企业的资金有机构成之比分别为1.83:1.23:1，资金就业率之比为0.48:0.66:1，即中小企业比大企业单位资金安置劳动人数要高。正因为如此，前10年中国的工业化进程没有出现严重的社会就业问题，这其中中小企业功不可没。但是，今天的市场背景变了，“卖方”市场变成了“买方”市场，总量需求不足与结构性供应不足共生，使中小企业遇到了前所未有的困境，即由劳动密集型带来的就业优势将变为竞争劣势。企业两极分化，中小企业将首当其冲。为此，提高中小企业的科技含量，实现“二次创业”是当前中小企业发展中的重中之重。

5. 地区发展不平衡，地区差异正在显现

中国幅员辽阔，各地区中小企业分布与发展水平极不平衡。据有关数据显示，按照经济地带划分，中小企业数量在东部、中部各占全国总量的42%，西部占15%；而相应的工业总产值东部占66%、中部占26%、西部仅占8%。这表明，在企业规模上，东部中小企业的平均产值规模大于中部和西部，大约是中部的2.5倍、西部的8倍。见表1-2。

表1-2　　**2003年我国三大地带中小企业竞争力指数表①**

地区	竞争力指数	区域影响力	经营运作力	成长发展力
东部地区	118.42	47.23	35.25	35.94
中部地区	87.27	21.32	34.63	31.31
西部地区	86.40	16.89	33.97	35.54

注：西部地区未包括西藏自治区。

资料来源：依据国家统计局工业交通统计司《工业统计月报》（2003年12月）公布的数据计算得出。

近年来，随着市场化进程的加快，越是经济发达的地区，中小企业数量的增长越快。调查显示，1998年之后成立的企业，发达地区、欠发达地区分别占72.32%和38.79%，发达地区远远高于欠发达地区。在中小企业的盈亏方面，不同地区间存在着明显的差异，即越是发达地区，中小企业的盈利水平越高，越是经济不发达地区，中小企业盈利越少。地区经济与中小企业技术创新之间的关系也较为复杂。一般而言，越是经济发达地区，中小企业的创新意识越强，技术创新能力越强，而地区经济越不发达则中小企业的技术创新能力越弱。从研发部门的设置看，发达地区比例最高，为32.1%，欠发达地区为25.9%。

6. 主要面向国内市场

中国是一个人口众多的发展中大国，国内经济的发展面临三个方面的压力：（1）就业压力；（2）自身素质低的压力；（3）资金短缺的压力。由于中国人口多，经济相对不发达，劳动力过剩是长期的压力，为了增加就业，便要多办中小企业。同时，由于这些中小企业自身素质低，决定了它们的生产、服务必须要面向国内市场。尽管近年来出现了一批外向型中小企业，也因为自身素质不高，难以适应国际市场的激烈竞争而很不稳定。加之体制方面的原因，使得中国中小企业的生产服务方向主要是国内市场。又由于资金短缺，中小企业主要集中在劳动密集型产业上，其技术进步缓慢，这也决定了中小企业的产品档次低、成本高而很难挤进国际市场。由于三大压力的作用，决定了中国中

① 张永成．永续基业——中小企业生存力提升法则．中国纺织出版社，2005：10.

小企业的发展在过去乃至将来较长的历史时期，其生产服务的方向主要是国内市场。

四、中小企业的分类

科学的分类有利于我们正确认识和分析中小企业的形成和发展规律，也有利于我们认识和探讨中小企业的改革和发展方向。依据不同标准，可以将中小企业分为多种类型，下面讨论几种主要的分类。①

1. 按所有制形式分类

按所有制形式分类可分成国有中小企业、集体中小企业和私有中小企业。1993 年，我国中小型工业企业占独立核算企业总数的 15%，工业总产值的 25.3%；1995 年上述比重分别为 14.8% 和 19.5%。目前私有中小企业在零售、餐饮等行业中比重较高，而工业中的私有中小企业比重较小。

2. 按与大型企业的关系分类

按与大型企业的关系分类可分为独立型中小企业、互补型中小企业、替代型中小企业和竞争型中小企业。

（1）独立型中小企业。这类中小企业的运行基本上是与大型企业并行的，不与大型企业竞争原料、劳动力和市场，也不依赖大型企业的资本和技术支持。这类中小企业多见于新兴行业，如电脑行业、无线通信行业、电脑软件业和玩具业等。

（2）互补型中小企业。这类中小企业是大型企业分工体系中的一个环节，专门为大型企业提供原料或中间产品、生产零部件、代理大型企业提供的产品销售。这类中小企业一般具有某种特殊优势，比大型企业自主自营的成本要低。像有些中小企业本身具有技术优势，生产某种配套产品的专业化程度高；或者具有地理优势，离原料产地和销售市场近；或者具有劳动力成本优势，所在地的工资水平低等。

（3）替代型中小企业。大型企业根据自身战略发展的需要退出一部分市场或一些经营领域，而由这类中小企业去填补这些空缺，以这些领域作为其生存和发展的条件和基础。这多见于一些传统行业，如服装、纺织等行业。

（4）竞争型中小企业。这类中小企业与大型企业在原料、劳动力、技术和市场等方面是一种竞争关系。由于国有大中型企业存在许多问题和困难，使一些中小型企业敢于向大企业挑战。加上地方政府的鼓励和扶持或外资的帮

① 梁文潮. 中小企业经营管理. 武汉大学出版社，2003：6-8.

助，降低了进入成本，使它们有能力进入大中型企业所在的行业。这些行业的范围很广，大到银行业、钢铁业和汽车业，小到零售业和餐饮业。

3. 按产业特征分类

按产业特征分类可分为第一产业的中小企业、第二产业的中小企业和第三产业的中小企业。现在也有一种说法把与信息、知识相关的产品和服务称为第四产业，相应地也就会有第四产业的中小企业。这种分类主要强调三种产业之间的关系，对中小企业的分布和特点的考察和分析有一定意义。目前，我国三种产业的中小企业都有发展，第二产业的中小企业发展较快，在“八五”期间年均16%的递增速度中，中小企业的产值贡献率为49.7%，利税额贡献率为56.7%，就业贡献率为28.9%。

4. 按生产要素特征分类

按生产要素特征分类可分为技术密集型中小企业、劳动密集型中小企业和知识密集型中小企业。我国目前的情况是，劳动密集型中小企业占主体，知识密集型中小企业发展速度较快，特别是以信息收集、处理为主要特征的咨询服务业发展迅速，中小企业成为这些行业的产品或服务的主要提供者。技术密集型中小企业也有一定发展，特别是全国各地经济技术开发区和高新技术产业园为各地培育了一批技术密集型中小企业。

5. 按生产方式特征分类

按生产方式特征分类可分为传统中小企业和现代中小企业。传统中小企业的特点一是生产方式以手工为主，二是资本来源和组织方式以家族为主，三是市场对象以本地为主，四是分工程度低，市场分工和企业内分工都较低，五是产业性质以农产品加工业和手工服务业为主。传统中小企业在我国有很长的历史，曾经发挥过重要作用，但因其生产方式、资本结构和组织方式的落后绝大部分都被淘汰了。现代中小企业基本上是伴随着工业化形成和发展的，生产方式已部分或全部实现了机械化，资本来源多样，组织方式也具有科层性质，市场对象多元化，市场分工和企业内分工水平都得到了较快发展，涉及的产业范围也十分广泛，几乎所有行业都不同程度地存在着中小企业。现代中小企业不再是落后的象征，有一些中小企业已经成为经济发展新兴行业的潮头，如软件行业、信息服务行业等。

6. 按市场特征分类

按市场特征分类可分为外向型中小企业和内向型中小企业。根据市场半径的大小，内向型中小企业还可作进一步的划分，例如，可分为社区性中小企业、地区性中小企业和区域性中小企业。中小企业也有外向型的，这一点往往被人忽视。例如，以传统工艺为基础形成的中小企业在工艺品的出口上就占有重要地位。中小企业的市场特征受行为的约束比较明显，零售业的中小企业往往都是社区性的，要成为地区性的或区域性的一般比较困难。而技术行业的小型企业可能起始规模很小，但如果其产品具有广泛的适用性，很快就会成为地区性或区域性的中小企业，然后规模扩大，向中型、大型发展，这种中小企业的演变规律在新兴产业中表现得十分明显。

7. 按产业进化程度分类

按产业进化程度分类可分为先导产业的中小企业、新兴（朝阳）产业的中小企业、成熟产业的中小企业和衰退（夕阳）产业的中小企业。对产业分布和发展前景的认识对制定中小企业的行业政策具有实际价值。先导产业的中小企业往往处于发展修正之中，急需产业扶持。新兴产业的中小企业往往处于较大发展中，需要规范、引导和扶持。成熟产业的中小企业则需要引导和调整。衰退产业的中小企业则需要退出和转移帮助。

第二节　企业生命周期与中小企业生命特点

一、企业生命周期及其特征

1. 企业生命周期①

企业生命周期与人类的生命周期相类似，它是指企业历经诞生、成长、成熟、衰退直至死亡的全部过程。

依据传统的企业生命周期理论，这一全部过程通常分为创业期、成长期、成熟期和衰退期四个阶段。如果再进一步划分，可以分为创业期、成长前期、成长后期、成熟期、衰退期五个阶段。如图 1-1 所示。

将企业整个生命周期划分为若干阶段，并研究其各个阶段上的特征会有助于我们深刻揭示中小企业的成长机理。英国经济学家马歇尔在其所著《经济学原理》一书中将企业比做林木，进行了生动的描述之后，他指出："差不多在每个行业中，大企业是不断地兴盛和衰落，在任何时间中，有些企业正在兴盛，有些企业正在衰落。因为一般繁荣的时代，一方面的衰落必然为另一方面的发达抵消而有余。"这说明，任何企业都同动植物一样，不会永存于世。松下幸之助就曾说过，松下电器也会自然消亡。

① 万兴亚．中小企业成长原理与方略．人民出版社，2005：40-45.

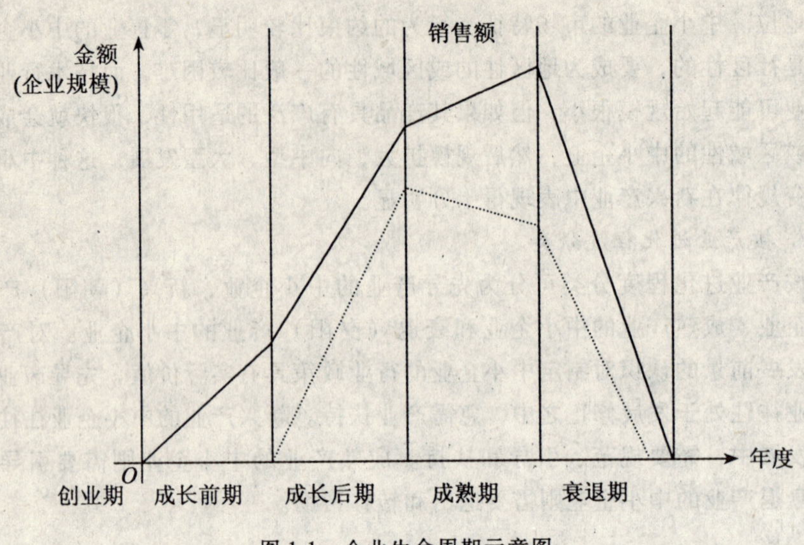

图 1-1　企业生命周期示意图

2. 企业成长各阶段的主要特征

(1) 创业期。创业期是指企业从开始筹建之日算起，直至正式投产，这一过程所经历的时间。在通常情况下，工业企业的创业期要长于商业企业，重工业企业的创业期要长于轻工企业，即资本有机构成高的企业的创业期要长于资本有机构成低的企业。之所以称这段时间为创业期，主要是由于在此期间企业成长只有前期投入而没有产出，诸如，包括对市场的调查、资金的筹措、厂址的选择、设备的购置安装调试、原材料的储备、产品的设计、工艺流程的制定等等。

我国学者陈乃醒认为，由于企业处在筹建过程中，产品方向、工艺技术装备、建厂地点等的选择余地都很大。企业建成什么样子，主要取决于创办者的实力、技能、经验、发展目标以及市场定位等因素。要建设一个企业，特别是工业企业，通常需要大量资金。一般都需要 1 ~ 2 年才能建成投产，有些企业，如中小型水电站、钢铁厂等则需要更长的时间。因此，建设周期越长，企业的负担越重。因此，要尽可能缩短创业期，使企业早投产、早创收。

在创业期，各方面的准备工作做得比较细、基础打得牢，企业投产后就能顺利地开展生产经营；相反，如果准备工作做得粗或决策失误，如技术装备选得不合适、工艺不合理，就有可能造成先天不足，甚至流产。针对以上特点，企业应当把主要精力放在抓建设质量和生产的准备工作上，包括产品的设计、流动资金的筹措、原材料的供应、人员的培训以及管理组织模式的选择等等，只有把这些工作抓好了，企业才有可能顺利投产。

（2）成长前期。成长前期是指企业从正式投产之日算起，直至出现盈利为止，这一过程所经历的时间。该阶段的主要特征是：

①在企业财务上，表现为固定资本投入相对减少，而流动资本投入相对增加；在销售额上表现为与日俱增，与此同时，利润额也由负值（负债）增至为零，或企业收支平衡。

②在企业产品销售上，随着一种产品推向市场，其他产品也相继问世。为了使消费者了解并认可本企业产品，广告的费用也随之增加，消费者由少到多。

③企业内的各项规章制度（技术操作规程，岗位责任制度等）由开始运作到逐步完善，企业的组织结构趋于稳定。

④企业所面对的管理部门开始增加，对象由前期（“创业期”）面对的“审批”服务部门（土地、工商、城建、供水、供电等）转向了开始面对“执法检查”部门（税务、公安、消防、卫生、环保等）；同时，还要与与本企业有业务往来的上、下游供应商、银行等着手建立一种趋于稳定的合作关系。

（3）成长后期。企业经历了创业期和成长前期之后，便进入了第三阶段——成长后期。成长后期是企业的快速发展期，通常是指企业由零利润，直至获得最大利润时所经历的时间。该阶段的主要特征是：

①企业产品已被顾客所认知，或广告宣传已发挥作用，市场已出现本企业的“回头客”，而且大量的新顾客开始购买本企业的产品。

②企业的生产能力得到正常发挥，生产成本逐步降低，销售额进一步增大。

③企业重视并开展了技术创新。企业的核心能力已形成并发挥作用。

④市场上陆续出现了与本企业产品相雷同的竞争者，企业将面临竞争者的挑战。

⑤企业为维护其产品的市场占有率，延长获取最大利润的时间、扩大最大利润的空间，需要采取若干应对措施。诸如，增加产品功能，改善产品质量，寻找新的细分市场，树立企业形象等。

（4）成熟期。成熟期是企业成长过程中的“黄金时期”，又称为“收获期”。它是指企业从利润最大点开始，直至获得最大销售额时为止，所经历的时间阶段。该阶段跨越的时间通常要长于前述的其他各个阶段。这是特点之一。

第二，企业进入成熟期，出现利润增长与销售额增长不同步的现象。这主要是由于成本上升和价格下降的缘故，之所以如此，原因主要有如下几点：一是由于竞争者增加，企业除了需要在提高产品质量、增加花色品种、扩大产品功能等方面进一步增加投入外，有时还需采取“降价策略”，以巩固企业的现存市场份额。二是用于扩大促销、宣传企业品牌和企业形象的费用有所增加。三是由于企业处于“黄金时代”，员工对“提高工资”的需求有所增加，否则一些技术骨干就有可能“跳槽”，即用于支付员工工资的费用有所提高。四是企业设备检修、大修，甚至更新的费用有所上升。五是由于技术进步，市场上可能会出现性能更好的替代产品，使得本企业的产品发生“自然贬值”现象，进而影响到市场销售。此时，需要企业进一步通过技术创新，向市场推出新产品。

第三，当企业进入成熟期时，也是企业规模处于较大之时，很容易使经营者滋生“扩张冲动”情绪，即进一步扩大生产能力和经营规模。对这种行为，企业千万要慎重。我国有不少中小企业都是在该阶段由于决策失误而夭折的。这一教训值得汲取！

第四，当企业进入成熟期时，也是员工们思想出现“骄傲自满、不思进取”之时。企业如果不能及时发现这一思想苗头，采取得力措施加以解决的话，很有可能给员工们的本职工作带来不利的影响，从而危及企业的健康发展。

(5) 衰退期。企业如同人一样，也会衰老和死亡。衰退期是指企业经历了成熟期之后销售额急剧减少，直至为零，甚至出现负债的过程。企业在衰退期的主要特征是：

①产品的销售量急剧下降。随科学技术的发展，新产品或新的代用品出现，将使顾客的消费习惯发生改变，从而使本企业的销售额急剧下降。

②由于企业产品、设备、工艺的老化，企业从多种产品，特别是从主导产品中所获利润很低甚至为零，大量的同业竞争者也可能相继退出市场。

③由于生产萎缩、效率降低，企业的资金周转日益困难，负债增多，企业的财务状况日益恶化。

④企业不得不破产或关闭。

二、我国中小企业在生命周期各阶段的关键问题

1. 初创期

中小企业创业阶段容易将自己同市场、消费者紧密地联系在一起，能够立

即对顾客的反馈做出反应。但是一旦遇到市场发生变化，很容易就会面临危险境地。该阶段的关键问题如下：

(1) 资金短缺。如何筹措足够的资金也是中小企业创业阶段面临的颇为棘手的问题。在企业创办之前，企业主必须对所创办的企业的前期投入资本、企业成立后的日常开支、正常运转下预期的收入来源及收入水平进行预估。在企业创办的最初阶段，企业可能不会有营业收入或收入很少，但却不得不支付一些必需的日常开支以维持企业的正常运转，这些费用包括雇用人员的工资、各种租金、税收、广告费等。企业具体所需资金的多少及如何使用视企业类型而定。因此，企业在筹集资金之前，必须对创业阶段所需资金量的多少进行准确的预估。

在此之后，企业就应从各种可能的渠道筹集自己所需的创业资金。就我国目前实际情况来看，中小企业创业时可能的资金渠道狭窄。主要有：个人家庭财产；亲戚、朋友借款；银行贷款；中小企业发展基金。此外，企业还可从一些投资公司获得贷款，但其成本略高。创业初期严重缺乏资金，要求中小企业合理地加以运用，以免造成财务状况恶化，企业创业失败。

(2) 市场成长空间的不确定。中小企业资源资金有限限制了它们可以选用的竞争战略。虽然理论上中小企业可以利用市场细分的优势，但采用集中化战略本身就具有风险和不确定性：第一，竞争对手可能会寻找更为有效的途径来服务目标市场。第二，细分市场中购买者的偏好和需求可能会与大众消费者偏好趋同。购买者细分市场之间的差异减弱会降低目标市场的进入壁垒。第三，细分市场中的利润会导致更多竞争者加入。

相对于已经有所成长或者在市场中已经较有地位的大型企业而言，中小企业在行业中的地位或影响通常要小得多，在同行业中所占的比重也相对较小，这些决定中小企业所面对的成长空间要比大型企业更大。另一方面，从成长周期角度看，中小企业通常居于诞生、成长期，离成熟、衰落尚有较大的距离。虽然中小企业成长空间很大，但是能否按照周期成长却是不确定的，通常只有不到20%的企业能够真正成长起来。所以如果不能保持市场的敏感和中小企业的灵活性特征，中小企业很难在市场上立稳脚跟。

2. 成长期

在渡过艰难的初创期后，企业进入了成长期，公司业绩和规模都在以较快的速度增长。但是，这个阶段也常常出现许多问题，如果不及时处理，所取得的成果也会毁于一旦。

(1) 管理问题。成长阶段出现的管理问题主要有两种表现形式：

第一，管理水平提升落后于企业规模扩大对管理的需求。企业规模的扩大往往带来管理难度的加大和新的管理问题的出现。企业规模扩大在形式上往往表现为生产规模的扩大、分支机构的增多、市场规模的扩大、经营范围扩大、产品线的延伸、资金流的扩大、融资投资活动的增加和复杂化、管理层次的增加、管理人员的增加、职工人数的扩大等。而这必然带来企业内部管理问题的复杂化和一系列管理新问题。这时就需要采取一系列措施如对管理工作进行分工，制定明确的规章制度，产生职能管理部门，给中下级管理人员一部分自主权等等。如果不及时调整初创期粗放简单的管理方式，企业将不能有序地发展壮大。许多企业出现“大而后死”的结局，并不是死在规模大上而是死在管理的落后上。

第二，超越企业规模的所谓“先进管理”。一些中小企业盲目学习大企业的管理模式和方法，也给企业造成成本的无谓提高和效率的下降，影响了企业的正常发展。在渡过最初的生存期后，企业进入了一个成长期，中小企业由于市场规模变大、业务量增多，为了提高管理水平，提高企业形象，很多企业走了一条“仿大”、“学大”之路，人为拉长管理流程，增加管理人员，细分管理职责，结果造成了管理膨胀，降低管理效率，增加管理成本；造成资金占用，加重了企业流动资金的困难。

（2）盲目多元化问题。在中国中小企业竞争力工程中①，调查发现，中国中小企业的平均寿命只有2.9年。其中，许多中小企业的失败缘于不相关的多元化经营。许多中小企业将“企业成长”等同于“规模扩大”。它们认为，做大是做强的表现。并且，中小企业的成长思维仍然是“机会导向”而非“战略导向”。只要有赚钱的机会就干。“机会导向”决定了企业仅在低层次上维持，管理只能是盲从、救火、浮躁和混乱。当中国的市场竞争日益激烈，市场空白微乎其微，产业壁垒越来越高，这种“机会导向”的成长思维必然导致企业陷入误区。再者，中小企业企业家素质普遍不高，企业管理水平较低。在中小企业，企业家个人说了算的情况普遍存在。企业家一旦缺少学习、心态浮躁、受不住诱惑，就会殃及整个企业。

实践中，中小企业由于走盲目多元化道路而失败的例子不胜枚举。例如，广东一家保健品行业起家的公司，它在1994年销售额达到13亿元时开始混合

① “中国中小企业竞争力工程”是由国家发改委中小企业国际合作协会、中国中小企业对外合作协调中心为贯彻落实《中华人民共和国中小企业促进法》和国家发改委《中小企业成长工程》所共同发起的一项长期工程。

多元化经营，连续上了23个新项目，前后开办了20多个企业，广泛进入饮食业、化妆品、广告、电脑销售、文化体育等行业，到1997年时竟亏损1.59亿元。企业在扩张实践中，扩张规模和速度的具体确定取决于企业自身的成长基础和条件，包括企业的管理能力、企业拥有的组织资源的种类和数量等。而当企业盲目追求多元化经营时，企业的战线拉得越长，力量就越分散，组织资源的分配难度就越大，企业控制力也就越弱。同时，盲目多元化容易使得企业无法真正建立起核心竞争力，从而在商战中落败。经济学家郎咸平在一次会议上说，中国的企业几乎都喊着做大做强的口号，这本身就是错误的，什么时候做大做强了，这个企业也就该消失了。此话并非危言耸听，而是一针见血地指出了目前很多中小企业的根本弊病，也进一步强调了专业化的重要性。否则中小企业将无法拥有持久的竞争优势，导致短命现象的出现。

3. 成熟期

（1）人才流失问题。有关人才流失的问题在成长阶段就已经存在，而成熟阶段才充分暴露或者说变得更为严重。我国中小企业的人才流失问题非常严重，有的企业人才流失率甚至高达25%，且流失的大部分是高级管理人才或技术骨干，这对企业的发展来说是相当不利的。造成如此高的人才流失率的原因是什么？为什么中小企业难以留住人才？

原因可以归结为以下几点：①规模小，资金少，薪酬水平低。中小企业不管是规模，还是人员，资产拥有量以及影响力都小于大企业，资金力量薄弱，有限的资金主要投入到了产品研发和市场开拓，很难再有力量开出优厚的薪资，吸引到优秀的人才。而工资待遇不仅能满足生存需要，而且反映了工作价值和经济地位，因而工资待遇低成为导致中小企业人才流失的最主要因素。②用人观念的偏差。只注重人才的使用，不注重人才的培训。人才一旦引进，只注重其“回报”，掠夺性地使用人才，而不重视人才的培训。使人才感到在企业没有发展前途，导致其对企业缺乏感情，一有机会就选择跳槽。③激励与约束机制不健全。由于缺乏有效的激励机制，很可能会因为利益分配不均而导致内部矛盾，同时中小企业也未能建立有效的约束机制，不能很好地对人才产生约束。

中小企业可以采取以下措施来留住人才：①实施合理的薪酬制度。要想留住人才，必须为他们提供外显竞争力、内显公平性的薪酬制度。合理的薪酬不仅能够满足人们最基本的生理需要，而且是企业对其价值的认同。其次，要想留住人才，必须推行具有个性化的福利制度，这点是非常重要的。个性化的福利方案就是可以供职工随意选择的弹性化方案，员工可以根据自己的兴趣、爱好、年龄、性别、婚姻状况、身体状况等因素随意选择自己喜欢的、适用的福利方案。②沟通规避之道。中小企业绝不能忽视企业家与人才的沟通、理解、融洽关系，争取人才对企业家、企业发展的认同。所以，中小企业的内部管理需要更加开放、透明，建立顺畅的内部沟通渠道，以增加内部管理的公平性。③职业生涯规划规避之道。中小企业要发展，必须根据企业外部环境和内部条件制定明晰的发展战略，根据企业的长远目标，做好员工的职业生涯规划，将组织的发展目标与员工个人的发展需要巧妙地结合起来，以培养员工的归属感。人才的重要性不言自明，对于处于成熟阶段的中小企业来说，如何有效地防止人才流失，留住人才仍然是一个值得关注的大问题。

(2) 战略调整。当企业步入成熟期后，其市场增长速度开始放慢，但效益可能达到最高。此时的企业正处于生命中最辉煌的阶段，拥有较高且稳定的市场份额，企业达到空前规模，在所在行业中可能已处于数一数二的领导者地位，在资金、技术和人员方面拥有了一定的竞争优势。如浙江万向集团在汽车零部件领域、联想集团在计算机行业等均已建立起行业的霸主地位，具备了相当的规模和实力。但另一方面，一些成熟阶段的企业也会出现因满足于以往所取得的成就，而安于现状、固步自封的倾向，容易导致内部体制僵化，思想行为趋于保守，创新精神不足，内部凝聚力下降，从而使企业在规模上总是徘徊不前，似乎达到了规模极限，始终不能进一步突破。

因此，处于成熟阶段的企业，应充分利用自身所拥有资金和技术优势，本着积极进取的态度，完善内部经营机制，及时对企业经营战略进行调整。使企业能突破增长极限，进一步发展壮大。

4. 衰退期

(1) 内部激励。处于衰退时期的企业，市场需求大幅度萎缩，营业收入锐减，企业经营陷入困境。许多企业受自身经营实力限制，一时难以找到解决问题的良策，唯有极力维持现状，苦苦支撑。而企业经营状况的恶化，销售收入的减少，势必会影响到企业利润甚至员工个人收入。在此情况下，一些中小企业可能会采取降低工资、津贴或裁减部分人员的举动，导致企业内部人心涣散，一些骨干员工可能会因报酬待遇下降而产生不满或出于对企业未来发展状况的担忧及个人发展前途的考虑，而选择主动辞职，另谋高就，从而使企业遭受更大的损失，加快企业的衰亡。作为企业来说，此时最主要的任务是要调整好心态，积极面对困难。企业是一个集合体，企业的发展要依赖于全体员工的积极性、主动性、创造性的共同发挥，尤其是当企业处于衰退期时，内部的团结与合作更显得尤为重要。因此，如何在企业内部采取有效的激励措施，来调动员工的积极性，鼓励员工献计献策，与企业共渡难关，成为衰退期中小企业必须要解决的一个重要问题。

（2）可持续发展。如果说创业阶段企业的首要任务是生存，成长阶段的重要目标是如何发展壮大，那么，在衰退时期，企业首先要考虑的恐怕就是可持续发展的问题。此时，企业的发展正处于一个重要的转折关头，要生存还是死亡，企业面临重要的抉择。如何才能摆脱困境，这是衰退时期企业所要解决的另一个主要问题。而企业能否永远保持活力，不断持续地向前发展，关键在于企业经营决策的正确与否。一方面，企业可通过技术开发，对现有主要产品进行改进，以促进现有产品的升级换代，提高产品的科技含量。同时，加强营销，努力扩大产品销量，使企业能继续得以发展。另一方面，要认真研究市场需求，积极寻求新的增长点，善于捕捉有利的发展机会和时机，充分挖掘企业潜力，最大限度地调动内部员工积极性，进行二次创业，为企业开辟一条新的发展道路。

企业生命周期理论认为，企业如同一个生物体，存在一个既定的生命周期，任何企业都会经历一个从出生、成长到老化、死亡的生命历程。然而，尽管企业在其生命周期的各个阶段都存在巨大风险，面临死亡的威胁，但企业的死亡不是必然的。只要弄清企业处于生命周期的哪一个阶段，就能对未来将要面临的问题及早做出预测，通过采取积极的预防措施，合理地选择相应的战略决策，企业就可延长生命，实现永续发展。

第三节 中小企业经营环境

一、中小企业经营环境的含义和内容

1. 中小企业经营环境的含义

著名生物学家达尔文在早年提出的“适者生存”法则，主要是指动、植物只有适应环境变化才能得以生存。事实上，这一点也完全适用于中小企业，即中小企业的生存和成长也同样离不开外界环境的影响和作用。总的来说，外界环境会对中小企业带来两个方面的影响：一是有利的影响，一般称为环境机会；二是不利的影响，通常称为环境威胁。很显然，对于前者，中小企业应积极捕捉并加以利用；而对于后者，中小企业应尽量规避或变害为利。那么，什么是中小企业的经营环境呢？它是指伴随中小企业发展的全过程，并对中小企业经营产生有利和不利影响的一切外部条件的总称。

2. 中小企业经营环境的内容

中小企业的经营环境一般分为两个层次：宏观环境和微观环境。宏观环境包括政治环境、经济环境、社会环境和技术环境。政治环境涉及政府政策、国家政局、外贸政策、政府稳定性以及环境保护法等。经济环境涉及商业周期、利率、通货膨胀、劳动力的供给、消费者的收入、价格指数的变化和资金供给等方面。社会环境包括人口的分布、收入分布、社会习俗、社会的道德和价值观、工作习惯、人们对工作和消遣的态度以及受教育程度等。技术环境则包括技术变化的速度、技术的转换、目前的新技术、技术的发展方向等要素。微观环境指直接作用于企业的环境要素。包括：供应商、顾客、潜在进入者、直接竞争对手、替代者这几个要素。具体如图 1-2。

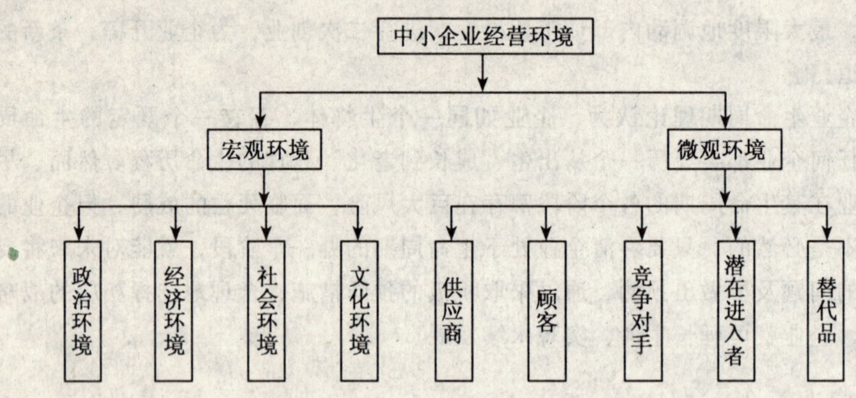

图 1-2　中小企业经营环境的内容

二、中小企业经营环境的特点

中小企业的经营环境具有如下几个特点：

1. 地域性

中小企业所处的地域不同，其经营环境也会有所不同。如果中小企业处于法律政策环境较为完善、市场发育程度较好、社会化服务体系较为健全的地区，则中小企业就有可能得到较快、较为健康的发展；反之，则会制约中小企业的发展。20 世纪 80 年代以来，我国涌现的“温州模式”、“珠三角模式”、“苏南模式”等都在很大程度上得益于当地的优越环境。

2. 可变性

中小企业的经营环境总是处于不断变化中。例如，当地的市场环境将随着消费者需求、市场结构、市场机制（供求机制、结构机制、竞争机制）的变化而可能显现出有利于或不利于中小企业成长的变化。如果中小企业不能察觉出这种变化或即使察觉出某种变化而未采取相应的应对措施，都将会影响到本企业产品的销售，从而会制约本企业的发展。再如，当地生态环境的恶化，预示着对环境保护要求的提高。这一方面提醒中小企业要加强对本企业工业“三废”的治理，另一方面也为中小企业提供了“市场对环保产品有需求”的商机。

3. 主导性

对中小企业发展的某一阶段或某一环节来说，总是有一个或几个方面的环境变化居于主导地位。中小企业应加强对周围环境的研究，找出主导方面，并采取应对的措施，这才是明智之举。例如，中小企业在创业之前，就应对产业（政策）环境有着比较详尽的了解，以选择即将入的产业领域，同时还要对市场做出细微的调查研究，以使企业的未来产品（或服务项目）能够适应市场的需求，等等。

4. 客观与互动性

对中小企业来说，无论是宏观环境，还是微观环境，都是独立于中小企业之外并客观存在的。中小企业面对环境，只有积极主动地了解它、认识它、适应它、利用它，但却不能彻底改变它，更不能创造它。随着国家宏观经济形势的发展，中小企业的社会地位在不断提高，其影响力也在不断增强。这将对中小企业的宏观和微观环境的改善起到一定的推动作用，并且这种改善又会进一步推动和促进中小企业的健康成长。

第二章　企业永续经营理论

第一节　企业成长理论

企业成长（Growth of the Firm）理论是国外经济和管理理论界研究的重要内容之一，影响企业成长的因素是多方面的，既有企业内部因素，又涉及企业外部因素。随着时代的发展，研究企业成长的理论在不断完善，研究的角度不断拓展，形成了众多关于企业成长问题的研究学派。成长的英文是 Growth，有发展、进化和生长过程的意思。成长一般指生物有机体由小到大发展的过程。企业成长是指企业的系统功能由不成熟趋于成熟、系统结构由低级趋于高级的优化过程。这个过程不仅是数量增加的过程，更是质量完善的过程。

一、西方企业成长理论

1. 古典经济学的企业成长论

古典经济学采用分工规模经济利益来解释企业成长问题。古典经济学在研究用劳动分工来提高企业经济效益时，发现劳动分工可以提高劳动生产率，企业作为劳动分工的一种组织，其存在的目的就是为了获取经济利益。劳动分工能以较低成本获得较高产量。

古典经济学企业成长理论最早可以追溯到杰出的古典政治经济学家亚当·斯密，其《国富论》在论证国富之源时，客观上也剖析了企业成长问题。斯密通过制针工厂的例子说明了分工创造的生产力是工厂存在的主要原因，单个企业成长与分工程度呈正相关。随着企业分工的自我繁殖，新企业会不断形成。斯密思想的核心是一国经济中企业数量与分工程度呈正相关关系。斯密的理论认为影响或制约企业成长的几个主要因素及其相互关系已经十分清楚，企业是在受市场范围的影响中成长，因此企业规模的大小受限于市场范围。斯密的理论可以同时解释国民经济中企业数量增加和单个企业规模扩大这两个领域的企业成长问题，为研究企业成长问题提供了理论源泉。但斯密的理论没能够区分社会一般分工和企业特殊分工之间的关系，无法恰当地解释企业成长与其环境之间的关系，在解释成长环境对企业的影响时会落入陷阱。

古典政治经济学集大成者小穆勒，作为斯密思想的继承者，也对企业成长的理论进行了初步的探索。小穆勒的企业成长理论主要集中于对于企业的规模和成长的探讨。他首先认为企业是劳动联合和分工的结果，劳动者的联合需要足够的资本来供养，分工的专业化也会因为“采用需要配备昂贵机器的生产工艺”而需要大笔的资本，故企业资本量的大小决定着企业规模的大小。同时他还指出，企业规模的扩大在细化专业分工、提高工人熟练程度的同时，还能保证“每个适宜从事专门工作的人工作饱满”，并且通过机器大生产固定资本的增加代替流动资本的增加，从而从比例上节约完成全部业务活动所需的劳动量，提高了劳动生产率。可以说，在小穆勒看来，正是由于规模经济对资本的需要和企业规模经济所产生的作用，才出现了大企业代替小企业的企业成长趋势，其企业成长理论就是企业的规模经济理论。

马歇尔在《经济学原理》中坚持规模经济决定企业成长这个古典企业成长观点的同时，试图把企业成长问题与稳定的竞争均衡条件相协调。其观点是影响企业成长的因素是运动的，不是静止的。他通过引入外部经济、企业家生命有限性和居于垄断的企业这三个因素，把稳定均衡条件与古典企业成长理论协调起来，得出以下观点：企业成长靠的是内部经济和外部经济共同作用；企业家是推动企业成长的关键；企业成长是竞争作用下优胜劣汰的结果。企业规模的扩大会导致企业灵活性下降，使企业的竞争力减弱，当企业成长的负面效应超过正面效应时，企业开始衰退。企业的成长与衰败遵循大自然普遍规律，即物竞天择，适者生存。马歇尔关于企业成长的论述开阔了企业成长理论的视角。

2. *新古典经济学的企业成长论*

新古典经济学的企业成长论就是企业规模调整理论，企业成长的动力和原因就在于对规模经济以及范围经济的追求。企业在新古典经济学中只是作为一个生产函数。新古典理论中的企业成长就是企业调整产量达到最优规模水平的过程，或者说是从非最优规模走向最优规模的过程，而且这个过程是在利润最大化目标既定，所有约束条件已知的情况下，根据最优化规则进行的被动选择，企业没有任何主动性的余地（纳尔逊和温特，1982）。

3. *新制度经济学的企业成长论*

企业成长通常表现为经营规模的扩大，也表现为企业功能的扩展，即企业把一些以前通过市场进行的交易活动纳入企业内部进行，这意味着企业边界的扩大。因此，从新制度经济学看来，企业成长论就是企业边界扩大的过程，分析企业成长的因素也就是探讨决定企业边界的因素，企业成长的动因在于节约市场交易费用。新制度经济学的企业成长论主要分析纵向边界的扩展。

新制度经济学发端于科斯（1937）对企业性质的研究，科斯认为，由于市场交易存在诸如签约、监督履约和追索违约等相关的交易费用，这种情况下通过形成一个组织，并允许由企业家权威来支配资源就可以节约上述利用市场机制的交易费用。因此，企业是市场机制的替代物，市场交易费用与组织协调管理费用相等的均衡水平确定了组织的边界，节约市场交易费用的考虑是企业成长的动力。科斯把组织与市场以及费用联系起来进行比较，这实在是一个创造。“交易费用”是构成科斯理论的一个枢纽性概念。所谓交易费用，就是与产品的生产无关的、纯粹市场交易所必须的费用。“通过市场机制组织生产的最明显的企业成本就是所有发现相对价格的工作。随着出卖这类信息的专门人员的出现，这种成本有可能减少，但不可能消除。市场上发生的每一笔交易的谈判和签约的费用也必须考虑在内。”交易费用的产生，主要是由于信息是有成本的（冰岛学者思拉恩·埃格特森著《新制度经济学》中观念）。于是，当在市场交易的费用大于在企业内部组织生产的费用时，企业就产生了，即企业是市场的替代。企业既然以最小成本和最大收益为追求目标，就不是规模越大越好，而应是规模适度。这应当是科斯关于企业是市场替代的命题的必然逻辑。根据这一逻辑，我们找到了企业扩张的边界。需要引起注意的是：就一般而言，市场交易费用与市场的发达程度是呈反向关系的，即市场发达程度越高，交易费用越低，反之亦然。按科斯的理论预测，市场发达程度越高，则企业成长的动力越低。这与现实明显不符，因为现实中通常是市场发达程度与企业成长呈正相关关系。为此，杨小凯和黄有光（1993）认为应该考虑经济主体的交易效率因素，即市场发达程度提高。扩大市场交易范围，一方面增加交易费用，另一方面也提高了交易效率，并且后者更为重要，只要交易效率提高的利益大于交易费用，市场的发达与企业的成长就可以齐头并进。

威廉姆森（1975，1985）从资本专用性、不确定性和交易效率三个维度定义了交易费用，在此基础上分析了企业边界是确定的原则，同时还从企业核心技术角度提出企业“有效边界”的概念。企业是一种连续生产过程的纵向一体化实体，这一连续生产过程的不同阶段之间如果通过市场交易关系相联系，就需要签订一系列的合约，而由于信息的不完全和不对称，签订的合约不可能是完全合约，这就给经济主体的机会主义行为提供了条件，这会导致专用性资产事前投资不足的问题。为解决这个问题，企业会通过向前或向后的一体化，把原来属于市场交易的某些阶段纳入企业内部，这种情况下的企业成长就表现为企业纵向边界的扩展。

格罗斯曼和哈特（1986）通过强调资产所有权的重要性，进一步明确了纵向一体化的含义，认为纵向一体化的水平取决于一方或另一方当事人控制专用型资产的程度，并且提出了物质资产专用性和人力资产专用性对于纵向一体化具有的不同的意义。

4. 后凯恩斯主义的企业成长论

后凯恩斯主义是当代宏观经济学的一个流派，属于少数派。其在微观经济问题上的观点独具特色，它把企业目标定义为增长最大化，其价格理论也不是关注如何通过价格机制来确定企业产品的稀缺性，而是关注通过价格来保证企业的增长潜力。在企业成长方面的贡献是，在企业增长率最大化的目标假设下，构建一个把企业产量决策、投融资决策和定价决策融为一体的企业成长模型。

后凯恩斯主义学派的经济学家认为，正派理论中的利润最大化假设由于企业面临的市场环境和企业组织结构方面的特征而不具有现实性。由于现实生活充满了不确定性，使利润最大化假设失去了基本前提（Shackle，1955；Robinson,1979）。另一方面，现代经济中企业的典型形式是所有权与控制权分离的公司制形式，由于经理集团在现代公司中居于支配地位，因此企业增长率最大化而不是股东的利润最大化成为企业的目标。后凯恩斯主义的企业成长论就是以大公司作为企业的典型组织形式。

企业增长是通过投资的扩大实现的，因此投资决策和投资资金的来源是最关键的方面。通常企业根据对未来市场需求增长和变化的预期形成投资计划，企业根据计划的投资支出水平决定加价规模，该加价规模将给企业带来计划投资支出所需要的保留利润，因此企业的定价决策服从企业成长的投资计划，如何确定加价规模成为企业的关键问题，为此必须结合融资成本的权衡综合考虑。企业成长所需的投资资金，一是来自企业内部留利的内源融资；二是通过资本市场的外源融资。以大公司作为企业的典型组织形式，由此假设：（1）企业可以随周期波动调整产量，企业对市场需求变化的反应不是因变动成本而改变价格，而是调整产量规模。（2）企业的定价规则是成本加成。（3）企业竞争所利用的手段不是价格而是投资，并采用销售政策力图扩大本企业的市场份额。（4）资本市场是不完全的，因而企业利用资本市场融资具有较高的交易费用，因而企业依靠成本加成定价产生的现金流量来满足企业所希望从事的投资支出需要，具价格运动取决于企业内源融资的需要和正常生产成本的运动。

5. 企业成长的制度变迁理论

企业制度变迁是随着企业经营规模扩张而出现的，同时又是维持和促进规模扩张的必要条件。对企业成长制度变迁理论的探讨，钱德勒（1977，1992）是从历史和宏观角度进行的。钱德勒认为从组织制度上可以把企业分为古典企业和现代企业，企业成长中由古典企业向现代企业的这种制度变迁不仅对企业本身意义重大，而且对社会经济制度的转变也具有决定性的作用。而威廉姆森（1975，1985）的主要贡献是从理性思维的角度阐述了企业成长过程中组织结构的演变，以及不同组织形态的效率。

企业经营规模的扩张，一是由大规模分配和大规模生产的发展所带来的。大规模分配是指经销商品的现代商业企业的出现，是运输和通讯技术变革的结果，大规模生产的出现晚于大规模分配，是由于除了需要运输和通讯技术变革之外，还需要进一步的技术上的突破。二是由于把大规模分配与大规模生产结合于一个单一公司之内的一体化，导致了大量市场交易活动的内部化。这种结合主要是通过纵向和横向两种方式实现的。钱德勒认为，真正的企业成长是现代企业出现之后的事情，而现代工商企业的出现是与两项重大的企业制度变迁相联系的，即：一是所有权与管理权的分离；二是企业内部层级制管理结构的形成和发展。在那些依靠内部资金发展起来的纵向一体化企业中，企业主人或其家族在企业高层管理中居于支配地位，所发展起来的是中层管理。在那些依靠外部资金发展起来的企业中，则是执行经理在高层管理中居于支配地位。钱德勒称其为经理式资本主义的兴起和家族式资本主义的衰落。

由于企业成长意味着一部分原先的市场交易内部化，需要企业内部的行政协调机制的相应发达，因此企业成长的重要方面就是企业内部组织结构的变革。传统企业中没有中间管理层，随着企业规模的扩大，内部管理工作增加并且日益复杂化，相应的内部组织分工向两个方向发展：一是水平方向的不同职能部门的产生；二是垂直管理层级的产生。垂直层级组织结构的产生是现代企业区别于传统企业的一个显著特征。

企业的水平方向发展，主要方式是合并、兼并、重组。通过控制每个经营单位的价格和产量来维持利润。横向发展的联合，开始的时候多采取行业协会的形式，但由于道德祸因和机会主义，使这种联合存在许多问题。有效的联合是要把已经联合起来的各个子公司合并成为一个单一的在法律上能予以承认的实体。通俗的说法即要削平内部山头。如果这个实体拥有大部分成员公司的股份，新的综合公司的董事会就能对各成员公司的经营活动建立和保持更有力的控制，而且能使成员公司之间实现优势互补。如果不建立起有效的组织，其内部摩擦成本可能比合并带来的竞争力还要大。

6. 企业内在成长理论

彭罗斯被誉为现代企业成长理论的真正开创者和奠基人。她的企业成长理论是内源企业成长论，研究对象为单个企业。企业成长的速度、方式和界限由企业能力决定，特别是企业的管理能力，它是限制企业成长速度的基本因素，现在通常把管理对企业成长的关键性约束作用称为"彭罗斯效应"。她对企业成长问题进行了系统的理论分析，构建了一个"企业资源——企业能力——企业成长"的分析框架。

首先，彭罗斯认为企业拥有的资源是决定企业能力的基础，企业拥有的资源和能力决定企业成长边界。企业内部物质资源所能提供的服务和质量，依赖于人力资源的知识拥有量，特别是企业内部的人力资源是企业最有价值的资源之一，这些资源决定了企业的管理能力。同时，彭罗斯把现代管理学中的管理团队理论引入企业成长研究范围中。其次，彭罗斯提出企业能力的关键是管理能力。管理资源是管理团队的专业化经验和能力，管理活动就是试图最有效地利用企业拥有的资源，管理经验和管理能力决定了企业所有其他资源所能提供的生产性服务的数量和质量，最终制约企业成长速度。企业能力特别是管理能力状况与企业多元化成长的能力呈正相关。彭罗斯关于企业能力的论述使企业成长问题的论述进一步科学化。最重要的是，彭罗斯强调创新能力对企业成长的重要性。她认为企业成长的重要一环是发现潜在的成长机会，产品创新和组织创新均是企业成长的推动因素，二者均取决于创新能力。彭罗斯的企业创新理论为以后的企业成长研究提供了更广阔的空间。

彭罗斯的现代企业成长理论将新古典经济学所抹杀的管理功能引进企业成长理论的分析框架中，使企业成长能力和资源理论的观点趋于成熟。同时，又强调知识的重要性，提出新知识对促进机制和企业知识积累机制的重要作用。不过彭罗斯的现代企业成长理论忽视了外因对企业成长的影响。

7. 产业演化与企业成长

自从波特提出了竞争战略的产业分析理论之后，在产业范围内研究企业成长是目前的一大热点。产业的性质、进入和退出壁垒、产业容量以及供求关系都会对该产业内的企业成长产生重要影响，而基于动态视角的产业演化对企业成长的作用力十分复杂。Marten Goos（2000）从产业组织视角研究了劳动需求与企业成长、产业演化的关系。他以企业雇佣员工数量的增加来衡量企业成长，因为理性的企业会根据成本和收益比较情况来选择最佳的用工人数。由于不同企业的用工决策存在差别，所以不同产业内的企业用工情况能表明企业规模是存在较大差异的。他在吉布莱特定律的基础上，构建了企业用人行为与企业或产业特征之间关系的模型，分析得出了企业规模、企业年龄和产业类型的差别会增加或减少劳动用工需求这一基本结论。Arther Fishman 和 Rafael Rob (1997) 发展了一个有关企业规模与产业演化均衡模型，证明产业内各企业没有能力随意增加其顾客量。新进入的顾客虽然可以随意选择购买哪家企业的产品和服务，但必须支付在企业间转移的搜寻成本，这些成本促使其产生留在现在的企业进行购买的压力。因此，在位企业可能享受与老顾客之间已建立的长期稳定关系所带来的好处，而新进入的企业则只能接受那些初次购买、尚未隶属于任何企业的顾客。随着时间的推移，各企业可以获得持续增长的客户量，忠诚客户群体也不断扩大，年长一些的企业就会占据更大的市场份额。他们的模型说明，规模大且年长的企业与规模小且年轻的企业相比，较难从产业中退出；在成本波动较大的产业里，规模相同的年长企业的期权价值要大于年轻企业，因为前者已经积累了大量的基本顾客。

8. 现代管理学派

随着人们对企业本质认识的加深，越来越多的学者开始从管理学科的角度研究企业成长问题，主要形成了以下几种理论。

第一，管理者理论。管理者理论把追求企业成长作为企业的目标，在此前提下探讨影响企业成长的因素以及实现稳定增长率的条件。彼得·德鲁克 (Peter F. Drucker) 认为在现代经济的发展中股份公司成为现代企业的主要形式。随着现代企业所有者和经营者身份的分离，以及相应的所有权与控制权的分离，企业的经营者掌握了企业的实际控制权，企业成长的控制性因素是企业最高管理层人员，最高管理层人员必须从思想到行为做好不断改变的准备。尤其重要的是不断保持和加强企业的创业精神和创新精神。也就是说，管理者理论认为企业成长的动力是企业管理层对企业成长速度最大化的追求。管理者理论在关于管理者在企业成长过程中作用的研究使企业成长与公司治理结构联系起来，使企业成长理论的研究与现代管理理论发展的趋势更加吻合。

第二，成长战略理论。战略学家从企业战略的角度研究企业战略与企业成长的关系。美国战略管理专家安索夫从企业战略的角度论述企业成长问题。他认为企业战略应包括对企业发展与成长方向的选择，即包括市场渗透、市场开发、产品开发和多元化经营。企业成长过程战略论的提出使企业成长与管理学科的结合更紧密，引导人们从战略管理的角度研究企业成长问题。

第三，组织管理理论。许多学者借鉴组织理论，把企业成长视为组织变革的过程。组织学派采用的研究方法是规范分析法，侧重于企业组织结构复杂度、权力分配等方面的研究。强调企业成长各阶段既是前一阶段发展的结果又是下一阶段的起始，它们由前期演进和后期变革（危机）组成，这些变革（或危机）加速了企业向下一个阶段的跃进。每个演进阶段都有其主导的管理风格，又有其主要的管理问题，这些问题必须在持续成长之前得以解决，而变革则由企业面临的居支配地位的管理问题决定。组织管理理论的提出使企业成长理论适用于所有行业，关于企业成长问题的研究也进一步行业化。

二、国内有关企业成长的理论

相比于国外学者，我国学者对企业成长问题的研究比较滞后。我国学者对企业成长理论的研究从20世纪90年代初兴起，以下主要归纳了几个国内在企业成长问题研究领域有代表性的理论观点。

1. 杨杜的企业成长论

中国人民大学教授杨杜在《企业成长论》一书中，对彭罗斯的企业成长理论加以发展，并着重提出了“经营资源”和“多样化经济”两个新的概念。杨杜认为人、财、物、信息等这些企业进行经营活动所必须的能力或要素的总体，是企业的生产要素。生产要素是由于被经营者用作获得经济利益才成为经营资源的。他认为企业是一个具有多种不同特性资源的集合体，企业成长是在竞争和企业内部未利用资源这两种根本推动力下的不断增长的过程。企业成长过程不仅是经营资源的蓄积、扩张过程，而且是其结构调整和特性革新的过程。

2. 黎志成的企业成长函数

我国学者黎志成认为企业成长取决于企业在未来一段时间内实现“量”的扩张和“质”的提高的能力和潜力，它决定了企业发展的可能性和发展程度。它不是指有利于企业成长的各个因素即企业成长的促进力（动力），而是指企业成长的促进力（动力）和抑制力（阻力）的合力所可能产生的推动企业发展的能力、能量和发生的作用。企业的成长与动力和阻力形成的合力具有同向的函数关系，用数学公式可表示为：

$$F(t)=\varphi(t)f(t),\ \varphi(t)>0,\ t>0$$

其中，$F(t)$ 为企业成长力；$\varphi(t)$ 为企业成长力与合力之间的函数关系，当 $\varphi(t)=\text{Constant}$ 即常数时，企业的成长力与合力成正比关系；$f(t)$ 为企业合力，也就是影响企业成长的各种因素的作用力的矢量和。

3. 企业仿生研究

北京工业大学教授、日本电气通信大学高级访问学者韩福荣等人进行了企业仿生研究，认为成长是企业的最终目标，企业只有保持成长，才能延长寿命。企业成长是企业进化在一个有限时间段内的具体表现，企业成长是企业进化的隐性形式。企业成长是量变与质变相结合的成长，是量的增加与质的变革与创新的结合。

4. 李维安教授的企业成长论

南开大学李维安教授认为追求企业价值最大化是企业生存和发展的内在动力，企业不断成长和壮大是企业孜孜以求的永恒目标，而企业活力评价指标体系的主要内容是成长性评价。李维安教授主要从企业盈利能力和发展能力两个方面评价企业的成长状况，主要以财务指标为主。

第二节　企业创新理论

一、熊彼特的创新理论

熊彼特在 1912 年出版的名著《经济发展理论》中提出，所谓创新就是“建立一种新的生产函数”，即实现生产要素和生产条件的一种从未有过的“新组合”并将其引入生产体系。只有引入到生产实际中的发现与发明并对原有生产体系产生震荡效应才是创新。这种创新的内涵通常包括产品创新、工艺创新、原料创新、组织创新和市场创新五个内容。

围绕以上五个方面展开的创新活动有一个共同的特征，即强烈的利润动机和潜在的盈利前景。创新的概念实质上是指把生产力的进步作为经济和社会发展的动力。熊彼特把竞争机制升华为创新机制，从而使人们更为准确地把握现代经济发展的脉搏。熊彼特还认为企业家是创新活动的倡导者和实行者，并指出静态中的经济主体是经济人，动态中的经济主体则是企业家（创新者）。也即企业家异于一般的企业经营管理者，后者只是按传统方式经营管理企业，而前者则敢于冒风险同时敢于承担风险，富有进取精神，不因循守旧，能够不断地倡导和开展创新活动。

熊彼特的理论体系涉及范围相当广泛，不仅包括他的创新理论本身而且还包括建立在创新理论基础之上的利润和利息理论、经济增长理论、经济周期理论和社会过渡理论等。迄今为止，还没有一位经济学家全面继承和发展熊彼特的理论体系。人们只是针对熊彼特提出的某个问题从各自角度加以引申和发展。主要有两个分支，一个是被称为“新熊彼特学派”的“技术创新”经济学，一个是下节将要介绍的“制度创新”理论。目前国外创新经济学也是分为这两大部分：

(1) 以技术变革与技术推广为对象的技术创新经济学；

(2) 以制度变革与制度形成为对象的制度创新经济学。

沿着熊彼特技术创新方向探索发展的企业创新理论的主要内容如下：

二、技术创新理论

1. 模仿论①

模仿论的代表人物是美国经济学家爱德温·曼斯菲尔德，他在新技术推广问题上填补了熊彼特创新理论中的一个空白——技术创新与模仿之间的关系以及二者之间变动的速度。为了研究同一部门内技术推广的各个经济因素的作用，曼斯菲尔德首先明确了四个假定：(1) 处于完全竞争的市场条件之下；(2) 专利权的影响很小；(3) 在新技术推广过程中新技术本身不变化；(4) 企业规模的大小差别不至于影响采用新技术。

据此假定可知，在一定时期内一定部门中采用某项新技术的企业增加的程度由三个基本因素决定：一是模仿比例，即一定时期内某一工业部门中采用新技术的企业数与总企业数之比。模仿比例越大表明有关采用新技术的情报和经验越多，模仿的风险就越小，对其他未采用该中心技术的企业的推动力就越大。二是采用新技术的企业的相对盈利率，即指相对于其他投资机会而言的利润率，不是指绝对利润率。该指标数值越高，模仿的可能性就越大，企业越乐意采用新技术。三是采用新技术所要求的投资额。在相对盈利率相同的条件下，投资额越小资本供给与筹集就越容易，模仿的可能性也就越大。

上述理论表明，各个不同工业部门内凡是采用新技术的企业所占比重越大，新技术的相对市盈率越大，所要求的投资额越小的部门，对新技术的模仿速度就越快。

2. 投资模式论

20世纪80年代初美国学者萨哈尔在熊彼特等“创新——模仿扩散模式”的基础上提出了“创新——学习——理解”的技术创新扩散模式。即通过学习进行导入性的扩散，通过理解进行规模性的扩散。该模式指明了将科学技术成功地转化为商品并从中获得经济利益的能力及途径。

---

① 侯先荣，吴奕湖. 企业创新管理：理论与实践. 电子工业出版社，2003：16-19.

技术扩散的内容主要包括三个方面：一是新技术在企业内的扩散；二是新技术在企业间的扩散；三是新技术在国际间的扩散。企业内的扩散又有两种基本方法：一是“流行病”模型，即企业没有“传染”的部分更容易得病（接受新技术），其扩散的速度取决于其财务特性（利润和成本）；二是通过经验来学习。企业间扩散的理论分为三个分支：其一可称为心理学方法，即人对外界刺激的反应必须有一个滞后时间，此滞后时间因人而异。其二称为概率方法，即影响个人作出创新决策的因素中至少有一个不为常数，但却能在不同程度上用连续的频率密集函数所描述。其三可称为博弈论方法，即不同新技术的不同采用日期（包括扩散在内）是垄断博弈对策的结果，国际间的扩散实际上是各国间及世界范围的技术创新扩散。

3. 市场结构论

美国经济学家莫尔顿·卡曼和南赛·施瓦茨从垄断竞争的角度对技术创新过程进行研究，进一步开创了熊彼特理论。他们研究了技术创新与市场结构之间的关系后认为，决定技术创新的变量有三个：

一是竞争程度。它导致技术创新的必要性，因为创新者可以获得比竞争对手更多的利润。

二是企业规模。它影响技术创新所开辟的市场前景的大小。企业规模越大，它的技术创新所开辟的市场会越大。

三是垄断力量。它决定技术创新的持久性。企业的垄断程度越高，对市场的控制力越强，它的创新就越不易被对手在短期内模仿，技术创新越能持久。

因此最有利于技术创新的市场结构是介于垄断和完全竞争之间的所谓“中等程度的竞争”的市场结构。在完全垄断统治条件下，因为缺乏竞争的威胁从而难以引起重大的技术创新，只可能出现小的技术创新；在完全竞争条件下由于缺少保障技术创新的持久收益的垄断力量，同样也不利于引起大的技术创新。因此市场竞争保持在一定程度下，可以使技术创新的速度达到最快，技术创新的内容也会较有价值。

介于垄断与完全竞争之间的市场结构中，技术创新可以分为两类：一类是垄断前景推动的技术创新。它指一个企业由于预计自己所进行的技术创新能够获得具有垄断利润的前景而主动采取的技术创新措施。另一类是竞争前景推动的技术创新。它指一个企业担心自己目前的产品可能在竞争对手模仿或创新的条件下丧失利润而被迫采取的技术创新措施。通常在只存在前一种创新动因的情况下，技术创新活动发展到一定阶段就会自动停止，因为创新者已经独占了垄断利润。而在只存在后一种创新动因的情况下，技术创新活动就难以出现，因为现实的情况中大多数人愿意成为风险小、成本低的模仿者而不是相反。

4. 企业规模论

该理论由美国经济学家保罗·戴维斯于20世纪70年代初提出，他认为一个企业若要采用某种新技术至少要达到某种规模，若达不到这个企业规模"起始点"，则会被认为采用新技术是不合算的。因为这会导致产品成本提高，盈利减少。他分析了决定企业规模"起始点"的若干因素，并指出降低规模的"起始点"是推广新技术的关键。

20世纪80年代以来西方学术界根据技术创新和推广之间的时间间隔日益缩短这种趋势，提出了具有知识密集性质的小企业最有利于技术创新的观点。这与传统观念正好相反，传统观念从规模经济考虑，认为大企业由于规模大，在竞争中易于占据有利地位，但从技术创新角度看，则并非如此。比如就知识密集型的小企业来说，他们常常只从事产品生命周期中第一个阶段的产品开发，一到成熟期就将产品转让出去，它们可以不断从事技术创新而无须担心别人模仿。这种企业易于充分发挥每个人的才能和专长，使每个职工和企业的整体利益保持一致，并有利于和大企业联合形成协作关系；即使在生产和竞争中遭到挫折也易于收缩，不至于长期陷入进退两难的困境。

5. 线形序列论

即把技术创新看成是一种简化的现行序列过程。它又包括以下几种：一是科学发现推进论，即"基础研究——应用研究——实验开发——技术创新"。布什的著名报告《科学——无止境的前沿》揭示了该模式的内涵：企业"新的产品和新的工艺是以新的概念为基础的，而这些新的原理和概念是由基础科学的研究生成的"。原子弹、计算机等划时代的技术创新正是这种模式的产物。另一种是市场需求拉引型，即"市场需求——应用研究与开发——技术创新"。著名学者布鲁斯提到："是那些对未来市场的分析以及对未来用户和目标的了解与创新的成功更加紧密的联系在一起，而不是那些科学发现或闪光的想法。"而弗里曼等则认为，技术创新常常是在上述两种模式复杂结合中产生的，技术创新往往以反映需求为特征，但同时也包含由于科研活动所带来的新技术知识所提供的机会。

6. 动态考察理论①

曼斯菲尔德对技术创新研究是在模仿不存在进入障碍的前提下进行的。弗

① 常修泽，等．现代企业创新论——中国企业制度创新研究．天津人民出版社，1994：55，58-60.

里曼关于企业规模与创新关系的论述虽已经注意到了小企业进入某些行业是存在壁垒的，但他的分析仍属于静态的、描述性的。理查德·列文（R. Lerin）进一步从动态上考察了影响企业进入创新行业的诸因素。

列文认为，企业规模的扩大程度和企业生产量的增长函数之间的变动关系影响企业的进退：（1）如果企业规模的扩大程度与企业生产量的增长幅度相等，那么企业的超额利润不变，R&D 支出占总收入的比例不变，企业的技术创新程度也保持不变，此时，没有新企业的进入，原有企业也不退出。（2）如果企业生产量的增长函数大于企业规模的扩大程度，企业的超额利润上升，R&D 支出增加，技术创新速度加快，有新企业加入而原有企业不会退出该行业。（3）如果企业生产量的增长程度小于企业规模的扩大程度，企业的超额利润将减少，相应地 R&D 支出在其总收入中所占的比例下降，企业减少技术创新的举措，出现原有企业的退出现象而不会有新加入者。

列文指出，在技术创新的可能性和收入的增长率不变的条件下，产品的需求弹性对企业进退该行业起决定性作用：（1）需求的收入弹性增大，新加入者容易进入该行业；（2）需求的收入弹性减小，进入壁垒比较大。实际上，产品的需求收入弹性增大，意味着收入增加后，对产品的需求量的增幅更大，也就是该产品的市场容量加大，出现供不应求的状况。旺盛的需求拉动新企业通过引进或模仿进入该行业。与此相类似的是放宽收入增长率既定的限制，在整个经济的增长率是上升的，也就是在收入增加的情况下，如果需求的收入弹性大于需求的价格弹性，也会出现需求拉动的进入。

7. 企业目标函数理论

R&D 体系的建立标志着技术创新的内在化。企业依靠自身力量进行创新势必在企业的目标函数中加入新的变量并使之发生偏移。尼尔森（Nelson, R.）温特（Winter, S. G.）和弗里曼等人研究了技术创新的不确定性对企业行为的影响。他们认为，即便生存和利润约束在解释企业行为方面显然是最重要的因素，但是面对企业技术创新的不确定性，理性的利润最大化（或福利最大化）行为很少有可能实现。这并不是否认新古典短期理论对于企业行为的解释是一个有价值的、精确的、抽象的模型，只是意味着这个模型不十分贴切。

尼尔森等人的研究发现，不同类型的创新其不确定性的程度不同。温特在 1965 年的《风险、不确定性和利润》一书中将不确定性分为可测量的不确定性和不可测量的不确定性或称真正的不确定性两种。弗里曼认为，技术创新通常属于后者，即便具有最低程度的不确定性的技术创新也很少能够直接从资本市场上得到资金支持，企业内部资金仍是其主要来源。表 2-1 列出了不确定性程度与技术创新类型的对应关系。

表 2-1　　　　各类型创新的不确定性程度

1. 极高的不确定性	基础研究 基础发明
2. 高的不确定性	基本产品创新 基本工序创新（外国企业）
3. 较高的不确定性	重要产品创新 内部企业基本工序创新
4. 中等不确定性	既定产品的新一代
5. 小的不确定性	准许的创新 产品创新的仿造 产品或工艺的修正 既定工艺的早期采用
6. 较小的不确定性	新类型 产品变异 体制内部既定工艺的晚期采用 小的技术改造

上述论点认为，增长最大化比利润最大化是一个更现实的解释，虽然其假定前提是增长政策从属于利润约束。弗里曼认为，一个企业面临技术变革时将采取不同的战略或目标。他认为，任何企业都得在伴随世界科学和世界市场的发展而兴起的技术和市场可能性边界之内运行。为了生存和发展，企业必须重视这些限制和历史环境。在这个意义上说创新并非自由或随意的，而是受历史约束。它的生存和发展依赖于它对迅速变化的外部环境的适应和改变的能力。而传统经济理论无视世界科学和技术的复杂性，以及在多数国家多数行业中变化着的技术构成这一事实。在这些约束范围内，企业也有一系列可供选择的战略目标，按照弗里曼的划分，主要有：进攻性战略、防御性创新战略等。

8. 源泉论

以美国的彼得·德鲁克为代表，他系统地阐明了技术创新机会的七种源泉的内在规律。他认为系统的创新就在于对变化进行有目的、有组织的寻找，即对创新机会的七种源泉进行监测。这七种源泉中前四个存在于企业内部，后三个存在于企业外部。

德鲁克根据创新源泉的系统分析阐明了技术创新的基本原理，它包括：一是应当做到的事情：有目的的、系统的创新始于对机会的分析，创新既是概念性的又是感觉性的；为使创新有效，它必须是简单的而且是高度有针对性的；高效的创新常常从小事开始。二是不应该做的事情：首先是千万别过于巧妙；不要分散，不要四分五裂，不要想毕其功于一役；不要为未来进行创新。三是应该具备三个条件：即要有知识；创新者必须依靠自身的力量；创新涉及一切人的行为上的改变。

德鲁克的创新七种源泉：(1) 意外事件，如意料之外的成功与失败及外部事件；(2) 不一致性，包括各种经济现实情况之间、实际情况与人们对它的假设之间、企业努力与顾客的价值观和期望之间、某个过程的节奏或逻辑上的内部不一致性；(3) 过程的需要，它指基于过程需要的、成功的创新；(4) 工业和市场结构的变化；(5) 人口结构的变化；(6) 观念的变化；(7) 新知识。

三、制度创新理论

此外，国外经济学家还运用熊彼特的创新理论来研究制度变革过程，由此产生制度创新理论。所谓制度创新是指能够使创新者获得追加利益的现有制度的变革。西方学者笔下的制度创新概念显然是极为广义的。技术创新是采用技术上一种新发明的结果；而广义的制度创新则是采用组织形式或经营管理形式的一种新发明的结果。

美国经济学家兰斯·戴维斯和新制度主义经济学代表人物之一道格拉斯·诺思把制度创新过程归结为五个步骤：一是形成“第一行动集团”，即预见到“潜在利益”并意识到只要进行制度创新就能得到这种潜在利益的决策者，他是制度创新的首创者。二是“第一行动集团”提出各种可供选择的制度创新方案。若此时尚无可行的现成方案则要等待制度方面的新发明。三是出现了若干可供选择的制度创新方案后，“第一行动集团”则按照最大利益原则进行比较和选择。四是形成“第二行动集团”，即在制度创新过程中帮助“第一行动集团”获得利益的单位。该行动集团可以是政府机构，也可以是为“第一行动集团”服务的组织与个人。五是两个行动集团共同努力实现制度创新。

戴维斯与诺思还提出了“制度创新”的时延问题。时延指企业在获得潜在利益的机会之后不一定会立即引起制度创新，二者之间的时间间隔叫做制度创新的时延。造成时延的原因主要有：一是现存法律不允许制度上某种新的安排出现，因而只好等到法律修改后才有可能进行制度创新。二是新制度代替旧制度所需的时间，它通常只是一个渐进的过程。三是制度上的新发明是一个困难的过程，需要一定的时间来等待这种发明。

此外两位学者还论证了制度创新的三种可供选择的方式，即它可以在三级水平上进行，由个人、合作团体或政府担任第一行动集团。并指出由政府担任第一行动集团实行的制度创新具有优越性。

第三节　企业永续经营新理念

当今世界已进入了信息传输高速化，商业竞争全球化，科技发展高新化的新时代，企业的外部环境也发生了天翻地覆的变化。新的管理模式、管理理念、管理方法和技术都层出不穷。企业应如何选择借鉴这些新理念，选择适合本企业发展的管理模式将是企业面临的一个重大的考验，对于中小企业来说尤为如此。在此，本书试图从《基业长青——企业永续经营的法则》①（以下简称《基》）这本书中选取出一些重要的、新颖的、对企业发展有一定借鉴作用的新的理念。值得注意的是：通过构建这些观念和架构引起企业领导者的思考远比盲目照搬这些已成功企业的经验要有价值。

首先来看两个基本概念："高瞻远瞩公司"（visionary company）与"对照公司"（comparison company）。高瞻远瞩公司是作者采用严格的标准，从《财富》杂志500强工业企业和服务类公司两种排行榜中选出18家高瞻远瞩的公司，并且系统地为每一家高瞻远瞩公司精心选择了一家对照公司进行追根究底的研究。高瞻远瞩公司的主要特点是：它在其所在行业中是第一流的机构；广受业内外人士崇敬；其产品和服务对世界有着不可磨灭的影响；经历过多代的CEO而经久不衰；已经历很多次产品（或服务）生命周期，并且都是在1950年前创立。对照公司的特点是：与高瞻远瞩公司创立时代相同，创业时产品和市场相似，但是在后来的岁月里，所属产业和地位不一定和高瞻远瞩公司相同的公司。但对照公司却并不是差劲的公司，相反，它们也是优秀的公司，如果把高瞻远瞩公司看作金牌得主，对照公司则是银牌或铜牌得主。

---

①　詹姆斯·柯林斯，杰里·波勒斯．基业长青．真如译．中信出版社，2002．科林斯和波拉斯在斯坦福大学为期6年的研究项目中，选取了18个卓越非凡、长盛不衰的公司，研究了这18个基业常青公司的成功经验，主要讲述了一群真正杰出、历经岁月考验的百年企业从创业之初发展至今的情况，并将这些公司直接与它们的一个突出竞争对手对照，审视了这些公司由最初创建发展到今天的历史——创业→中等公司→大型公司。

一、核心理念

1. 一致性比正确性更重要

《基》一书中通过对这18家高瞻远瞩公司的详细研究发现，每一家公司都有其稳定的核心理念作为支撑。核心理念是高瞻远瞩公司确立下来的经营之根本。《基》一书中认为，建立高瞻远瞩公司的第一步便是构建公司的核心理念。核心理念 = “核心价值” + “目的”。其中，“核心价值”是组织长盛不衰的根本信条，即少数几条一般的指导原则；不能与特定的文化或作业方法混为一谈；也不能为了财务利益或短期权益而自毁立场。“目的”是组织在赚钱之外存在的根本原因——地平线上恒久的指引明星，不能和特定目标和业务策略混为一谈。企业的核心理念是企业持续经营和获取成功的前提，企业成功最重要的因素就是始终如一的遵循这些理念。下表给出了几个高瞻远瞩公司的核心理念示例，见表2-2。

(1) 核心价值。一般来说，核心价值的数目不宜太多，3~6个为宜。事实上，没有一家高瞻远瞩公司的核心价值超过6个，而且大多数公司都少于6个。只有少数价值是真正的核心价值，是至为根本、深植在公司内部的，变动的概率极小。如果你列出的价值超过五六个，可能是还没抓住真正的核心价值。这时应该反复自问在这些核心价值中哪些是要始终遵循的，不管外在环境怎么变化、即使环境不再利于我们拥有这些价值，甚至使我们受到惩罚，我们依然如此。这些问题可以协助你认清哪些是真正的核心价值。

(2) 目的。目的（也可以称为使命）是公司除了赚钱以外存在的根本原因。经过适当构思，一个好的目的甚至能够长期指引和激励组织。公司会持续的追逐它的目的，但是就像追逐地平线或指引方向的星星一样，永远不会完全达成或完成目的。目的不必独一无二，两个公司很可能有相似的目的。

核心价值和目的由此共同构成了核心理念。在此，我们真正要注意的是：核心理念并没有“正确”与“错误”之分。高瞻远瞩公司的关于核心理念的资料显示，虽然有一些要点普遍出现在不少高瞻远瞩公司的核心理念里（例如贡献、团结、尊重员工、服务顾客、走在创造或领导的前列、对社区的责任），却没有任何一点普遍地出现在所有公司里，例如：

◇ 强生和沃尔玛，把顾客当作核心理念，索尼和福特并非如此；

◇ 惠普和马里奥特，把关心员工当作核心理念，诺斯通和迪士尼并非如此；

◇ 福特和迪士尼，把产品或服务当作核心理念，IBM和花旗银行并非如此；

表 2-2　　**部分高瞻远瞩公司核心理念示例**

公司名称	核心理念
1. 美国运通	1. 英雄式的顾客服务
	2. 世界性的服务可靠性
	3. 鼓励个人的首创精神
2. 波音公司	1. 领导航空工业；永为先驱
	2. 应付重大挑战与风险
	3. 产品安全与品质
	4. 正直与合乎伦理的业务
	5. 吃饭、呼吸、睡觉念念不忘航空事业
3. IBM	1. 给予每个员工充分的考虑
	2. 花很多时间使顾客满意
	3. 坚持到底把事情做好，所作所为追求完善
4. 强生	1. 公司存在的目的是要“减轻病痛”
	2. 我们的责任层次分明：顾客第一，员工第二，整个社会第三，股东第四
	3. 根据能力给予个人机会与报酬
	4. 分权 = 创造力 = 生产力
5. 宝洁	1. 产品完美
	2. 不断自我提高
	3. 诚实与公平
	4. 尊重与关心个人

◇ 索尼和波音，把大胆的冒险当作核心理念，惠普和诺斯通并非如此；

◇ 摩托罗拉和 3M，把创新当作核心理念，宝洁和美国运通并非如此。

并没有任何特别的理念是和成为高瞻远瞩公司必然相关的。反而，理念的真实性和公司连续一贯符合理念的程度比理念的内容更为重要。换句话说，不管你是不是喜欢某个理念或同意某个理念，不管别人是否赞同这个理念，都没有关系。重要的是对理念的一致性的遵循。因此，关键问题不在于公司是否有“正确的”核心理念，或者是否有“让人喜爱的”核心理念，而在于是否有这样一种核心理念指引和激励公司的人。

2. 核心理念的执行更为重要

核心理念界定后，更重要的是从行动上、组织上以及各方面保证核心理念的一致性。高瞻远瞩公司不只是宣布一种理念，它们还采取很多步骤使之贯彻于组织上下，使之根植于每个员工的心中，成为员工坚定不移的信仰。

(1) 高瞻远瞩公司会比对照公司更彻底地向员工灌输其核心理念，创造出强有力的、几乎成为教派般的文化和一个几乎像教派一样的环境。创造“教派般的文化”的重点是运用一系列具体的做法，使公司里每个员工都成为核心理念虔诚的教徒，忠心地维护核心理念。

例如迪士尼公司的做法：

◇ 不管是什么阶层和职位，要求每个人都要参加迪士尼大学的新人训练课程；

◇ 每个新演员和一位有经验的同事搭配，接受进一步的社会化训练；

◇ 对于可能招募进来的人，即使是雇来的清洁工，也必须至少通过由不同口试官主持的两次筛选；

◇ 任何一个嘲笑或公然抨击“身心健康”理想的员工都不能在公司里继续生存；

◇ 通过特殊语言强化迪士尼员工的心态；

◇ 公司出版的刊物不断强调迪士尼公司“与众不同”之处；

◇ 写给股东的年报大量使用“梦想”、“乐趣”等特殊语言；

◇ 内部运作秘而不宣，只是属于公司“内部”的员工才能对公司的运作情形有所了解。

(2) 高瞻远瞩公司和对照公司相比，会比较谨慎地根据是否符合核心理念来培养和选择高级管理层。一个公司拥有一位高瞻远瞩的魅力型领袖，是一件十分幸运的事，然而这个领袖离职后，公司的运营情况却未必可以持续，这好比是“报时”；而建立一家公司，使公司在任何一位领袖离职后都可以很久地、经历许多次产品生命周期仍然欣欣向荣，好比是“造钟”，一般高瞻远瞩公司都强调“造钟”而不是“报时”。它们主要致力于建立一个具有特殊潜质组织，而不仅仅是一种产品；它们并非致力于取得高瞻远瞩的领袖，而是致力于出能够培养出高瞻远瞩领袖的组织。一般来说，高瞻远瞩公司经常从内部培养自己的接班人，以保持核心理念贯彻的一致性。

(3) 高瞻远瞩公司和对照公司相比，在诸如目标、策略、战术和组织设计等方面，比较能够一贯地配合核心理念。

高瞻远瞩公司通过具体的做法把它们的理念转化成有形的机制，发出要保持并加强持续一贯的核心理念的信号。它们对员工灌输理念，规定其行为标准必须符合公司的核心理念，使员工有一种属于某个特殊集体的强烈意识。

不过，虽然这些公司在核心理念方面控制非常严格，但它们同时又在具体操作上提供较大的自由度，鼓励个人首创精神，倡导兼容并蓄而不是非此即彼。事实上，高瞻远瞩公司虽然比对照公司更像教派，但是，高瞻远瞩公司普遍实施分权制度，并给予员工较大的自由度，这方面对照公司反倒大大不如。其实这两点并不冲突，在核心理念上始终坚守，在具体操作上灵活应变，将原则性和灵活性合理结合。因此，公司如果希望拥有授权或分权的工作环境，最要紧的事是规定严格且明确的核心理念，并把这种理念灌输给经过筛选的员工，及时清除不符合核心理念的人；对于留下来的员工，则赋予他们身属某种精英组织的高度责任感。简单地说，如果能够以理念为中心，像教派一样地团结，就可以使公司解放员工的能力，让他们从事实验、变革、适应，以及最重要的事——采取行动。

3. 核心理念的建立

核心理念是作为一种内在要素而存在，几乎不因外界环境变化而变化。在高瞻远瞩公司里，核心价值不需要理性或外界的肯定，也不会随着当时的趋势摇摆，甚至不会跟着市场形势的变化而改变。由于核心理念的重要意义在于组织应该拥有一个坚固的核心理念以及核心理念一贯性的维持，照搬高瞻远瞩公司或任何其他公司的核心价值是没有意义的。核心理念并非来自模仿，并非追随外人的指令，并非来自研读管理书籍，也并非来自纯粹的智力运用，以便以一种量化的标准来衡量什么价值观最务实、最通俗或最能获得别人的认可。制定核心理念时，关键是抓住自己真正相信的东西，不能“创造”或“制定”核心理念，而是“发现”核心理念，靠内省找到核心理念。核心理念确定以后，就应该坚决地改变任何不符合核心的事物。如果任何人在任何时候都说什么事物不应该改变，因为“我们一向都是这样做”，或提出任何抗拒改变的借口，就要提醒他下面这条简单的原则：如果这个事物不属于核心理念，就可以改变；也就是，如果不属于核心理念，就改变这个事物！

对于中小企业和初创者来说，核心理念并不是一个只和大公司相联系的概念。有少数几家高瞻远瞩公司在初创期时已经有明确规定的核心理念。例如，罗伯特·约翰逊从孕育强生时对公司的目的就拥有了一种意识（减轻病痛）。索尼的井深大在 1946 年撰写公司的说明书时，也和约翰逊一样。还有更多的其他公司，像惠普和摩托罗拉，在顺利渡过初创期之前，并没有写下公司的理念，他们经常是在创办之后10年左右，成为大公司之前写下的。大多数高瞻远瞩公司在早期只是设法起步，开始向前冲，一直到公司逐步演变后，理念才渐渐清楚。所以，对于中小企业和初创者来说，如果现在还处在初创期，没有制定出一种明确的核心理念，也没有什么不好。但是，还是应该尽早地制定，这将十分有利于公司的永续经营。

二、用人之道

1. 选取符合本公司核心理念的人

前文已经提过，高瞻远瞩公司创造的是一个教派般的环境，遵循的是教派般的文化。因此，高瞻远瞩公司对自身的主张、对本身希望达成的成就极为明确，对员工的要求通常要比其他公司严，甚至根本不容纳不愿或不符合它们确切标准的人。高瞻远瞩公司并不是一个舒服的、绝佳的工作环境。只有极度符合高瞻远瞩公司核心理念和要求标准的人，才会发现那里是他们绝佳的工作地点，在那里他们能够充分发挥自己的潜力。而不符合公司核心理念要求的人，将会被无情地排除，甚至都没有机会进入到高瞻远瞩公司。这是一个两极化的世界，没有灰色地带，要么走，要么拥护它。

高瞻远瞩公司为了保持自己核心理念的一致性，通常在招聘期间或雇用的头几年实施严格的筛选程序。例如迪士尼公司，对于要进入迪士尼乐园工作的论时计酬员工，迪士尼特别注意筛选和社会化，对于可能招募进来的人——即使是雇来的清洁工——也必须至少通过由不同口试官主持的两次筛选（20世纪60年代时，迪士尼要求所有应聘人员参加多次性格测验）。脸上有毛的男性、耳环摇摇晃晃或化浓妆的女士不必去应聘，因为迪士尼实施严格的仪容规定。甚至早在20世纪60年代，迪士尼乐园在雇用员工方面，就实施严格符合公司哲学的方针。

在进行严格的选拔后，这些公司还运用一系列极为有用的措施灌输自己的核心理念。比如IBM公司：制定培训计划，系统地灌输公司哲学；在墙上贴一些口号，如“我们卖的是服务”等；20世纪30年代，创立了一所完整的学校，用来培养和训练未来的公司职员；制定严格的个人行为准则：注意仪容、禁止喝酒、鼓励结婚等；招募有可塑性的年轻人，并且严格遵守从内部提升的做法；设法为最能体现公司理念的员工创造英雄式的神话，并且在内部刊物上宣传他们，少数典范甚至拥有公司献给他们的歌；创设乡村俱乐部，鼓励员工内部交往；IBM 人必须学习公司文化特有的语言；给员工灌输一个观点："这家公司是世界上最伟大的公司"等。

公司通过在招募时就招募具有符合本公司核心理念特质的员工，又在吸收后运用各种方式和手段向其灌输本公司的核心理念，使之从身到心都坚信并坚持，狂热地追逐这种理念。由此，可以形成强大的向心力，强化公司追求远大目标的能力。

2. 保持公司高层的连续性

一般来说，人才的聚集渠道有两种：内部提升和外部招聘。两种方式各有利弊。内部提升的员工公司对其比较了解，他也可以很快熟悉业务；但是这不利于公司的变革。外部招聘的员工可以为公司增添新的血液，可是缺陷也恰恰是对公司业务不熟悉。公司的高层经理人的选拔也常常面临着这两种选择。而通过对高瞻远瞩公司和对照公司的研究，却发现"高瞻远瞩公司和对照公司在公司历史的某些时期都曾经拥有绝佳的最高管理层，但是，高瞻远瞩公司拥有更好的管理发展和继承人规划，这是保持这座时钟能够继续滴答作响、发扬光大的关键，这种机制从而使 18 对对照研究的公司中，有 15 家高瞻远瞩公司比对照公司在从内部培养人才方面，更能确保一贯性"。① 也就是说两者最大的差别不是领袖的素质，重要的是优秀领袖持续的一贯性，也就是保存核心理念的一贯性。高瞻远瞩公司从内部人才中培养、提升和慎重选择管理人才的程度，远远超过对照公司，这是他们保持核心理念一致性的关键步骤。

【案例】

顶峰领袖断层 VS. 摩托罗拉"CEO 办公室"

顶峰公司的创办人极有才华，但是他没有培养任何一个有能力的接班人，他去世后，只能由他的同事接任 CEO，两年后，又传位给公司的法律顾问赖特，赖特放任公司逐步背离"高品质"的核心价值观。1968 年，内部员工萨姆升任 CEO，但两年后，突然死亡。公司又面临 CEO 真空，只好雇佣福特汽车的内文。内文表现并不突出，公司继续背离原有的价值观。1979 年，赖特只好重新出马，并推荐克鲁克曼当 CEO，不幸的是，任职两年后他也突然去世，顶峰再度面临继承危机。

相比之下，摩托罗拉的领袖传承就十分注意保存公司核心理念，并且

① 詹姆斯·柯林斯，杰里·波勒斯．基业长青．真如译．中信出版社，2002：216.

创造性地成立“CEO 办公室”，使得公司不至于在领袖缺阵的情况下仓惶失措。小高尔文念中学时就已经开始在公司工作，成为 CEO 之前工作了 19 年。他担任 CEO 后，采取“CEO 办公室”的做法，由几名成员组成一个办公室，而不仅只有一位领袖。并将这一观念运用至低层，成为公司培养经理人和领导一贯性的重要机制。1993 年，CEO 办公室的重要成员费舍尔离开公司担任柯达公司总裁，这一在其他公司绝对会引起混乱的重大事件并没有给摩托罗拉带来什么不安，办公室其他两位成员顶起空缺，并且从内部开始挑选新人接任他的位置。

从内部提升自己的员工作为高层领导，及早地建立一整套完整的培养、选拔、任用的机制，即形成“领袖连续性循环图”，不仅可以保持核心理念的一致性，将公司的核心理念持久不变地保持下去，而且公司不会因某一个杰出的领袖离开后出现管理的断层，导致公司业绩的急剧下滑。相反，对于没有高层领袖培养机制的公司来说，任何一位 CEO 的离去，都可能形成管理的断层，公司将迫于压力向外寻找 CEO。新来的 CEO 由于其价值理念未必和公司的核心理念一致，常常会引起公司经营理念、经营方向、经营策略的转变，这对于公司的稳定运营是一个巨大的危险因素。

并不是只有外部引进的 CEO 才能带来变革，刺激进步。如果公司真的需要从外界招聘，也最好选择和公司核心理念高度一致的人，即使管理风格有所不同，至少他是真心地赞同公司的核心理念。

中小企业一样可以培养经理和规划继承人。萨姆·沃尔顿在公司只有 50 家商店时就开始思考公司未来的管理层；休利特和帕卡德在 50 年代惠普只有 500 个员工时就正式开始了经理计划和详尽的继承人规划。几乎所有构建高瞻远瞩公司的早期人物在职时间都很长（平均 32.4 年），所以，这些公司在资历浅、规模小的时候很少面临真正的传承问题。尽管如此，很多公司还是在真正的传承之前就做好了继承规划。因此中小企业想要维持公司的永续经营，就可以采取长远的观点，及早考虑领导人的传承事宜。一个想要获得永续经营的公司，不仅关注公司这一代表现有多好，也在乎公司下代、下下代表现如何。

三、不断追求进步的驱动力

杰出的公司总是在不断地追求进步，它们的目标不仅仅是打败竞争对手，这样，当成为行业第一时，它们便有可能停滞不前了。它们要达到的是怎样做才能比今天更好。对这些公司而言，这是它们的生活、思想和行动的习惯。这种自求改善、永不终止的结果是自然而然的优异的运作和绩效。

首先是要区别核心与非核心。许多公司都把核心与非核心的做法混为一谈，导致在非核心的事物上投入太多，固守太久。其实，核心理念与文化、战略、战术、作业、政策或其他非核心的做法是有区别的。在外界环境发生变化之后，文化标准必须改变，策略必须改变，产品线必须改变，目标必须改变，权限必须改变，管理政策必须改变，组织结构必须改变，奖励制度必须改变。但公司如果想成为高瞻远瞩的公司，达到永续经营，核心理念不应改变。高瞻远瞩公司往往小心地保护核心理念，但核心理念之上的所有表象都可以改变和演进。核心理念提供一贯的基础，使高瞻远瞩公司可以据以演进、试验和改变，而获得进步，明确了什么是核心和非核心，公司才更容易在不属于核心的所有事情上追求变化和行动。

其次，虽然核心理念是抽象的，但是可以将维护核心理念和追求不断进步制定成制度，融入到组织结构中，使这些因素并非只是以普遍的理想或文化存在。高瞻远瞩公司不只是环绕着核心和进步，拥有一些模糊的意愿或激越的热忱而已，高瞻远瞩公司也拥有具体有形的机能。在这些优秀公司的内部，各种具体机制同步运作、彼此配合，在战略、战术、组织制度、结构、奖励制度、建筑蓝图、岗位设计——在一切事物上都寻求配合。当不断改善已经制度化，高瞻远瞩公司就可以更进一步把自我改进的观念大大推广，不限于程序的改善，它代表对未来的长期投资，代表在员工的培养上投资，代表应用新构想和新科技。简单地说，就是尽一切力量，使公司在明天比今天更强大。

总之，高瞻远瞩公司的根本在于转化核心理念和独特追求进步的精神，使之融入组织结构的所有层面，化为目标、战略、战术、政策、程序、文化习性、管理行为、建设蓝图、支付制度、会计制度、职务设计，一句话，化成公司的一切作为。高瞻远瞩公司虽然对于中小企业是一个遥远的目标，但是高瞻远瞩公司的优秀特质和做法中小企业却可以有选择地借鉴，保持自己的核心理念，持续不断地驱动改进，这对中小企业维持永续发展将起到重要的作用。

第三章　中小企业管理制度与制度创新

第一节　中小企业产权制度基本内容及运行

一、企业产权制度概述

1. 产权的内涵

产权作为经济主体围绕财产关系形成的权能、责任和利益关系，是一个权利束。产权范畴有以下几个方面的内涵：

第一，产权体系论。我们认为，完备的产权总是一组权利或称权利体系，即以出资者所有权为基础的各种行为性权利的总和。它包括：（1）决定财产归属的权利，即出资者所有权；（2）在现代企业制度条件下，与出资者所有权并立的企业法人财产权；（3）在权利允许的范围内以各种方式使用财产的权利，即使用权；（4）从财产运营中获益的权利，即收益权；（5）改变财产形态和内容的权利，即处置权；（6）把全部或部分财产出让或出租的权利，即让渡权等。

第二，产权价值论。我们认为，产权是一种价值形态的财产收益，这就意味着产权的客体不再局限于生产资源，它可以泛指人们排他性地拥有的一切使自己或他人受到损益的权利，不管这种权利是建立在对财产、资源等有形物品的占有，还是基于法律的规定所拥有的无形资产的权利以及其他权利。

第三，产权可分论。我们认为，产权是可分的。这种“可分”表现在两个方面：一是诸种权利之间是可以分离的，即所有权与它所派生出的各种权利（如使用权、经营权）是可以分离的，同样所有权所派生出的各种权利之间也是可分的，如经营权与收益权是可分的。二是同一财产的产权可以分割为若干份额，这一点在股份制企业中股权的分割上表现得最为明显。

这里要区别的是：产权并不直接等同于所有权。由上可见，产权的概念一般比所有权涵盖的内容更为广泛。所有权（确切说是狭义所有权）是产权的核心范畴，离开了所有权，产权的其他权能就失去了意义，或者说，产权就不能发挥应有的功能。但是，如果缺少其他产权权能，那么产权就变得残缺不全。所以，完整的产权是包括所有权等权能的集合。

2. 产权制度的内涵

所谓产权制度就是制度化的产权关系或对产权的制度化，是划分、确定、界定、保护和行使产权的一系列规则。“制度化”的含义就是使既有的产权关系明确化，依靠规则使人们承认和尊重，并合理行使产权，如果违背或侵犯它，就要受到相应的制约或制裁。

通俗地说，产权制度就是产权安排，就是产权按什么样的标准进行界定，按什么样的方式和规则进行组织，按什么样的规范对经过组织的产权进行运作，按什么样的原则流动。它是产权如何使用的规定。

显然，产权制度涉及产权界定规范、产权经营规范和产权流动规范等内容。产权界定规范是指有关产权法人主体、产权体系中诸权利、产权体系在企业中的表现形式以及产权法人主体的权、责、利关系等方面的规范；产权经营规范是指产权法定主体营运法人财产的有关法规、法律；产权流动规范是指产权在跨区域、跨部门、跨企业间进行交易、转让、合并等方面的规范。产权制度是现代企业制度的核心和基础。

产权制度的功能主要表现在：（1）约束功能。在合理的产权制度下，明晰的产权关系可以使所有者通过产权有效地约束经营者，从而保证资产增值，实现所有者利益。（2）激励功能。产权具有排他性和独立性，企业一旦拥有产权，其生产经营权利即可得到法律保护，进而使经营者在激励机制的作用下，既可以也可能真正做到自主经营、自负盈亏。（3）增进资源配置效益功能。由于产权的各项权能是可以分解转让的，因此通过以产权转让为基础的企业间的资产联合、兼并等形式，可以促进资产在流动中增值。（4）规范市场交易行为功能。产权关系的界定具体规定了人们与物相关的行为规范，每个人在与他人的相互交往中都必须遵守这些规范，或者必须承担不遵守这些规范的成本。这样，保障受益和受损索赔的原则可以有效抑制企业不正当的交易行为，从而使企业行为合理化。

在我国，建立健全现代产权制度，是《中共中央关于完善社会主义市场经济体制若干问题的决定》提出的一项重要改革任务。建立现代产权制度是建立规范的现代企业制度的基础。现代产权制度是权责利高度统一的制度，其基本特征是归属清晰、权责明确、保护严格、流转顺畅。产权主体归属明确和产权收益归属明确是现代产权制度的基础；权责明确、保护严格是现代产权制度基本要求；流转顺畅、财产权利和利益对称是现代产权制度健全的重要标志。

3. 产权界定的涵义和标准

产权的内涵是十分丰富的，它包括多项财产权利，而权利的行使和运用，有的和财产所有权是统一的，有的又可以在一定程度上相分离。这就加大了产权界定的难度，使产权界定成为一项十分复杂细致的工作。

产权界定的前提是界定“产权”。也就是说，首先要弄清需要界定的产权都包括哪些内容，它是产权界定的基础性工作。产权界定，最初的解释是指政府用法律来规定资源的归属，赋予某些主体进行一系列有限制性活动的权利。在这里，“有限制性活动的权利”的含义，贝尔曾从法律角度解释说，就是所有者在法律限定范围内的排他性权利。在不同的历史阶段，产权界定中的权利的配置是不同的。现代公司出现以前，产权是所有者私人拥有的排他性权利，而在此之后，又出现了法人产权。产权界定所能带来的好处，就是它能避免为争夺产权而付出的代价，以及减少因产权未确定而带来的资源配置的机会损失。人们愿意从事产权界定活动，就是因为界定产权过程中会产生许多利益。

产权界定有两种形式：契约形式和法律形式。契约形式是平等的人之间通过谈判达成的，它是平等和自愿的。在国家出现之前，界定产权是通过人与人之间进行谈判，达成契约而实现的。法律形式是在权利上具有优势的主体对在权利上具有劣势的主体的命令，它是不平等和强制性的。国家产生以后，开始介入产权界定，平等的自愿谈判被政府的强制性裁决所代替。这种裁决主要是法律裁决。

产权界定，是企业改革中的一个深层问题。在这一过程中，必将涉及方方面面的利益关系，因此，在进行产权界定过程中，必须遵循特定的标准。

从西方产权理论来看，它所强调的唯一标准就是效率标准，即只要产权的界定、分配和流动最终能提高资源配置效率，使社会达到“帕累托最优”，则认为这一产权界定是科学的、合理的。中国目前进行的企业改革，其最终目的也在于提高资源配置效率，使微观经济主体充满活力。因此，产权理论中关于产权界定的效率标准，也应成为我国产权界定工作的标准之一。

但是，由于我国企业资产的形成情况比较复杂，投资来源多，时间跨度大，分布范围广，并且中国又正处于体制转轨过程中，会触及各方面的利益，所以，我国的产权界定工作就不能仅仅以效率标准作为唯一的标准，而必须在效率标准下兼顾公平标准。所谓公平标准，就是实事求是，按历史的本来面貌，公平地、客观地划分和确认产权的归属。在进行企业产权界定时既不能偏向国家一方，也不能偏向其他任何一方，以使产权界定科学、公平地进行。而且，在具体界定工作中，要尽量照顾到各方面的利益，以使产权界定的“摩擦成本”降至最低。

二、中小企业产权制度的基本内容

1. 单一业主制企业产权制度①

在英美等国家，每年新建的企业大部分采取单一业主制形式。因为这种形式并不要求非常正式的结构和程序，如果不想做增值税登记，可以不保留任何经营记录；企业账目不要求进行审计，企业的财务信息也不必到企业登记处备案。作为单一业主，法律对业主本人和他的企业不加区分。企业是业主个人财产的一部分，就像他的汽车和房产一样。因此，如果经营失败，债权人不仅可以要求用企业的财产还债，也可以要求业主在《中华人民共和国企业破产法》允许的范围内用个人财产抵债(《中华人民共和国企业破产法》规定破产者可以为自己和家庭保留一些最基本的生活必需品)。用法律术语来讲，就是单一业主对企业的一切欠债负有“无限的债务责任”。

(1) 单一业主制的基本产权特征。根据以上叙述，我们可以总结出单一业主制企业的基本产权特征：

①生产资料私有制。单一业主制企业的生产资料由业主一人投资，所有权归其享有。在法律允许的范围内，业主对生产资料享有占有、使用、收益和处分的权利，亦即享有完整的企业产权。这就是单一业主制企业区别于国有企业与股份制企业的基本特征。

②存在一定数量的雇佣劳动关系。在单一业主制企业中，业主不一定直接参与劳动，或者不是劳动的主要力量，他们需要以雇佣劳动作为生产经营活动的基本力量或主要力量，这是单一业主制企业与个体工商户的一个重要区别。

③单一业主制企业是盈利性的经济组织。盈利性是所有企业的共同特征，单一业主制企业作为企业的一种形式，当然也不例外。业主最为关心的也是盈利。单一业主制企业的生产资料私有制决定了企业的利润由业主分配，尽管业主的收入可能会很高，但只要经营合法，就应当允许。当然，国家为了全社会的利益又可通过税收等方式参与单一业主制企业的利润分配或引导它的积累投向。单一业主制企业作为经济组织，必须具有一定的规模，这也是与个体工商户相区别的又一个特征，而这种规模主要体现在资金、人员、组织机构和管理

---

① 梁文潮．中小企业经营管理．武汉大学出版社，2003：74-77.

制度等方面。

（2）单一业主制企业的法律地位。根据以上叙述，我们可以总结出以下两点：

①单一业主制企业是公民以主体资格参加商品生产经营的特殊形式。这里的公民作为民事主体进行商品生产经营活动是以企业的形式出现的，也以企业的名义进行。因此，它又具有与一般公民进行民事活动不同的特点。公民作为民事主体进行各种民事活动，主要是为了满足自己日常生活的需要。而单一业主制企业作为民事主体，则具有了从事商品生产和经营的资格，其经营的目的就是为了获取利润。公民创办业主企业，不但要具有公民的一般民事权利能力和民事行为能力，而且必须符合一定条件并依照法律规定，向有关部门履行核准登记手续，取得从事单一业主企业经营活动的特殊民事权利能力和民事行为能力。

②单一业主制企业不具备法人资格。单一业主制企业的特点是个人出资、独自经营。企业的生产经营资金完全来自个人，是个人总财产的一部分。它不同于企业法人，也不同于合伙经营。独自经营是指企业业主作为资金的唯一所有者，也是企业的全经营者，不存在资金所有权与经营权的分离，也不存在合伙人的共同经营。所以企业一旦亏损、倒闭、资不抵债时，业主理应对债务负无限清偿责任。多数国家对单一业主制企业的法律规定大体相同。一些国家在某些特定方面则有不同的具体规定。例如在法国，近70%的现行企业以单一业主制企业形式出现，这些企业可能是夫妇俩共同负责的。但是在英国，夫妇二人共同经营的企业却需要按合伙制或有限责任公司方式组织。还有一些国家立法承认一人公司的存在。

2. 合伙制企业产权制度

（1）合伙制的主要法律特征：

①合伙是两个或两个以上公民按照相互间的协议而成立的经营组织。合伙是基于合伙协议而产生的，因此，按照一般合同成立的要求，合伙合同必须是由两个或两个以上的公民协调一致，才能建立合伙关系。

②合伙人共同出资。合伙人共同出资，是合伙进行共同经营和承担民事责任的物质条件，没有合伙人共同出资就谈不上共同经营，更谈不上共同的经济目的。合伙出资的范围，可以是货币、实物、土地使用权、知识产权或者其他财产权利等。但是，不能以法律禁止作为投资的财产进行投资。至于合伙人的出资数额、种类可以相互协商确定，并明确规定在合伙合同中。

③合伙人共同经营。合伙的性质决定了合伙成员之间具有共同的经济目的

和紧密一致的经济利害关系。因此，原则上合伙成员既要共同出资，又要共同参加经营决策和日常经营活动。

④共享收益、共担风险。合伙的目的是为了获得一定的经济利益，所以合伙是以赢利为目的的。但是合伙的利益和风险始终与合伙事业经营的好坏、盈亏相联系。合伙人既有权获得合伙的盈利，同时也有承担合伙失败风险的义务，这是各合伙人的权利和义务在经济利益上一致性的表现。

⑤合伙人对合伙企业债务承担无限连带清偿责任，合伙人之间承担连带责任。合伙人对合伙债务承担连带清偿责任，这是合伙关系有别于其他合作关系的一个重要法律特征。

合伙企业要想成功，首要一条就是合伙者必须相互信任，密切配合。由于合伙参加者承担无限责任，当企业发生问题时，不管是谁的过失，债权人都可以要求用合伙人的个人物品抵债。合伙关系几乎如同婚姻关系一样密切，因此选择合伙对象就像找婚姻对象一样必须十分认真和慎重。如果你想建立一个合伙企业，首先应该自我反省一下自己的性格是否适合当合伙人。有的人个性太强，不能平等地接受他人的想法和与人共享资源，就不适合于参加合伙。事实上并不存在如何选择合伙的简单易用的准则。但从实践来看，大多数成功的合伙关系建立时合伙者往往已互相认识相当长时间了，可能是朋友，也可能是贸易伙伴，并且他们的技能和性格形成了互补。比如由精通技术的合伙者负责企业的生产；善于交往的合伙者负责销售；一位善于出点子的谋士和一位勤于实践的实干家也能成为 对优秀的搭档。

（2）合伙协议的基本内容。合伙协议应该包括以下内容：

①利润分配方式，即如何分享利润和分担损失。如按照投入资金比例、按照完成合同数量、按照投入工作时间或其他方式。

② 现金提取限制。规定每个合伙人每月可以提取的现金数量是十分重要的。只有这样，才能保证企业有足够的流动资金。

③休假安排。包括节假日天数和休假天数，以及如何处理合伙人的病假。只要具有合伙人身份，就应该有权分享应得的利润份额。因此，最好在协议中规定保持合伙关系不变的病假上限。

④投票权。如果不作特殊规定，那么合伙人应拥有相等的投票权，与此不同的安排必须在协议书中写清楚。

⑤合伙有效期限。合伙关系持续的时间可以是 1 年、3 年、5 年，也可以是 10 年。对合伙期限也可以不做规定，但这时终止合作关系要提前 3 个月通知有关方面。

⑥接受或开除合伙人。接受新人入伙需要全体合伙人的一致同意。因此，如果你有意保留让你的某位亲戚入伙的权力，最好将其写入协议书。除非在合伙协议书中另有规定，驱逐合伙人很可能最终由法庭判决。因此在制定协议时应详尽列出什么情况下可以驱逐合伙人。

⑦解除及废除合伙关系。如果协议中没有另行规定，当有合伙人死亡或破产时，合伙关系自动解除。如果发现你的合伙人向你提供了虚假信息，你可以向法庭申请废除合伙协议。

⑧抽走资本。合伙解体时，合伙人有权处置合伙财产并分配所有资产。除非在协议中有其他约定，偿还债务后所剩资产应在合伙人间平均分配。合伙资产处置按以下述顺序进行：a. 支付所欠非合伙人的债务；b. 支付合伙人提供的贷款；c. 合伙人的资本投入；d. 余下部分在合伙人之间均分。如果所余合伙资产不足以补偿企业的亏欠，则合伙人需按利润分享比例出资补空。

⑨退出合伙通知。协议应对合伙者希望退出合伙关系时如何向其他合伙人通报做出约定。应该提出的是，合伙人退出合伙后，对他退出前在企业所作的承诺仍然负有责任。合伙人退休还应通知所有客户和供应商，确保从企业的各种文件上拿掉自己的名字，并在有关媒体上刊登告示。

⑩利益冲突。合伙人不得自营或同他人合作经营与本合伙企业相竞争的业务；除非另有约定，合伙人不得同本合伙企业进行交易；合伙人不得从事损害本合伙企业利益的活动。

（3）合伙制与法人制度基本特征比较。法人具有以下特点：

①有独立的财产。

②企业的所有者即投资者股东只负有限责任，这就把股东的投资与其个人的其他财产分开，从而大大减少了风险。

③经营方式灵活有效。由于法人已成为一个独立的经济实体，故它的意志和行为并不是股东个人的意志和行为，而是作为独立主体的法人的意志和行为，并由经理等执行机关执行，因而能够有效地适应市场需求的变化。在当代社会，法人制度的产生，虽然弥补了合伙制的不足，但它仍不能取代合伙制。原因在于合伙制仍具有合伙人之间更紧密的人际关系，且具有法人制度不可替代的优越性，如：紧密关系是公司股东之间难以企及的，因而不至于常常因利益的冲突产生内耗；聚散灵活，合伙的设立和解散不必如公司那样须经过一系列的法定程序。一方面这在激烈的市场竞争中显然具有较强的应变能力，使合伙组织具有较可靠的商业信用；另一方面又使合伙人有较强的经营责任感，可克服法人制度中股东不关心企业经营的弊端。

3. 公司制企业产权制度

公司制企业是在自然人企业的基础上发展起来的。从自然人企业到公司制企业，是社会化大生产和商品经济发展的必然。由于技术进步，生产工具不断改进，生产技术变得越来越复杂，企业的资金投人也愈来愈多；商品经济发展，市场竞争激烈，企业也迫切需要通过扩大规模来提高经济效益；在激烈的市场竞争中，企业的经营风险大，广大投资者也希望有一种降低风险的保护制度。于是，向社会公众或其他法人发行股票募集资本，设立公司制企业就应运而生。特别是有限责任公司和股份有限公司这两种公司制企业形式，由于其筹资能力强，有规范的法人财产制度，经营风险分散，且投资者仅承担有限责任，管理机构完善，因而迅速发展，成为国际上普遍采用的公司制企业形式。

根据科斯（R. H. Coase）的交易成本理论，市场和企业都具有执行协调职能，因而是可以相互替代的两种机制。然而无论是运用市场交易机制还是运用企业组织的行政协调机制都是有成本的，当企业组织行政协调费用低于市场交易成本时，企业就会扩张，使原来由市场交易进行协调的两个或多个企业变成由内部行政协调形成的现代公司制企业。

公司制企业的产权制度包括如下内容：

（1）公司制企业拥有独立的法人财产。公司制企业的资本由股东投资形成，企业作为一个独立的主体拥有由股东投资形成的全部法人财产权，并以其全部法人财产自主经营，自负盈亏。公司制企业拥有的全部法人财产权称法人所有权。法人所有权表现为四种权能，即占有权、使用权、处置权和收益权。

（2）公司制企业的所有权与经营权分离。公司制企业的股东以其投人资本的多少享有相应份额的财产所有权，即投资者所有权。投资者所有权表现为三种权能：收益权、重大决策权和选择管理者的权力。投资者向企业投资以后，再无权直接从企业财产中抽回属于自己的那份投资，也无权直接处置由自己投资形成的企业财产，而只能通过股息分红获得投资回报，或者通过在市场上转让自己拥有的公司股份来收回投资和取得资本增值收益。这就是投资者所有权与法人所有权的分离。而且，公司制企业由于投资主体多元化，投资者不一定直接从事企业的经营管理活动，企业的经营管理者可以不是股东，但股东可以通过行使重大决策权、选择管理者或通过法人治理机构的运作来约束和监督经营管理者的行为，这就形成了投资者所有权与经营权在一定程度上的分离。

（3）公司制企业的有限责任制度。自然人企业中的业主（包括无限合伙人）对企业的债务承担无限责任。这是由于自然人企业不是法人，不是独立的民事主体，因而也没有形成独立的法人财产。企业业主在企业中的财产和在企业之外的财产连成一体，偿还债务时无企业内外财产之分。有限合伙人虽承担有限责任，但只是合伙的一部分，相当于是企业的债权人。公司制企业则不同，企业的股东将属于自己的财产投入法人企业后，投入的这部分资产就与他未投入的财产相分离，股东仅以投资的数额为限对公司债务承担责任。这是由于，公司制企业是法人企业，是独立于投资者之外的民事主体，它以法人组织的名义享有民事权利和承担民事责任，以投资者出资形成的法人财产对企业债务承担责任，与投资者的其他财产无关。如果企业破产而全部资产还不足以抵偿债务时，每个股东损失的最大限度也只是他对该企业的全部出资。这种投资者有限责任制度大大降低了投资主体的投资风险。

第二节　中小企业的制度创新

一、企业制度的概念和内容

1. 企业制度的概念、内容和作用

所谓制度是指一系列被制定出来的法则、依法程序和道德伦理规范，它旨在约束追求主体福利或效用最大化利益的团体或个人行为。同样，企业制度就是企业这一特定范围内的各种正式和非正式规则的集合，它旨在约束企业及其成员追求效用最大化的行为。企业制度是关于企业组织、运营、管理等一系列行为的规范和模式，涉及企业的财产形式、组织及管理制度。因为企业的组织及管理制度取决于企业的财产形式，所以，从本质上看，企业制度是指企业财产的组织、营运形式，或曰财产实现形式。因此，不难看出，构成企业制度的基本内容有三个：一是企业的产权制度，二是企业的组织制度，三是企业的管理制度。企业制度的核心是产权制度，企业组织形式和经营管理制度是以产权制度为基础的，三者分别构成企业制度的不同层次。企业制度是一个动态的范畴，它是随着商品经济的发展而不断创新和演进的。

企业的产权制度是以产权为依托，对财产关系进行合理有效的组合，调节的制度安排。具体表现为建立在一定的生产资料所有制基础上，对财产占有、支配、使用、收益和处置过程中所形成的各类产权主体的地位、行为权利、责任、相互关系加以规范的法律制度。产权制度的功能包括：财产约束功能；自主经营和激励机制功能；增进资源配置效益的功能；规范市场交易行为功能。

关于企业的组织制度：组织与制度是有区别的，组织是为了达到共同目标的众人通过分工与协调结合起来的形式，当两个及以上的个人为了既定目标而

自觉协调其活动时，组织就形成了。如果说制度是社会游戏的规则，那么组织是社会游戏的角色。在经济社会中，组织表现为经济组织与社会组织两类，前者如企业、农户等，后者如学校、机关、法院等。企业的组织制度即指约束企业行为的一系列规则或规范，主要体现在企业的组织结构方面。

企业的管理制度是企业员工在企业生产经营活动中，必须共同遵守的规定和准则的总称。管理制度的内容通常包括决策制度，激励和约束制度，财务会计制度，审计制度，控制制度以及一系列相关的管理规范和管理方法。企业因为生存和发展需要而制定这些系统性、专业性相统一的规定和准则，就是要求员工在职务行为中按照企业经营、生产、管理相关的规范与规则来统一行动、工作，如果没有统一的规范性的企业管理制度，企业就不可能在企业管理制度体系正常运行下，实现企业的发展战略。

企业制度在为组织提供基本规则和框架时，有以下几种作用：导向作用、激励作用和协调作用。导向作用是指企业制度指导企业经营方向的选择、引导稀缺资源的配置和使用；激励作用是指企业制度诱导各类参与者提供符合企业要求的贡献；协调作用则是指通过制度安排，使各类参与者在企业经营的不同阶段朝着共同的方向努力，使他们提供的不同贡献形成有利于实现企业目标的合力。

2. 企业制度与市场制度、经济制度

之所以将企业制度与市场制度联系起来，是因为企业制度与市场制度之间有着千丝万缕的联系。离开了市场就不存在现代意义上的企业。企业和企业之间的经济关系和经济联系，实际上就是市场关系。企业之间的交易是一种市场交易。为维持这种交易关系，降低交易的非效率，就要有市场制度。市场制度是市场交易的规则、依法程序和行为规范，它旨在约束交易主体追求效用最大化的行为。企业制度和市场制度是密不可分的。如传统体制下调拨、统购统配制度的出现，形成了我国传统的企业制度。另外，企业制度受到市场制度的制约，因为企业是在市场竞争中求生存、求发展的，是依赖于市场而运作的，所以企业制度必须适应市场制度的要求，受制于市场制度。此外，企业制度的运作也需要有市场制度的配合，市场约束始终要与企业内部约束有机配合。如经理行为既受企业制度中剩余所有权的约束，也受到来自经理市场竞争、股民投票等外部的市场约束。

从更大的范围来讲，企业制度作为经济制度的一个子集，也受制于制度结构安排及其运行情况。不同的制度结构安排及运行情况，会不同程度地决定和影响企业制度的安排和运行。一种制度结构的形成和有效运转，势必有一些基本的、一致的规则在起作用。显然，企业制度作为整个经济制度的一份子，也将受到这些基本的、一致的规则的支配，否则就不可能生存于这样一种制度结构之中。因此，企业制度不是孤立的，而是与整个经济制度联系在一起的。我们考察它时要将它置入一个经济结构中去观察，分析它与其他经济制度的联系。

二、企业制度的历史演变

企业制度的发展经历了古典企业制度时期和现代企业制度时期。现代企业制度是企业制度历史演变的结果，是迄今为止企业制度历史演变的一种高级形态。对企业制度历史演变过程的考察，将有助于加深我们对现代企业制度的认识。事实上，在任何一个时期都不存在单一的企业制度，而是并存着若干种企业制度，这里仅以不同时期具有代表性的企业制度作为其演变的基本线索来展开论述。

1. 古典企业制度——独资业主制

这一企业制度的物质载体是小规模的企业组织。在这一企业制度中，业主是风险承担者，他对企业生产做出决策，并承担企业经营的风险，即如果企业经营失败，资不抵债，业主要用全部财产，包括其家庭财产承担债务清偿责任，而其他雇员则是风险逃避者。业主同时是专门的监督者，对企业生产进行管理（包括分派工作、指导生产），检查雇员的工作，确定雇员的工资，而雇员则是被监督者。最终产出不是由企业的全体成员共同分享，雇员们只得到一份固定工资，而业主得到扣除工资后的所有剩余，即享有剩余索取权。为了对雇员进行约束以减少偷懒，业主有权增加或减少雇员、改变雇员间的组合，并出售其监督者的权利。简单来说，业主制是一种产权单一所有的集权的产权结构。业主拥有全部的产权，包括剩余索取权、经营决策权、监督管理权以及企业出售权。业主和雇员之间的关系是一种简单的报酬合约，每个人都可以从事交易。雇员可以“命令”业主向他支付货币（工资），业主也可以指定雇员执行某些行动。雇员可以终止自己的成员资格（辞职），业主也可以中止合约（解雇）。

在这一企业制度中，解决偷懒这一“道德风险”的约束机制是：首先，对业主的约束来自两方面：一是市场竞争对业主的约束；二是享有剩余索取权及向雇员支付劳动报酬的责任。这样，业主就获得了一种作为监督者监督雇员不再偷懒的追加激励。其次，对雇员的激励也来自两方面：一是按其产出绩效获得报酬的权利；二是被辞退的威胁。因此，在所有权与监督权合一的独资业主制企业，其经营比较单一，经济活动比较简单，在一定条件下不失为一种有效率而又低成本的制度安排。

独资业主制的出现，突破了传统家庭经营、生产和消费与家庭生活不分的生产经营组织形式，使得生产经营活动的规模、再生产过程的组织，以及内部管理都能超越血缘关系和家庭组织的狭隘视野，从而有力地推动了市场经济的发展。一些经营成功的独资企业还获得持续快速的扩张，成为规模较大、经营多样化、组织管理日趋规范化的大企业。但是，在独资业主制企业中，由于资金来源仅为业主一人，数量极其有限，无法满足企业扩大投资规模、实现快速发展的需要；同时由于其抵抗风险的能力较弱，往往很难承受一些经济波动的冲击；另外，独资业主制企业与其他企业相比往往无法吸引外来的优秀人才加盟，经营完全依赖于业主个人素质，这才是最大的风险。

2. 古典企业的发展——合伙制①

合伙制是由两个或两个以上的人共同投资并共享剩余，共同监督和管理企业。其物质载体也是小规模的企业组织。与独资业主制不同，合伙人都是风险承担者，也都享有剩余索取权。

由于合伙人利润共享，一旦偷懒会使总利润减少，从而导致自己分配的利润减少。因此，他们有自我监督的动机。比雇主——雇员合约效率高。但是，为保证监督都有效率以及剩余分配的公正，合伙人之间就要互相监督，这就增加了监督成本。并且由于利润或损失都是平均分摊，如果合伙人数量增加，单个偷懒者偷懒的成本会降低，其“搭便车”偷懒的动机就会增强，合伙人之间互相监督的成本就会更高。这便是合伙制企业一般不愿随便扩大合伙范围的原因。

与独资业主制企业相比，合伙制企业可以通过吸收更多的投资者来扩大企业可用资本，扩张企业生产经营规模。同时它也能在更大的范围内发现能力更强的企业经营者，至少是在若干合伙人之间选择，因此，合伙制比独资业主制更能适应社会化大生产发展和市场经济的需要。

但合伙制企业也存在着很多缺陷。首先，每个合伙人除了分享剩余和监督其他要素所有者权力之外，还拥有使用和管理团队资源的权力（即决策权），如果每个合伙人都无视他人而独立决策，容易导致企业秩序混乱。其次，合伙制企业的一切责任都要合伙人全体共同承担，并且每一个合伙人都对合伙伙伴负有无限责任，即他人无法偿还时自己必须代为偿还。面对这样的风险，愿意

---

① 侯先荣．企业创新管理理论与实践．电子工业出版社，2003：44.

加入合伙人队伍的人还是十分有限的。再次，每个合伙人的产权无法自由转让或出售，如果一个合伙人离开或死亡，合伙制企业就会瓦解，必须重新组伙。因此，直到今天，合伙制企业也一直无法发展壮大。只适用于农业、零售小商业以及律师事务所、会计师事务所等自由职业。

3. 现代企业制度——股份公司制

股份公司能够使资本迅速地集中以便实现大规模的投资和生产。股份公司把预定的资本总额划分为若干均等的单位，每一单位都用等量的金额表示，这种资本单位成为股份。股份公司的出资人因持有股份被称为股东。股份公司的载体通常是大规模的公司。

股份公司最重要的特点是：它在明确划分出资人的个人财产与公司财产的界限的同时，在法律上规定股东只对公司债务承担有限责任——只承担自己持有股份的认购价格为限度的偿债责任。超过这一限额的债务，公司的出资人或所有者不再负清偿责任。这种分散化的投资风险和有限责任使企业经营者乐意筹资。也更容易吸引社会上众多的人投资，成为其所有者之一。因而，有限责任制度使现代公司有能力广泛地筹集社会上分散的闲置资金，在很短的时间内创建大规模的企业。

股份公司第二个主要特点是：经营决策权与监督管理权相分离，所有权（即剩余索取权）与控制权相分离。这种分离具有许多交易上的优势，由此产生了专业的经理阶层，使监督管理权由职业的执行经理们来行使。股份公司中，每一个股东都是独立的所有权主体，不过，他的资产所有权已转化为股权，经营权就完全转让（或委托）给了公司（或董事会）。单个股东只剩下了所有权，而并不能左右公司的经营。股份公司与投资者之间，在产权关系上实现了彻底而规范的分离。从另一方面看，在制度上并没有阻止所有者参与公司的经营，而且，还为其行使经营权提供了正常的机制——股东既可以通过股东大会影响公司的经营决策，又可以凭借股权进入董事会等经营机构，直接成为经营决策者，掌握经营权。此外，股东与股东大会的关系也正是所有权与经营权统一的微妙所在。股东是独立于公司的所有权主体，而股东大会则是公司的经营机构之一，只不过是非常设的会议结构。单个股东在会议上行使的是他们的所有权，但会议的决议却是公司的经营决策，而且是最高决策。这种经营决策时直接通过股东对股权的行使而做出的。

把股份公司作为一个开放系统来看，它是一个由各利害相关者构成的契约关系网络，股份公司的基本模型见图 3-1。

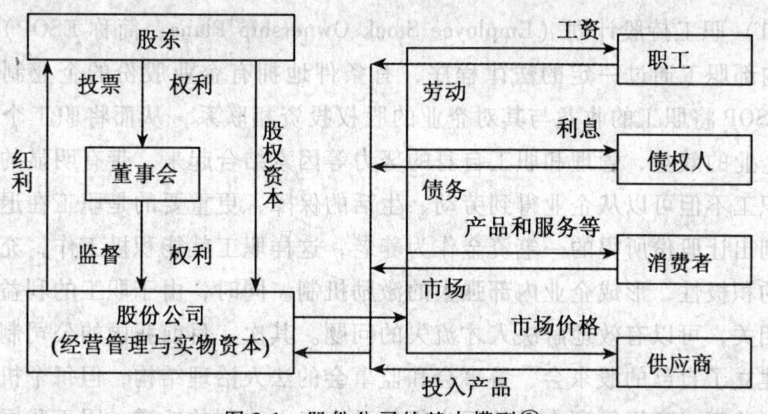

图 3-1 股份公司的基本模型①

股份公司制的有限责任和自由转让（股票买卖）的制度安排，有效地解决了资本的聚集问题，从而形成了规模经济。并且其所有权与经营权相分离，产生了专业的经理层，使管理更加专业化。股份公司制也有其自己的缺点：比如公司建立和破产的法定程序较为复杂；所有权与控制权相分离，也导致了出资者与经理人员之间的复杂的委托——代理关系等等。

总之，企业制度是随着经济、社会的发展而不断演进和创新的。早期市场经济的产物是独资业主制和合伙制，现代市场经济的产物是股份公司制。但在市场经济中，并不是所有的企业都要转变为股份公司制。事实上，三种制度都在不同的条件下具有不同的作用。

三、中小企业的制度创新

1. 中小企业产权制度创新

现代企业制度的提出，是我国企业改革思路的一次飞跃。现代企业制度既为我国企业改革指明了方向，又为现实条件下的企业制度创新提供了具体模式及判断标准。那么，如何把握现代企业制度的本质特征，尤其是它和企业产权制度的关系，是当前建立现代企业制度中一个至关重要的理论及现实问题。产权制度是现代企业制度的核心内容和运行基础，因而创新产权制度，建立适应市场经济要求的新型企业产权制度，是我国企业迈向现代企业制度的关键。本书试图从实施职工持股计划和建立股票期权制度两个方面来探讨产权制度改革的可能途径。

① 侯先荣．企业创新管理理论与实践．电子工业出版社，2003：45.

（1）职工持股计划（Employee Stock Ownership Plans，简称 ESOP），是指企业内部职工通过一定的法律程序，有条件地拥有企业股份的企业制度。首先，ESOP 将职工的收益与其对企业的股权投资相联系，从而将职工个人的利益同企业的效益、管理和职工自身的努力等因素结合起来，带有明显的激励成份。职工不但可以从企业得到劳动、生活的保障，更重要的是职工在退休时可以得到出让股份所得的一笔资金作为养老，这样职工就能积极工作，充分发挥自身的积极性，形成企业内部强大的激励机制。同时，由于职工的利益同企业紧密相关，可以有效地解决人才流失的问题。其次，目前我国的公司制企业虽然都建立了自己的股东会、董事会和监事会的法人治理结构，但每个机构以及董事、监事、高级管理人员的行为仍然没有走上法制的轨道，因而我国的公司治理结构依然是不健全、不合理的，诸如：决策并没有遵循市场规律；监事会形同虚设，监事的监督职能没有真正履行；大股东控制董事会损害公司利益、侵犯小股东的合法权益等事件时有发生。实行职工持股制度，职工持股会成为企业的大股东并代表职工行使公司股东的权利，可以使大多数公司的股东结构发生较大的变化，从而有效地完善法人治理结构。让职工成为企业的股东，既可以通过改变股东结构、对董事会进行有效的约束，极大地提高企业决策效率、完善法人治理结构，也可以使职工在监事会的监督工作能够落到实处。最后，ESOP 可以有效地刺激企业进行技术创新。ESOP 可以通过技术人员直接以技术入股将技术本身作为资产要素，使科技人员同企业形成财产关系，与企业结成利益共同体，从而较大地激发这种内部动力，形成企业技术创新的内在机制。

目前，在我国实施职工持股计划的难点在于：首先，在具体操作过程中，由于缺少可供借鉴的政策法规依据，往往在一些关键问题上难以使企业和上级管理部门的意见达成一致。如：对广大职工的由于过去国家作为统一资源以低于劳动力成本使用而无偿付出的劳动，应否给予适当补偿，各地争议很大，意见难以一致；对于企业历年积累形成的应用于职工福利的公益金等，许多地方同意从中提取一部分作为职工股的资金来源，但提取多大比例合适，往往成为争议的焦点，等等；其次，长期以来的产权制度，使劳动者成为事实上的无产者。因此，现实可行的持股资金来源是如下三者结合：一是企业历年节余的应用于职工福利的公益金；二是提供资本信贷；三是职工个人现金投入。目前国有企业负债率普遍较高，为实施职工持股计划而贷款困难较大。加之多数企业职工个人现金投入非常有限，使得职工持股股份占总股本的比例相对偏低。最后，通过股权收益均衡化，日益关注职工的福利收入。美国规定参加职工持股计划的人员不低于企业全体职工的70%，低薪阶层平均收益不得低于高薪阶层平均收益的70%。中国无相关规定，企业为调动管理层的积极性，往往将管理层和普通职工持股额的差距拉得过大，造成企业内部分配的严重不公和职工与管理层之间新的矛盾。

因此，要从以下几个方面进行努力：①建立和完善有关企业内部职工持股的法律法规，使ESOP推行起来有法可依。不论是企业、股东，还是政府、员工、银行都能清楚了解实行ESOP可能产生的后果和给自己带来的利弊，并据此进行选择，否则可能造成广大职工对自己持有的所谓“内部职工股”的合法性缺乏信心，难以建立起自己的股东意识和对企业长远发展的关心。对选择公司制的职工持股作为公司股东的形式，还是选择股份合作制形式，公司股权出让比例即职工持股总量控制范围如何确定，一般职工与企业管理层之间的持股比例——效率与公平尺度如何设定，银行的信贷支持，企业历史积累的提取与量化等问题都要从法律上予以明确的规定。② 关于职工持股资金的来源问题。以银行信贷作为职工持股资金来源目前还很难，技术与政策障碍都未解决。较为现实的选择是我国职工持股资金应该由国家、企业、个人三者共同出资。国家从所取利润中划出一部分；企业从企业自有资金中支付一部分；个人（职工）从自己口袋里掏出一部分。根据企业的不同情况，三部分出资比重应该在政策界定的框架内自行确定。一般来说，效益好的企业，个人出资所占比重应该高些；反之，效益不好的企业，国家和企业出资所占比重应高些。③可以借鉴美国关于ESOP的法律，例如，它对员工持股计划的广泛参与性作了严格规定，特别是对非高薪阶层的广泛参与作出了要求。该法规定，凡实行员工持股计划的公司，必须使70%的非高薪阶层的员工参与持股；非高薪阶层参与该计划所得平均收益至少要达到高薪阶层所得平均收益的70%。我国在公司企业内，实施职工持股，旨在调动广大职工的积极性。要防止效益好的企业股权为少数人所垄断，在法律或法规上对此作一些规定，是十分必要的。

（2）建立股票期权制度。股票期权（Stoke Option）借用期权的含义，意指公司给予员工在未来一定期限内以事先约定的价格购买一定数量本公司股票的权利。它可以说是员工持股计划的一种，但又并不完全相同。股票期权制度能促使人力资本与企业的结合，通过建立长期性制度安排，有效激励人力资本的发挥。

股票期权与员工持股计划的主要差别在于：员工持股计划的本质是资本的民主化，增进职工与公司的认同感，并且常常作为优化企业内部治理结构的有效手段。员工持股是在企业现有期权的基础上进行局部股权调整，通过使员工成为其所在企业的股东，将员工的利益与企业的效益等紧密联系起来，从而达到激励的目的。而股票期权则重在激发企业人力资本的潜能。由于企业的核心技术人员、高级管理人员对企业的经营管理及战略的决策对企业长期发展起着举足轻重的作用，这一部分人力资本的积极性和创造性的发挥无疑是企业的巨大财富，因此股票期权主要面向企业的高层人员。尽管现在股票期权开始面向企业各个层次，但一般员工所占比重仍然较小。

股票期权的形式是多种多样的，欧美国家主要有四种类型：限制性股票期权（Restricted Stock Option）、合格的股票期权（Qualified Stock Option）、不合格的股票期权（Nonqualified Stock Option）和激励性股票期权（Incentive Stock Option）。限制性股票期权一般是公司以奖励的形式直接向管理者赠送股份，而管理人员并不需要向公司支付什么，在国内俗称“干股”。当行权者在奖励规定的时限到期前“跳槽”，公司将会收回这些股份。合格的股票期权一般享有税收方面的优惠，当行权者以低于市场价的价格购买公司股票时，他不需要对差价部分所享有的利益交税；当行权者出售股票获利时，只需按长期资本收益交税，而在欧美这种税率最高不超过20%。不合格的股票期权与合格的股票期权的区别在于，它要对购买价与市场价之差的部分缴纳所得税。激励性股票期权是为了向管理人员提供激励，不仅形式多样，而且支付和行权方式也因企业不同而异。但它一般具有税收优惠的特点，与合格的股票期权相似。

在我国，实施股票期权的难点在于：①受《证券法》和《公司法》的限制，上市公司及其主要管理人员不能买卖公司股票，也不能定向增发用于股票期权的股票，已实施股票期权制度的企业授予经营者的大多是不能上市流通的法人股、国家股认股权，我国目前还没有严格意义上的股票期权。②没有与股票期权制相匹配的股市环境。我国证券市场受人为因素和政策因素影响较大，股票价格往往处于非理性状态，甚至一些严重亏损企业的股价比绩优公司的股价高出好几倍。而非理性的股票价格无助于正确地衡量经营业绩。因此，证券市场不完善使得通过市场评价经营者业绩的做法受到很大限制，股票期权制的长期激励作用无法体现。③公司治理体制不健全、股票期权操作缺乏规范性。授予股票期权的操作、授予对象、授予额度、行权价确定等要素，在我国尚无明确的法规来界定，只能由企业根据自身情况自行决定，使得目前我国试行股票期权无规范性可言。

因此，要从以下几个方面努力：

①建立和健全相关的法律、法规和制度。目前在我国的《中华人民共和国公司法》、《中华人民共和国证券法》、《中华人民共和国合同法》等法律框

架内实施经理股票期权，还存在不少法律上的障碍，政府对有关的证券管理法规要进行必要的修订，以使股票权合法化。国家应尽快出台有关“股票期权计划”的具体运用规定，包括股票期权的授权主体、激励对象、股票期权可购买的股票数量及“施权价”、最少保留期与最小保留率、代理人退休或中途离职时期权的处理办法等，以使“股票期权计划”的运作规范化。

②进一步培育股票市场。经理股票期权的实施需要一个良好的市场环境，具体而言，经理股票期权激励作用的发挥是以一个高度有效、结构合理的股票市场为依托的，没有这个市场或者这个市场存在严重缺陷，都会影响甚至阻碍经理股票期权的激励效力。“在进一步培育股票时，一要真正按市场的原则行事，尽量减少不必要的行政干预；二要制定市场规则，确定市场主体的行为规范”。

③完善企业法人治理和监督管理机制。在现代公司中，推行股票期权计划之后，公司经理们（代理人）通常掌握更多的信息，他们一般在公司公布有利消息前不久获得股票期权，几乎所有的经营者股票期权（Executive Stock Option，简称 ESO）都是按股票现价授予的，这说明经理们可以通过操纵 ESO 授予和消息公布的时间而轻松获利，从而使股票激励的目的难以达到。因此，规范法人的治理，加强管理监督实有必要。为了保证期权计划的规范进行，一方面，证券监管部门要对上市公司高级管理人员所拥有期权、薪酬等方面的信息披露出更高的要求；另一方面，社会中介机构在这方面也要加强监督作用。

④建立科学的考评体系。加强考核股票期权计划的实施，要建立在一个完善、科学的考评体系上。应设计一系列综合效益指标，逐步完善整个考核体系。考核是股票期权能否兑现的依据，强调以国家所有者的身份对经营者进行考核，尤其注重对企业的资产盈利能力，资本保值能力等方面的考核。

2. 中小企业组织制度创新

数字经济时代的到来，科技的飞速发展以及信息的指数化增长使得传统的组织形式在一定程度上已经不能适应外部环境的快速变化和进行有效的内部沟通。这就需要新的组织形式来与组织的发展和变化相适应。由于在本章第一节中已经介绍过了新的组织结构形式，这里将重点介绍企业组织制度创新的几个方向：

(1) 扁平化。适合工业革命需要的组织结构都是一种金字塔式的层级结构，这种组织结构的优点是分工明确、等级森严、便于控制。但是，这种组织结构在网络经济下暴露出越来越多的弊端。例如：由于管理层次多导致机构臃肿、人员冗余，进而造成管理成本居高不下；不同机构之间互相推诿责任等。

为了克服传统组织的这些缺点，组织开始出现扁平化的趋势。组织结构的扁平化改变了传统命令链的多层级和复杂性，精简了结构层次，从而有利于信息的传递，保证信息传递的有效和不失真，大大提高了组织效率。现代信息技术的飞速发展，也使得企业在保持原有沟通效率的基础上实行组织的扁平化成为可能。

（2）网络化。企业组织结构的网络化主要体现在四个方面：一是企业形式集团化。随着经济全球化的趋势，企业集团、企业战略合作伙伴、企业联盟大量涌现。这使得众多企业之间的联系日益紧密起来，构成了企业组织形式的网络化。二是企业经营方式连锁化。很多企业通过发展连锁经营和商务代理等业务，形成了一个庞大的销售网络体系，使得企业的营销组成网络化。三是企业内部组织网状化。由于企业组织架构日趋扁平，管理层次减少，跨度加大，组织内的横向联络不断增多，内部组织机构网络化正在形成。四是信息传递网络化。随着网络技术的飞速发展和计算机的广泛应用，企业信息传递和人际沟通已经逐渐数字化、网络化。不同部门、员工之间通过先进的通讯技术进行信息沟通和及时有效的交流，可增进员工之间的了解，提高其学习能力，并增强部门之间的协同能力，有利于企业处理复杂的项目，形成竞争优势。

（3）虚拟化。传统组织结构的设计总是力求职能部门的“全面化”，企业组织也总是力求“大而全，小而全”的模式。企业组织内的各种具体执行功能，诸如研究开发、设计、生产、销售等都是以实体性功能部门而存在的。这些实体性功能组织部门作为企业组织系统中相对独立的单元，往往难以对市场变化做出快速而有效的反应。大多数企业组织只有其中某一项或少数几项比较突出、具有竞争优势，而其他功能则并不具备竞争优势。为此，企业组织在有限资源条件下，为了取得最大的竞争优势，可仅保留企业组织中最关键、最具竞争优势的功能，而将其他功能虚拟化。虚拟化了的功能可通过借助各种外力进行弥补，并迅速实现资源重组，以便在竞争中最有效地对市场变化做出快速反应。

3. 中小企业管理制度创新

管理制度是指企业日常运营的各种具体制度总称。它的主要作用是规定企业如何取得和运用资源。管理制度对于创新的重要作用是使资源从使用向创新倾斜，使企业敢于冒风险，勇于创新。同时还保证创新者从创新中获得利益，以激发创新者的热情。从20世纪90年代开始，对管理制度创新的关注与日俱增，这与此段时间内整个社会转型和社会发展导致的许多变化有关，这些变化导致了管理环境的变化，对管理制度创新提出了要求。

（1）决策制度。由于环境因素的不断复杂化，决策问题越来越成为管理中的核心问题，它直接影响着组织的绩效。因此管理制度创新首先应是决策制度的创新，具体应体现在以下几个方面：第一，管理者要在决策中把科学性和艺术性很好地结合起来，一方面在决策中要把科学决策作为企业管理制度的重要组成部分，提高决策质量；另一方面也要在决策中注意调动员工的积极性，集思广益，加强决策的民主性、多元性。第二，应建立风险决策机制。随着科学技术的高速发展和全球化扩散，人类社会已经进入了一个风险社会时代，现代风险更难预测，更难捉摸，影响的范围更宽，带来的破坏性更严重。对于组织来说，建立符合风险社会需要的风险决策和管理体制，已经迫在眉睫。风险决策机制可以分为两个层面。一是建立风险防范与预警机制，在组织的各种活动与决策中充分考虑到风险因素，做到“防患于未然”；二是建立风险应急处理机制，一旦风险发生，即可迅速启动，对风险做出反应和处理。

（2）人力资源管理制度。企业的人力资源管理制度的核心是以人为本，最大化人力资本。以人为本的管理制度体现在哪些方面呢？首先，人力资源管理制度要注重员工的个性、自主性的塑造和发挥。管理制度不应再局限于组织内部的强制，局限于对员工的管理，而应侧重于激发员工的潜能，侧重于培养员工的个性和能力。其次，激励制度非常重要。薪酬和福利制度是激励制度的重要组成部分。组织的薪酬制度应与企业的产权制度紧密联系起来，应充分体现人力资本和知识资本的价值。这样才能鼓励员工对人力资本进行投资，鼓励个人知识的创造。最后，管理部门应把员工的发展与组织的发展很好地结合起来，加大组织主体投资的力度，重视员工的培训和发展，给员工提供多种发展的机会，开发员工的创造力。此外，管理者要突破部门界限、突破地域界限等，不拘一格选人才，形成一个合理的人才流动、人才竞争和人才选拔机制。

（3）信息管理制度。信息对企业的影响是多方面的。首先，环境的复杂和多变使信息也呈现出复杂、多变的特征，企业需要通过信息管理制度来在企业与环境之间建立信息交换通道，建立快速的信息反馈机制。其次，在新的价值链分工体系中，各环节需要通过信息技术实现动态无缝联结，实现协同。在价值链的各环节中建立信息交流和共享机制是十分必要的。最后，信息与知识的关系十分密切：信息的有序化形成知识，因此信息管理制度对于组织知识的产生、积累和传播起着十分重要的作用。知识经济要求企业能实现信息管理到知识管理的演进，使信息转化成知识，并用知识来提高特定组织的应变能力和创新能力。（叶国灿，2003）

（4）建立健全企业各项制度，实施规范的制度化管理。鉴于目前相当一部分中小企业实行的仍是“家族式”的较初级的管理方式，中小企业必须通过逐步建立健全各项制度规范来实行制度化管理。其实质是以科学的制度规范作为组织协作行为的基本约束机制，其实施的前提是建立起科学合理的、完善的制度体系并承认这些制度规范的权威性，其优越性不仅体现在克服了以往管理方式的随机性、易变性、主观性等弱点，使管理具有了精确性、连续性、可靠性和稳定性，而且由于制度化管理依靠的是一整套严密而科学的制度体系，从而充分发挥了管理的科学性。但是，由于纯粹的制度化管理只强调规律、科学和理性，在实施中难以达到理想效果，因此中小企业最好以制度化管理为基本手段，同时辅以文化管理等其他手段。

第四章　中小企业领导者

第一节　永续经营与领导者素质关系

一、企业领导者——企业永续经营的战略关键点

任何一个有生命的物体，都会有一个出生——生长——成熟——衰亡的过程。作为一个生命群体的组合，企业也不例外。正如人们不断地向自己的生命极限——包括寿命极限发起挑战，总有新的纪录一样，企业通过努力也可以不断地突破成长瓶颈、创造自己的“生存纪录”。企业不断创造“生存纪录”的过程，就叫企业永续经营。

1. 永续经营的内涵和实质

企业永续经营，顾名思义，就是企业实现长久的生存发展和壮大。良好的企业素质经过良性循环，促使企业不断壮大，这就是永续经营的内涵。永续经营意味着企业整体不是董事长、总经理的个人成败，换一个人企业同样发展，这就是永续经营的实质。如果一个公司因为走了一个人就受到影响，这不是一个好公司，这个企业也无法做到永续经营。任何人走了，包括总经理或董事长走了，公司一样不受到影响，这才算合格的公司。

2. 永续经营的核心内容

企业永续经营这一概念的核心应当是“发展”，而不是简单意义上的“增长”。企业资产的保值与增值可视为企业永续经营的量化表现，通常情况下这是一个“增长”的概念。企业的发展则是比单纯数量的“增长”要求更高的概念。牺牲企业“长远发展”的代价来换取企业“短期增长”的倾向，与企业永续经营的目标是背道而驰的。因此，从发展的角度看，企业要实现永续经营，需要在制度与文化上不断创新，求得与企业资产增值的同步发展。要做到这一点，企业领导者的素质及其远见卓识的领导能力则是关键。

3. 企业永续经营在实践中的体现

在实践中，企业永续经营不仅要表现在一个企业的各种经济因素的量的增长上，包括资本的扩张、效益的提高、工资的增长等，而且还要表现在企业的内在机能——企业素质的不断改善和持久良性循环上。换句话说，实现企业永续经营也就是谋求“企业的可持续发展”。在市场经济条件下，一个企业如果机制陈旧，制度不创新，管理不善，效率不高，经营乏术，其“家产”再大，也是免不了要被淘汰的。

4. 企业永续经营是企业存在的内在要求

企业永续经营固然同企业经营的外部环境有着密不可分的关系，但在一致的大环境下，企业的优胜劣汰首先应取决于企业的内部因素及内部功能（企业内部资源）的开发、运用和维护等方面。企业在生命周期过程中会不断遭遇战略拐点，永续经营要求企业不断突破战略拐点、实施变革，实现可持续发展。企业能否顺利地走出战略拐点，关键在于企业领导者的管理素质及领导能力。

5. 企业永续经营的内部支撑体系

企业永续经营应当是持续性的和阶段性的，因而企业内部支持发展的各种要素也应当具有可接替、可继承、可发展的梯队结构特点。支持企业永续经营的主要内部梯队系统如下：第一，具备开发和运用知识功能的层次型人力资源梯队，这种人力资源梯队具有合理的知识技能结构的分布，以及合理的成本等特点；第二，具备市场拓展功能的替代性产品技术梯队，这种产品技术梯队带有多元化、新陈代谢良好和能够快速反应的特点；第三，具备把握和运作企业内外资源的功能的后继型领导能力梯队，这种领导能力梯队综合知识、个性、年龄等因素的合理匹配要求；第四，具备稳定与推进结合功能的多维型企业文化体系，包括管理机制、价值观念、文化传统等。就现实情况而言，企业永续经营的核心要求是企业领导能力的强劲与延续。因此，企业在考核领导效能时，既要以当期的企业运作绩效为依据，也要考虑前期领导行为对后期企业运作的影响及其后果。考核企业“一把手”的领导能力和领导效益，也要考虑他对后继领导能力的关注、培养以及实际成效。只有这样，企业的永续经营才能逐步成为现实。

二、领导者素质理论

领导者是一个组织中的关键人物，对于组织目标的实现起着决定性作用。那么，什么样的人能够成为领导者？领导者与其他人有什么不同？有效的领导者应具备什么样的素质？领导者的素质理论就是研究这些问题的理论。领导者的素质是指从事领导工作必须具备的基本条件，以及在领导工作中经常起作用的内在要素的总和。

1. 西方早期领导特质理论

领导特质理论寻求的是区分领导者与非领导者的特质或特性。20世纪30年代以前，西方的一些管理学家一直把领导者个人品质特征作为描述和预测其领导成效的因素，他们对领导者的探索，着重于探索有效领导者和无效领导者之间、高层领导者与基层领导者之间的个人品质差异。有的甚至认为，领导者的品质与生俱来，领导者是天生的"伟人"，"不具有领导才能的人，就不能成为有效的领导者"，所以，这一时期的特质理论又称为"伟人论"，这一理论的研究者的观点也不尽相同。例如：

（1）吉普（J. R. Gibb）的研究认为，天才的领导者应具备下列品质：外表英俊潇洒，有魅力；善言辞；智力过人；具有自信心，心理健康；善于控制和支配他人；性格外向；灵活敏感。

（2）斯托格迪尔（R. Stogdill）比较了成功的领导者与被领导者之间的差异，认为领导者应具有16种先天特性：有良心；可靠；勇敢；责任心强；有胆略；力求革新与进步；直率、自律；有理想；良好的人际关系；风度优雅；胜任愉快；身体健康；智力过人；有组织能力；有判断力。

我们将众多学者的研究成果进行总结，从以下四个方面归纳出了领导者的特质：

①人格特质：领导者表现出的具有信心、主动、积极、外向、坚毅、勇敢、热忱、正直、高度投入及努力、有领导欲望、乐观、有教养等内在人格特质。

②社会特质：领导者表现出的具有待人技巧高、富有同情心、能体谅及关怀别人、情商高、出身背景良好等社会性特质。

③生理特质：领导者具有身高较高、仪表出众、穿着贴切、精力旺盛等外在表征。

④智力特质：领导者具有聪明、教育程度高、知识渊博、有条理、独立思考能力强等理性特质。

领导者特质理论认为领导者是天生的，这种观点已经受到越来越多的怀疑和否定，但是，特质理论所描述的一些领导者应具备的素质对领导者进行自我培训，提升自己的领导素质还是有一定的积极作用的。

2. 现代领导者素质理论

20世纪60年代以来，国外一些学者在对领导者的素质进行研究时，虽然否定了“特质理论”的观点，但认为有效的领导者必须具备一定的素质，只不过这些素质不是天生的，而是在实践中逐步形成和积累起来的，可以通过教育进行培养。此外，选择领导者需要有明确的标准，对领导者的使用和培训也需要有具体的方向和内容。比较有代表性的观点有：

（1）吉赛利的领导者五种激励特征和八种品质特征论

行为科学家吉赛利在20世纪60年代就指出：领导者的个性因素同领导效率有关，凡自信心强且魄力大的领导者，成功几率较大。70年代，他又进一步提出影响领导效率的五种激励特征和八种品质特征。

五种激励特征是：①对工作稳定性的需要；②对金钱奖励的需要；③对指挥权力的需要；④自我实现的需要；⑤对事业成就的需要。吉赛利认为，这五种激励特征中，对领导效率的影响最大者为后面两项，前面三项的影响较小。

八种品质特征是：①创造与开拓，是否能开拓新方向；②指挥能力的大小；③自信心的强弱；④决断能力的强弱；⑤才能的高低；⑥是否受下级爱戴和亲近；⑦处理事务成熟程度的高低；⑧是男性还是女性。吉赛利认为，这八种品质特征中，对领导效率影响最大的为前面五项，⑥、⑦两项次之，至于最后一项，即性别，则对领导效率的影响不大。

（2）德鲁克的“五项主要习惯”

德鲁克指出，有效的管理者具有不同的类型，缺少有效性的管理者也同样有不同类型。因此，有效的管理者与无效的管理者之间，在类型方面、性格方面及才智方面，是很难加以区别的。有效性是一种后天的习惯，既然是一种习惯，便可以学会，而且必须靠学习才能获得。他认为一个优秀的管理者必须具备以下五项主要习惯：

①善于利用有限的时间。他认为，时间是最稀有的资源，丝毫没有弹性，无法调节、无法贮存、无法替代。时间一去不复返，因而永远是最短缺的。而任何工作又都要耗费时间，因此，一个有效的管理者最显著的特点就在于珍惜并善于利用有限的时间。这包括以下几个步骤：记录自己的时间，管理自己的时间，集中自己的时间，减少非生产性工作所占用的时间。这是管理的有效性的基础。

②注重贡献和工作绩效。有效的管理者重视组织成员的贡献，并以取得整体的绩效为己任。每一个组织都必须有三个主要方面的绩效：直接成果、价值的实现和未来的人才开发。企业的直接成果是销售额和利润，医院的直接成果

是治好病人；价值的实现指的是社会效益，如企业应为社会提供最好的商品和服务；未来的人才开发可以保证企业后继有人。一个组织如果仅能维持今天的成就，而忽视明天，那它必将丧失其适应能力，不能在变动的明天生存下去。

③善于发挥人之所长。有效的管理者应注重用人之长处，而不介意其缺点。对人从来不问“他能跟我合得来吗?”而问“他贡献了些什么?”，也不问“他不能做什么?”而问：“他能做些什么?”有效的管理者择人任事和升迁，都以一个人能做些什么为基础。

④集中精力于少数主要领域，建立有效的工作秩序。有效的秘诀在于“专心”，有效的管理者做事必“先其所当先”，而且“专一不二”。因为要做的事很多，而时间比较有限，而且总有许多时间非本人所能控制。因此，有效的管理者要善于设计有效的工作秩序，为自己设计优先秩序，并集中精力坚持这种秩序。

⑤有效的决策。“决策”是管理者特有的任务。有效的管理者，做的是有效的决策，决策是一套系统化的程序，有明确的要素和一定的步骤。一项有效的决策必然是在“议论纷纷”的基础上做成的，而不是在“众口一词”的基础上做成的。有效的管理者并不做太多的决策，而做出的决策都是重大的决策。

（3）美国鲍莫尔（W. J. Baumol）的“十大特性论”

鲍莫尔教授曾对企业领导者应具备的条件作过研究，他提出一个企业领导应具备以下10个方面的条件：①合作精神：能赢得人们的合作，愿意与其他人一起工作，对人不是压服，而是感服和说服；②决策才能：依据事实而非想象来进行决策，有高瞻远瞩的能力；③组织能力：善于组织人力、物力和财力；④精于授权：能抓住大事，把小事分给部属去完成；⑤善于应变：权宜通达、机动进取而不抱残守缺、墨守成规；⑥勇于负责：对上下级以及整个社会抱有高度责任心；⑦勇于求新：对新事物、新环境、新观念有敏锐的接受能力；⑧敢担风险：要敢于承担改变企业现状时遇到的风险，并有创造新局面的雄心和信心；⑨尊重他人：重视和采纳别人的合理化意见；⑩品德超人：在品德上为社会和企业员工所敬仰。

（4）日本企业要求领导者应有的10项品德和10项能力，见表4-1。

（5）约翰·科特教授在对成功企业的领导者进行研究后，认为一个领导者应该具备以下6个方面的素质：

①行业和企业知识。行业的知识主要包括：市场情况、竞争情况、产品情况和技术状况。企业的知识主要包括领导者是谁、他们成功的主要原因是什

么、公司的文化渊源、公司的历史和现在的制度。

表 4-1　　日本企业界要求领导者应有的 10 项品德和能力

10 项品德	10 项能力
责任感：敢于承担工作中的责任，充分发挥作用	思维决策能力
使命感：无论遇到何种困难，都要有完成任务的坚强信念	规划能力
信赖感：同事、上下级之间互相信任与支持	判断能力
积极性：在任何工作中都积极主动，以主人翁的态度去完成	创造能力
忠诚老实：上下级之间和左右关系中都真心实意，以诚相待	洞察能力
忍耐性：具有高度的忍耐力，不能随意在同事和下属面前发脾气	劝说能力
公平：对人对事都要秉公处理，不徇私情	对人的理解能力
热情：对工作认真负责，对同事与下级热情体贴	解决问题的能力
勇气：对于危险的工作能亲自动手，有向困难挑战的勇气	培养下级的能力
进取心:能在事业上积极进取,不满足现状,保持勇往直前的精神	调动积极性的能力

②在公司和行业中有良好的人际关系。在公司和行业中建立了一整套广泛而稳固的人际关系。

③信誉和工作记录。在公司主要活动中，有很高的声望和出色的工作记录。

④能力和技能。思维敏捷，有很强的分析能力，良好的判断力，以及能从战略上、全局上考虑问题的能力；有很强的人际交往能力，能迅速建立起良好的工作关系，感情投入，有说服力，注重对人及人性的了解。

⑤个人价值观。十分正直，能公正地评价所有的人和组织。

⑥进取精神。有充沛的精力；有很强的领导动机，它是建立在自信心基础上的对权力和成就的追求。

大量研究使我们得出这样的结论：具备某些素质确实能提高领导者成功的可能性，但没有一种素质是成功的保证。不同的研究者对领导者素质的描述也是各不相同的，那是因为，领导者的素质不是天生的，必须是在社会实践中逐步培养锻炼而形成的。对领导者素质的要求不是一个静态的活动，而是同领导者所处的环境相关的，它必须适应时代的要求。所以，领导者必须根据时代的要求，努力培养锻炼自己的领导素质。

三、发挥中小企业领导者的作用，促进企业的可持续发展①

中小企业的领导者是企业的核心、组织的灵魂，卓越的领导是企业获得成功的重要条件，平庸无能的领导是断送企业发展前途乃至使企业走向衰退的致命因素。领导者的主要作用在于：为企业发展确定目标，引领企业的前进方向，为企业相关事项做出决策；找准企业的文化内涵，营造蓬勃向上的企业氛围；提高企业的工作效率，使企业在竞争中能够领先；收集企业的相关情报，发挥灵活性满足用户需求；挖掘企业的人力资源，激励员工为企业做出贡献等等。

1. 引导企业的前进方向，为企业相关事项做出决策

领导者不仅要为组织确立组织发展目标，更要在组织中建立共同的价值观和目标信仰。为员工指明前进的方向，只有组织成员共同拥有真心投入或遵从的企业目标，才能产生一致行动，激发起整个团队的责任感和创新精神，从而使企业不断向前发展。著名学者彼得·圣吉用“共同愿景”来描述群体目标，指出共同愿景是群体中人们所共同持有的意象或景象，它创造出众人一体的感觉，并遍布到群体全面的活动中，从而改变组织成员与组织的关系，成为强大的驱动力。他还特别强调，共同愿景一般来源于领导者的个人愿景，使个人愿景上升为群体的共同愿景，从而体现了高超的领导艺术。本田汽车许多人都不陌生，在世界汽车行业里，每 80 辆轿车中就有一辆是“本田”牌的，但使本田公司取得引人瞩目的成功、从而扬名天下的却是本田摩托车。本田摩托不仅在日本国内是龙头老大，在世界上也是首屈一指。这一切，首先归功于它的创业者本田宗一郎。本田的发展历史并非一帆风顺，同样存在着目标的选择、决策的风险。20 世纪 70 年代初，本田摩托在美国市场正畅销走红，本田宗一郎却突然提出了“东南亚经营战略”，倡议开发东南亚市场。此时东南亚因经济刚刚起步，生活水平较低，摩托车还是人们敬而远之的高档消费品，许多人对本田宗一郎的倡议迷惑不解。本田拿出一份详尽的调查报告解释说：“美国经济即将进入新一轮衰退，摩托车市场的低潮即将来临。假如只盯住美国市场，一有风吹草动便损失惨重，而东南亚经济已经开始腾飞，只有未雨绸缪，才能处乱不惊。”一年半后，美国经济果然急转直下，许多企业产品滞销，库存剧增，而在东南亚摩托车开始走俏。本田公司因为已提前一年实行创品牌、提高

① 主要内容参考顾兆贵．创造竞争优势：21 世纪中国中小企业发展与创新．京华出版社，2002：529-536.

知名度的经营战略，此时便如鱼得水，公司非但未遭损失，还创出了销售额的最高记录。成功的领导人不但能洞察市场变化，研究其发展规律，准确把握目标和发展方向，更能把自己的目标转化成整个企业的群体目标，从而通过正确的决策引领企业顺应市场潮流，并抢先占据有利地位，不断向前发展。

2. 找准企业的文化内涵，增强员工对企业的认同感

企业文化的形成首先来自企业领导者的管理理念，来自管理理念与社会文化、个体目标的沟通与配合。企业文化在不同层面、不同时间表现出来。企业对用户是什么文化，企业员工对企业、对企业的合作伙伴是什么文化，这些事情可能是写在纸上的条文，也可能没有写在纸上却是写在每个企业成员的心里的基本行为准则。这个基本行为准则的形成来自于社会文化大环境下的企业核心价值观。这个价值观通过企业的经营理念，对人的、对事的、对产品的、对客户的态度，由企业领导者推广开来并通过企业的评价准则来规范大家的行为。什么人是企业的英雄，相应的就产生一种什么样的企业文化。如果创新者是英雄，企业就形成创新文化；如果勤奋者是英雄，企业会形成勤奋的文化。公司的目的是价值增值，积极的公司文化带来的是效率，是可以直接服务于目的的，这种效率不是来自于组织的严密、纪律的严明（当然这些也是必不可少的），而是由公司文化带来，源于人们心中，是最低成本的动力。企业文化创造的是企业的环境，每一个企业的生存与发展都会依赖于这个环境。企业文化已越来越多的影响企业的发展，文化荒芜的企业将无法适应市场竞争。现代企业大量的实践证明，企业经营的成功和发展，都是由于企业领导者能够正确地运用自己的领导权力和人格的影响力，使企业有一种团结和谐、积极奋进的文化氛围，最大限度地激励员工的创造性。可以说，有了企业领导者的文化创新加上员工的积极性、主动性和创造性，企业才能战无不胜。

3. 提高企业的组织活力，增强企业的工作效率

中小企业应该不断提高企业组织活力，每个企业都必须根据自身的实际情况，制定富有前瞻性的企业发展战略。一个中小企业是否具有活力，主要是看它能否根据变化的环境进行富有创造性的经营管理活动，而在这方面，经营管理者负有不可推卸的责任。企业领导者是企业活力的决定因素，是提高企业组织效率的承担者。为此，领导者要善于实行分权式管理，发挥每一个下属和员工的工作积极性。同时，企业领导者也是企业组织结构与制度创新的组织者。通过设计、调整、创造出灵活高效的组织结构和制度，提高效率、降低成本，这样既能使企业在激烈的市场竞争中领先，领导、组织好企业向高水平发展，又能为社会创造更多的财富。

4. 收集企业的相关情报，发挥灵活性满足用户需求

现代社会是信息社会，多知道一条重要信息可能使企业一夜之间成就大业，少知道一条信息也可能使企业错失良机，因此无论大企业小企业都要重视信息收集。大企业在收集资料上颇有优势，有很多人可以代劳，如合作伙伴、大客户、媒体等。对于中小企业来说则不能完全期望别人的资料，当然要获取消息或情报对企业家而言也不必事必躬亲，有时可以授权给下属去做。但是真正有价值的情报信息的收集应主要由领导者亲自去做，这样可以减少信息传递过程中出现的失真，保证决策的准确性；另外，有些资料是只有企业领导者才可以获得的。由于拥有组织中的特殊身份，领导者可以获得更多的与相关人士接触的机会，比方说跟别的公司的领导者谈话所得的信息，参加会议、聚会跟同行或客户谈话所得的信息，都是可以得到的很宝贵的资料。领导者由于具有敏锐的洞察力及前瞻性，即使通过读报纸、看电视也可获得关乎企业发展的重要情报。但资料不经过分析、整理、查证，是没有用的，无论从何种渠道获得的信息只有经过分析、整理、查证之后才成为有用的消息或情报。中小企业的领导者应积极收集经营管理信息并进行分析整理，敏锐地发现用户需求，最大限度地发挥中小企业“船小好调头”的管理优势，满足用户需求，才能获得更大的发展，才能在激烈的市场竞争中生存下去。

5. 挖掘企业的人力资源，激励员工为企业做出贡献

企业领导者在经营管理活动中不仅要树立正确的领导理念，而且还要发动和鼓励下属培养学习的能力和技巧；不仅个人要学习，更重要的是应积极设法将企业及企业中的员工培养、塑造为学习的“机器”。每台“机器”高速运转，广泛汲取知识。同时在企业中建立知识“传送带”和“仓库”，以加强相互间知识的“进出口”业务。通过知识的交流、碰撞，获取更多的与企业发展密切相关的信息流，从而推动企业与员工的共同进步。

领导者要激励员工的创造性劳动。通常领导者激励员工的措施和方式方法是多种多样的，既有物质的，又有精神的和人格的。企业领导者既是员工激励措施和方法的决定者，又是以良好的职业操守、优雅的风度气质、突出的个人魅力、明确的管理风格引导员工行为的典范。事实上，已进入21世纪的企业组织，必须比以往更加重视、尊重个人的需求和发展。因此，现代组织的领导者，不仅要关注员工物质方面的需求，同时需要更多地关注员工精神方面的需求，并对其成长要素、个性特点、价值取向、性格优势等因素洞察和了解，充分认识和理解个体差异性，并在尊重的基础上，因势利导，采取一定的激励手段激发工作热情和对组织的认同，实施积极的领导。强制、机械地控制人的行

为，压制人的需求，只可能暂时回避和掩盖问题，不能从根本上、从良性的角度解决问题。

按照系统论的观点，领导行为本身就是领导者与被领导者双方面的互动，被领导者的态度和行为同样对领导效果和领导者本身产生影响。优秀的领导者在创造目标和价值的同时，也担负创造公正、公平和支持环境的任务，通过聆听成员意见、响应需求，帮助完成目标，促进行为结果；被领导者则充分利用其主观能动性和思考能力。组织成员的思考力已经成为很大一部分组织资源，只有充分挖掘和发挥员工的主动性和创造性，不断实现企业既定目标，才能促进企业的可持续发展。

第二节　中小企业领导素质要求

一、中小企业领导者素质基本要求

今天，中小企业的领导者面临着前所未有的危机和挑战，承受着前所未有的巨大压力。领导者的使命在于预测和把握企业发展方向，发现并提出经营理念，倡导并形成有效行动，观察并解决危机与冲突，调整并防止决策偏颇。随着经济全球化和中国加入 WTO，国际国内的竞争已日趋激烈。如何构筑领导者自身的竞争力并获得竞争优势，如何推进企业管理现代化和管理创新，如何应用最新方法、知识、成果，如何获得先进生产力，如何使自己具备领导必备素质，如何在企业中发挥作用，这些都是每一个企业领导者必须面对的迫切问题。领导者素质“指领导者自身所具有的某些品格和特征”，良好的政治素质、诚实正值的品性、长远眼光和决断力、良好的身心素质是中小企业领导者必备的基本素质。

1. 良好的政治素质

在社会系统结构中，政治属于上层建筑，是对经济最集中、最直接的反映，对经济的发展产生直接的反作用。因此，对于从事经济活动的企业家来说，企业家首先应具备较高的政治素质。具体表现在：

要有厚实的政治理论功底，立场坚定。不仅在平时，而且能在风云变幻、错综复杂的国内外形势下，他们都能够用正确的立场、观点和方法去观察一切，把握住局势，驾驭矛盾，不迷失方向，不管遇到任何惊涛骇浪，都能够站稳立场。

企业家必须能够及时了解国际动态和国家的政治走向。为使自己的企业蓬勃发展，就应该注意培养自己的政治思维能力，善于运用政策，时刻关注国际、国内政治形势的变化，分析其对经济发展所产生的影响或提供的机会，迅速调整或开拓自己的经营领域和经营方向，从而占得先机。

有位亿万富翁曾说过："我用50%的时间研究政治，30%的时间面对各种商业上的事情，剩余20%的时间考虑商业上的事情，中国成功的企业家必先是政治家。"这或许也是千千万万成功人士共同的心声。我国企业家李晓华偶然得知某国新发现了一个储量很大的油田，他根据政府的零星报道判断出投资通往油田的道路必将大有前途，他投入全部资金取得了开发权，这一行为被当地人认为是最愚蠢的投资。一个月后，政府宣布全力开发此油田，油田周围土地价格暴涨，李晓华也因此实现了创业史上的一个新的飞跃。

无论是个人还是企业，都是处于社会之中的，都要受到自己所处社会环境、政治因素的影响，他的行为活动都不能脱离当时的现实条件。所以，成功的企业家，应具备较高的政治素质和卓越的政治思维能力，并能从实际情况出发，根据现实条件和自身状况制定科学、合理、可行的企业发展战略。

2. 诚实正直的品性

我们知道，信用是市场经济的基础，可以说市场经济就是信用经济。领导者讲诚信就是要对内以心换心，最大限度增强企业凝聚力，对外诚恳诚实，提高信用能力，说话要算数，做事要守信。经营企业成功的第一个秘诀是只讲实情，绝不出尔反尔。对员工、顾客、合作伙伴各出一套、八面玲珑的生意人只会自找麻烦。在歪曲真相、凡事遮掩的环境中，人们的身心容易疲惫，而诚实却使每个人身心放松，继而竭尽所能。换句话说，正直的品性是个人和企业走向成功的工具，而不仅是一种美德。其实，对于领导者来说信任和忠诚是立业之本，是不可思议的竞争优势，需要领导者每一天真心实意地去争取它、保护它。

事实证明，如果一个企业经营者目光短浅，急功近利"捞一把，是一把"，缺少应有的诚信度，企业也就不可能获得长远发展。现在不少企业"各领风骚没几天"，一个很重要的原因就是企业经营者为了眼前的蝇头小利，损害了自己的名誉和企业的信誉；而成功的企业领导者应把诚信作为经营之本，努力打造百年品牌。李嘉诚曾说过"有些生意，给多少钱我都不赚……有些生意，已经知道是对人有害，就算社会容许做，我也不做"，"如果单为赚钱而损害名誉，我不做"。可见李嘉诚的成功不仅仅是超人智慧的结果，也是恪守诚信的成功。

3. 长远眼光和决断力

企业领导者需有远见卓识，具备通观全局、着眼未来的战略眼光。每天应有80%的时间考虑企业的未来，用20%的时间处理日常事务，对市场变化的走势、进程和结果做出正确的超前判断，从而趋利避害，抢占商机，掌握竞争的主动权，做到超前经营。看清了前进的方向，企业领导者才能引领企业胜利远航。当然，要做到这一点，企业领导者就要经常思考未来，养成战略眼光，善于高瞻远瞩，审时度势，从而“运筹帷幄之中，决胜市场之上”。

决断力是一种迅速做出选择并形成方案的意志力。它是领导者进行创新所必需的一种基础性能力。缺乏果断的意志力，领导者不可能有任何创新。

李嘉诚正是由于拥有这种素质，才能崛起于强手如林的香港商界。1967年，香港社会不稳定，此时投资者普遍失去信心，香港房价暴跌，但李嘉诚却凭借过人的眼光和开拓创业的魄力，看到香港房地产业发展将不可限量，趁机低价大肆收购其他地产商刚开始打桩而又放弃的地盘。这样，在20世纪70年代香港楼宇需求大大增加时，他才能“赚到很多钱”。

4. 良好的身心素质

领导者都肩负着复杂、繁重的工作任务，这就要求中小企业领导者能全身心投入、努力工作，他们一般比雇员工作的时间更长，甚至一天要能工作18小时以上。因此，中小企业领导者要有积极的生活态度，善于调节自身压力；同时，要有健康的体魄、充沛的精力才能胜任企业发展过程中面临的繁重任务。

二、新经济对领导者素质的要求

当前，人类已经进入了新经济时代。那么，究竟何为新经济时代？美国《商业周刊》曾载文称：“新经济就是建立在信息技术革命和全球大市场基础上的经济。”与传统经济相比，新经济是靠网络化和信息化发展起来的，生产方式以集约化为主，以电子商务为主要交换手段。新经济企业价值增长是按指数级速度增长的，它与全球经济一体化同步。新经济的出现，既给各国经济带来了新的机遇，也给经济不发达国家的企业带来了新的挑战。在这种形势下，企业只有拥有大批高素质人才尤其是高水平的企业家人才才能在激烈的竞争中立于不败之地，企业的兴衰成败是与企业家的素质密不可分的。因此，新经济时代的企业家应具备何种素质便成为人们十分关心的问题。中小企业领导者更应该努力提升自身领导素质，以适应新经济带来的机遇和挑战，实现企业永续经营。

1. 具备持久的创新精神

中小企业领导者应该是具备企业家精神的人，企业家的本质在于创新。创新是一个民族的灵魂，是一个国家兴旺发达的不竭动力，创新也是一个企业发展的源泉。唯有创新，才能使企业远离失败；因循守旧，则意味着死路一条。只有不断运用新的思想、新的产品、新的技术、新的制度和新的工作方法代替原来的做法，才能使企业在激烈的竞争中立于不败。

美国管理学家彼得·德鲁克，曾通过两个例子的分析道破了企业家创新精神的真谛。

第一个例子：在美国，小夫妻俩想在市郊新开设一家熟食店或墨西哥餐厅，肯定要承担风险，因为他们现在所做一切，都是别人以前曾经多次做过的。他们把赌注押在那个地区到外面的就餐人数日益增多这个预期上，既没有给顾客带来新的满意，也没有激起新的消费需求。从这一角度看，尽管他们从事着一项新的经营业务，但他们实在不是企业家，因为他们没有体现创新。

第二个例子：麦克唐纳快餐公司没有发明任何东西，他的最终产品，是任何一个像样的美国餐馆多年以前就生产过的。但是，通过应用管理思想和管理技术，使产品实现了标准化，生产工艺和工具得到了改进。他还对服务工作的要求作了具体分析，在此基础上对员工进行培训，并随之确立应有的工作标准。这样，麦克唐纳公司不仅大幅度地提高了产量，还开拓了新的市场和新的顾客，充分体现了创新。

创新，意味着不能故步自封、总按已有的经验办事，而应敢于跳出固有思维的圈子，用开放的眼光、发展的思维去分析问题，解决问题，这样才能出奇制胜。新经济时代，许多新兴行业蕴涵着很多机会，同时也隐藏着很大的风险，在面临新的机遇和风险时，企业家要能够创造性地解决问题，带领企业攻克一个又一个难关，胜利到达成功的彼岸。

2. 强烈的求知欲

21 世纪，信息技术的发展深刻地改变着企业经营的内外环境，信息成为宝贵的资源，谁掌握了信息资源，谁就能在激烈的市场竞争中拥有主动权；因此，中小企业领导者必须具备出色的信息获取能力，树立终身学习的观念，并将这种观念转化为组织学习能力。

中国博大精深的传统文化凝聚了人生的智慧，而西方尤其美国的管理理论和经验总是处在理性管理的最前沿。企业领导者们不一定要追踪世界最前沿的论述，但要敏锐地捕捉每一个改进与成长的机会，并努力在各自的企业中加以实践，这样才能使自己的思维始终保持着创新与改进。领导者应秉承“学以致用”的理念，不放弃任何学习与交流的机会，现在很多领导者都把总收入的1/4用于自身素质的提升与学习，企业内部的培训更是频繁、高效。知识和信息时代的企业经营者，必须充分意识到经验和权力将越来越“萎缩”，拥有知识、技能和信息才能成功领导企业，只有把知识消化吸收，变成自己的见识，才能创新，才有价值。建立学习型组织已经成为现代企业的现实目标。要达到这个目标，首先要求领导者不断学习，向书本学，向实践学，向同事学，向同行学，向顾客学，成为知识型领导者；然后要建立知识共享的机制，通过对员工的培养，使员工的知识也成为公司的资本；这样一来，整个组织就是学习型的、是充满生机和富有竞争力的。但是，这是文化上的变更，不会很容易。这需要领导者有强烈的求知欲，相信不断学习的重要性，相信学习能够为企业带来经济效益，在企业中建立学习的文化。

3. 具有战略头脑和冒险精神

著名经济学家熊彼特指出：“只有那些对企业的发展具有远见卓识和捕捉能力，对发明和开发高瞻远瞩，对审度其经济潜力具有特殊天资并使其在投入使用后不断臻于完善的人才堪称企业家。”他们要具备一种长远的战略眼光，而不应仅仅满足于一点点蝇头小利，或为一城一池的得失而迷失了企业的长远目标。

而市场经济中经营企业又如同逆水行舟，不进则退。任何企业家，即便是再有远见卓识的企业家，所做出的决策，都包含着可能的成功与失败，使自己要么成为“胜利者”，要么成为“破产者”。从这个角度讲，企业家必须是敢于冒着遭受损失的风险从事经营活动的人，没有冒险精神的人，就没有资格从事这项活动。

但是也有这样一些人，他们根本不考虑成功的可能性，也不考虑冒险所得与冒险的代价是否相当，只是一味强调冒险，靠碰运气发财，我们称这样的人是赌徒，而不是企业家。真正的企业家，是从实际出发，从企业的长远利益出发，只去冒那些经过深思熟虑的必要风险，因为他们的愿望是企业的长远发展，而且在这个过程中，需要运用各自的技能克服困难，通过努力取得实际的成就，而不完全是靠碰运气。企业家乐于接受的是既困难又能获得成功的挑战。

因承办第23届奥运会而闻名于世的美国第一旅游公司副董事长尤伯罗斯就是这种建立在企业长远规划基础上的具有冒险精神的企业家。1984年，举世瞩目的第23届奥运会对主办国来说都是相当大的经济负担，以致没有不亏损的先例，美国政府早就宣布不予经济援助，洛杉矶市政府也声称不反对主办奥运会，但不能耗费该市一分一毫。那么，这个问题该怎么解决呢？正当美国政府难以确定之际，美国第一旅游公司副董事长尤伯罗斯看到这件事的经济利益所在，于是毛遂自荐，表示愿意承办，并提出“自付资金，不要政府一分钱”的口号。尤伯罗斯敢于承担极大亏损风险的勇气充当了这次奥运会的大老板。在此之后，尤伯罗斯凭借过人的胆识和科学的管理术，使奥运会总共只花了5.1亿美元，并获得了2.5亿美元的赢利，是原计划赢利的10倍。创造了奥运会历史上破天荒的记录。在第23届奥运会闭幕式上，国际奥委会主席萨马兰奇还向尤伯罗斯颁发了一枚特别金牌。

4. 具备高超的管理能力

管理是企业的心脏。一个企业家如果没有一定的管理能力，怎能带领企业在市场竞争中左右逢源，游刃有余？对于企业家而言，高超的管理能力应具体包括以下几个方面：

首先是决策能力。决策能力是企业家的核心能力，因为企业家的决策能力集中体现在企业家的战略决策能力上，如果决策失误，则会使企业陷入困境。1995年美国《财富》杂志所列出的世界500强大企业，今天仅剩下1/3了，大多数已破产倒闭，究其原因，很大程度是源于决策的失败。

其次是组织协调能力。组织管理才能就表现在精于运用组织力量，能够把各种不同才能的人恰当地结合起来，形成配合默契、步调一致的集体行动。而成功的企业家，在于他们能运用自己的知识，建立科学、合理、高效的组织管理结构，合理配置人财物资源，确保企业的正常运转。企业是由众多人员和部门组成的复杂系统，在这些人员和部门之间不可避免的产生摩擦和内耗，给企业带来不应有的损失，企业家必须运用自己的组织协调能力使这些摩擦和内耗降低到最低程度，从而做到企业系统功能的最大化。另外，企业还是社会中的企业，企业的发展壮大离不开整个社会环境，企业家必须协调好企业与政府、厂商、客户、新闻媒介等的关系，在社会上树立一个好的形象，为企业的发展营造一个好的社会环境。

最后是控制能力。由于企业的战略规划是面向未来制定的，在实施过程中，自身条件与客观情况也在不断发展变化着，这就出现了计划与实际情况之间的矛盾和冲突。为了保证企业的发展方向，企业家必须养成一定的控制能力，不该做的坚决不做，做的要做成该行业的领先者。巨人集团奇迹般地崛起，又传奇般地陨落，在一定程度上就是由于领导人不顾自身条件、缺乏控制能力、盲目多元化、贪大求全、仓促决策造成的。企业家可以为企业制定切合实际的规章制度以做到有章可循、有据可查，保证企业各项工作的整体平稳推进。

5. 具有独特的人格魅力

企业家及企业家才能是企业不可或缺的重要资源，但一个企业仅靠企业家个人是绝对不行的。新经济时代的企业家为了企业的发展，为了能给社会做出更大的贡献，必须有强烈的人才意识，并以发现人才、吸引人才、培养和使用人才为己任。因此，一个好的领导者应能与人和睦相处，在工作环境中营造出一个融洽的气氛，使工作伙伴和企业员工紧紧团结在自己的周围，从而达到整合企业团队，增强凝聚力的效果。不过，一个没有人格魅力的企业家是很难将优秀人才聚集在自己周围的。

那么，何为企业家的人格魅力？合格的企业家应该正直诚实、谦虚谨慎、严于律已、公正无私。当今国内外知名企业家，从通用公司的韦尔奇到微软公司的比尔·盖茨，从海尔的张瑞敏到长虹的倪润峰，任何一个成功的企业其领导人都有着独特的人格魅力。再比如，联想集团总裁柳传志曾经说过，小企业做事，大企业做人。联想集团近年来的迅速成长壮大，成为民族工业的一面旗帜，这应该是与柳传志先生独特的人格魅力和管理方法分不开的。

因此，企业家一定要不断地加强自身学习，提高自身修养。做到既能运筹帷幄之中，决胜千里之外；又能以诚待人，言必信，行必果，尊重、关心、爱护人才，形成自己独特的人格魅力。惟有如此，才能吸引到大批优秀人才，企业的发展才能获得源源不断的动力。

第五章　中小企业经营环境分析与评价

第一节　中小企业外部环境构成及评价

一、外部环境分析的意义

从环境的角度看，中小企业永续经营的主要问题是企业如何做到持续地适应与响应经营环境的不断变化，应对与消除环境不确定性给企业经营带来的困境。环境越是动态的、越是复杂的，环境的不确定性就越大。企业外部环境可能给企业带来市场机会，也可能给企业造成环境威胁，从而直接或间接地影响到企业生存与可持续发展。因此，加强企业外部环境分析是企业生存与发展极为重要的基础性工作，也是企业战略态势分析的重要组成部分。

中小企业外部环境，是指影响企业经营管理的政治法律、经济、社会文化、科学技术等外部环境因素。国民经济各部门、各地区、各种经济组织和各级政府，都与企业发生着密切的关系，尤其是广阔的市场对企业发生着直接的影响。这些联系和关系共同构成中小企业的外部环境。对企业外部环境进行研究，就是要对外部环境进行调查、分析，预测其发展趋势，掌握其变化动向。对于初创期或成长期的中小企业，充分认识影响企业经营发展的政治、经济、社会、科技等外部环境因素，制定明确的战略模式，设计符合企业生存与发展所需要的战略目标及方案具有重要意义。

二、宏观环境分析

外部分析目的是要确认对企业有利的和不利的因素，通过对这些因素的把握，公司作出进攻性的或防御性的反应。中小企业外部宏观环境因素主要有：政治法律环境、经济环境、文化环境、技术环境等。

1. 政治法律环境（Political）①

政治环境因素是指国家政治形势、政局情况、政治发展趋势，以及政府制定的方针政策、法令、法规，政府机构的组成，办事程度和办事效率等，这些因素常常影响、制约着企业的经营行为。中小企业在国民经济中具有重要的地位和作用，中小企业改革是整个经济体制改革和国有企业改革的有机组成部分。党的十四大和十四届三中全会以后，随着我国企业改革由扩权让利的政策性调整阶段进入到制度创新阶段，党中央、国务院制定了一系列搞活中小企业的政策和措施，引导中小企业转换经营机制，在制度创新上下功夫，逐步明确了中小企业改革的总体思路。政治环境分析主要分析国内的政治环境和国际的政治环境。国内的政治环境包括以下一些要素：（1）政治制度；（2）政党和政党制度；（3）政治性团体；（4）党和国家的方针政策；（5）政治气氛。国际政治环境主要包括：（1）国际政治局势；（2）国际关系；（3）目标国的国内政治环境。对于中小企业而言，国内政治环境分析主要是对国家的方针政策和国家制度的分析，从而利用有利的方针政策，避免违反国家政策。国际环境分析主要是对有国际化经营的企业而言的，主要分析目标国和国内的政治环境和关系，其目的也是利用机会，降低经营风险。

法律环境分析主要分析的因素有：（1）法律规范，特别是和企业经营密切相关的经济法律法规，如《公司法》、《中外合资经营企业法》、《合同法》、《专利法》、《商标法》、《税法》及《企业破产法》等。（2）国家司法执法机关。在我国主要有法院、检察院、公安机关以及各种行政执法机关。与企业关系较为密切的行政执法机关有工商行政管理机关、税务机关、物价机关、计量管理机关、技术质量管理机关、专利机关、环境保护管理机关及政府审计机关。此外，还有一些临时性的行政执法机关，如各级政府的财政、税收、物价检查组织等。（3）企业的法律意识。企业的法律意识是法律观、法律感和法律思想的总称，是企业对法律制度的认识和评价。企业的法律意识，最终都会物化为一定性质的法律行为，并造成一定的行为后果，从而构成每个企业不得不面对的法律环境。（4）国际法所规定的国际法律环境和目标国的国内法律环境。

2. 经济环境（Economic）②

一般经济环境是企业最直接感受到的环境因素。从对企业的影响看，经济

① 王方华，吕巍．企业战略管理．复旦大学出版社，1999：138-139.

② 刘冀生．企业经营战略．清华大学出版社，1995：42-43.

环境对需求和对竞争的影响形成对企业的压力。所谓经济环境是指构成企业生存和发展的社会经济状况和国家经济政策。社会经济环境包括经济要素的性质、水平、结构、变动趋势等多方面内容，涉及国家、社会、市场等多个领域。企业的经济环境主要由社会经济结构、经济发展水平、经济体制和宏观经济政策四个要素构成，这四个要素相互结合整体地影响着企业的生存和发展。宏观经济环境往往是通过微观经济环境具体地对企业发生作用。因此，中小企业的宏观环境意识也要加强，这样才能使企业的自下而上发展得到有力的保证。

社会经济结构主要包括五个方面的内容，即产业结构、分配结构、交换结构、消费结构及技术结构，其中最重要的是产业结构。

经济发展水平是指一个国家经济发展的规模、速度和所达到的水准。反映一个国家经济发展水平的常用指标有国民生产总值、国民收入、人均收入、经济发展速度及经济增长速度。

经济体制是指国家经济组织的形式。经济体制规定了国家与企业、企业与企业、企业与各经济部门的关系，并通过一定的管理手段和方法，调控或影响社会经济活动的范围、内容和方式等。

经济政策是指国家、政党一定时期内为实现国家经济发展目标所设定的战略与策略，它包括综合性的全国经济发展战略和产业政策、国民收入分配政策、价格政策、物资流通政策、金融货币政策、劳动工资政策及对外贸易政策等。

一般而言，经济环境是不可控制的，企业只能适应它。经济环境对中小企业的影响主要是体现在对产业吸引力、赢利水平、竞争程度的影响上，从而影响中小企业的经营环境，给中小企业带来机会和威胁，一般在经济转型和发生大的波动时才会有较大的影响，所以中小企业的经济环境分析主要是对经济转型和经济波动的分析。

3. 社会文化环境（Social）①

社会文化是一个包容性很强的概念，它包括一个国家或地区的社会性质、人们共享的价值观、人口状况、教育程度、风俗习惯及宗教信仰等方面的内容。社会文化的形成非常复杂，以上各因素都会影响它的形成和发展。同时，社会文化的影响面也很广泛，在企业成长过程中，社会文化环境始终影响着企

① 胡建绩，陆雄文，姚继麟．企业经营战略管理．复旦大学出版社，1999：36. 刘冀生．企业经营战略．清华大学出版社，1995：46-48.

业。社会文化环境通过两个方面影响企业：一是影响人口总量和人口分布、居民的价值观和生活方式，从而影响他们对产业和对企业的态度；二是影响企业内部人员的价值观和工作态度，从而影响企业文化。社会文化环境的变化一般表现为渐进的，甚至是潜移默化的方式。所以，企业对社会文化环境的变化往往不易察觉，甚至在一般环境分析时，忽略了对社会文化环境的分析。事实上，政治、经济和技术等环境在一定程度上都会受社会文化环境的影响。需要注意的是，社会文化环境的改变已经提出了企业社会责任的要求，企业不但是传统上认为的盈利性经济组织，而且是对自然、人类、社会以及经济的协调、持续发展负有责任的组织，企业有责任协助解决诸如失业、国民教育、环境保护、消费者利益保护等社会问题。社会文化分析的主要内容有文化、人口两方面：

人口因素对企业战略的制定有重大影响。例如，人口总数直接影响着社会生产总规模；人口的地理分布影响着企业的厂址选择；人口的性别比例和年龄结构在一定程度上决定了社会需求结构，进而影响社会供给结构和企业生产；人口的教育文化水平直接影响着企业的人力资源状况；家庭户数及其结构的变化与耐用消费品的需求和变化趋势密切相关，因而也就影响到耐用消费品的生产规模等。对人口因素的分析可以使用以下一些变量：离婚率、出生率和死亡率、人口的平均寿命、人口的年龄和地区分布、人口在民族和性别上的比例变化、人口和地区在教育水平和生活方式上的差异等。

文化环境对企业的影响是间接的、潜在的和持久的，文化的基本要素包括哲学、宗教、语言与文字、文学艺术等，它们共同构筑成文化系统，对企业文化有重大的影响。

企业对文化环境的分析过程是企业文化建设的一个重要步骤，企业对文化环境分析的目的是要把社会文化内化为企业的内部文化，使企业的一切生产经营活动都符合环境文化的价值检验；另外，企业对文化的分析与关注最终要落实到对人的关注上，从而有效地激励员工，有效地为顾客服务。

对于中小企业来说，社会文化因素的分析，主要是为了把握市场的需要。通过对人口和文化环境因素的分析以便把握市场需求和市场特征，从而制定准确的市场策略。市场调研已成为今天中小企业经营管理中理性的、必要的步骤。

4. 技术环境（Technological）①

中小企业的技术环境指的是企业所处的社会环境中的技术要素及与该要素

---

① 刘冀生．企业经营战略．清华大学出版社，1995：44-45.

直接相关的各种社会现象的集合。粗略地划分企业的科技环境，大体包括四个基本要素：社会科技水平、社会科技力量、国家科技体制、国家科技政策和科技立法。科学技术的发展既给中小企业提供了有利的发展机会，也会给中小企业带来威胁。中小企业要高度重视和实施技术改造和技术创新，以保持竞争优势。

如今，变革性的技术正对企业的经营活动发生着巨大的影响。近年来信息技术的发展和产业化不但诱发形成了一批新的高科技产业，改变了传统的制造业与服务业，还促使传统产业的改造和技术化重生，引起不少产业价值链结构的根本性调整。20 世纪 90 年代以来，不少国家进行产业结构调整、产业升级和产业优化，从本质上讲都是由技术突破推动的。技术环境对企业的直接影响，表现在技术进步对生产力、产品发展速度、就业类型变化等企业经营要素的改变上，技术环境对企业的间接影响，表现在由技术对个人消费观念和消费习惯的影响引起的对企业产出要求的改变上。企业要密切关注与本企业的产品有关的科学技术的现有水平、发展趋势及发展速度，对于新的硬技术，如新材料、新工艺、新设备，企业必须随时跟踪掌握；对于新的软技术，如现代管理思想、管理方法、管理技术等，企业要特别重视。当前，科学技术发展的热点是：信息技术、新材料技术、新能源技术、电子技术、生物工程技术。

中小企业在进行技术环境分析时关键是要从两个方面来考虑：

企业现有技术状况分析：

(1) 企业拥有的主要技术是什么？

(2) 企业在业务活动及产品和零部件生产中采用了何种技术？

(3) 这些技术对各种业务活动及产品和零部件生产的重要程度如何？

(4) 外购的零部件及原材料中包含了哪些技术？

(5) 上述外部技术中哪些是至关重要的？为什么？

(6) 企业是否能持续地利用这些外部技术？

(7) 企业现有技术可以有哪些应用？

(8) 企业实施了哪些应用？没有实施哪些应用？为什么？

(9) 企业的技术对于各种应用的重要程度如何？

(10) 对这些应用至关重要的其他技术有哪些？

(11) 企业在以往对关键技术进行了哪些投资？

(12) 企业在技术上的主要竞争者以往的和计划的投资内容和投资方式如何？

(13) 企业及其竞争者在产品的研制与设计、工艺、生产及服务等各方面进行了哪些投资？

(14) 企业的产品包含哪些零部件？

(15) 这些零部件、产品和业务的成本及价值增值结构是什么？

(16) 企业的技术及业务组合对企业经营战略的影响如何？

改进和创新技术分析：

(1) 企业为实现目前的经营目标需要哪些技术资源？

(2) 为实现企业目前经营目标需要增加哪些新技术？

(3) 引进新技术带来的成本和未来收益的比较结果是什么？

(4) 哪些技术投资应当予以削减或取消？

(5) 企业应当考虑实施哪些技术应用？

(6) 在各种应用中，不同的技术有哪些区别？

(7) 这些技术曾经发生过何种变革？是哪些企业开创了这种变革？

(8) 这些技术在未来可能会发生何种变化？

(9) 在没有实施的技术应用方面的投资会在多大程度上扩大企业的产品市场、增加企业盈利、增强企业的技术领先优势？这里应当考虑的因素包括：用户需要与需求的变化，当前与正在出现中的细分市场，各细分市场的增长速度，企业的竞争地位及主要竞争者可能会采取的经营战略。

(10) 企业在哪些方面有技术创新能力和必要？对于生产制造型的中小企业来说，技术因素是至关重要的，中小企业往往对核心技术的变革没有抵抗力，所以应该重视企业内部技术状况的分析，把握企业关键技术的变革和创新方向。另外，对技术的管理也要本着提高效率、降低成本的原则，对技术的创新和变革要考虑成本和收益的大小比较。

三、行业环境分析

1. 行业生命周期分析①

行业的生命周期是指从行业出现直到行业完全退出社会经济活动所经历的时间。行业生命周期主要包括四个发展阶段：幼稚期、成长期、成熟期和衰退期。行业生命周期的图形如图 5-1 所示。

行业生命周期是由社会对该行业的产品需求状况决定的，一般一个行业周期要一百年到几百年的时间。在成熟前期，几乎所有行业都具有类似 S 形的生长曲线，而在成熟期后期，则大致分为两种类型：第一种类型是行业长期处于

① 刘冀生．企业经营战略．清华大学出版社，1995：32-33.

成熟期，从而形成长期稳定型行业，如图中右上方的曲线 1；第二种类型是行业较快地进入衰退期，从而形成迅速衰退型行业，如图中的曲线 2。行业生命周期是一种定性的理论，行业生命周期曲线是一条近似的假设曲线。在制定企业战略时，要识别本企业所在行业处于其生命周期的哪个阶段，这对企业制定战略是十分重要的。

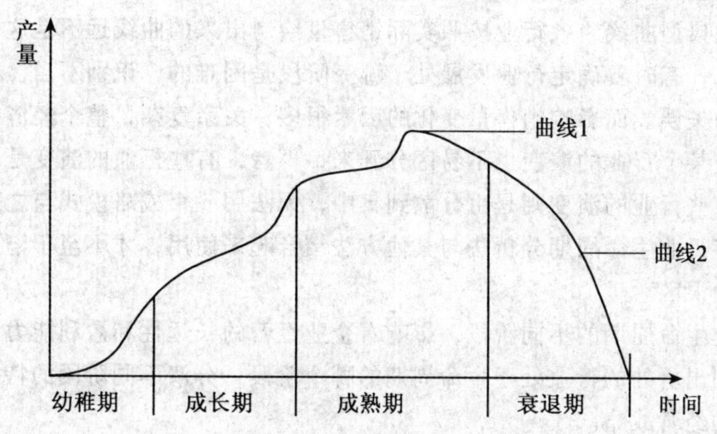

图 5-1　行业生命周期图

识别行业生命周期所处阶段的主要指标有：市场增长率、需求增长率、产品品种、竞争者数量、进入及退出壁垒、技术变革、用户购买行为等。下面分别介绍生命周期各阶段的特征。

（1）幼稚期：这一时期的市场增长率较高，需求增长较快，技术变动较大，行业中的企业主要致力于开辟新用户、占领市场，但此时技术上有很大的不确定性，企业在产品、市场、服务等策略上有很大的余地，对行业特点、行业竞争状况、用户特点等方面的信息掌握不多，企业进入壁垒较低。

（2）成长期：这一时期的市场增长率很高，需求高速增长，技术渐趋定型，行业特点、行业竞争状况及用户特点已比较明朗，企业进入壁垒提高，产品品种及竞争者数量增多。

（3）成熟期：这一时期的市场增长率不高，需求增长率不高，技术上已经成熟，行业特点、行业竞争状况及用户特点非常清楚和稳定，买方市场形成，行业盈利能力下降，新产品和产品的新用途开发更为困难，行业进入壁垒很高。

（4）衰退期：这一时期的市场增长率下降，需求下降，产品品种及竞争者数目减少。从衰退的原因来看，可能有四种类型的衰退，它们分别是：①资源型衰退，即由于生产所依赖的资源的枯竭所导致的衰退。②效率型衰退，即由于效率低下的比较劣势而引起的行业衰退。③收入低弹性衰退，即因需求——收入弹性较低而引起的行业衰退。④聚集过度性衰退，即因经济过度聚集的弊端所引起的行业衰退。

行业生命周期在运用上有一定的局限性，因为生命周期曲线是一条经过抽象化了的典型曲线，各行业按照实际销售量绘制出来的曲线远不是这样光滑规则，因此，有时要确定行业发展处于哪一阶段是困难的，识别不当，容易导致战略上的失误。而影响销售量变化的因素很多，关系复杂，整个经济中的周期性变化与某个行业的演变也不易区分开来，再者，有些行业的演变是由集中到分散，有些行业的演变则是由分散到集中，无法用一个战略模式与之对应，因此，应将行业生命周期分析法与其他方法结合起来使用，才不至于陷入分析的片面性的误区。

行业生命周期的不同阶段，影响着企业经营的长远性和盈利能力，中小企业应识别出所处的行业处于生命周期的哪个阶段，分清不同阶段的特征，制定出相应的经营战略。

2. 行业成功关键因素分析①

所谓成功关键因素（KSFs）是指影响行业中企业在市场上盈利性能力的主要因素，例如产品性能、竞争力、能力、市场表现等。从性质上说，行业成功关键因素是所有企业为了在竞争和财务上成功所必须具备的能力或条件，一般有 3 ~5 个。同时，行业成功关键因素也会因行业而异，因时而异，随驱动力和竞争情况而改变。关键成功因素非常重要，企业在制定战略以前，必须了解自己的关键成功因素；对于中小企业领导者来说，他们至少应当掌握本行业中哪些因素对于经营成功是至关重要的，又有哪些因素相对而言是无关紧要的。行业关键成功因素分析的任务在于识别（企业所在）行业当前这些因素并预期其发展趋势，为下一步企业制定与这些因素相匹配的战略和内部资源分析而准备。行业成功关键因素分析主要用来解决如下的一些问题：①顾客根据什么选择产品？②企业为了竞争成功必须具备哪些资源和竞争能力？③企业如何才能获得持续竞争优势？

成功企业一般在所有的行业成功关键因素上都会保持有竞争力，同时至少要在一项因素上超群。

① 戴维．公司战略教程．李克林，译．经济科学出版社，1998：124.

（1）常见行业成功关键因素的类型如下：

①技术类行业成功关键因素——科研专家、工艺创新能力、产品创新能力、在既定技术上的转化能力、网络经营能力。

②制造类行业成功关键因素——低成本生产（获得规模经济、取得经验曲线效应）、固定资产最高能力利用率、有技能劳工、低成本产品设计、低成本厂址、灵活地生产系列产品满足顾客的要求等。

③分销类行业成功关键因素——强的批发商/特约经销商网络、公司控制的零售点、拥有自己的分销渠道和网点、低分销成本、快速配送等。

④销售类行业成功关键因素——技术支持、顾客服务、订单处理、产品线和可供选择的产品、商品推销技巧、有吸引力的款式/包装、顾客保修和保险及精明的广告等。

⑤技能类行业成功关键因素——技术工人、质量管理诀窍、设计专家、在具体技术上的专有技能、开发出创造性的产品和取得创造性的产品改进、快速商业化能力、组织能力、卓越的信息系统、快速的市场反应、电子商务能力、较多的经验和诀窍等。

⑥一般管理能力类行业成功关键因素——有利的公司形象/声誉、总成本很低、便利的设施选址、礼貌的员工、能够获得财务资本、专利保护。

（2）不同行业的关键成功因素①

对于不同行业，其关键成功因素有很大差异，如表5-1所示。

表5-1　　不同行业中的成功关键因素

工业部门类别	成功关键因素
铀、石油	原料资源
船舶制造、炼钢	生产设施
航空、高保真度音响	设计能力
纯碱、半导体	生产技术
百货商场、零部件	产品范围、花色品种
大规模集成电路、微机	工程设计和技术能力
电梯、汽车	销售能力、售后服务
啤酒、家电、胶卷	销售网络

① 张明玉，张文松．企业战略理论与实践．科学出版社，2005：93.

(3) 产品生命周期各阶段中的关键成功因素①

随着产品生命周期的演变，关键成功因素也发生变化，如表 5-2 所示。

表 5-2　　**产品生命周期各阶段的成功关键因素**

阶段	投入期	成长期	成熟期	衰退期
市场	广告宣传、争取了解，开辟销售渠道	建立商标信誉，开拓新销售渠道	保护现有市场，渗入别人的市场	选择市场区域，改善企业形象
生产经营	提高生产效率，开发产品标准	改进产品质量，增加花色品种	加强和顾客的关系，降低成本	缩减生产能力，保持价格优势
财力	利用金融杠杆	集聚资源以支持成长	控制成本	提高管理控制系统的效率
人事	使员工适应新的生产和市场	发展生产和技术能力	提高生产效率	面向新的增长
研究开发	掌握技术秘诀	提高产品的质量和功能	降低成本，开发新品质	面向新的增长领域
成功关键因素	销售、消费者的信任、市场份额	对市场需求的敏感、推销产品质量	生产效率和产品功能、新产品开发利用	回收投资，缩减生产能力

3. 波特五种竞争力分析

波特五种竞争力分析属于外部环境分析中的微观环境分析，主要用来分析本行业的企业竞争格局以及本行业与其他行业之间的关系。

根据波特（Porter）的观点，一个行业中的竞争，不只是在原有竞争对手中进行，而是存在着五种基本的竞争力量：潜在的行业新进入者、替代品的竞争、买方讨价还价的能力、供应商讨价还价的能力以及现有竞争者之间的竞争。这五种基本竞争力量的状况及综合强度，决定着行业的竞争激烈程度，从而决定着行业中最终的获利潜力以及资本向本行业的流向，这一切都最终决定着企业保持高收益的能力。下面简要说明中小企业在这五种力量上的分析。

(1) 潜在进入者

所谓潜在进入者，可能是一个新办的企业，也可能是一个采用多元化经营战略的原从事其他行业的企业，潜在进入者会带来新的生产能力，并要求取得

① 张明玉，张文松. 企业战略理论与实践. 科学出版社，2005：93.

一定的市场份额。中小企业主要考虑潜在进入者对本行业的威胁以及进入新行业后原有企业反应的强烈程度。威胁取决于本行业的进入壁垒，进入壁垒的高低主要取决于以下一些因素：

①规模经济。若行业内原有企业的生产都已达到一定的规模，新进入者若以较小的规模进入该行业就将处于成本上的劣势地位，若以较大规模进入该行业则风险较大。

②经营特色与用户忠诚度。若行业内现有企业已经树立了较好的企业形象，用户忠诚度较高，那么，新进入者要想树立起良好的企业形象并取得用户的信任就要付出相当大的代价。

③投资要求。如果本行业对一次性进入投资要求很高的话，那么该行业对潜在进入者的进入壁垒就较高。

④资源供应。若行业内现有企业已与原材料及技术供应渠道建立了良好的、稳定的供应关系，则新进入者的进入壁垒就相当高。因此，新进入者在进入该行业以前，必须做好资源供应方面的调查研究。

⑤销售渠道。若新进入者也想打入现有企业已经建立起来的良好的销售渠道，则往往要求新进入者提供更优惠的价格或加强广告宣传，这也构成了新进入者的进入壁垒。

⑥政府政策。国家对有些行业颁布许可证（如医药、食品、邮电、通信设备等），或对某些原材料进行严格控制都会形成对新进入者的重大的进入壁垒。

⑦原有企业的反应。若行业中的原有企业的预期报复强烈，那么对潜在进入者的进入壁垒就较高。

（2）替代产品

替代产品是指那些与本行业产品具有相同或相似功能的产品，如洗衣粉可部分代替肥皂，圆珠笔可部分代替钢笔。来自替代品的压力主要有以下三个因素：

①替代品的盈利能力。若替代品具有较大的盈利能力则会对本行业的原有产品形成较大压力，它把本行业的产品价格约束在一个较低的水平上，使本行业企业在竞争中处于被动地位。

②生产替代品的企业所采取的经营战略。若它采取迅速增长的积极发展战略，则它会对本行业构成威胁。

③客户的转换成本。客户改用替代品的转换成本越小，则替代品对本行业的压力越大。

(3) 买方讨价还价的能力

买方对本行业的竞争压力主要表现为要求产品价格更低廉、质量更好、提供更多的售后服务，他们会利用各企业间的竞争来施加压力。来自买方的压力总是趋向于降低本行业的盈利能力。对买方压力的分析可以从以下几个方面入手：

①消费者的集中程度。如果本行业产品集中供应给少数几个用户，少数消费者的购买量占了企业产量的很大比例，则这少数几个消费者会对本行业形成较大压力。

②消费者从本行业购买的产品的标准化程度。产品标准化程度越高，消费者选择的余地也就越大；反之，消费者对具有特色的产品很难施加压力。

③消费者从本行业购买的产品在其成本中所占的比重。若消费者购买的本行业产品在其成本中占很大比重，则他们在购买时对价格、质量等问题就更为挑剔；反之，他们在价格上是不敏感的。

④转换成本。客户的转换成本越小，对本行业的压力越大。

⑤消费者的盈利能力。若消费者盈利能力低，则消费者在购买时对价格敏感；反之，则不敏感。

⑥本行业产品对消费者产品质量的影响程度。若本行业产品对消费者产品质量有举足轻重的影响，则客户对价格不敏感，对本行业企业的压力较小。

⑦消费者掌握的信息。若消费者的信息很灵，则来自消费者的压力就大。

如何协调同消费者之间的关系，降低消费者带来的压力，对培养企业竞争优势有重要作用，也对企业的获利能力有着至关重要的影响。中小企业可以通过这些关于消费者的调查来了解消费者的情况，从而制定以消费者为导向的经营策略。

(4) 供应商讨价还价的能力

对某一行业来说，供应商竞争力量的强弱，主要取决于供应商行业的市场状况以及它们所提供物品的重要性。供应商的威胁手段有：一是提高供应价格；二是降低相应产品或服务的质量，从而使下游行业利润下降。供应商对本行业的竞争压力表现在要求提高原材料或其他供应品的价格，减少紧俏资源的供应或降低供应品的质量等。供应商的压力总是趋向于从本行业中牟取更多的利润。

供应商的压力主要取决于以下几个因素：

①供应商的集中程度和本行业的集中程度。如供应者集中程度较高，即本行业原材料的供应完全由少数几家公司控制，而本行业的集中程度较差，少数

几家企业供应众多分散的本行业企业，则供应者通常会在价格、质量和供应条件上对购买者实施较大的压力。

②供应品的可替代程度。若存在着合适的可替代品，即使供应商再强大，他们的竞争能力也会受到牵制。

③本行业对供应商的重要性。如果本行业是供应者的重要用户，供应商的命运将和本行业密切相关，则来自供应者的压力就较小。反之，供应商会对本行业施加较大的压力。

④供应品对本行业生产的重要性。如果供应品对本行业的生产起关键性作用，则供应商会提高其讨价还价的能力。

⑤供应品的特色和转换成本。如果供应品具有特色并且转换成本很大，则供应商讨价还价的能力就会增强，会对本行业施加较大的压力。

⑥供应商前向一体化的能力。如果供应商有可能前向一体化，这样就增强了它们对本行业的竞争压力。

⑦本行业内的企业后向一体化的可能性。如果本行业内的企业有可能后向一体化，这样就会降低它们对供应商的依赖程度，从而减弱了供应商对本行业的竞争压力。

(5) 现有竞争者之间的竞争

这种竞争力量是企业所面对的最强大的一种力量，这些竞争者根据自己的一整套规划，运用各种手段（价格、质量、造型、服务、担保、广告、销售网络、创新等）力图在市场上占据有利地位和争夺更多的消费者，对企业造成了极大的威胁，见图 5-2。

“其他利益相关者”是管理学家弗雷曼建议加到波特的竞争模型中去的。这些利益相关者是政府、工会、地方社区、借贷人、贸易组织、股东以及特殊利益集团。其中，政府的作用力最大。

波特的五种竞争力分析为我们提供了一种分析竞争对手的方法，但是，分析竞争对手需要掌握大量的关于竞争对手的信息。中小企业采取经济、正当的方法和策略对竞争对手进行调查，主要是了解竞争对手的人力、资金、供销渠道、技术、市场位置及盈利能力等。收集的关于竞争对手的信息越多、越准确，就越有可能制定出正确的战略，从而战胜竞争对手。

4. 行业分析：外部因素评价（EFE）矩阵①

外部因素评价矩阵（External Factor Evaluation (EFE) Matrix）可帮助战略

① 戴维著. 战略管理. 李克林，译. 华夏出版社，2001：156-157.

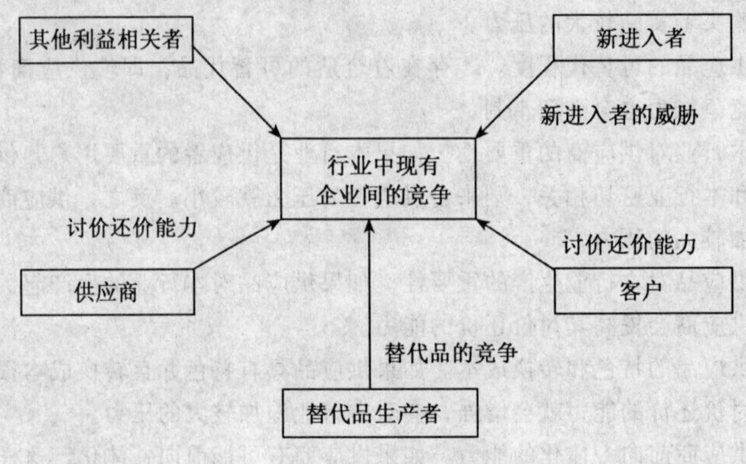

图 5-2　五种竞争力模型

制定者归纳和评价经济、社会、文化、人口、环境、政治、政府、法律、技术及竞争等方面的信息。建立 EFE 矩阵的五个步骤如下：

(1) 列出在外部分析过程中确认的外部因素。因素总数在 10～20 个之间。因素包括影响企业和其所在产业的各种机会与威胁。首先列举机会，然后列举威胁。要尽量具体，可能时要采用百分比、比率和对比数字。

(2) 赋予每个因素以权重，其数值由 0（不重要）到 1.0（非常重要），权重标志着该因素对于企业在产业中取得成功的影响的相对重要性。机会往往比威胁得到更高的权重，但是当威胁因素特别严重时，也可以得到高权重。确定恰当权重的方法包括将成功的竞争者和不成功的竞争者进行比较，以及通过集体讨论而达成共识。所有因素的权重总和必须等于 1。

(3) 按照企业现行战略对各关键因素的有效反应程度给各关键因素进行评分，范围为 1～4 分，“4”代表反应很好，“3”代表反应超过平均水平，“2”代表反应为平均水平，而“1”则代表反应很差。评分反映了企业战略的有效性，因此它是以公司为基准的，而步骤 2 中的权重则是以产业为基准的。要注意非常重要的一点，威胁和机会都可以被评为 1 分、2 分、3 分、4 分。

(4) 用每个因素的权重乘以它的评分，即得到每个因素的加权分数。

(5) 将所有因素的加权分数相加，以得到企业的总加权分数。

无论 EFE 矩阵所包含的关键机会与威胁数量有多少，一个企业所能得到的总加权分数（Total Weighted Score）最高为 4.0，最低为 1.0。平均总加权分数为 2.5。总加权分数为 4.0 说明企业在整个产业中对现有机会与威胁做出了最出色的反应，换言之，企业的战略有效地利用了现有机会并将外部威胁的潜在不利影响降至最小。而总加权分数为 1.0 则说明公司的战略不能利用外部机会或回避外部威胁。

表 5-3 表示的是 BS 公司 EFE 矩阵的例子，该公司是某地区一家生产无烟烟草的公司。请注意，当地政府被看做是影响该产业最为重要的因素，正如其权重 0.20 所示；BS 公司并没有采用可以有效利用这一机会的战略，如评分 1.0 所示；总加权分数 2.10 说明，BS 在实行利用外部机会和回避外部威胁方面低于平均水平。这里需要注意的很重要的一点是，透彻理解 EFE 矩阵中所采用的因素比实际的权重和评分更为重要。

表 5-3　**BS 公司外部因素评价矩阵的实例**

关键外部因素	权重	评分	加权分数
机会			
1. 全国无烟烟草市场实际上还没有被开发	0.15	1	0.15
2. 禁烟活动导致的需求增加	0.05	3	0.15
3. 惊人的媒体广告的增加	0.05	1	0.05
4. A 是折扣烟草市场的领先公司	0.15	4	0.60
5. 更大的社会禁烟压力使吸烟者转向替代品	0.10	3	0.30
威胁			
1. 不利于烟草工业的立法	0.10	2	0.20
2. 对烟草业的限产加剧了生产竞争	0.05	3	0.15
3. 无烟烟草市场集中在美国东南部地区	0.05	2	0.10
4. 粮食和药物管理局进行的不利于公司的媒体宣传	0.10	2	0.20
5. 当地政府政策	0.20	1	0.20
总计	1.00		2.10

第二节 中小企业内部环境构成及评价

一、内部环境分析的意义

为了使企业的外部环境、内部条件和经营目标三者达到动态的平衡，这就要求企业必须弄清企业在内部战略条件上的优势和劣势或长处和薄弱环节，才能决定能否及如何去利用外部环境带来的机会和避免威胁。不少企业的经验证明，有的企业环境十分有利，但由于关键资源的短缺而错过了迅速发展的机会；也有的企业环境虽然不利，但由于它发挥了其独特的长处而能立于不败之地。

随着竞争的日趋激烈，几乎找不到竞争强度低的市场空间，并且，随着技术和市场需求的发展，行业界限正在被以利润为中心的战略思想打破，各个行业的战略防御日益困难。在全球化的经济环境中，各个竞争对手都努力利用全球化和互联网技术带来的便利创建自己的竞争优势，同时，技术进步及扩散的速度加剧又使得企业难以长时间内保持竞争优势。企业仅通过行业选择去争取高额利润回报在当今竞争环境下是极为困难的。行业壁垒已不是竞争的保护伞，企业必须充分利用资源和能力，确立自身的竞争优势，以赢得稳定利润增长。

因此，企业内部环境分析在经营战略管理过程中占有十分重要的地位，其主要任务就是识别与竞争对手相比的优势与劣势。企业内部环境在很大程度上受到企业拥有的资源和能力的制约，因此，对企业资源和能力进行充分认识与分析，是企业制定长远战略的必要条件，是企业将有限资源最有效地运用于外界环境所提供的机会的关键。

二、企业资源分析

1. 企业资源的定义及分类

企业资源是指企业在向社会提供产品和服务的过程中所有或者控制的能够实现企业战略目标的各种要素集合，如企业的员工、企业的财务资源、企业文化、企业灵活的运作机制以及企业在顾客中所享有的声誉，这些都是企业完成组织使命和目标必不可少的要素。

企业资源可以分为有形资源和无形资源两种。有形资源是看得到、摸得着、可以被数量化的资源，易被评估，通常能够在企业财务报表中得以反映；

无形资源则主要包括如专利、商标、版权等知识产权，网络、企业文化以及与产品（服务）和公众利益相联系的企业形象等方面，通常不在（或不能在）财务报表中反映出来，如表5-4所示。

表5-4　　企业资源的分类

有形资源	无形资源
财务资源：企业自有资金和融资能力，它在总体上决定了企业的投资能力和资金使用的弹性	技术资源：专利、专业技术、商业秘密、商标等知识产权
实物资源：设备、厂房及设备的性能和地理位置；土地、建筑的地理位置和用途；原材料、成本、质量、生产能力及水平	声誉资源：客户声誉、品牌、市场对产品质量和可靠性的印象、在供应商中的声誉
人力资源：管理者及员工的素质、技术水平；骨干队伍情况、员工忠诚感；企业培训力量和水平	创新资源：创意、科研能力、创新能力

2. 企业资源分析

企业资源分析是从全局来把握企业资源在量、质、结构和分配、组合方面的情况，它形成企业的经营结构，也是构成企业实力的物质基础。企业资源的现状和变化趋势是制定总体战略和进行经营领域选择的最根本的制约条件。因为，企业能投入到经营活动中的资源是有限的，这种有限性是双重的，外部能提供的资源是有限的，这种资源除了资金的限制外，还与供应渠道等其他要素有关。所以，在企业战略管理中的资源分析，一是要对企业现有资源的状况和变化趋势进行分析，二是要对战略期中应增加哪些资源进行预测。表5-5提供了一种企业资源分析的框架和思路。表中的“未来”，既可以是战略末期，也可以是一年末、两年末、三年末……以便能动态地进行。

表 5-5　　企业资源分析

	数量			质量			配置			说明
	现状	未来	差距	现状	未来	差距	现状	未来	差距	
财力资源										
实物资源										
技术资源										
市场资源										
环境资源										

企业资源分析包括如下几个方面：

(1) 有形资源

①人力资源分析

一个企业的全部员工的整体素质、结构如何，特别是人力资源的开发使用状况，对企业的经营水平与发展具有决定性的作用。人才是事业成败的关键，人力资源管理的结果和最终目的是要提高员工和企业的工作效率和效益。由于人力资源是能动性的资源，既是特殊的资本资源，又是高增值和自我丰富化的资源。所以，人力资源开发也是中小企业经济增长的主要途径。人力资源分析的主要内容有：

a. 对企业高层管理者的分析。主要对企业高层管理者的年龄、文化程度、经营管理能力与素质、威望、思想状况、人际关系等方面进行分析。

b. 对企业管理人员的分析。

c. 对企业技术人员的分析。主要对技术人员的数量及比例、年龄结构、专业结构、文化程度、工资状况、工作绩效及奖罚等进行分析。

d. 对企业员工的分析。主要对企业员工的数量、男女比例、年龄、来源、教育程度、工资状况、思想状况、健康状况、劳动效率、奖罚、福利及培训等各方面进行分析。

中小企业的人力资源战略管理要注意：a. 树立正确的用人观念；b. 善于发现、挖掘人才；c. 使用人才必须坚持适用原则；d. 注重人才的继续教育；e. 促进人才的合理交流。

②实物资源分析

实物资源分析主要分为以下两种分析：

a. 物料分析。物料泛指企业生产经营所需的各种原材料和辅助材料等的总称。企业的生产经营过程，实际上是物料的消耗转化为产品的生产过程，周而复始，不断循环。由于企业物料的消耗费用占产品成本的比重很高，因此，物料管理工作的好坏，直接影响到企业的生产经营活动及其经济效益。如何节约物料、发挥物料的最大效用，是企业经营战略目标的内容之一。

b. 生产设备分析。生产设备是企业现代化生产的物质技术基础。生产设备分析主要包括：从设备的研究、设计、制造、验收、投入生产开始，经过使用、维护、修理、更新改造，甚至报废退出生产领域的物质形态的全过程；从设备的维修费用支出、折旧、更新改造的资金筹措直至报废时的残值等资金形态的全过程。随着经济与科技的高速发展，企业的生产设备也越来越向着大型化、复杂化、自动化方向发展，生产设备的更新换代的速度也不断加快。如何对生产设备实行高效综合管理，从而延长其使用寿命，发挥其最高效能，也是企业经营战略目标的重要内容。

③财务资源分析

财务资源主要指企业进行生产经营活动所需的资金。为了制定企业经营战略，财务资源分析的重点应该放在长期的企业净收入趋势及总资产的利用上。同时要分析企业在计划期内为保持战略所需要的增长率而进行再投资的资金数量，并判断出企业能否依靠自己的财力资源来支持预期的增长，如果还需要外部资源的话，应当用什么方式筹资来解决企业生存和发展所需要的外部资金。所以企业的财务分析人员应对企业的资金来源、资金使用结构状况、企业利润分配、成本费用结构等状况进行分析。

（2）无形资源

①技术资源分析

a. 专利与技术诀窍（Know-how）。技术诀窍可能是非专利的技术，是企业自己保密的技术，也是一种资源。

b. 新产品开发与储备。

c. 工艺技术。工艺技术的改进往往会带来低消耗、低成本、高质量。

d. 原材料的综合利用。

e. 环境保护技术。

f. 技术引进与技术改造。

g. 计算机与网络技术。

②商誉等无形资产分析

无形资产是保持企业核心生存（最高境界是基业长青）的特解——无形资产即商誉，它是由企业文化、核心理念、企业哲学决定的，商誉可以认为是对企业经营管理各方面的一个综合评价。商誉体现了其他市场主体对某一特定市场主体的承认程度。主要从以下两个方面对商誉进行分析：

a. 公司的品牌、信誉、网站的知名度和点击数等。

b. 员工的忠诚度、是否有强大的用户群体。

③创新资源分析

创新资源是创造性地将有形资源和无形资源进行独特的组合，产生更多的专利、新产品和领先竞争对手的竞争优势的无形资源整合。评估创新资源，关键在于评估其运用有形与无形资源时的组合效果与创新成果。主要从以下几方面进行分析：

a. 创新资源的使用率。

b. 创新资源的开发利用现状。

c. 创新资源的优势。

在进行企业资源分析的时候，需要特别强调的是企业的无形资源，如商誉、商标、技术资源等。企业有效创造竞争力的源泉，在很大程度上取决于这些资源。另外，在进行企业资源分析的时候，除了要对各种资源要素进行分析外，还应考察其配置、组合是否合理，以便真实地确定差距和利用潜力。

3. 企业资源的可持续性与竞争优势①

企业各项资源的可持续性是不一样的，我们可以把它们分成短周期的、标准周期的以及长周期的资源，如图 5-3 所示。

真正帮助企业在长期水平上建立起竞争优势的资源往往是那些标准周期和长周期的资源，无形资源在其中扮演着重要的角色。因此，从战略的角度来讲，中小企业领导者应设法将更多的短周期资源发展成标准周期或长周期资源，唯有如此，才能保持企业的战略竞争能力。

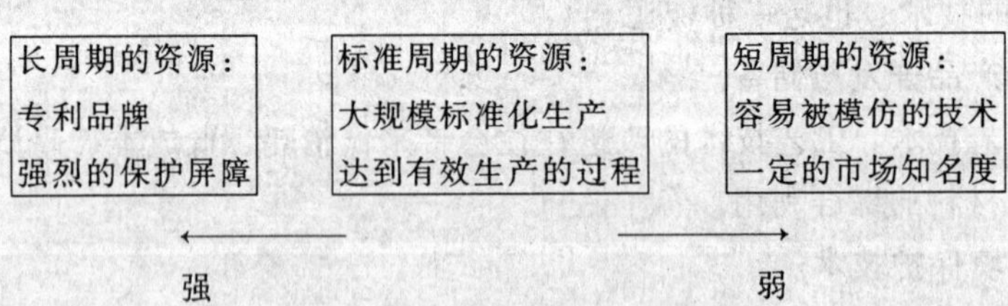

图 5-3 企业资源可持续的层次

① 张明玉，张文松．企业战略理论与实践．科学出版社，2005：130-132.

三、企业能力分析①

企业能力是指企业在发展过程中完成各项预期任务和目标所必须具备的素质和技能。企业能力是企业所具有的、直接影响企业效率和效果的主观条件，它是一种产生于认知、行为和文化三个方面的互动作用力，是知识、结构和文化三个方面耦合的结果。

对企业进行能力分析，可以预知企业现有能力与将来环境的适应程度，明确企业的优势和劣势，做到“知己知彼”，从而使企业的发展战略和新业务计划建立在切实可靠的基础上；否则企业会丧失竞争能力，使新业务的开展也归于失败。因此，企业能力分析是制定新业务发展战略的重要前提之一。

企业能力分析的基点是将现有企业能力与新业务活动必需的能力相对比，找出两者的差距，并制定提高企业能力的战略计划，使企业新业务计划得以顺利地实现。为此，企业能力分析首先要明确企业能力的结构，即明确反映企业能力的因素有哪些。企业要根据自己的实际情况，对企业能力进行分类，便于系统地掌握企业的能力状况。其次，在分类基础上，切实掌握企业现有能力的实际情况，这关系到发展战略计划提出的合理性，所以是企业能力分析的关键。然后通过对企业能力评价，发现企业现有能力存在的问题，明确企业的优势和劣势。

1. 基本能力分析

(1) 生产能力分析

生产是企业进行资源转换的中心环节，它必须在数量、质量、成本和时间等方面符合要求的条件下形成有竞争性的生产能力。中小企业的生产管理部门的首要任务就是开发和管理一个符合要求的生产体系。有学者认为生产管理的构成要素包括以下几个方面：

①加工工艺和流程。加工工艺和流程的决策主要涉及决定整个生产系统的设计，这种决策的具体内容包括：工业技术的选择、工厂的设计、生产工艺流程的分析、工厂的选择、生产能力和工艺的综合配套、生产控制和运输的安排。

②生产能力。生产能力的决策主要涉及决定企业的最佳生产能力。这种决策包括产量预测、生产设施和设备的计划、生产日程的安排。

③库存。库存决策是确定原材料、在制品和产成品的合理水平。具体的内

① 王方华．企业战略管理．复旦大学出版社，2006：174-180.

容包括订货的品种、时间、数量以及原材料的存放。

④劳动力。劳动力的决策主要涉及工作的设计、绩效测定、工作的丰富化、工作标准和激励方法等内容。

⑤质量决策是要确保企业生产和提供高质量的产品和服务。质量决策具体内容包括质量控制、样品、质量监测、质量保证和成本控制。

（2）研发能力分析

科研与开发能力是企业的一项十分重要的能力，企业科研与开发能力分析主要包括以下几个方面：

①企业科研成果与开发成果分析。企业已有的科研与开发成果是其能力的具体体现，如技术改造、新技术、新产品、专利以及商品化的程度、给企业带来的经济效益等。

②科研与开发组合分析。企业的科研与开发在科学技术水平方面有四个层次：即科学发现、新产品开发、老产品改进、设备工艺的技术改造。一个企业的科研与开发水平处于哪个层次或哪个层次的组合，决定着企业在科研、开发方面的长处和短处，也决定着企业科研与开发的方向。一个好的科研或开发部门，应该能够根据企业战略的要求和实力决定选择哪一个或哪几个层次的有效组合。

③科研与开发能力分析。企业科技队伍的现状和变化趋势从根本上决定着企业的科研开发能力和水平。分析科研队伍的现状和趋势就是要了解他们是否有能力根据企业的发展需要开发和研制新产品，是否有能力改进生产设备的生产工艺。如果没有这样的人员，是否能在短期内找到这样的人员；否则，企业就要考虑和高等院校或科研单位合作，以解决技术开发和技术改造的问题。

④科研经费分析。企业的科研设施、科研人员和科研活动要有足够的科研经费予以支持，因而应根据企业的财务实力做出预算。决定科研预算经费的方法一般有三种：按照总销售收入的百分比、根据竞争对手的状况和实际需要来确定。

（3）市场营销能力分析

市场营销能力是适应市场变化、引导消费、争取竞争优势、实现经营目标的能力，是企业的决策能力、应变能力、竞争能力和销售能力的综合体现，是决定企业经营成果优劣、影响企业的关键。它可分解为四种能力：产品市场强度、销售活动能力、新产品开发能力、市场决策能力，它们自成系统，紧密联系、相互影响，如图 5-4 所示。

①产品市场强度分析

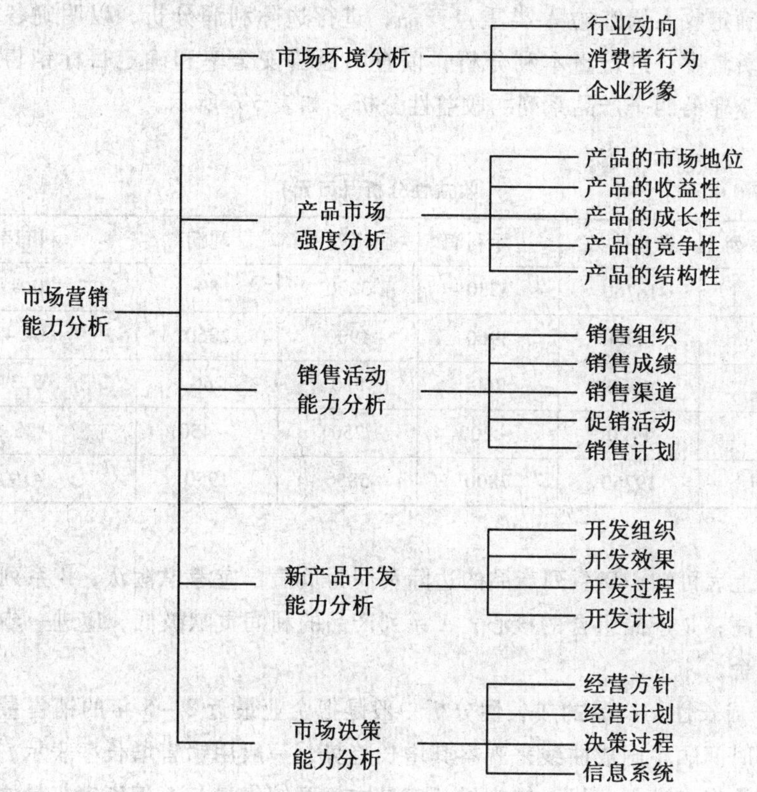

图 5-4　市场营销能力分析体系

反映一个企业产品竞争能力的指标包括产品的市场地位、收益性、成长性、竞争性与结构性。

a. 市场地位。产品的市场地位除通过企业形象分析进行定性评价之外，还可以通过市场占有率和市场覆盖率两个指标来进行定量分析。

市场占有率是产品的市场地位的主要标志。市场占有率越高，产品的知名度和影响力越大；由于销售量大而使产品成本降低，在价格方面的竞争能力增强。市场占有率应分品种、分地区、分时期进行统计，并与竞争企业进行对比分析，从而发现本企业市场占有率低的产品和地区，以便进一步查明原因。

市场覆盖率是与市场占有率相关的一个指标。它是本企业产品的投放地区占应销售地区的百分比。

b. 收益性。产品的收益性是决定经济效益的重要因素，因此企业应确定以高收益为中心的产品组合。收益分析的主要内容是：进行销售额的ABC分析，以确定收入调查的A类重点产品；进行边际利润分析，以明确各种产品的利润贡献度；进行量本利分析，以查明经营安全率和确定目标销售量。例如，某企业的四个产品系列的收益性分析，如表5-6所示。

表5-6　**收益性分析（万元）**

产品系列	销售收入	边际利润	固定费用	利润	利润率
A	18760	3280	3200	80	0.4
B	14360	3960	1900	2060	14.4
C	4920	760	500	260	5.3
D	1720	-200	250	-450	-26.5
合计	39760	7800	5850	1950	4.9

由上表可知，D系列产品的边际利润为负值，应考虑淘汰；B系列产品的收益最高，是产品组合的核心；A系列产品的利润贡献极低，应进一步分析以决定取舍。

c. 成长性。产品的成长性分析一般是把企业最近3~5年的销售量或销售额，按时间顺序画成曲线来观察其增长趋势，一般用销售增长率表示，也可用市场扩大率来进行分析。销售增长率是本年度销售量与上年度销售量之比，用以评价产品销售量的增长状况。市场扩大率是本年度市场占有率与上年度市场占有率之比，用以分析企业市场地位的上升状况。

d. 竞争性。产品竞争力分析是企业的产品相对于竞争产品，在质量、外观、包装、商标、价格等方面所具有的优越性。产品竞争力分析的主要方法是加法评分法，主要步骤为：选择几个竞争产品，确定产品竞争力的评比项目；规定各个项目的评分标准，绘制评分表格；确定参加评分的人员，应尽可能吸收企业各部门有关人员和中间商代表参加，要求所有人客观评定；进行评比，把企业的产品与竞争产品的各项评比项目的评分填入表格并计算总分，根据评分结果研究本企业产品的优劣势。

e. 产品构成。产品构成分析是把企业各种产品的销售收入、边际利润率和销售趋势画在同一幅图上，对产品的构成状况进行分析的一种方法。

②销售活动能力分析

通过产品市场强度的分析，我们可以了解到企业产品的市场竞争能力，发现优势产品和销路不畅产品。之后我们还要对优势产品和劣势产品的销售能力进行分析，即通过分析其销售组织、渠道、业绩和促销等方面，找到销售活动中的问题和原因、优势和劣势。

a. 本企业的市场营销人员数量是否充足，素质、效率如何。

b. 销售成绩、销售活动效率如何。

c. 销售渠道是否畅通有效。

d. 定价策略是否合理。

e. 是否充分了解客户的需求。

f. 是否具备开拓新市场的能力。

g. 促销及广告活动是否有效和具备创新之处。

h. 售前、售后服务是否完善。

i. 销售计划编制依据、编制方法是否合理，计划内容是否完善。

③新产品开发能力分析

新产品开发能力分析是在现有产品的市场竞争力分析的基础之上，着重从新产品开发组织、开发效果、开发过程和开发计划等四个方面进行分析，其目的在于提高新产品开发的效果，改进企业的产品组合，增强企业的应变能力。

④市场决策能力分析

市场决策能力分析是以产品市场竞争力分析、销售活动能力分析以及新产品开发能力分析的结果为依据，对照企业的经营方针和经营计划，指出企业在市场决策当中的不当之处，探讨企业的中、长期市场营销课题和应采取的市场战略，以提高企业经营领导层的决策能力和决策水平，使企业获得持续的发展。

（4）管理组织能力分析

企业管理组织分析是企业内部条件分析的基本环节和主要内容。组织是进行有效管理的手段，企业作为一个组织，最重要的是组织成员为了企业发展的目标而努力。企业在制定战略过程中，要特别重视组织能力和组织适应性。只有进行企业组织的分析，才能发现组织结构中导致效率低下的因素，进而进行组织变革，提高企业管理的效率。企业管理组织分析包括管理组织的结构分析、管理组织的管理效率分析以及管理组织的合理性评价，如图 5-5 所示。

①组织结构分析

机构设置和权责划分的合理性、集分权是否适度，运转的有效性如何，领导班子的继承性及结构是否优化。组织结构分析中包括管理层次分析和管理幅度分析，管理层次体现了管理组织的纵向分工，管理幅度体现了管理组织的横

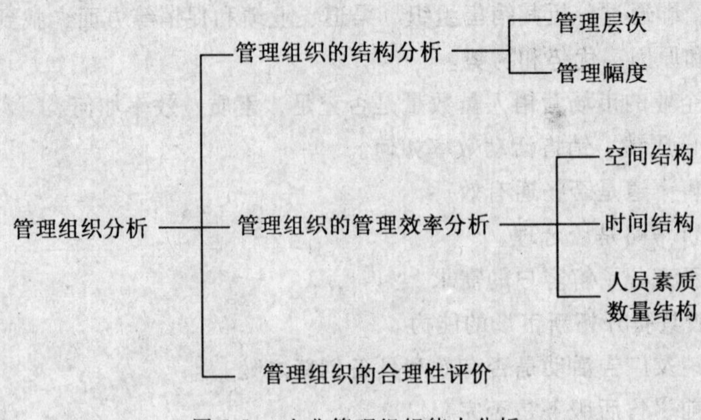

图 5-5　企业管理组织能力分析

向分工。

分析管理层次，主要是考虑管理层次与企业的规模、经营范围是否适应；管理层次的演变与企业的发展是否关联；管理层次的增减是否依据管理幅度的变化；企业的各管理层次能否形成等级链；等等。

管理幅度是指一个领导人所能直接管辖下属的单位或人数。任何一个领导者，无论在哪一个管理层次，都只能管理一定的范围，超过了一定的量度，人的精力就达不到有效管理的要求；若相反，则不能充分调动人的积极性，充分发挥每个管理者的作用。

中小企业的组织结构设置比较灵活，体现出管理幅度宽、管理层次少的特点，伴随着企业的成长与发展，需进行组织结构改革，使之更规范、更合理，便于企业战略的有效执行。

②管理效率分析

组织的空间结构、时间结构以及人员素质和数量结构对管理组织运行的效率有显著的影响。管理效率应关注很多方面，包括：企业是否统一指挥、统一领导，管理职能履行情况，管理气氛是否融洽，战略管理水平；企业社会责任，道德规范实施；员工与组织的关系，非正式组织的作用，企业文化与企业凝聚力优势。

③合理性评价。组织的合理化要求组织中的任何职位，其职务、职责、职权三者等价并且形成职务体系、责任体系和权力体系。组织的民主化要求在组织内部授权，把集中在上面的权限逐级往下授。民主化与合理化是现代企业管理组织的支柱。对组织合理性进行评价时应分析企业：人员组织结构是否合

理；职责分工是否合理；时间分配是否合理；管理组织是否适应组织目标的实现等。

2. 综合能力分析

生产能力、研发能力、营销活动能力、管理组织能力是企业基本的职能领域的能力。企业的综合能力是指跨职能领域的能力，包括学习能力、创新能力和战略性整合能力。这些能力反映企业特性，能为企业带来竞争优势。

（1）学习能力。学习能力指的是企业应具有商务电子化的能力，企业内部能形成良好的鼓励个人学习的氛围，同时企业作为整体要能够通过实践进行学习。只有具备学习能力的企业才能不断学习新知识和技能，增强组织灵活性，适应经济环境的剧烈变化。

（2）创新能力。创新能力指的是企业内部形成了鼓励创新的氛围，能不断产生有效的创新方法，具备创新能力的组织才有持续的成长力。

（3）战略性整合能力。是否具备战略性整合能力是企业能否发展壮大的关键因素，这对企业的管理能力提出了更高要求。战略性整合能力包括有效的市场驱动、良好的供应链管理能力、有效的战略氛围、构建健康的企业文化与在恰当时候进行文化变革的能力等。

四、内部要素评价矩阵及柔性分析①

1. 内部战略要素评价矩阵分析

对内部战略管理分析进行总结的重要根据是建立内部因素评价矩阵（Internal Factor Evaluation（IFE）Matrix）。这一战略制定工具总结和评价了企业各职能领域的优势与弱点，并为确定和评价这些领域间的关系提供了基础。在建立矩阵时需要依靠直觉性的判断，因此具有科学方法的外表并不意味着就是一种万能的技术，对矩阵中因素的透彻理解比实际数字更为重要。与本章第一节描述的外部因素评价矩阵相类似，IFE 矩阵可以按如下五个步骤来建立：

（1）列出在内部分析过程中确定的关键因素。采用 10～20 个内部因素，包括优势和弱点两方面的。首先列出优势，然后列出弱点，要尽可能具体，要采用百分比、比率和比较数字。

（2）给每个因素以权重，其数值范围由 0（不重要）到 1.0（非常重要）。权重标志着各因素对于企业在产业中成败的影响的相对大小，无论关键因素是

① 戴维．战略管理．李克林，译．华夏出版社，2001：192-193.

内部优势还是弱点，对企业绩效有较大影响的因素就应当得到较高的权重。所有权重之和等于1.0。

(3) 为各因素进行评分。1分代表重要弱点；2分代表次要弱点；3分代表次要优势；4分代表重要优势。请注意，优势的评分必须为4或3，弱点的评分必须为1或2。评分以公司为基准，而权重则以产业为基准。

(4) 用每个因素的权重乘以它的评分，即得到每个因素的加权分数。

(5) 将所有因素的加权分数相加，得到企业的总加权分数。

无论IFE矩阵包含多少个因素，总加权分数的范围总是从最低的1.0到最高的4.0，平均分为2.5。总加权分数大大低于2.5的企业的内部状况处于弱势，而分数大大高于2.5的企业的内部状况则处于强势。同外部因素评价矩阵一样，IFE矩阵应包含10~20个关键因素，因素数量不影响总加权分数的范围，因为权重总和永远等于1。

当某种因素既构成优势又构成弱点时，该因素将在IFE矩阵中出现两次，而且被分别给予权重和评分。例如，花花公子企业公司（Playboy Enterprises）的标语既帮助了该公司，又损害了该公司，标识语使《花花公子》杂志吸引了读者，但它同时又使“花花公子”有限电视频道被排除在很多地区的市场之外。

表5-7表示的是CS公司的例子。需要注意的是，公司的主要优势在于其规模、房间入住率、房产以及长期计划，正如它们所得的4分表明公司在这几方面处于重要优势地位。公司的主要弱点是其位置和近期的合资经营，总加权分数2.70表明该公司的总体内部优势高于平均水平。

表5-7 **CS公司进行内部评价的例子**

	权重	评分	加权分数
内部优势			
1. 当地最大的赌博公司	0.05	4	0.20
2. 当地的客房入住率95%以上	0.10	4	0.40
3. 活动现金流增加	0.10	3	0.30
4. 拥有该地区狭长地带一英里的地产	0.10	4	0.40
5. 强有力的管理队伍	0.05	3	0.15
6. 大多数场所都有餐厅	0.05	3	0.15
7. 员工素质较高	0.05	3	0.15

续表

	权重	评分	加权分数
8. 长期计划	0.05	4	0.20
9. 热情待客的声誉	0.05	3	0.15
10. 财务比率	0.05	3	0.15
内部弱点			
1. 绝大多数房产都位于该地区	0.05	1	0.05
2. 缺乏多元化经营	0.05	2	0.10
3. 接待家庭游客，而不是赌徒	0.05	2	0.10
4. 位于郊区的房地产	0.10	1	0.10
5. 近期的合资经营亏损	0.10	1	0.10
6. 总计	1.00		2.70

第三节　中小企业机会与威胁的识别与防范

企业外部环境分析的主要目的是评价企业面临的机会和威胁，这种评价结果具有一般意义，即同行业中的其他相似的企业也面临同样的机会和威胁。对于中小企业而言，认清企业所面临的机会和威胁，识别突破性的发展机会，将影响到企业战略的制定，有利于企业做大做强。

一、机会

机会是影响企业战略的重要因素。机会的形式有两种：行业机会和企业机会，例如，行业环境向行业内所有企业提供发展机会，这种机会对每个企业都是平等的。但是，由于不同企业的内部环境不同，对于具备抓住机会能力的企业来说，行业机会才会成为现实的企业机会。

一个企业所面临的市场机会可归纳为下述几个方面：能为新增的顾客提供产品和服务；能进入新的细分市场；能扩展产品线以满足顾客更大范围的要求；能实现相关产品的多样化经营；能实现纵向一体化并能获得较快的市场增长；竞争对手出现自满；能绕过外国有吸引力的市场的关税壁垒等。

市场机会的产生具有极大的不确定性，它主要来自于外部环境的突发性变化，图 5-6 列出了可能导致机会的因素。

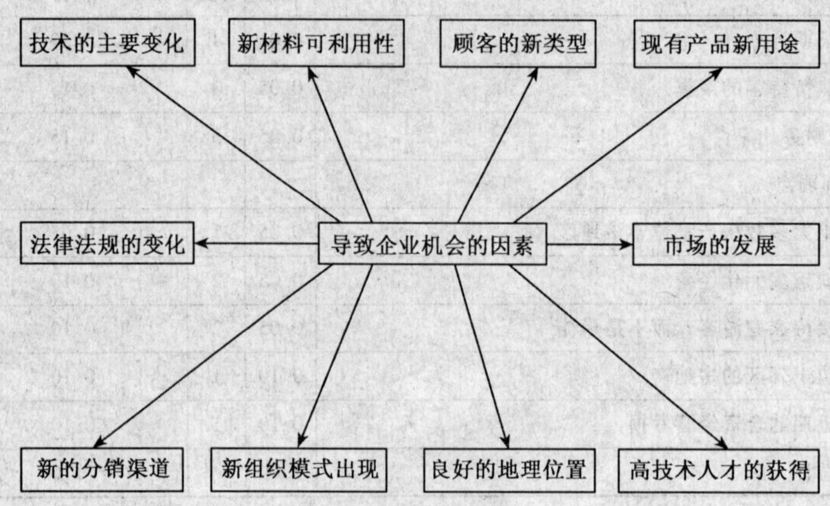

图 5-6 新机会的出现

因此，只有把握住机会，才能乘势而为。把握机会要注意三个法则：

1. 竞争法则。没有竞争就不会有变化，没有变化，也就无机会而言。对一个成功者来说，控制住竞争格局，就等于控制了未来的机会。

2. 趋势法则。事物的发展有其内在的规律和趋势，顺应其势，就能事半功倍。

3. 权变法则。“因势利导”、“审时度势”，就要求企业学会因时、因地、因变化而变。只要见机行事，就会赢得主动。

对于中小企业来说，应以市场为导向，发挥企业员工的智慧与能力，提升研发工作的准确性和速度，识别、抓住好创意、好机会，同时更应该避免陷入“机会陷阱”。我国市场对于中小企业来说有很多机会，但不一定所有的机会都适合企业自身状况，只有那些与企业自身能力相匹配，能让中小企业的资源能力充分施展并取得显著效益的机会，才是企业真正的机会。当一个企业识别机会时出现严重失误，其后果往往是极为严重的。所以，中小企业识别“机会”包含有两层意识：紧紧抓住可以实现并能带来战略性转变的那些机会，善于放弃那些看似很好但却是难以实现的机会。不善于放弃那些力所难及的“机会”，定将使中小企业的生存与发展陷于极其危险的境地。

二、威胁

威胁是指环境中对企业不利的因素。它是影响企业当前地位或其所希望的未来地位的主要障碍。企业面临的威胁来自各个方面，其中主要有：低成本的国内外竞争者的进入；替代产品的销售额上升；市场增长速度放慢；国内外有关国家贸易政策和汇率出现不利于企业的变化；企业经营易受经济波动变化的影响；顾客和供应商议价实力的增强；顾客需求和爱好的变化；政府制定的有关规章的限制等。企业试图减少威胁的关键，是要关注外部环境中可能带来的不利影响。图5-7列出了导致威胁的一些可能的因素。

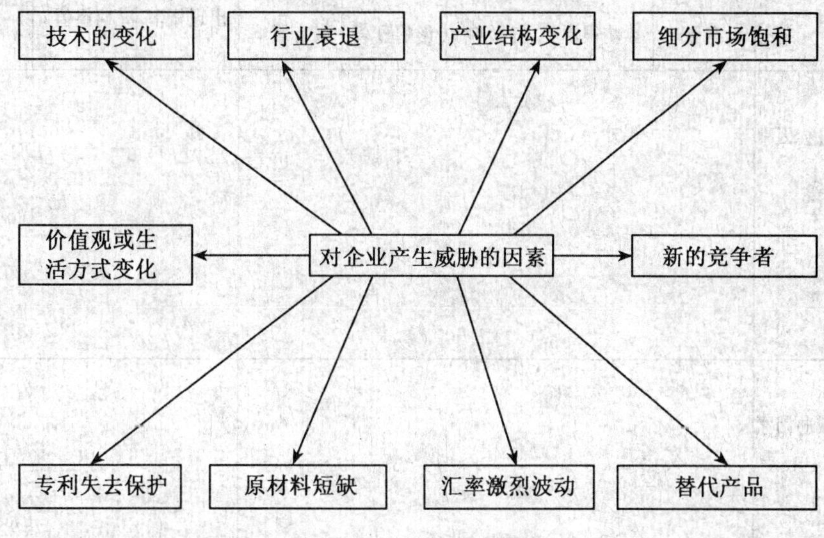

图5-7　威胁的出现

三、机会和威胁分析①

由于资源的有限性，企业不可能把握住每一个机会，也没有必要对每一个威胁担忧。企业需要根据自己的实际情况和竞争的需要，从可能得到的有关环境的信息中，对一般环境带来的机会和威胁排出一个对企业有意义的优先级别。只有那些优先级别高的机会和威胁，才是企业所关心的主要机会和主要威胁，也是制定战略计划必须全力解决的重点问题。

① 张明玉，张文松．企业战略理论与实践．科学出版社，2005：94-98.

评价企业面临的主要机会和威胁，是企业对其未来环境的主观认识过程，因而其期望值的概念是建立机会和威胁优先级别的核心概念，即按照每一种机会或威胁对企业影响发生的可能性（或概率），排列它们的优先级别。运用期望概念，企业对主要机会和主要威胁的评价可分为以下三步进行：

1. 建立企业外部环境的机会和威胁评价表，如表5-8所示。

表5-8　**企业外部环境的主要机会和威胁评价表**

评价因素	对行业影响					影响因素出现概率	影响因素期望值	说明
	没有影响	影响很小	有影响	影响显著	极有影响			
企业机会因素 1 2 *n*								
企业威胁因素 1 2 *n*								

注：1. 评分标准：极有影响：5；影响显著：4；有影响：3；影响很小：2；没有影响：1。

2. 评价的约束条件：表明主要的机会因素和威胁因素。

表中，评价因素是前面分析的结果。评价时，首先采用语义级差等级评价它们的影响程度，即"极有影响"、"显著影响"、"有影响"、"影响很小"、"没有影响"，并分别赋予5、4、3、2、1分数值。影响因素出现的可能性是企业对某一因素的影响是否发生所作出的估计，也称概率估计。影响因素期望值是某因素影响程度评价值与该影响因素出现的概率相乘的结果。在运用表

5-8 时要注意以下几点：

（1）要恰当规定某一因素对企业的影响评价值，以便客观地显示出各种因素真实的影响程度；

（2）明确对因素的评价时间，即对哪一个时间段的因素做出的评价；

（3）估计影响因素出现的可能性，至少要取带两位有效数字的小数值。在评价因素中，还要注意机会与威胁的变化问题。例如，引进某项技术是一种机会，但如果一个企业因不能同时上两个引进项目，不得不放弃这个项目时，其他争取到这个技术引进项目的企业有可能在将来成为对企业有威胁的新的竞争对手。这样，一个可能对企业是机会的因素，则会转变成对企业是威胁的因素。

2. 建立机会和威胁的优先级别矩阵，如图 5-8 所示。图中分别是机会优先级别矩阵和威胁优先级别矩阵。建立矩阵的数据来自第一步的评价表。矩阵的横坐标是机会或威胁对企业的影响程度，取高、中、低三个比较值；纵坐标是机会或威胁的影响发生的可能性，也取高、中、低三个比较值。矩阵中每个优先级别的因素都可能包含若干个机会和威胁。在实际运用时，矩阵的优先级别可根据情况分得再细些或再粗些，需要说明的是，机会优先级别仅仅表示企业选择机会的优先顺序，并不表示机会损失的大小，更不表明按优先级别选择机会就不存在机会损失。

3. 提出企业外部环境主要机会和主要威胁的评价书。评价书是企业外部环境分析的总结或结论。通常用简明扼要的方式叙述企业面临的主要机会和威胁，具体形式可参考表 5-9 所示。

表 5-9　　企业外部环境主要机会和威胁的评价书

范围	主要机会	主要威胁
政治		
经济		
技术		
社会		

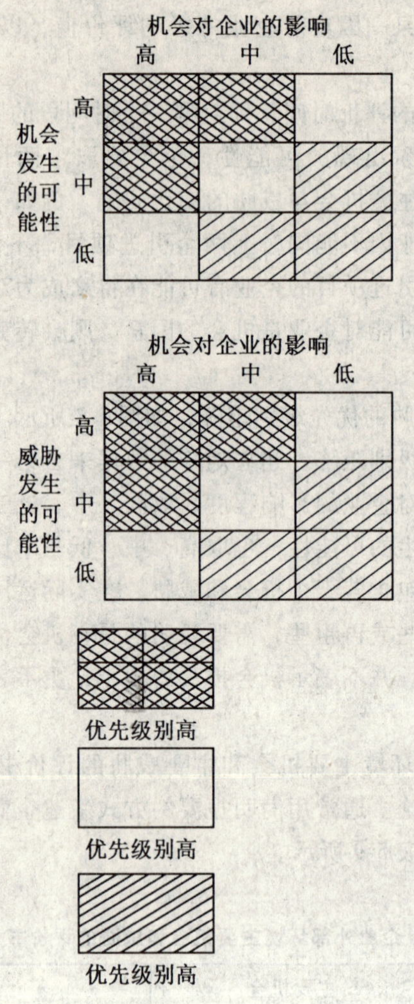

图5-8 企业外部环境的机会与威胁优先级别矩阵

第四节 中小企业经营环境评价方法及实例

企业经营的实质，就是在复杂多变的内外部环境条件下，解决企业外部环境、内部条件和经营目标三者间的动态平衡问题。企业战略环境对企业发展具有重大和长远的影响。企业外部环境分析包括宏观环境 PEST 模型分析法、波特的五种竞争力模型分析方法、外部环境战略要素评价矩阵分析法（EFE）等分析技术。企业经营战略的制定和实施也必须建立在企业现有实力基础上，因此，进行企业内部战略环境分析也成为企业战略管理不可或缺的环节。企业内部环境分析技术主要有内部战略要素矩阵分析法（IFE）、雷达图分析法、BCG矩阵分析法等，IE矩阵、SWOT分析法主要是对企业内外环境进行综合评价的方法。其中，外部环境PEST分析法、波特五种竞争力模型分析法、外部环境战略要素评价矩阵分析法（EFE）以及内部环境战略要素评价矩阵分析法（IFE）已经在前面作过详细介绍，接下来将具体介绍企业内部环境的雷达图分析法、BCG矩阵分析法和IE矩阵、SWOT分析法等企业内外部环境综合分析法。最后，通过银河汽车配件厂的案例介绍了中小企业经营环境分析的步骤和方法。

一、常用企业内部环境分析方法

1. 雷达图分析法①

经营分析用的“雷达”图，是从企业的生产性、安全性、收益性、成长性和流动性等五个方面，对企业财务状态和经营现状进行直观、形象的综合分析与评价的图。因其图形状如雷达的放射波，而且具有指引经营“航向”的作用，故而得名。

“雷达”图如图5-9所示。先画出三个同心圆，并将其等分成五个扇形区，分别表示生产性、安全性、收益性、流动性和成长性。通常，最小圆圈代表同行业平均水平的1/2或最低水平；中间圆圈代表同行业平均水平，又称标准线；最大圆圈代表同行业先进水平或平均水平的1.5倍。在五个扇形区中，从圆心开始，分别以放射线形式画出5～6条主要经营指标线，并表明指标名称及标度。然后，将企业同期的相应指标值用点标在图上，以线段依次连接相邻点，形成折线闭环，构成雷达图。

分析收益性指标，目的在于观察企业一定时期的收益及获利能力；安全性指的是企业经营的安全程度，也可以说是资金调度的安全性，分析安全性指标，目的在于观察企业在一定时期内的偿债能力；分析流动性指标，目的在于观察企业在一定时期内的资金周转状况，掌握企业资金的运用效率；分析成长性指标，目的在于观察企业在一定时期内经营能力的发展变化趋势，一个企业即使收益性高，但成长性不好，也就表明其未来盈利能力会下降；分析生产性指标，目的在于了解在一定时期内企业的生产经营能力、水平和成果的分配。

---

① 王方华．企业战略管理．复旦大学出版社，2006：146-148.

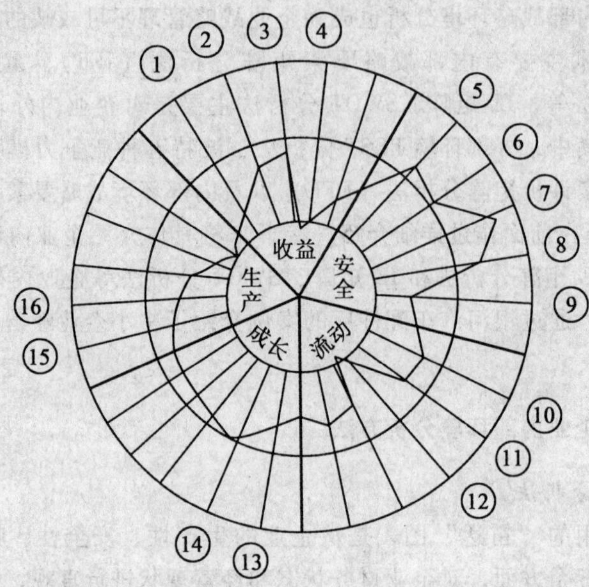

收益性：①资产报酬率②所有者权益报酬率③销售利润率④成本费用率

安全性：⑤流动比率 ⑥速动比率 ⑦资产负债率

⑧所有者权益比率 ⑨利息保障倍数

流动性：⑩总资产周转率⑪应收账款周转率⑫存货周转率

成长性：⑬销售收入增长率⑭产值增长率

生产性：⑮人均工资⑯人均销售收入

图 5-9 雷达图分析体系

就各经营指标来看，当指标处于标准线以内时，说明该指标低于同行业平均水平，需要加以改进；若接近最小圆圈或处于其内，说明该指标处于极差状态，是企业经营的危险标志，应重点加以分析改进；若处于标准线外侧，说明该指标处于理想状态，是企业的优势，应采取措施，加以巩固和发扬。

2. 波士顿（BCG）矩阵分析法

(1) 波士顿矩阵的内涵

制定公司战略最流行的分析方法之一就是 BCG 矩阵。该方法是由波士顿咨询集团（Boston Consulting Group，BCG）在 20 世纪 70 年代初开发的。BCG 矩阵将组织的每一个战略业务单元（SBU）标在一种二维的矩阵图上，从而显示出哪个 SBU 提供高额的潜在收益，以及哪个 SBU 是组织资源的漏斗。BCG

矩阵的发明者、波士顿公司的创立者布鲁斯认为“公司若要取得成功，就必须拥有增长率和市场份额各不相同的产品组合。组合的构成取决于现金流量的平衡。”如此看来，BCG 的实质是为了通过业务的优化组合实现企业的现金流量平衡。

图 5-10 中的横轴表示企业的业务在行业中的相对市场份额，是指企业某项业务的市场份额与这个市场上最大竞争对手的市场份额之比，它反映了企业在市场中的竞争地位。相对市场份额的分界线为 1.0～1.5，据此划分为高、低两个区域。纵轴表示销量增长率，是指企业所在行业某项业务前后两年市场销售额增长的百分比，它表示每项经营业务所在市场的相对吸引力，通常用 10% 平均增长率作为增长高、低的界限。

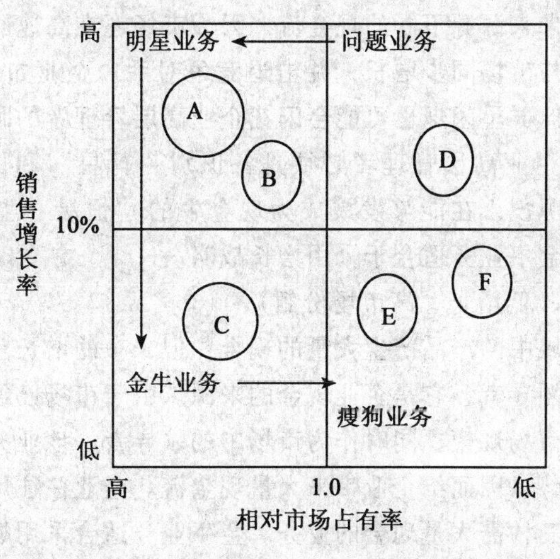

图 5-10　波士顿矩阵

根据企业有关业务或产品的市场增长率以及企业的相对市场份额，波士顿矩阵可以把企业全部的经营业务定位在四个区域中：

①问题业务（高增长、低市场份额）

处在这个领域中的是一些投机性产品，带有较大的风险。这些产品可能利润率很高，但占有的市场份额很小。这往往是一个公司的新业务，为发展问题业务，公司必须建立工厂，增加设备和人员，以便跟上迅速发展的市场，并超过竞争对手，这些意味着大量的资金投入。“问题”非常贴切地描述了公司对待这类业务的态度，因为这时公司必须慎重回答“是否继续投资，发展该业务？”这个问题。只有那些符合企业发展长远目标、企业具有资源优势、能够增强企业核心竞争力的业务才得到肯定的回答。得到肯定回答的问题型业务适合于采用战略框架中提到的增长战略，目的是扩大 SBU 的市场份额，甚至不惜放弃近期收入来达到这一目标，因为问题型业务要发展成为明星型业务，其市场份额必须有较大的增长。得到否定回答的问题型业务则适合采用收缩战略。

②明星业务（高增长、高市场份额）

这个领域中的产品处于快速增长的市场中并且占有支配地位的市场份额，但也许会或也许不会产生正现金流量，这取决于新工厂、设备和产品开发对投资的需要量。明星业务是由问题业务继续投资发展起来的，可以视为高速成长市场中的领导者，它将成为公司未来的现金牛业务。但这并不意味着明星业务一定可以给企业带来源源不断的现金流，因为市场还在高速成长，企业必须继续投资，以保持与市场同步增长，并击退竞争对手。企业如果没有明星业务，就失去了希望，但群星闪烁也可能会闪花企业高层管理者的眼睛，导致做出错误的决策。这时企业高层管理者必须具备识别“行星”和“恒星”的能力，将企业有限的资源投入在能够发展成为现金牛的“恒星”上。同样地，明星业务要发展成为金牛业务适合于采用增长战略。

③金牛业务（低增长、高市场份额）

处在这个领域中的产品产生大量的现金，但未来的增长前景是有限的。这是成熟市场中的领导者，它是企业现金的来源。由于市场已经成熟，企业不必大量投资来扩展市场规模，同时作为市场中的领导者，该业务享有规模经济和高边际利润的优势，因而给企业带来大量现金流。企业往往用金牛业务来支付账款并支持其他三种需大量现金的业务。金牛业务适合采用战略框架中提到的稳定战略，目的是保持 SBU 的市场份额。

④瘦狗业务（低增长、低市场份额）

这个剩下的领域中的产品既不能产生大量的现金，也不需要投入大量现金，这些产品没有希望改进其绩效。一般情况下，这类业务常常是微利甚至是亏损的，瘦狗业务存在的原因更多的是由于感情上的因素，虽然一直微利经营，但像是人养了多年的狗一样恋恋不舍而不忍放弃。其实，瘦狗业务通常要占用很多资源，如资金、管理部门的时间等，多数时候是得不偿失的。瘦狗业务适合采用战略框架中提到的收缩战略，目的在于出售或清算业务，以便把资源转移到更有利的领域。

BCG 矩阵分析法的精髓在于把战略规划和资本预算紧密结合了起来，把一个复杂的企业行为用两个重要的衡量指标分为四种类型，用四个相对简单的分析来应对复杂的战略问题。该矩阵帮助多种经营的公司确定哪些产品宜于投资，宜于操纵哪些产品以获取利润，宜于从业务组合中剔除哪些产品，从而使业务组合达到最佳经营成效。

（2）波士顿矩阵模型的应用

①评价各项业务的前景。BCG 是用“市场增长率”这一指标来表示发展前景的。这一步的数据可以从企业的经营分析系统中提取。

②评价各项业务的竞争地位。BCG 是用“相对市场份额”这个指标来表示竞争力的。这一步需要做市场调查才能得到相对准确的数据。计算公式是把一单位的收益除以其最大竞争对手的收益。

③表明各项业务在 BCG 矩阵图上的位置。具体方法是以业务在二维坐标上的坐标点为圆心画一个圆圈，圆圈的大小来表示企业每项业务的销售额。

到了这一步公司就可以诊断自己的业务组合是否健康了。一个失衡的业务组合就是有太多的瘦狗类或问题类业务，或太少的明星类和金牛类业务。例如有三项的问题业务，不可能全部投资发展，只能选择其中的一项或两项，集中投资发展；只有一个金牛业务，说明财务状况是很脆弱的，有两项瘦狗业务，这是沉重的负担。

④确定纵坐标“市场增长率”的一个标准线，从而将“市场增长率”划分为高、低两个区域。比较科学的方法有两种：

a. 把该行业市场的平均增长率作为分界点；

b. 把多种产品的市场增长率（加权）平均值作为分界点。

需要说明的是，高市场增长定义为销售额至少达到 10% 的年增长率（扣除通货膨胀因素后）。

⑤确定横坐标“相对市场份额”的一个标准线，从而将“相对市场份额”划分为高、低两个区域。

（3）波士顿矩阵的局限性

企业经营管理者在把波士顿矩阵作为分析工具时，应该注意到它的局限性。在实践中，企业要确定各业务的市场增长率和相对市场份额是比较困难的；有时，数据会与现实不符。

①波士顿矩阵按照市场增长率和相对市场份额把企业的业务划分为四种类型，相对来说，有些过于简单。实际上，市场还存在着难以确切归入某个象限的业务。

②波士顿矩阵中市场地位与获利之间的关系会因行业和细分市场的不同而

会发生变化。在有些行业里，企业的市场份额大，会在单位成本上形成优势；而有些行业则不然，过大的市场份额可能会导致企业成本增加。实际上，市场占有率小的企业如果采取创新、产品差别化和市场再细分等战略，仍能获得很高的利润。

③企业要对自己一系列经营业务进行战略评价，仅仅依靠市场增长率和相对市场份额是不够的，还需要行业技术等其他指标。

二、企业内外部环境综合分析方法①

1. SWOT 分析模型

SWOT 分析是一种众所周知的分析工具，包括分析企业的优势（Strength）、劣势（Weakness）、机会（Opportunity）和威胁（Threat）。因此，SWOT 分析实际上是将对企业内外部条件各方面内容进行综合和概括，进而分析组织的优劣势、面临的机会和威胁的一种方法。通过 SWOT 分析，将企业外部环境的机会和威胁，内部条件的优势与劣势同列在一张十字图表中加以对照，一目了然，又可以从内外环境条件的相互联系中，作出更深入的分析评价，从而帮助企业把资源和行动聚集在自己的强项和有最多机会的地方。表 5-10 示例为某洗衣机厂内外环境条件战略因素综合分析。

表 5-10　　某洗衣机厂内外环境条件十字形图表

	威胁	机会
外部环境	1. 城市市场中洗衣机滞销 2. 原材料价格涨幅 40% 3. 新进入洗衣机行业者	1. 城市郊区农村购买者日益增多 2. 政府将限制洗衣机进口 3. 本厂有两种型号洗衣机有出口的可能
	优势	劣势
内部条件	1. 技术开发能力强 2. 产品质量稳步提高 3. 管理基础工作较好 4. 协作、公众关系紧密	1. 设备老化 2. 技术工人年龄结构有断层 3. 资金严重不足 4. 无国际化经营的经验

① 王方华．企业战略管理．复旦大学出版社，2006：217-218.

在战略管理中，仅有上述分析内容还远远不够，还必须对企业的内外环境条件综合情况作深层次分析，从所列关键要素中归纳出问题的实质，研究潜在的机会与威胁、优势与劣势，采取合适的战略，发挥企业优势利用机会、规避风险。如表 5-11 所示。

表 5-11　**SWOT 分析及相应战略**

	优势（Strength）	劣势（Weakness）
机会（Opportunity）	SO 战略：利用机会发挥优势在政府限制进口的政策下抢占本地市场，发挥自身优势，加强协作，紧密公众关系	WO 战略：利用机会避免劣势，利用出口机会克服国际化经验不足的弱势
威胁（Threat）	ST 战略：利用优势避免威胁，利用高技术和开发能力提高产品质量，为市场打开销路，击败新进入者带来的威胁	WT 战略：避免劣势应对威胁，克服资金不足的劣势应对原材料价格上涨的威胁

2. IE 矩阵分析法

IE 矩阵（Internal-External Matrix，内部-外部矩阵）是在原来由 GE 公司提出的多因素业务经营组合矩阵基础上发展起来的。多因素业务经营组合矩阵又称市场吸引力——经营实力矩阵（GE 矩阵），经营实力表明企业的竞争能力（内部因素），而市场吸引力表明企业所处行业的发展状况与发展趋势（外部因素）。在 GE 矩阵基础上发展起来的 IE 矩阵即用内部因素与外部因素取代该矩阵中的竞争能力和行业吸引力。如图 5-11 所示。

		IFE 加权评分		
		强（4.0～3.0）	中（3.0～2.0）	弱（2.0～1.0）
EFE 加权评分	（4.0～3.0）高	Ⅰ	Ⅱ	Ⅲ
	（3.0～2.0）中	Ⅳ	Ⅴ	Ⅵ
	（2.0～1.0）低	Ⅶ	Ⅷ	Ⅸ

图 5-11　IE 矩阵分析

在IE矩阵的横坐标中，IFE加权评分数为1.0~1.99代表企业内部的劣势地位，2.0~2.99代表企业内部的中等地位，而3.0~4.0代表企业内部的优势地位。相应地，在纵坐标上，EFE加权分为1.0~1.99代表企业面临着较严重的外部威胁，而2.0~2.99代表企业面临中等的外部威胁，3.0~4.0代表企业能较好地把外部威胁的不利影响减小到最小程度。可以把IE矩阵分成具有不同战略意义的三个区间。第一，IE矩阵对角线第Ⅲ、Ⅴ、Ⅶ格；第二，IE矩阵对角线左上方的第Ⅰ、Ⅱ、Ⅳ格；第三，IE矩阵对角线右下方的第Ⅵ、Ⅷ、Ⅸ格。对落在IE矩阵不同区间的不同业务或产品，企业应采取不同的战略：

（1）落入Ⅰ、Ⅱ、Ⅳ象限的业务应被视为增长型和建立型（grow and build）业务。所以应采取加强型战略（市场渗透、市场开发和产品开发）或一体化战略（前向一体化、后向一体化和横向一体化）或投资/扩展战略。

（2）落入Ⅲ、Ⅴ、Ⅶ象限的业务适合采用坚持和保持型（hold and maintain）战略，或选择/盈利战略。如市场渗透和产品开发战略等。

（3）落入Ⅵ、Ⅷ、Ⅸ象限的业务应采取收获型和剥离型（harvest and divest）战略或收获/放弃战略。

三、案例：银河汽车配件厂的环境分析①

海通市银河汽车配件厂是一家仅有职工421人的小型企业。该厂以生产机动车灯具闻名于国内汽车行业，目前已成为全国汽车灯具行业中品种最多、式样最新的厂家。

银河汽车配件厂非常重视企业经营环境的分析工作，他们不仅建立了包括市场和非市场因素的经营信息档案及企业信息管理的基本程序，而且每年均在获取储备信息的同时，借用“外脑”，从全国14个有关单位聘请40余名中高级工程技术人员和管理人员，集思广益地广泛搜集信息。在获取内外大量信息的基础上，银河汽车配件厂以各种机动车灯具为基础，进行年度企业经营环境分析。下面是海通市银河汽车配件厂某一年度的企业经营环境分析：

1. 市场因素分析。银河汽车配件厂首先对市场需求和同行业企业的竞争因素进行分析。

（1）市场需求

①需求品种。据信息分析，全国机动车灯具需求的品种以下列几类为最

① 曹俊杰编．中小企业经营方略．中国纺织出版社，2002：70-77.

多：超长型牌照灯、仿日雅马哈90型全套灯具、矩型角灯、大型客车方向灯、防眩目灯、高逆雾灯，大中客车和旅游车立式转向灯、新颖的灯泡式厢灯。

②需求量。某年度全国机动车灯具需求量为685万只，产值1.4亿元。该企业的产品市场占有率为6.4%。

③用户意见

a. 上年度企业处理用户来信、来电共2637件，其中催货的占51%，要求订货的占38%，注销合同的占4%，技术、新产品咨询的占3.4%，要求降低产品价格及处理财务问题的占2%，质量问题的占1.6%。

b. 对企业产品质量、销售服务的意见，主要有下列各点：

技术问题：如某种灯镀铬层易腐蚀；某型摩托车灯接线处有脱焊现象；某两种灯罩并接处易断裂等。

使用安装问题：如某种灯灯壳弧度不统一，安装有困难；有的灯包装不牢固。

价格问题：要求对投放市场超过两年以上的老产品降价。

服务问题：交货要及时，同时供应零配件；要求及时提供新灯具的信息。

（2）企业营销

①产品分析：对企业生产的76个主要产品经过5年的连续观察，并结合有关因素分析，结果是：

a. 有8个产品已进入投入期，占10.5%

b. 有5个产品已进入成长期，占6.7%

c. 有35个产品已进入成熟期，占46%

d. 有28个产品已进入衰退期，占36.8%

可以看出，企业的产品结构比重呈后倾状。

②销售渠道：见表5-12所示。

③企业历年销售情况：在5年期间，企业每年销售平均增长16.5%，5年的销售额及利润翻了一番。

④销售方式：企业通过统销和推销两种方式将产品销售出厂。在推销中，有人员推销和广告宣传推销两种。在广告宣传推销中分别采用电影、电视、报纸、刊物、路牌、灯箱、展销、柜窗、样本、产品目录、照片、年历、会议及赞助等14种形式。

（3）同行业竞争企业动向分析。20世纪80年代初期，国内汽车业已有国家计划生产厂家37家，装配厂200多个，配件厂2000多个，职工72万人，设备21万台，具备了年产40万辆汽车的生产能力，1984年汽车保有量达210万辆左右。

表 5-12　　企业销售渠道

系统	销售对象	产品结构	占企业销售总额的比重
农机口	北京、江西、永康、嘉善、合肥、杭州、宁波等拖拉机厂，省内各农机公司	吉普大灯、工农 12 型大灯	11.5%
摩托车口	合肥摩托车厂、嘉陵机器厂、长春汽油机厂、陕西 114 厂、南京 511 厂、株洲 331 部队以及各省邮电器材公司、汽配公司	250A 前灯、CJ50 前灯、长江 70 全套等灯具	15%
汽配口	总后勤部、交通部所属 80% 以上客车厂、公安部等所属厂家	58-1 大灯、小双联灯，彩角灯 73 型、280 型、3310 型、421 型等灯具	73.5%

企业根据取得的信息，对同行业进行动向分析，其内容见表 5-13（表中左边所列栏目是最为常用的内容）。

表 5-13　　同行业动向分析

1. 市场特点	①使用者；②使用目的、原因、反应；③对未来的预测			前提或制约条件
	实际成绩		预测	
	5 年以前	去年	5 年以后	
2. 同行业销售额总额 其中：内销或出口				
3. 使用者比例 A 产品 B 产品 出口或内销				
4. 销售价格 A 产品 B 产品				

续表

1. 市场特点	①使用者；②使用目的、原因、反应；③对未来的预测			前提或制约条件
	实际成绩		预测	
	5年以前	去年	5年以后	
5. 销售渠道统（推）销比例 A产品 B产品				
6. 主要原材料比例 A产品 B产品				
7. 技术动向 改建 新建 引进	①项目 ②性能水准 ③时间 ④效果及影响			

注：所有栏目中的具体数据分析从略。

在对同行进行了动向分析后，银河汽车配件厂又进行了竞争企业的动向分析，其内容一般有以下几类：企业经营方向与经营目标；企业经营战略与策略；企业产品开发能力；企业技术开发能力；企业生产组织能力；企业资金筹集、管理、外汇的使用和平衡等方面的经营能力；企业经营者的作风等因素。

从实际测评成绩看，H省汽车灯厂、S市星月汽车灯厂、S市绿宝汽车配件厂、B市汽车灯具厂是同行业中的主要竞争企业。这些竞争企业的动向见表5-14。

表5-14　**竞争企业的动向分析**

1. 当前的竞争企业	××企业			
2. 潜在的竞争企业	××企业			
3. 竞争企业的经营战略	竞争者	产品开发、市场营销、生产组织等活动分析	企业素质	企业实绩
	A企业 B企业			

续表

4. 产品的市场占有率	竞争者	市场占有率		
		5年前	去年	5年后

注：所有栏目具体内容分析从略。

2. 非市场因素分析。银河汽车配件厂对经济环境中的有关经济结构进行了分析，具体地说，就是对与需要机动车灯具有关的几个关联行业状况进行分析。

(1) 汽车运输成为交通运输的主导方式

①从世界趋势看：近30年来，汽车运输已成为交通运输的主导方式

英国：从20世纪60年代中期到70年代中期，铁路运输线缩短了3225公里。到70年代末，英伦三岛货运周转总量中，公路运输占各种运输方式总周转量的75.5%，铁路占17.5%；在客运周转总量中，公路占92.2%，铁路占7.3%。

美国：1950年，全国货运周转总量中，铁路运输占57.4%，到20世纪70年代末，下降到36%，而汽车运输则由15.8%上升到24.8%；在客运周转总量中，公路占86.9%，铁路占0.7%。

日本：在全国货运周转总量中，公路运输从20世纪50年代中期的16.6%，到70年代末期提升到53.9%，而铁路则从82.1%下降到41.6%；与此同时，在客运周转总量中，公路运输则从11.2%上升到38.1%，铁路运输则由50.8%下降到10.1%。

前苏联：20世纪70年代末，在各种运输方式的货运周转总量中，铁路运输占13.5%，公路运输占82.5%；在客运周转总量中，30年来，公路运输由5.3%上升到43.7%，铁路运输则由89.5%下降到37.3%。

中国：1949年和1980年相比较，在全国货运周转总量中，铁路运输由83.9%下降到60.6%；公路运输则由5.1%上升到32%。从它们的实际绝对数字看，1949年铁路客运周转总量为130万人公里，到1980年为1383万人公里，增长10.6倍。同期公路运输则从8万人公里上升到729万人公里，增长91.1倍。在货运周转总量中，铁路运输增长31倍，公路运输增长68.4倍。但是，目前公路货运仅占全部运输总量的6.4%，远远没有起到应有的作用。据汽车业权威人士称，我国交通运输的结构已在变化，汽车运输将逐步变成我

国交通运输的主导方式。

②我国汽车工业从无到有，发展很快。但是，从绝对数字来看，我国的汽车工业以及公路运输业，不但落后于世界工业发达的国家，而且落后于某些发展中国家。交通运输业已成为我国国民经济发展中的薄弱环节。

③进入21世纪以来，我国汽车需求量猛增，我国汽车的保存量年年刷新记录，这是给汽车工业及汽车配件行业的发展提供的前景。

④在由2000余家企业组成的汽车配件行业中，将有三个突出的变化：一是计划的变化，即产品销售按照谁出材料、谁支配的原则，分别由国家物资局、各省市汽配公司和中国汽车工业公司三个渠道安排；二是价格将起变化，在调整原价格的基础上，实行按质分等定价；三是产品构成上，将要改变“缺重短轻”和“汽多柴少”现象（前者指汽车中载重汽车过分中型化，全国生产2~5吨中型车的生产能力占总生产能力的80%，轻型汽车也较少；后者指汽车动力结构上，用汽油车多，用柴油车少，从而引起能耗高）。

（2）摩托车、农机行业状况

①摩托车。日本是摩托车工业飞跃发展的后起之秀。1939年，日本摩托车的社会拥有量不到15万辆。1980年，以丰田、铃木、三叶、川崎四家企业为主，生产摩托车500多万辆，几乎占全世界总产量的80%。

20世纪80年代，我国已有生产摩托车的企业80多家，产品品种7种，尤其是轻骑型摩托车在国内市场畅销。目前，我国摩托车年生产能力超过20万辆，接近英、美、法等国产量。1984年末社会保有量达48万辆。1983年4月，我国摩托车工业开始与世界摩托车制造业建立往来。

②农机业。银河汽车配件厂生产的灯具部分与拖拉机配套。农机业的发展受国家宏观决策的制约。在实行农村联产承包责任制以前，农村大中型农机设备的比重较大，如拖拉机以大马力机型为主。农村实行联产责任制以后，农民欢迎小马力机型的拖拉机。产品的机型改变了，相应地对灯具也有了新的要求。从销售量看，目前拖拉机市场处于供不应求的状况。尤其是中央决定农村联产承包责任制15年不变的政策，坚定了农民的投资决心，使拖拉机市场需求更加旺盛。

通过对经营环境进行调查分析，银河汽车配件厂获得了大量的市场信息，明确汽车配件行业迎来了高速发展的历史机遇；同时通过与竞争企业进行对比，发现了企业存在的优势和劣势，确定了通过加大研发力度、市场营销力度等手段实施增长战略的经营方针，并取得阶段性成果，增强了企业的竞争实力。

第六章　中小企业经营战略

第一节　企业战略目标的设定

中小企业的永续经营，依靠的是每一个时期或阶段企业经营战略的实现。中小企业经营战略问题，在一些企业领导者心目中还没有给予实际的重视，有些中小企业在生存与发展问题上，或者采取随大流的做法，或者被动地随着市场的变化而变，这是十分危险的。因此，中小企业的永续经营，一定来自于精通及谙于战略管理之道。

一、企业使命的定位①

彼得·德鲁克认为，企业应该在一些根本性的问题上做出选择：我们的企业是干什么的？顾客是谁？我们对顾客的价值是什么？我们的业务将是什么？我们的业务应该是什么？菲利普·科特勒认为，这些听上去很简单的问题，正是企业必须经常面对的最大难题，即企业使命问题。企业使命是企业经营战略环境分析的目的和结果，也是企业战略制定的必要前提和步骤。企业使命即指企业区别于其他类型组织而存在的原因或目的。绝大多数的企业使命是高度抽象的；企业使命不是企业经营活动具体结果的表述，而是为企业提供了一种原则、方向和哲学。过于明确的企业使命会限制在企业功能和战略目标制定过程中的创造性；宽泛的企业使命会给企业管理者留有细节填补及战略调整的余地，从而使企业在适应内、外环境变化中有更大的弹性。

虽然并不是所有的企业都有文字的使命表述，而往往只为少数高层管理者所了解，但越来越多的企业将确定企业的使命看成是企业战略的一个重要组成部分。一般地，企业使命的定位包括以下三个方面的内容：

---

① 王方华．企业战略管理．复旦大学出版社，2005：164-171.

1. 企业生存目的定位

企业生存目的定位应该说明企业满足顾客的某种需求，而不是说明企业要生产某种产品。因为围绕着满足某种需求可以开发出许多不同的产品和服务。这就是为什么美国电话电报公司（AT&A）将企业存在目的定位于提供信息沟通工具和服务而不是生产电话；埃克森公司的企业使命强调提供能源而不是出售石油和天然气；露华浓公司（Rolvon）的企业目的定位于出售希望而不是生产化妆品；开利公司（Carrie）的企业目的是为创造舒适的家庭环境而不是生产空调器；哥伦比亚电影公司（Columbia Pictures）则旨在提供娱乐活动而不是经营电影业；诸如此类。彼得·德鲁克认为企业存在的重要目的是创造顾客，只有顾客才能赋予企业以存在的意义。他指出：决定企业经营什么的是顾客。是顾客愿意购买产品或服务才能将资源变为财富、将物变成产品。只有顾客对产品及其价值的看法才决定企业经营什么、生产什么以及企业的前途。顾客所购买的以及认为有价值的从来就不是产品，而是一种效用，也就是产品或服务带给他们的满足。顾客是企业的基础和生存的理由。

2. 企业经营哲学定位

企业经营哲学是对企业经营活动本质性认识的高度概括，是包括企业的基础价值观、企业内共同认可的行为准则及企业共同的信仰等在内的管理哲学。企业的经营哲学的主要内容通过企业对外界环境和内部环境的态度来体现。对外可以包括企业处理与顾客、社区、政府等关系的指导思想；对内包括企业对其投资者、员工及其他资源的基本观念。一般地，企业的经营哲学由于受文化的影响而具有较大的共性；同时，不同国家的企业在管理理念上表现出明显的差别。表6-1总结了不同文化背景下，美国企业和日本企业在企业经营哲学上的差异。

表6-1 文化对企业经营哲学的影响

美国企业	日本企业
着重企业在市场上活动成功的因素	向员工表明企业的愿景，唤起员工承担责任的激情和创新精神
德克萨斯仪器公司：“公司发展事业的基础是技术革新、生产率和市场占有率” IBM：“IBM的事业不是出售机器，而是出售产品的功能，因此必须切实为顾客解决问题”	松下电器公司：“像自来水那样不断生产，创造无穷物质财富，建设人间天堂” 东京电器化学工业公司：“通过创造，贡献于世界文化产业”

3. 企业形象定位

企业使命定位的第三部分是企业公众形象的定位，特别是一个成长中的企业对公众形象的重视程度反映了企业对环境影响及社会责任的认识。从公共关系理论的角度来看，一个企业组织的营运过程，一般有员工、股东、顾客、供应商、竞争者、社区舆论界、政府等利益相关者。每一个企业在其特定的公众心目中，都有自己的形象；如顾客普遍认为 IBM 是电脑业的蓝色巨人，松下是生产高质量电子产品的企业，百事可乐则是年轻一代的选择。企业形象的定位通过理念识别、视觉识别、行为识别等三个部分来体现。

研究表明，对于不同行业的企业，影响企业形象的主要因素各不相同。例如，在食品业，良好的企业形象在于表达安全、信任感、经营规模、技术等特征；而对生产精密仪器的企业，顾客可能会对可靠性、新产品开发、时代感、研究发展能力、发展前景等诸方面的形象比较关注；对于服务业，向公众传递良好的服务质量、清洁程度、现代化等信息可能会有利于树立良好的企业形象；等等。通过公司理念、统一标志、专用字体、标准色以及企业主题歌等手段将企业的形象概念具体化，不仅传播了企业文化，使顾客认识、接受企业及其产品，而且有助于使企业的内部与外部达成共识，易于实施企业战略。

一般地，企业使命在企业成立之初通常比较明确，随着时间的流逝，当企业规模逐渐扩大、增加新产品、开拓新市场时，其使命可能与新的环境条件不相适应，因此，企业使命不是一成不变的。在企业生存发展的关键阶段，必须通过制定企业战略，对企业使命进行研究并重新定位。无论在企业发展的哪一个阶段，对企业使命的定位或再定位都应该包括上述三个基本的构成因素。

二、企业经营范围的界定

1. 企业经营范围的内涵①

企业应适当规定其业务范围，范围大小要切合实际，要避免过于狭窄或不着边际。企业的业务范围可以从以下几个方面来确定：

（1）市场细分范围。这是企业希望为之服务的目标市场或顾客类型，企业可以选择一个细分市场，也可以选择多个细分市场。

（2）行业范围。有些企业只参与一个行业的竞争，有的企业会经营几个相关行业的业务，还有一些企业的业务范围无所不包。

（3）产品或服务应用范围。企业还必须确定其产品或服务的应用领域。

---

① 柳思维．市场营销学．中南大学出版社，2003：105.

深圳讯达公司的"赢时通——中国证券商务网"的应用范围是：为中国股民和手机用户提供以移动商务为特征的多通道证券电子商务平台。

(4) 地理范围。企业希望开展业务的地区、国家或国际范围。有的企业只在一个市或省经营，而像宝洁、麦当劳那样的跨国公司几乎在全世界范围内经营。

(5) 资源优势范围。企业还要确定自己所拥有的资源优势领域。联想公司原来做电脑，后来发展针对企业的互联网和电子商务。柳传志很有把握地说："联想由于与代理商有密切的联系，有销售渠道的优势，电子商务方面有良好的基础。"

(6) 垂直整合范围。即企业在供应链管理方面有优势，这保证了企业在为市场创造、提供价值的纵向深度。有的企业从原材料供应到产品加工、销售全都由自己干，有的企业则几乎什么都不干——典型的"提包公司"，只有一个人守着一部电话和一张写字台，与上下游企业联系各种业务。

2. 确定企业经营范围应把握的原则①

(1) 市场导向与资源导向相结合的原则

市场是企业生存的基础和前提，没有市场的产品将迅速消失，没有市场的企业将被淘汰，这是一条铁的规律。按照现代市场营销观念，企业的市场定义比企业的产品定义更重要，因为企业经营过程从本质上讲是一个满足顾客需要的过程，而不是一个在表面看来是产品生产的过程。

"顾客规定企业"，这是一句管理学名言。在市场经济条件下，一个企业不是由公司的名称、制度、程序来规定的，而是由顾客的需求来规定的。企业虽可在某一具体问题上影响顾客，但从总体和根本上看，最终还是由顾客决定企业。既然企业最终由顾客决定，那么任何一家企业都必须弄清楚以下三个问题：

①谁是你的顾客。从战略角度考虑，企业的顾客有两类：一类是显在顾客，包括产品的最终使用者和购买决策者。比如，一台计算机的最终使用者可能是家庭里的孩子或公司里的职员，而有购买决定权的却可能是孩子的父母或职员的上级主管，这两类人都是企业的顾客；第二类是潜在顾客，这类顾客是企业争夺的焦点和要害。要弄清楚潜在顾客，企业就必须弄清楚市场的发展趋势及潜力、经济结构的变化、顾客购买习惯可能的变化及其影响因素、目前企业产品或服务还有哪些不能满足顾客需求等问题。如果企业把这些问题弄清楚

① 刘冀生．中小企业经营战略．中国人民大学出版社，1999：60-63.

了，就会很自然地明白谁是潜在顾客了。

②顾客在哪里。顾客作为一种社会消费群体，他们在不断地变动，在时间上、空间上、结构上、需求上都在不断变化。比如，计算机及其配套产品的用户原局限于机关团体及企事业单位，现在发展到了普通民众家里；高档家电产品的顾客原来主要集中在城市，现在大面积扩展到广大农村。企业必须随时关注顾客的这些变化，在满足原有顾客不断发展的需求的同时，积极开发新产品满足新顾客群的需求，抑或兼顾二者，双管齐下。

③顾客买什么。从表面上看，企业向不同的顾客提供的是相同的产品或服务，但实际上不同顾客的需求可能是根本不相同的，因为不同的顾客对企业会有不同的认知、期望和价值判断，顾客所买的不是产品本身，而是一种需要的满足。例如同是买一件衣服，工薪阶层人士考虑更多的是它的耐穿性和价格，高收入者考虑的是它能否满足自己声望、名誉、地位、面子的要求。企业只有弄清了顾客想买什么，才能恰当地确定自己的经营领域，弄清自己的产品在与什么产品竞争。

（2）行业生命周期的原则

中小企业选择经营范围时，要尽量选择“朝阳行业”，尽量不选择“夕阳行业”。

（3）行业产品收入弹性系数的原则

中小企业要选择行业产品收入弹性系数大于1.0的行业，即尽量要选择那些在国家产业结构中所占份额较高、发展余地较大、地位较为重要的行业。

（4）符合国家、省、市、地方产业政策的原则

中小企业要选择那些符合国家、省、市、地方产业政策的行业，不符合各地产业政策的行业将得不到各地政府的支持。

（5）关联性的原则

中小企业要尽量选择与本企业在市场上或技术上有关联的行业，尽量少选择那些与自己毫不关联的行业进行经营，以减少风险。

（6）行业特性的原则

中小企业在选择经营范围时要注意行业的进入壁垒（即进入该行业的障碍）及行业中大企业的垄断程度，要了解整个行业的市场容量有多大。

（7）充分发挥本企业优势的原则

中小企业要尽量找到最能发挥本企业优势的领域，而不要选择自己陌生的行业。

（8）企业领导人偏好的原则

中小企业在选择经营范围时，容易受到企业领导人偏好的影响。比如，某企业领导人原来是学化工专业的，他可能愿意选择化工行业的产品进行经营。

3. 中小企业确定经营范围应注意的几个问题

中小企业在确定自己的经营范围时，可能会出现以下问题，应当引起重视并加以克服。

(1) 不重视市场调研及其发展趋势研究

在确定经营范围时，有的中小企业不是"跟着市场走"，而是"跟着自己的感觉走"，而企业的感觉，更确切地说是中国企业领导人的直觉，往往是错的或是落后的，因为他们长期在计划经济体制下，思想观念较为落后，他们的直觉往往落在市场变化的后面。当企业的产品投入市场时，产品已进入竞争过度的成熟期，许多中小企业开业之日即是企业亏损之时。中小企业缺乏市场调研及市场预测，对市场需求及其变化趋势心中无数，盲目决策，是造成这一困境的重要原因。

(2) 盲目的多元化

许多中小企业在其规模稍有扩大时，就有一种难以遏制的多元化经营的冲动。除了反映企业希望分散风险的愿望之外，多元化经营的冲动更多地来自于企业经营者的好大喜功。这种不具备条件的盲目多元化，不仅难以使企业避险，相反可能意味着企业将在更广泛的领域面临风险；而企业领导人的好大喜功，很可能招来灭顶之灾。

三、企业战略目标体系

1. 企业战略目标的含义及内容

企业使命的确立为企业明确了前进的基本方向，经营范围界定了企业的产品及市场，但企业使命是比较抽象的，经营范围也不是在一个战略期间内就可以完成的。因此，企业使命和企业经营范围并没有明确企业在某一战略期内的行动目标。战略目标就是要把企业使命和经营范围在某一战略期内的任务具体化，以便于执行和衡量。

早在50年代，在战略管理的概念形成之前，彼得·德鲁克就已提出了目标管理的概念，他所倡导的通过明确而且可衡量的目标来改进管理工作的观念已被人们广泛地接受，并在一些企业的实践中取得了成效。事实上，不只是对企业，即使对某一个人或任何一个组织来说，确定一个在一定期限内要求达成的明确的奋斗目标都能起到重要的指导和激励作用，而且这种作用是显而易见的。企业的长期经营目标，其时限通常是3～5年，甚至更长，它除了具有指导企业经营战略和近期经营目标、调动企业成员协同为实现目标而努力工作的作用以外，还是企业在分配资源时分清主次和轻重缓急的依据，指导企业做出各项管理决策时择优的准则，以及衡量企业工作成效和企业内部工作绩效的标准。

一个企业可能追求一个战略目标，也可能追求多个战略目标。这意味着战略目标有广阔的选择空间。根据战略目标的不同内容，可将其区分为以下几类①：

(1) 企业发展目标。追求发展是企业终其一生的冲动。为了发展，企业需要扩大生产经营规模、扩大业务种类和范围、提高技术和管理水平、增加销售和利润等。这些通常表现为一系列业务成长指标而纳入公司的战略目标体系。

(2) 企业安全指标。有时候——当企业发展过快、环境变化太快或遇到强劲竞争对手打压的时候，企业必须保证能安全地活下去。这时应考虑诸如资产负债率、流动比率、应收账款周转率、存货周转率、盈亏平衡点等指标。

(3) 市场竞争目标。企业在市场的相对竞争地位是衡量企业经营成效的重要标志之一。为了获得竞争优势，企业会考虑诸如市场占有率、销售收入、利润率、成本水平、质量水平、顾客满意度、品牌知晓度和美誉度等指标，从而确定其在市场竞争地位上的目标。由于互联网经济的成长，参与网络竞争的企业还频频使用“瞄准能力”、“点击率”、“上网费用”、“时间成本”、“精神成本”等概念。

(4) 企业能力指标。反映一个企业能力高低的指标有研究开发能力、业务能力、销售能力、获利能力、环境适应能力和竞争能力等。这些指标在不同的企业有不同的分解形式，经营者对这些指标的理解也有很大差别，例如“核心竞争力”迄今仍众说纷纭。

(5) 企业财务目标。财务状况反映一个企业的经营状况。许多企业会直接追求主要的财务目标，如资本构成、流动资金、固定资产增值、红利偿付等。由于现代企业各种利益关系异常复杂，往往很难用一个财务目标反映各种利益相关者的要求。

(6) 人力资源开发目标。企业的发展在很大程度上取决于其员工的素质和积极性。为企业员工提供培训和发展机会，保持旺盛的士气，造就和吸引人才，是企业长期经营目标的主要内容之一。它通常以人员流动率、培训人数、

① 柳思维．市场营销学．中南大学出版社，2003：378.

各类人员的培训计划等来表示。

(7) 社会责任目标。企业组织作为一个社会中的子系统，可能承担或者必须承担一定社会责任，如促进社会经济可持续发展、贡献财政税收、赞助公益事业、提供就业机会、合理利用资源、消除污染、保护环境、保证供给、服务民众等。

2. 企业战略目标体系的构成及分类

企业的经营目标构成一个多层次的完整体系。企业的总体战略目标的形成是通过各部门和各环节的生产经营活动来实现的。对中小企业来说，其战略目标内容因采用的划分标准不同而有不同的分类。

(1) 按目标层次来划分，可以把企业使命理解为涉及企业整体最广义的目标，企业在某一战略期的经营目标构成企业的总目标，由此往下派生出来的涉及职能部门的则是职能部门的目标，以此类推直至每个岗位的岗位目标，这几类目标之间有密切联系，构成企业的目标体系。

(2) 按目标的时限来划分，把企业目标分成长期、中期和近期目标。长期目标通常指3年以上的目标，中期目标指1～3年的目标，而近期目标则指1年以下的目标，也有把长、中期目标统称为长期目标的。但这种时限上的区分并不是绝对的，它还取决于行业特点和环境条件。由于近期目标是执行型的，其时限在1年以下是不言而喻的，至于长期目标的时限则往往与产品的生命周期、工艺技术的生命周期、设备的更新周期有关，在各行业间会有较大的差异，不能一概而论。

(3) 按目标的业务性质来划分，企业目标包括企业盈利能力、市场占有率、销售额、新产品开发、资产增值率、生产效率和经济效益、员工福利、社会责任目标等。

这三种经营目标的层次并非是相互排斥的，一般说来，涉及面广的、综合性的企业整体目标，往往是企业的长期目标；而涉及面窄的部门目标，则往往是企业执行期的近期目标。但是，三者之间也有交叉，一个部门也会有一些长期目标，而企业整体也会有一些近期目标。这就表明，在企业的长期目标和近期目标、整体目标和部门目标之间总是需要协调与合作。

3. 企业经营目标应具备的特性①

企业的经营目标作为指导企业生产经营活动的准绳，必须是恰当的。不恰当的经营目标，非但难以起到应有的指导作用，而且还会对在各种内外条件制

① 陈继祥．企业经营战略．上海交通大学出版社，2000：57-61.

约下本来就已十分复杂的企业经营增添人为的矛盾和摩擦。

经营目标应具备哪些特性才是恰当的，并能有较多的实现机会？以下几个方面可以在制定经营目标中作为评价其优劣的准则。

(1) 经过磋商并能为有关方面所接受

企业经营目标的制定从企业内部来看涉及一系列纵向的和横向的相互关系。长期经营目标的制定应基于企业内外部现状的分析、远景的预计以及众多的手段和目的之间关系的研究，近期经营目标要以长期目标为依据，并与之相结合。所有这些，都需要各有关方面对有关的重要数据、假设前提等进行充分的协商和讨论。经过与各方面磋商、经过分解并得到认可的目标，明确了各自应承担的责任，有利于顺利地实施。

企业的目标不仅应为企业内部各方面所接受，而且要考虑到社会的可接受性。当企业的目标与社会对企业的要求相符时，目标就易于实现。在社会主义条件下，国家在一定时期内提出的方针政策，如在改革开放政策下对提高产品质量、降低物耗、扩大出口等方面的要求，是企业制定目标中应予以考虑的重要依据。如果企业制定的目标难以为社会所接受，则其实现过程必然会遇到诸多难以逾越的障碍。

(2) 可衡量的且有时限上的约束

提出的目标应当是明确可衡量的，而不应是模糊不清的。目标应有时限上的要求，即要求实现的日期，特别是近期目标的实现日期更为重要，否则长期目标是否达成无法断定。定量的目标显然是可衡量的，例如“努力增加盈利”是一个模糊不清的目标，而“在某产品的经营上每年资金利润率至少提高1%，在今后5年内争取总的提高6%”则是一个明确的目标。但即使是定量的目标还有一个理解上的一致性问题，必须避免可能引起不同理解的目标表达方式。“5年把盈利水平提高20%”这样一个长期的盈利目标就会引起不同的理解。“盈利水平”指的是利润额还是利润率？如果是指利润率，是指销售利润率还是资金利润率？盈利水平的不同的含义所导向的行为是很不一样的。并非所有的目标都可以或适宜于定量地表示。对不适宜定量的目标勉强地定量也会带来形式主义的不良后果。但是，即使不能或不宜定量的目标，也应是可以衡量的。例如“把某种产品在国内市场上的竞争地位从目前的第三位在5年内提高到第二位”；“把本企业某种产品打入东欧和东南亚市场，并在3年内站稳脚跟”。上述目标虽未对市场占有率或外销量做出定量的规定，但其努力方向是明确的。届时目标是否达成还是可衡量的。

(3) 具有一定的灵活性

企业面临着外部的动态环境，目标应能随环境变化作相应调整，即应具有适应这种动态变化的灵活性而不应是僵化的。但值得注意的是，赋予目标灵活性意味着要在其可衡量性上付出代价。而且过于强调目标的灵活性会使企业成员对实现目标的信心动摇，从而在行动上迟疑观望。为了正确处理二者的关系，通常认为较好的做法首先是制定长期目标中包含有较多的灵活性，而在近期目标中则更侧重于强调可衡量性；其次是尽可能保持在性质上的稳定，而只在其水平上作一些灵活调整。例如一个人力资源开发的目标“在5年内使四级工占工人的比例达到4%”，在这个目标中的百分率上作一些灵活调整是不难的，但如果把目标改成“在5年内通过加强安全生产教育，使工伤事故减少20%”，则目标在性质上产生了突变，就会引起思想上的混乱和工作中的被动。

(4) 应当既是先进而具有挑战性的，又是现实可行的

先进的、具有挑战性的目标能激励人们为达到目标做出努力并不断前进，但是企业内部的各个成员或集团对先进性的感受不会是一致的。一个先进而有激励作用的目标，对一些人来说或许是轻而易举的，对另一些人来说或许是难以达成的。要保证提出的各个目标使企业成员都感到是先进而有激励作用的并不容易。对企业的长期目标而言，一般难以对此作过于细致的考虑，但在制定近期目标时应尽量兼顾企业成员的各种情况，除了提出概括性的目标，还要提出各种具有不同要求的目标，使每个职工都感到在实现企业目标中有其用武之地。通常用来衡量日标的先进程度的方法是与各个职工过去的业绩作比较，这种方法既简便而又切实可行，但单纯依靠这种方法会产生消极的结果，因为它对过去表现优良的个人和单位提出了更高的要求，而对过去表现不好的个人和单位所提出的要求或许只需稍加努力就可达到。作为行动指南的目标必须切实可行，也即是经过努力能够达到的，不切实可行的目标会受到漠视或使人沮丧，从而挫伤人们的积极性。但由于目标是指向未来的，特别是长期目标指向的更是较远的未来，在这段时间的内外条件的动态发展中有许多可能影响目标可行性的不确定因素。所谓“切实可行”总还是要建立在一些假设前提的基础之上的。弄清楚这些假设前提，它们与目标之间的因果联系，并使它们尽量地接近实际而不是理想化的或过于乐观的，这不仅能使目标更为切实可行，而且便于在考核时对目标作出实事求是的衡量，以及正确估计实际发生的情况与假设前提的差异对目标达成情况的影响。应该做到既要防止在逆境下达成（或未达成）目标时对人们作出的努力估计不足，也要避免以今天之功（在顺境下完成较好）来掩盖以往工作中的失误。

(5) 所有的目标应是一致的，同时又有主次、轻重之分

目标的一致性意味着长期经营目标应与企业使命相一致，近期经营目标应与长期经营目标相一致。与企业使命不一致的目标将对企业经营起破坏作用。例如，对一个以面向高层次的市场层面为使命的企业，提出一个严格降低成本、控制研究开发费用的目标，或者对一个以谋求迅速扩张为使命的企业，提出一个严格控制借款以谋求财务上减少利息支出和对外部资金依赖程度、减少经营风险的目标，都将是不适当的。近期的过高的盈利目标以及其他反映短期行为的目标会导致长期的提高产品质量、增加品种、赢得用户信任的潜力削弱，从而与长期目标中所要求的市场竞争和技术领先地位不相一致，这种现象并不是罕见的。各项目标之间也应相互一致，如果在营销上提出增加品种、缩短交货期的目标，而在生产上却提出扩大批量、简化品种、扩大规模经济效应、降低成本的目标，则在实施中必将发生许多矛盾和冲突，以致徒劳无功。

取得上述各个方面的一致性，有赖于制定目标中的协调机制，为此就需要规定目标间的优先顺序，即确定哪个或哪些目标是处于第一位的，哪些目标是为了支持它的实现而制定的，是处于第二位以至第三位的。利润目标常被放在第一位，但并非总是如此，这与企业使命有关。如果将企业使命中将处理生存、盈利、发展关系中的发展放在首位，那么开拓市场的目标或许是第一位的；对某些提供紧缺资源的企业而言，则生产增长的目标或许是第一位的。确定目标的先后顺序，不仅有利于协调目标的一致性，而且有利于企业在分配资源时分清轻重缓急。

以上列举的是良好的经营目标应具备的主要特性，而非其全部。由此便可知道，要制定出符合这些主要特性的良好的经营目标是很不容易的。但如果能在制定目标时按上述要求作出持久不懈的努力，就有可能使经营目标在企业的生产经营活动中起到应有的指导作用。

第二节　中小企业战略标杆管理

一、标杆管理的内涵及分类

标杆管理起源于20世纪70年代末80年代初，在美国企业学习日本企业的运动中，首开标杆管理先河的是施乐公司，后经美国生产力与质量中心系统化和规范化。标杆管理的概念可概括为：不断寻找和研究一流公司的最佳实践，并以此为基准与本企业进行比较、分析、判断，从而使本企业得到不断改

进，进入或赶超一流公司，创造优秀业绩的良性循环过程。其核心是向业内或业外的最优秀的企业学习。通过学习，企业重新思考和改进经营实践，创造自己的最佳实践，实际上是模仿创新的过程。标杆管理是站在全行业、甚至更广阔的全球视野上寻找基准，突破了企业的职能分工界限和企业性质与行业局限，重视实际经验，强调具体的环节、界面和流程，因而更具有特色。标杆管理逐渐成为企业优化、企业实践、调整经营战略的指导方法，并与企业再造、战略联盟并称为20世纪90年代三大管理方法。企业运用标杆管理的两个最主要的原因，一是为企业设定（可行、可信的）目标，二是确认企业应该如何才能达成所设定的目标。

几乎企业所有的职能和流程管理体系都可以应用标杆管理，但从应用层面的角度可将标杆管理分为战略标杆管理和营运标杆管理两个层面（如表6-2），营运标杆管理从内容上又可分为流程标杆管理和职能标杆管理（如表6-3），从标杆基准来源看标杆管理可以分为内部标杆基准法和外部标杆基准法（如表6-4）。所以每个企业应该根据企业自身特点确定从哪方面确立自己的标杆对象和标杆目标，不同类型的标杆管理，只要能正确应用都将使企业受益无穷。

表6-2　　**标杆管理的两个层次**

层次	目的	方法
战略标杆管理	寻找最佳战略，进行战略转变	收集各竞争者的财务、市场状况进行相关分析并比较，寻求绩优公司成功的战略和优胜竞争模式
营运标杆管理	注重具体运作，找出达到同行最佳运作方法	通过对环节、成本和差异性三个方面进行比较寻求最佳运作方法

表6-3　　**营运标杆管理的两方面内容**

层次	定义	对象	要求
职能标杆管理	以优秀职能操作为基准进行的标杆管理	职能或业务实践	通过合作的方式提供和分享技术市场信息
流程标杆管理	以最佳工作流程为基准进行的标杆管理	工作流程	企业对这个流程和操作系统有详细了解

表 6-4 **内部标杆基准法和外部标杆基准法**

标杆基准	基准来源	标杆目标	实施问题
内部标杆基准法	以企业内部操作为基准	通过内部绩效标杆的标准即确立内部标杆管理的主要目标，可以做到企业内的信息共享。辨别企业内部最佳职能或流程及其实践，然后推广到组织的其他部门，简单且易操作	单独执行内部标杆管理的企业往往持有内向视野，容易产生闭塞思维
外部标杆基准法	以竞争对象为基准	与有着相同市场的企业在产品、服务和工作流程等方面的绩效与实践进行比较，具有强烈竞争导向和动态意义	实施较困难，竞争企业的非公开信息不易获得

二、实施标杆管理的意义①

1. 标杆管理是获取竞争优势的关键性管理工具

越来越多的公司将标杆管理作为企业获取竞争优势的关键性管理工具，是因为标杆管理具有其他管理工具所不及的五大竞争优势：

（1）竞争性学习：在激烈的市场竞争和困难的生存环境中取得领先地位的厂商，必有其独特的成功之道，标杆管理可以借鉴他人的优点来弥补自身的不足。

（2）模仿性创新：标杆管理通过向业内或业外的最优企业学习，进行重新思考和改进经营实践，从而创造出自己的最佳经营实践。

（3）追踪性目标：标杆管理为企业提供了一种可行可信的奋斗目标以及追求不断改进的思路，是发现新目标以及寻求如何实现这一目标的合理性和可操作性手段。

（4）速度性优势：创新速度已成为竞争关键成功因素，标杆管理涉及为获取竞争优势而搜寻、发现和实施创新思维的全过程，确保自身的创新速度超

① 刘威．模仿中创新：标杆管理实操．中国管理传播网，2005.

过竞争对手。

（5）战略性战术：标杆管理站在全行业甚至更广阔的全球视野上寻找基准，突破企业的职能界限和行业边界，重视实际经验和具体的操作界面、流程。

2. 标杆管理是绩效改善的杠杆

研究表明，标杆管理可以帮助企业节省30%～50%的开支，或者产生5倍以上的投资收益，这种巨大的绩效改善是通过八大机理实现的：

（1）战略制定：企业通过战略标杆管理有可能发现和实施最佳战略，从而在战略竞争中超越竞争者。

（2）成长路线：通过对各类标杆企业的比较，不断追踪外部环境的发展变化，从而发现新的成长机会。

（3）设定目标：标杆管理设定的目标有明确含义和达成途径，使得企业对冲刺最佳绩效充满信心。

（4）增进学习：企业通过标杆管理，克服不足、增进学习，使企业成为学习型组织。

（5）激励士气：标杆管理通过对产品、服务及工作流程的全方位检验，达到高的员工满意度和内部成就感。

（6）持续改进：标杆管理能为企业建立一种动态测量各部门投入和产出现状及目标的方法，达到持续改进薄弱环节的目的。

（7）全面提升：标杆管理可以集中所有的最佳典范，从而促成全面的管理水平提高，实现可持续发展。

（8）绩效评估：标杆管理通过辨识最佳绩效及其实践途径，可以明确本企业所处的地位、管理运作以及需要改进的地方。

三、企业实施标杆管理的步骤

标杆管理的规划实施有一整套逻辑严密的实施步骤，大体可分为以下五步：

第一步，确认标杆管理的目标。在实施标杆管理的过程中，要坚持系统优化的思想，不是追求企业某个局部的优化，而是要着眼于企业总体的最优。其次，要制定有效的实践准则，以避免实施中的盲目性。

第二步，确定比较目标。比较目标就是能够为公司提供值得借鉴信息的公司或个人，可能比较目标的规模不一定同自己的公司相似（在考虑一个公司的做法在另一个公司是否适用时要考虑这一点），但其应为在标杆比较方面是世界一流做法的领袖企业。

第三步，收集与分析数据，确定标杆。分析最佳实践和寻找标杆是一项比较繁琐的工作，对于标杆管理的成效非常关键。标杆的寻找包括实地调查、数据收集、数据分析、与自身实践比较找出差距、确定标杆指标，标杆的确定为企业找到改进的目标。

第四步，系统学习和改进（这是实施标杆管理的关键）。标杆管理的精髓在于创造一种环境，使组织中的人员能够按组织远景目标工作，并自觉学习和变革，以实现组织的目标。标杆管理往往涉及业务流程的重组，会改变一些人的行为方式，碰到员工思想上的阻力。企业要创造适合自己的业务流程和管理制度，赶上甚至超过标杆对象。

第五步，评价与提高。实施标杆管理不能一蹴而就，而是一个长期渐进的过程。每次做完后都有一项重要的后续工作，这就是重新检查和审视标杆研究的假设、标杆管理的目标和实际效果，分析差距，为下一轮改进打下基础。

四、对中小企业实施标杆管理的几点建议①

中小企业的标杆管理与大企业不同，因为中小企业在整个市场的地位和拥有的资源配置要素是处于弱势地位的，所以中小企业开展标杆管理活动，必须以市场为基础，以发展企业核心业务为支撑，立足于提升核心竞争力，全面实践先进企业的优秀方法和优秀经验。中小企业实施战略标杆管理的目标是形成企业的竞争优势，并通过对经营战略的深度把握和有效的标杆管理，迅速促使企业逐步实现企业在整个规模、技术和管理等方面的结构升级。中小企业实施标杆管理，如果能顺利完成各项标杆使命，那将促使企业得到一次根本性的提升，并顺利进入具备优势竞争能力、取得规模经营效益的高速发展时代。

1. 选择合适的标杆目标

中小企业应根据企业现有资源、能力状况及行业特点等具体情境，选择合适的标杆目标。作为标杆的公司应在某一方面做得尤为出色，并因之持续增长，获得竞争优势。许多企业最初都会在本产业内寻找比较目标，企业应注重不仅要学习行业领先者的最佳实践，同时也要向竞争对手学习，这一做法在某些情况下非常有效。然而，在大多数情况下，理想的比较目标应是完全不同产业的公司，原因之一是与自己的直接竞争对手比较，谁都会感到有些不自在；而且除了公共领域的信息容易接近之外，其他关于竞争企业的信息不易获得。此外，同一产业的公司会倾向于以同样的方式来做同样的工作——产业内容易

① 冯婴．标杆管理．中国纺织出版社，2004：62.

出现“近亲繁殖”问题。实际上，视野离开公司和行业越远，就越有可能取得突破性进展，并让企业的竞争优势获得跳跃性提高。因此，寻找产业外的公司来做比较对象，你通常可以得到更新、更实用的信息。例如，一家子弹生产商想找出能使弹匣更漂亮的方法，他找到的标杆对象是生产口红盒的公司，因为口红生产商利用坚硬的果壳来装饰他们的口红盒，这使盒子十分光亮，而这正是这家军火商要寻找的东西。

2. 不断的学习和培养系统的创新能力

当前我国部分企业在实施标杆管理中常常由于缺乏对于内外部条件的准确把握而陷入误区，而使标杆管理形似神不似。因此，中小企业实施标杆管理必须抓住学习创新的关键环节，以适应企业自身特点并促进企业战略目标的实现为原则，既有组织，又有创新，才能真正发挥标杆管理的作用。

中小企业由于自身并不具备产品的规模效应和品牌扩展效应，在一定程度上也不具备低成本的竞争优势，所以对中小企业竞争优势的总体把握应该放在产品差异化方面，并在对市场反应速度和动力源泉方面超越大企业。但是，做到这一点的根本是要求中小企业不断地学习和培养系统创新能力。

如果中小企业没有不断学习的能力和培养系统创新的能力，那么整个企业就会在激烈的竞争市场中面临被淘汰的危险。中小企业所面临的风险是远远大于大企业的，因为中小企业所拥有的产品、技术、服务和管理都很容易被别的中小企业所复制和超越，这是中小企业的共有弱点。但值得注意的是，中小企业的弱点同时也能成为优点，因为只要中小企业注意到这个弱点并通过实施标杆管埋大力克服这个弱点，那么这个弱点也就会成为中小企业的优点。

3. 在培养竞争优势的基础上逐步、持续实现企业结构升级

对最佳实践的学习是一个渐进性的过程，并不是一蹴而就的。需要得到从高层领导到现场作业员工的各种支持，要向雇员说明“怎样”和“为什么这样”工作；而且需要花费几个月的时间制定一整套关于雇佣、培训和衡量顾客反馈的合理的方法。

中小企业缺乏从市场战略高度去制定企业策略，所以中小企业在实施标杆管理的过程中，应该着力于培养企业的竞争机制，只有具备了企业竞争优势才能扩展和实现企业面向大企业规模的结构升级。中小企业还应该认真研究自己所在行业的企业成长周期，明确本企业在市场竞争中所处的形势和发展的具体阶段，从而制定相应的发展战略，而不是被企业资产、年销售额、年利润等非本质因素所左右，而对自己企业所在的市场形势做出不切合实际的判断。

另外，中小企业对自身的中长期目标应充分考虑企业的专业化水平的提高，企业规模的扩大应建立在企业专业化水平增强的基础之上，充分研究并促

成企业规模和企业专业化水平的合理关系，逐步实现中小企业向大企业的结构升级。中小企业除了加大知识创新体制的力度，引导高新技术向现实的生产力转化，还应着重把企业的专业化水平向纵深方向发展，以谋求企业在整个市场中的竞争优势。

4. 促进企业能力的系统优化

中小企业在迈向大企业的标杆管理活动过程中，要全面提高其产品的技术水平，保持其服务的独特性，逐步扩大其企业品牌在整个市场上的知名度。

(1) 提升中小企业产品的技术水平。技术是中小企业实现专业化的一个非常重要的前提，是企业实现结构升级的基础。企业所提供的产品和服务已经包含着越来越多的高新技术，因此中小企业必须实现和保持技术领先才能有机会实现超越大企业的长远目标。所以，中小企业一定要在产品专业化方面大力发展技术。技术越尖端、方式越先进，企业产品结构升级的步伐就会越快。

(2) 培养并形成中小企业的服务个性。随着全球经济一体化程度的不断加深，顾客对服务的要求越来越高。因此培养并形成中小企业的服务个性是中小企业赶超大企业的又一重要方面。服务个性的形成也是提升企业专业化程度的重要表现。企业的技术无论多么先进，都必须通过特定、完善的服务才能实现产品的价值和附加价值。与大企业相比，中小企业在整个细分市场中占据着独特的优势，所以服务对中小企业尤为重要。中小企业只有形成了自己独特的产品和服务，才能在激烈的市场竞争中拉开与竞争对手的差距，通过差异化的服务和先进技术的产品扩大市场。

(3) 通过中小企业品牌战略，提升市场认同度。没有品牌的产品，是没有市场的产品。所以中小企业在实施标杆管理的过程中，必须树立企业品牌意识。在追求技术的尖端性、服务独特性的同时，以市场为导向，广泛借助传媒的力量提升品牌战略。品牌的作用就要让消费者接受和消费本企业的产品、服务，所以中小企业必须通过标杆管理活动广泛实施品牌战略，提升产品在整个市场的认知度和认同度。

第三节　中小企业经营战略的基本模式

一、经营战略的概念及实施步骤

经营战略是企业面对激烈变化、严峻挑战的环境，为求得长期生存和不断发展而进行的总体性谋划。它是企业战略思想的集中体现，是企业经营范围的科学规定，同时又是制定规划（计划）的基础。更具体地说，经营战略是在符合和保证实现企业使命的条件下，在充分利用环境中存在的各种机会和创造新机会的基础上，确定企业同环境的关系，规定企业从事的业务范围、成长方向和竞争对策，合理地调整企业结构和分配企业的全部资源。从其制定要求看，经营战略就是用机会和威胁评价现在和未来的环境，用优势和劣势评价企业现状，进而选择和确定企业的总体、长远目标，制定和抉择实现目标的行动方案。

根据以上定义，我们可以看出企业经营战略的要素有四个：一是企业的现状，我们要制定一个企业的战略就必须深入地了解该企业的现状；二是企业的战略目标，即企业在未来几年内，有可能达到的发展目标；三是企业的发展途径，即企业要达到一定的战略目标，应当选择什么样的产品及市场去经营；四是企业应当采取的手段，即企业要达到的战略目标，应当采用什么样的企业管理策略，如生产策略、人力资源策略、财务策略等等。因此，企业的现状、目标、途径、手段是企业经营战略的四个要素。

战略管理过程一般包括确定使命、设立目标，分析环境，制定战略，实施战略，控制、评价和调整战略几个步骤。见图 6-1。

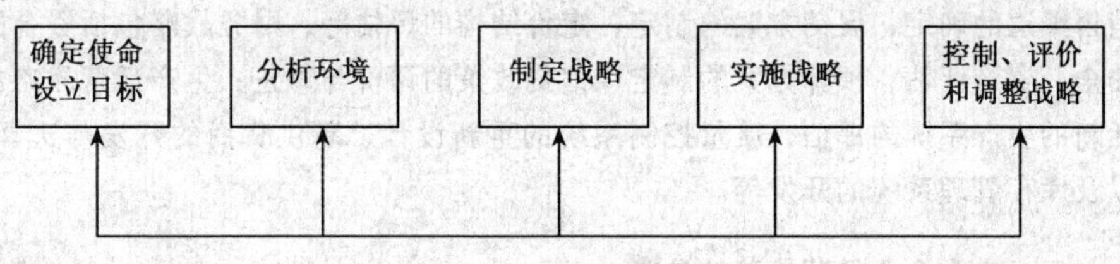

图 6-1　战略管理过程

二、中小企业战略的层次

企业的总战略可以由不同层次的战略所组成，它们是公司战略、经营战略和职能战略。

公司战略是由企业最高管理层制定和组织实施，用来指导企业发展总方向，确定企业拟参与竞争的具体领域和合理有效地配置企业重要资源的战略。公司战略主要有增长战略、稳定战略和收缩战略。

经营战略是有关企业确定如何参与各所选定的经营领域的竞争战略。企业可供选择的经营战略主要包括三种类型：成本领先战略、差异化战略、集中战略。见图 6-2。

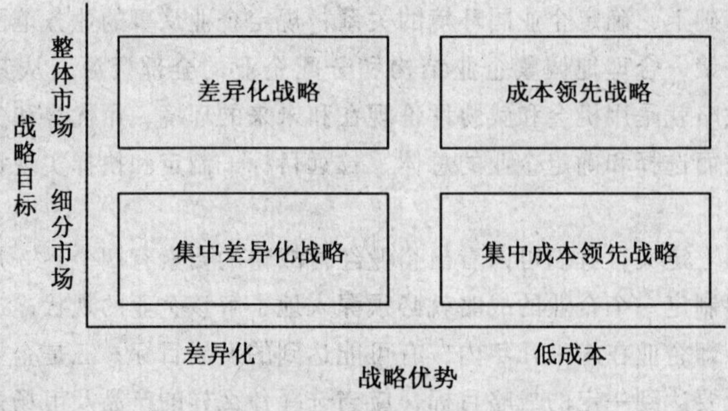

图 6-2　经营战略主要类型

职能战略是企业内的各个职能部门为支持经营战略而制定的战略，它涉及企业的不同职能部门，如人力资源、营销、财务和生产运营等如何能够更好地为各级战略服务，从而提高企业的效率。例如，人力资源战略可以包括管理职位的设定、培训计划的开发、薪酬制度的设计等；营销战略包括市场调研、新销售渠道的确定、促销方案的制定、定价结构的评估等；财务战略包括资金的安全、资产评估、预算方案的制定、信贷政策的评价与修正；生产运营战略包括新的生产系统的评估、质量控制系统的重新设计、新供货商的开发与选择，以及库存管理系统的开发等。

三、中小企业经营战略的分类

1. 根据企业战略目标不同分为增长战略、稳定战略和收缩战略①

(1) 增长战略又称发展型战略，是最广为使用的战略

企业的战略目标在于扩大企业规模、增加产品生产和销售、提高盈利水平。发展型战略主要有以下几种：

①单一产品经营战略。指企业集中财力、物力、人力及技术力量，生产单一产品或提供单一的服务，以不断提高企业的市场份额。在一些服务领域以及产品更新较慢的产业较适合单一产品经营战略。例如，在我国的酒行业，一些企业是奉行单一产品经营的，著名的有贵州茅台、孔府家酒等企业，主要以生产白酒为主。单一产品经营有风险，即当产品处于衰退期时，企业如果不较快

① 刘国光．中小企业经营管理．民主与建设出版社，2001：71-74.

转产，会全军覆没。

②复合多样化战略。企业利用其雄厚的实力，向多个产品领域或服务领域进军，以此来扩大企业规模，增加利润。一般采用的方式有合并、收购等。这种跨产业经营的好处是可以充分利用不同产业的机会，分散经营风险，能使企业迅速扩张，但同时，其风险也是很大的，对企业的资金实力、管理能力要求很高，如果跟不上，就会带来惨重的失败。我国一些中小企业在渡过了创业期，进入扩张阶段时，有的也采用这种战略，但是，失败的例子很多，如巨人集团等。所以，企业一定要慎重。

③同心多样化战略。指企业在原有的产品和服务基础上，增加相关性的产品和服务，或者是提供的产品和原来的产品是一个系列的，或者是提供的服务和原来的是配套的，以达到企业扩张的目的。同心多样化战略的特点是，新增产品或服务往往可以继续利用企业的技术、设备、销售网络或顾客群，使企业可以发挥原有的专长，同时由于增加了产品和服务品种，避免了单一经营的风险，同心多样化战略是一种比较稳健的战略，提高了企业的应变能力，为企业提供了更多的发展机遇，被众多企业所采用，著名的如我国青岛海尔集团，从生产冰箱、冰柜、空调到电视等家用电器的系列生产，经营非常成功。日本的索尼公司刚成立时，只有资本 19.5 万日元，20 名员工，从生产国内第一台磁带录音机开始，采用同心多样化战略，迅速扩张，目前已发展成为世界上最大的消费类家电产品生产企业之一，主要产品有视频设备、音频设备、电视元器件、计算机及辅助设备等，成为世界上唯一一家既大量生产音、视频设备，又大量生产音、视频软件的企业。

④纵向一体化战略。是指向企业的产品生产和经营的上游或下游纵深发展。例如，企业通过自己建立原材料供应基地，而取代原来的供应商，国内现在一些造纸企业，自己开发森林、种植作物来获取造纸的原料，就是一个典型的例子。有的企业通过建立自己的销售或服务网点，而取代原来的销售商。一些著名的服装品牌生产厂家，纷纷在全国各地建立自己的专卖店，专门销售自己的品牌。纵向一体化的好处是将上游或下游的业务纳入自己的经营范围，有利于对成本、质量、产量进行较好的控制，减少浪费，以获得更高的利润，同时也使企业扩大了经营规模，分散了风险。但是，存在着一个跨产业经营的风险问题，当企业跨入一个自己并不熟悉的领域时，风险是很大的。所以，企业在采取这种战略时应慎重，一方面，要考虑在成本上是否能降低，另外一方面，企业的经营管理是否存在较大的困难。

⑤横向一体化战略。是指企业通过收购、兼并其同行业竞争对手，以扩张

自己经营业务的战略。横向一体化战略的结果与同心多样化战略是类似的，通过收购兼并，企业增加了产品或服务的品种，而且是同一系列的，或是类似配套的。但是，两者的方式有所不同，横向一体化是通过外部收购而实施的，而同心多样化则既可以是通过外部收购，也可以是内部开发。横向一体化战略一般是优势企业收购劣势企业，在我国面临产业结构调整的当前，横向一体化战略被越来越多用于产业整合的手段，以改变产业组织结构小而全、小而散的局面。如我国家电行业中的青岛海尔、四川长虹，兼并了多家家电企业。

⑥资本运营战略。是指在产品经营的基础上以资本经营的方式来扩张企业。与上述几种产品经营战略相比，资本运营战略是更高层次的战略，两者的不同点在于，前者是营运商品，后者是营运资金；前者关注的是产品的生产及销售，后者关注的是在产品运营基础上的资金的流动及增值。一个企业如果只靠企业资本的积累来扩大生产和经营，往往是一个相当缓慢的过程，全靠借款贷款，也不现实。要迅速扩张企业，必须利用资本经营战略，搞活自有资本，运用他人资本实现公司的发展。资本运营战略主要有以下几种方式：

a. 合资经营。两个或两个以上的企业或个人共同出资建立一个新的企业，包括股份有限公司、有限责任公司、中外合资经营企业、中外合作经营企业。合资经营的方式主要是当企业需要兴办新的产业，而自身实力有限时，通过合资，引入外来资金和管理，有利于分散风险。

b. 控股或参股经营。企业通过购买别的公司的部分股份，以达到控股或参股的目的。实力较强的公司利用自己的优势收购实力较弱的公司，可以实现低成本的扩张，而实力较弱的公司可以摆脱困境，达到资源的合理配置。

c. 租赁经营。有些企业经营上出现很大困难，几乎到了资不抵债的地步，但拥有可供使用的生产设备和厂房等，采用购买、兼并、合资意义不大，可以采取的经营战略是租赁经营，即租赁其生产设施，进行生产和运营，这样在缴纳租赁费后，为本公司赚取利润的同时，也救活了困难企业，同时又不必花费资本就能增大生产能力。

实施资本经营战略是中小企业迅速发展的必由之路，但是在实施该战略时，小企业必须注意，资本经营必须与产品经营相结合，如果公司只注意资本经营，不搞产品经营，就很难扩大融资。同时，资本经营战略的实施需要高水平的企业管理，如果企业内部管理没有理顺，就想尝试资本经营，直接跨入高级经营阶段，那是不行的。

（2）稳定战略

指企业发展停留在原有水平上。采用这种战略的企业一般其产品已进入成熟期或衰退期，无法进一步扩大产品的市场容量，而又暂时缺乏向别的领域进军的实力，所以，维持现状，积蓄力量，等待时机。采用稳定战略的企业，一方面要采取措施防止其他企业的进攻，以保持企业已有的市场规模和产量；另一方面要积极做好准备，为将来的进一步扩张做好准备。

（3）收缩战略

指企业的发展低于原有水平。采用这种战略一般是企业的外部经营环境或内部经营面临严重困难时，在保持原有生产经营水平已不可能时，而不得已为之，主要目的在于养精蓄锐，以便东山再起。其方式主要有裁员，降低各种费用和开支，减少产量等。

2. 根据产品的市场开拓方式的不同，可以分为市场渗透战略、市场开发战略、产品开发战略①

（1）市场渗透战略

所谓市场渗透战略，就是将现有产品更大量地投放到市场上，以进一步增加销售量，提高市场占有率。如何以现有产品向现有市场渗透，主要有三种方法：

①增加用户的数量，努力挖掘新的客户，把竞争者的顾客吸引过来，等等。近几年，“乐百氏”与“娃哈哈”在儿童饮料市场上的竞争，“长虹”和“康佳”在彩电市场上的竞争，“嘉陵”与“轻骑”在摩托车市场里的竞争就是典型的例子。

②提高用户使用频率，如生产火腿肠的企业要提高其销售量，在广告中号召消费者“早餐可把火腿肠夹在馒头里吃，中餐可把火腿肠炒在菜里吃，晚餐可把火腿肠放在汤里吃”，这样就必然会增加对火腿肠的需求量，从而提高销售量。

③改进产品特性以创造需求，包括提高产品质量、增加功能、改进式样、增加品种规格等来提高销售量等，如海尔集团总裁张瑞敏到了四川农村，农民问他“你生产的洗衣机能洗地瓜吗？我们农民希望洗衣机既能洗衣服也能洗地瓜”，于是海尔集团根据农民的需求开发出了既能洗衣服又能洗土豆、地瓜的洗衣机，满足了农民的需求，开辟了洗衣机的农村市场。

市场渗透表面看起来是风险最小的战略，但实际上这种战略也有相当大的风险，例如：运用市场渗透战略，会使市场竞争白热化；企业管理者把精力都放在老市场的渗透上，有可能反而错过了更好的投资机会；顾客兴趣的改变容

① 刘冀生．中小企业经营战略．中国人民大学出版社，1999：98-101.

易导致企业现有目标市场的萎缩。

中小企业在选用市场渗透战略时，应当根据产品所处的生命周期阶段、市场需求的前景、竞争的激烈程度、企业的综合竞争能力等因素来制定自己的战略方案。在那些规模经济起点不高、技术更新周期比较长、需求比较稳定、市场成熟阶段维持时间较长的产品或行业，一般说来采用此战略比较适宜。但若产品所属行业是经济规模起点高、技术更新快、需求还不稳定的行业，对中小企业来说，应慎用此种战略，以避免在还未收回开发成本甚至还未投产之时，市场已经处于饱和状态。

（2）市场开发战略

所谓市场开发战略，是指企业现有市场已基本饱和，企业把现有产品投放到完全新的市场上去销售，比如家用电器在我国大中城市已经基本上普及了，家电企业目前正在考虑要开辟家用电器的农村市场，或出口到国外去等。市场开发战略，主要应通过以下三种形式来实现：

①市场开发，即将产品投入到别的企业已经开辟的市场上去，为本企业开辟新的市场领域，如金利来系列产品由全国大城市向中小城市、县城的扩展就是一个例子。

②寻找潜在的用户，如计算机目前正在走入家庭，许多教师、科研工作者、青少年、医生、作家等也需要计算机，存在着巨大的计算机潜在购买群。

③企业可以考虑增加新的销售渠道，例如葡萄酒除了通过中间商进行销售外，还可由企业直接销售给各大饭店、旅店等单位，从而极大地扩大了销售量。

市场开发战略的实施，通常应具备两方面的条件，包括：从市场看，原有市场已经或者趋于饱和，而潜在的新市场具有转化为现实市场的可能性；从企业看，现有产品没有落伍或过时，具有适应潜在新市场的品种。

由于中小企业通常在市场拓展能力方面相对不足，所以中小企业在采取市场发展战略时，应当采取审慎措施，比如首先在新市场寻求可能的代理商，待获得进展后再发展经销商，建立自己的销售渠道，等等，切不可将中间商发展得过多过滥，致使销售渠道失控。

（3）产品开发战略

产品开发战略是指企业用改进老产品或开发新产品的办法来扩大企业产品在原有市场上的销售量，即对企业现有市场投放新产品或利用新技术增加产品的种类，以扩大市场占有率和增加销售额的企业战略。比如，原来生产厨房用小家电产品的企业，又开发出保健类小家电产品，再投放到自己原有市场上去。从某种意义上来说，这一战略是企业发展战略的核心，因为对企业来说，市场是不可控制的因素，而产品开发是企业可以努力做到的可控制因素。采用此战略的条件是：企业对它原有顾客要有透彻的了解，能够提供满足顾客需要的其他产品。

企业采用产品开发战略，通常可以采取以下方式：

①独立研制。一般说来，当新开发的产品与现有产品在设计原理、使用设备、工艺、材料等方面密切相关时，这是一种可行的方式。但若这种相关性很低，独立研制就会受到技术、投资、时间等方面的障碍。对中小企业来说，一般没有能力采用这种方式。

②采用技术引进方式。此种方式通常被认为是省钱、省力、经济、高效的产品开发方式，对于技术相对落后的中小企业来讲，这是一种可以考虑的方案。但值得注意的是，在技术引进过程中，一定要对技术的先进性、适用性和商业前景做到胸中有数，对于那些对本企业来说可能是“新”技术，而对输出企业来说可能已经是淘汰的技术或者市场前景不妙的技术的引进应当慎之又慎，弄得不好是花钱买包袱，在消费者需求日新月异、技术发展一日千里的今天，尤应引起注意。

③独立研制与技术引进相结合。这里独立研制的一般是辅助及配套技术，引进的是关键和核心技术，将二者结合，既有利于节约资金，又便于引进技术的消化、吸收与创新。用这种方式开发新产品，是许多中小企业乐于采用的。

新产品发展起来后，如何投放到现有的产品市场呢？主要有两种方式：一种是利用现有产品的销售网络进入市场，比如海尔在全国建立起冰箱销售网络后，其后，它的冷柜、空调、洗衣机、彩电等，均通过这个网络进入市场；另外一种是利用品牌的影响进入市场，例如宝洁公司在世界洗涤用品王国里是一个龙头企业，公司利用“宝洁”这个名牌不断地销售着各种新产品。

3. 根据业务单元获取竞争优势方式的不同分为成本领先战略、差异化战略、集中战略

制定竞争战略的本质在于把某公司与其所处的环境联系起来，而厂商环境的关键方面在于某公司的相关行业、行业结构，它们对竞争战略的选择有强烈影响，而行业状态主要取决于五种竞争力量的竞争态势。对于中小企业来讲，为了在长期中形成与这五种竞争势力相抗衡的防御地位，而且能在行业中超过所有的竞争者得以生存，企业应该在准确把握市场竞争态势、充分了解企业自身的资源和能力的基础上，制定出合理和适当的竞争战略。概括来讲，企业可选择以下三种互相有内在联系的一般竞争战略：成本领先战略、差异化战略和

集中战略。

(1) 成本领先战略

成本领先战略是指通过有效途径，使企业的全部成本低于竞争对手的成本，以获得同行业平均水平以上的利润。谈到成本领先，似乎对中小企业来讲意义不大。但是，就中小企业而言，因为资金薄弱，节约成本、提高效率是积累力量、把钢用在刀刃上的重要手段。如今的成本领先已不再是字面意义上的成本领先，在物流和供应链的时代，发挥比较优势就是降低成本的表现。大企业把自己的非核心业务外包出去，由擅长的企业来做，这对中小企业来讲就是某一种意义上的成本领先。

①成本领先战略的优点

只要成本低，企业尽管面临着强大的竞争力量，但仍可以在本行业中获得竞争优势。这是因为：

a. 在与竞争对手的斗争中，企业由于处于低成本地位上，具有进行价格战的良好条件，即使竞争对手在竞争中处于不能获得利润、只能保本的情况下，本企业仍可获益。

b. 面对强有力的购买者要求降低产品价格的压力，处于低成本地位上的企业仍可以有较好的收益。

c. 在争取供应商的斗争中，由于企业的低成本，相对于竞争对手具有较大的对原材料、零部件价格上涨的承受能力，能够在较大的边际利润范围内承受各种不稳定经济因素所带来的影响；同时，由于低成本企业对原材料或零部件的需求量大，因而为获得廉价的原材料或零部件提供了可能，同时也便于和供应商建立稳定的协作关系。

d. 在与潜在进入者的斗争中，那些形成低成本地位的因素常常使企业在规模经济或成本优势方面形成进入障碍，削弱了新进入者对低成本的进入威胁。

e. 在与替代品的斗争中，低成本企业可用削减价格的办法稳定现有顾客的需求，使之不被替代产品所替代。当然，如果企业要较长时间地巩固企业现有竞争地位，还必须在产品及市场上有所创新。

②成本领先战略的风险

成本领先战略的风险主要表现为以下几点：

a. 投资较大。企业必须具备先进的生产设备，才能高效率地进行生产，以保持较高的劳动生产率，同时，在进攻型定价以及为提高市场占有率而形成的投产亏损等方面也需要进行大量的预先投资。技术变革会导致生产过程工艺和技术的突破，使企业过去大量投资和由此产生的高效率一下子丧失优势，并给竞争对手造成以更低成本进入的机会。

b. 将过多的注意力集中在生产成本上，可能导致企业忽视顾客需求特性和需求趋势的变化，忽视顾客对产品差异的兴趣。

c. 由于企业集中大量资金投资于现有技术及现有设备，提高了退出障碍，因而对新技术的采用以及技术创新反应迟钝甚至采取排斥态度。

一般认为，该战略只对有规模优势的企业才有意义，从这个角度来说对中小企业谈不上成本优势。但是，中小企业所经营的行业和所面临的竞争对手有它的特点。中小企业资金薄弱，资源有限，从中小企业群的竞争来考虑，降低成本，提高效益，对于中小企业更加有意义。

③成本领先战略的实现途径

对于中小企业来讲成本领先战略的主要方法有：

第一，生存互补——规模经济战略。这种战略是根据中小企业力量单薄、产品单一的特点而制定的一种竞争战略。大企业为了提高经济效益，必须要摆脱“大而全”的生产体制的桎梏，求助于社会分工与协作，这在客观上增加了大企业对中小企业的依赖性，为中小企业长期的生存和发展提供了可靠的基础。采用这种战略的中小企业所获得的利润水平较低，对大企业的依赖性比较强、比较被动。这对企业的长期发展十分不利。因此，企业必须解决好两个方面的问题：

a. 明确与大企业的协作条件；

b. 企业的长期发展问题。中小企业在协作生产期间，必须注意技术积累，不断增强自身的管理能力，提高产品质量，开发新产品，树立信誉，逐渐摆脱大企业的控制而独立地面向市场，使企业获得长期发展。

第二，科技先导知识经济战略。知识经济战略是指企业尽一切的可能在市场上网罗人才，通过人才把高科技知识附加在商品上，使商品成倍地增值，获取高利润，从而使企业的活力增加，进而降低相对成本。企业利用先进的管理知识和管理人才对企业进行科学化的管理和运作，降低企业的日常损耗、不必要的消费，从而降低企业的总成本，实际上这也是一种总成本领先战略。

（2）差异化战略

所谓差异化战略，是指为使企业产品与竞争对手产品有明显的区别、形成与众不同的特点而采取的战略。这种战略的重点是为全行业和顾客创造独特的产品和服务以及企业形象。实现差异化的途径多种多样，如产品设计、品牌形象、技术特性、销售网络、用户服务等。福中电脑的成功就是基于差异化的策略。起步时的福中电脑也不过是一个普通的电脑代理商，但其 3 + 3 的服务策略，找准了当时消费者对售后服务仅一年时间的不满，打出售后 3 年服务的旗帜，使它与众不同、独树一帜，从而奠定了差异化经营的基础，这也是它成功的主要原因。

①差异化战略的优点

只要条件允许，产品差异化是一种可行的战略。企业奉行这种战略，可以很好地防御五种竞争力量，获得竞争优势：

a. 实行差异化战略是利用了顾客对其特色的偏爱和忠诚，由此可以降低对产品的价格敏感性，使企业避开价格竞争，在特定领域形成了独家经营的市场，保持领先。

b. 顾客对企业（或产品）的忠诚形成了强有力的进入障碍，进入者要进入该行业则需要花很大力气去克服这种忠诚度。

c. 产品差异可以产生较高的边际收益，增强企业对付供应者讨价还价的能力。

d. 由于购买者别无选择，对价格的敏感度又低，企业可以运用产品差异在战略来削弱购买者的讨价还价能力。

e. 由于企业具有特色，又赢得了顾客的信任，在特定领域形成了独家经营的市场，便可在与替代品的较量中，比其他同类企业处于更有利的地位。

②产品差异化战略的风险

a. 保持产品的差异化往往以高成本为代价，因为企业需要进行更多的研究开发、产品设计、高质量原料和争取顾客支持等工作。

b. 并非所有的顾客都愿意或能够支付产品差异所形成的较高价格。同时，买主对差异化所支付的额外费用是有一定支付极限的，若超过这一极限，低成本低价格的企业与高价格差异化产品的企业相比就显示出竞争力。

c. 企业要想取得产品差异，有时要放弃获得较高市场占有率的目标，因为它的排他性与高市场占有率是矛盾的。

各个中小企业实力相差不太明显，竞争的决定因素在于战略和策略，没有差异的竞争最终导致两败俱伤，所以，采用差异化战略，是竞争中的中小企业避免不良竞争、共同得以生存的理性选择。就中小企业同大企业来比，中小企业是不可能和大企业正面冲突的，那样只会消亡。回顾戴尔的成长史，我们就会明白该战略的高明之处。戴尔的早期不过是个工作室，它走的就是定制组装电脑的道路。开始的时候，根本就没什么公司重视它，今天它已成为世界最大的几家电脑公司之一。所以说，差异化是中小企业理性的生存战略。

③差异化战略的途径

中小企业差异化战略主要有以下几种：

第一，与众不同——经营特色战略。中小企业在生产经营过程中，通过技术开发和工艺创新，可以取得具有新颖性、先进性和实用性的科技发展成果；或设计出新结构、新规格、新式样的产品；或生产出具有独特技艺或配方的老字号产品：或由于提供特殊销售服务而具有一定的信誉等，这些都可以使中小企业的产品或服务具有与众不同的特点，从而以独特的优势取得竞争的主动权。采用经营特色战略一旦建立起来就具有很强的竞争力。因为它能够赢得用户的信任、满足用户的需要，所以就能比较长远地树立起优势地位，而不被其他企业所替代。大连"董萍美容院"的经营之道，就是与众不同的美容技术。一般的美容方法只注重对技术的考虑和外表的效果，而董萍这个手术大夫出身的美容家，在自身的体会和认识上，把美容和中医相结合，从而治标又治本，因而成就了"董萍美容院"、"忘忧草"的美名。

第二，寻找空白——市场空白领域进入战略。市场空白领域一般是指大企业在追求"规模经济效益"中所忽略或难以涉足的经营领域，这一经营领域具有以下特点：

a. 产品生命周期较短，只能在一段时间内加以生产；

b. 市场需求量较小；

c. 信誉风险大的产品；

d. 属于多品种、小批量生产的产品。

成都三业实业有限公司的成功就是在市场夹缝中生存的典型例子。成都三业实业有限公司对市场分析后发现，对液态和固态物料的干燥，当时现有的各种类型的干燥机完全可以满足不同的工艺需要，但介于两者之间的泥膏状物料还有较大的空间，于是成都三业实业有限公司重点突破它，由此打进了干燥机制造业的缺口。

④"差异化"同"成本领先"的关系

以上我们讨论了成本领先战略和产品差异化战略，那么，这两者之间存在什么关系？在这两种战略中如何做出选择呢？1980 年 10 月，美国的威廉·霍尔教授发表了《关于在逆境中争取生存的战略》一文。文章分析了美国钢铁、橡胶、重型卡车、建筑机械、汽车、大型家用电器、啤酒、卷烟等八个行业的实际情况，对这些行业的多家企业的经营战略进行了分析对比，结果表明，许多成功的企业有一个共同的特点，就是在确定企业竞争战略时都是根据企业内外环境条件，在产品差异化、成本领先战略中选择一个，从而确定具体目标、采取相应措施而取得成功。当然，也有一个企业同时采取两种竞争战略而成功的。但一般来说，不能同时采用这两种战略，因为这两种战略有着不同的管理方式和开发重点，有着不同的企业经营结构，反映了不同的市场观念。

在同一市场的演进中，常会出现这两种竞争战略循环变换的现象。一般来讲，为了竞争及生存的需要，企业往往以产品差异化战略打头，使整个市场的需求动向发生变化，随后其他企业纷纷效仿跟进，使差异化产品逐渐丧失了差异化优势，最后变为标准产品，此时企业只有采用成本领先战略，努力降低成本，使产品产量达到规模经济，提高市场占有率来获得利润。这时市场也发展成熟，企业之间竞争趋于激烈。企业要维持竞争优势，就必须通过新产品开发等途径寻求产品差异化，以开始新一轮战略循环。

(3) 集中战略

集中战略是指企业把经营的重点目标放在某一特定购买集团，或某种特殊用途的产品，或某一特定地区上，来建立企业的竞争优势及其市场地位。由于资源有限，一个企业很难在其产品市场上展开全面的竞争，因而需要瞄准一定的重点，以期产生巨大有效的市场力量。此外，一个企业所具备的持久的竞争优势，也只能在产品市场的一定范围内发挥作用。集中战略在一些特色吧、店体现明显。重庆的宋杰和她的“浅紫色”陶吧经营的成功即是这种战略。她的陶吧满足了如今物质欲望压抑下的人们的创造欲。正是有这种精神需求的特色人群给了“浅紫色”一个生存的空间。

集中战略所依据的前提是，厂商能比正在更广泛地进行竞争的竞争对手更有效或效率更高地为其狭隘的战略目标服务，结果厂商或由于更好地满足其特定目标的需要而取得产品差异，或在为该目标的服务中降低了成本，或两者兼而有之。尽管集中战略往往采取成本领先和差异化这两种变化形式，但二者之间仍存在区别。后二者的目的都在于达到其全行业范围内的目标，但整个集中战略却是围绕着一个特定目标服务而建立起来的。

①集中战略的优点

实行集中战略具有以下几个方面的优势：经营目标集中，可以集中企业所有资源于一个特定战略目标之上；熟悉产品的市场、用户及同行业竞争情况，可以全面把握市场，获取竞争优势；由于生产高度专业化，在制造、科研方面可以实现规模效益。这种战略尤其适用于中小企业，即小企业可以以小补大，以专补缺，以精取胜，在小市场做成大生意，成为“小型巨人”。例如，美国皇冠制罐公司是个规模很小、名不见经传的小型包装容器生产厂家，该公司以金属罐细分市场为重点，专门生产供啤酒、饮料和喷雾罐厂家使用的金属罐，由于公司集中全力，经营非常成功，令销售额达数十亿美元的美国制罐公司刮目相看。

②集中战略的风险

集中战略也包含风险，主要是注意防止来自三方面的威胁，并采取相应措施维护企业的竞争优势。

a. 以广泛市场为目标的竞争对手，很可能将该目标细分市场纳入其竞争范围，甚至已经在该目标细分市场中竞争，它可能成为本企业该细分市场的潜在进入者，构成对企业的威胁。这时企业要在产品及市场营销各方面保持和加大其差异性，产品的差异性愈大，集中战略的维持力愈强；需求者差异性越大，集中战略的维持力也愈强。

b. 该行业的其他企业也采用集中战略，或者以更小的细分市场为目标，构成了对企业的威胁。这时选用集中战略的企业要建立防止模仿的障碍，当然其障碍的高低取决于特定的市场细分结构。另外，目标细分市场的规模也会造成对集中战略的威胁，如果细分市场较小，竞争者可能不感兴趣，但如果是在一个新兴的、利润不断增长的较大的目标细分市场上采用集中战略，就有可能被其他企业在更为狭窄的目标细分市场上也采用集中战略，开发出更为专业化的产品，从而剥夺原选用集中战略的企业的竞争优势。

c. 由于社会政治、经济、法律、文化等环境的变化，技术的突破和创新等多方面原因引起替代品出现或消费者偏好发生变化，导致市场发生结构性变化，此时集中战略的优势也将随之消失。

集中战略在中小企业中是普遍的，也是有它的必然性。中小企业资金、人力、物力相对都较薄弱，为了应付竞争和提高效益，把有限的资源用到关键的地方，这也是体现竞争力的选择。集中战略同差异化战略有相似之处，那就是可以避免对中小企业不利的竞争，使得自己能够在一个竞争相对弱的环境下生存和成长。

③集中战略的实现途径

中小企业的集中战略的主要方法有：

第一，集中一点——“小而专，小而精”的竞争战略。采用这种战略对于中小企业有三个方面的好处：

a. 中小企业可以通过扩大生产批量、提高专业化程度和产品质量来提高规模经济效益

b. 随着需求多样化和专业化程度的提高，大企业也普遍欢迎这些专业化程度高、产品质量好的中小企业为其提供配套产品；

c. 经营目标的集中，有利于中小企业提高管理水平，提高技术水平，争取有利地位。

为了尽量减少经营风险，应用这种战略的中小企业必须采用以下几项战略措施：充分界定目标市场；提高企业技术创新能力；加强市场营销。

市场营销的重点是：增加销售渠道、加强与经销商的合作、寻求新的顾客、采用灵活的价格策略等。武汉安琪儿儿童摄影天地的创业史，就是一部该战略的实践史。它的成功就是抓住了儿童摄影市场，打造自己品牌。

第二，有抓有放——“借鸡生蛋”战略。这是针对中小企业资金短缺、人才匮乏、无生产基地等特点而形成的一种竞争战略。具体做法就是企业不是把巨额的资金投入生产，而是用于新产品的开发、研制以及营销网络的建立，在取得了专利和领先的科研成果以后，寻求合作伙伴，委托、租用、协作甚至是控制有生产能力的厂家进行生产，只是在质检上严格地把关，在产品生产出来以后，加贴本企业的商标，利用建立的营销网络销售企业的产品，获得利润。实施这种战略的益处是：

a. 可以省去建立生产基地的巨额投资，对资金匮乏的中小企业尤其有利；

b. 企业把资金投入于科研和营销网络的建立，使企业能拥有自己的专利和市场，不会在激烈的竞争中被淘汰；

c. 由于没有生产基地和生产设备的投入，产品的转型较容易，可以避免由于生产技术的进步而导致的企业的生产落后的巨额风险；

d. 增加了企业的流动资金；

e. 企业可以和大学联办，这样，不需要建立自己的科研基地，并且节省开支。

要成功地实行以上三种一般竞争战略，需要不同的资源和技巧，需要不同的组织安排和控制程序，需要不同的研究开发系统，因此，企业必须考虑自己的优势和劣势，根据经营能力选择可行的战略。

四、制定竞争战略的原则

汤姆森和斯特克兰德在《战略管理》一书中，总结了制定成功战略的13条戒律。因此，中小企业在制定战略时只有遵循这些原则，才能制定出适合本企业发展的战略目标，从而逐步获取竞争优势。

1. 对于那些能够提高公司长远竞争地位的战略行动要给予最高的优先，予以执行。如果管理者让短期的财务目标将那些能够加强公司长远地位和优势的战略行动排除在外，那么，这种管理者从来就不可能很好地服务于公司的股东。

2. 如果能够很好地制定和实施清晰一致的战略，就可以为公司建立声誉和被认知的行业地位。那种为了抓住暂时的机会而经常被变动的战略所带来的利益是昙花一现的。

3. 避免“中庸之道”式的战略，在低成本和高差别化之间寻找折中，在宽市场地位和窄市场地位之间寻找折中。这种战略几乎不会产生持久的竞争优势或特异的竞争地位——执行出色的低成本战略是唯一的一个例外，在这种情况下，低成本和差别化之间的折中取得了成功。

4. 投资建立持久的竞争优势。要想获得平均水平的盈利，这是最可靠的贡献因素。

5. 积极进攻以建立竞争优势，积极地防卫以保护所建立起来的竞争优势。

6. 避免那种只能在乐观环境下取得胜利的战略。要有竞争对手会采取对抗措施的心理准备，要有应付不利市场环境的心理准备。

7. 追求那种僵硬或者不灵活的战略时要谨慎，因为这种战略从长远来看会将公司锁起来，采取应变策略的回旋余地不大。长期的战略一致性是一种优点，但是，对战略做一些调整以适应变化的环境还是很正常的，也是有必要的。

8. 不宜低估竞争对手的反应和承诺。当竞争对手负隅顽抗以及竞争对手的利益受到威胁的时候，它们是最危险的。

9. 避免在没有强大竞争优势和充足资源优势的情况下对实力雄厚、资源丰富的竞争对手发起进攻。

10. 攻击竞争强势和攻击竞争弱势相比，后者所能获得的利益更多一些，所冒的风险更小一些。

11. 在没有既定成本优势的情况下降低价格要谨慎明智。只有低成本生产商才能通过采用降价的手段赢得其利益。

12. 时刻注意：为从竞争对手那里夺取市场份额而采取的进攻性行动常常会激起下列形式的报复：市场营销之战及价格战——这对每个人的利润都会造成伤害。为提高市场份额而采取的进攻性行动会激起殊死的竞争，如果一个市场的存货很高，生产能力过剩，其情形尤为如此。

13. 在追求差别化战略的时候，竭尽全力在质量、性能、特色、服务上同竞争对手拉开距离。与竞争对手所提供的产品之间的细微差异对于购买者来说，可能不够明显，也不够重要。

第七章　中小企业竞争优势培育与构建

第一节　中小企业资源、能力、竞争优势的关系

20世纪80年代以来，一些战略管理的学者从研究企业本身出发，试图从企业内部寻找竞争优势的来源。经过10年左右的研究，逐步形成了以资源为基础的竞争优势观、企业能力观以及核心竞争力等多种不同观点。这些理论认为，相对于企业的外部条件，企业的内部条件才是企业获得市场竞争优势的关键。企业内部的资源和能力是企业获得发展、赢得竞争优势的基础。

一、基于资源的竞争优势观

资源是企业所拥有的，能够为顾客创造价值的资本、财务、实物、社会、人力、技术、技术组织的要素禀赋，分为有形和无形的两种。它既包括人力、财力和物力等这些传统意义上的资源，也包括技术、信息、时间、知识等现代意义上的资源，特别是一个企业所专用的资产，如专利和商标、品牌声誉、组织文化和拥有专用技术或诀窍的员工等。资源对企业价值创造和竞争优势的贡献在于以下两个方面：一是资源具有能直接影响企业创造出多于竞争对手的价值能力，如大规模生产能力和已建立的质量的声誉使企业生产的可察觉收益超过竞争对手；二是资源也会作为企业能力的基础对价值创造和竞争优势产生间接影响。

1. 资源基础观的主要观点

该理论首创于1984年，以伯格·沃纳菲尔特（B . Wernerfelt）的论文“企业资源基础论”为形成标志。此后，巴尼（Barney）对企业资源与持续竞争优势进行了研究，Dierikcs与Cool对资产集合与持续竞争优势的关系进行了研究，Coolsi与Mnogtomery提出了基于资源竞争的理论，Peteraf、KathleeRn. Conner等人也在各自的研究中对资源基础论做出了肯定的评价。该理论的核心观点是，企业是由一系列资源束所组成的集合，企业竞争优势由企业所

拥有的战略资源所决定。外部的市场结构与市场机会对企业的竞争优势产生一定影响，但并不是决定性因素。战略资源是指有价值的、稀缺的、不易模仿、不易替代的产业或企业专有的资源。企业所拥有的战略性资源是异质的，资源在企业之间不能完全流动导致异质性得以持续。

Wernerfelt 把资源定义为“任何可以被认为是一个给定企业的力量的东西，更正式地说，一个企业的资源可以被定义为企业所永久性拥有的（有形和无形的）资产。资源的例子是：品牌、内部的技术知识、高技能的雇员、贸易联系、机器、高效的程序、资本等。”他指出了企业内部资源对企业获利并维持竞争优势的重要意义。他认为，企业内部环境同外部环境相比，具有更重要的意义，对企业创造市场优势具有决定性的作用；企业内部的组织能力、资源和知识的积累是解释企业获得超额收益、保持竞争优势的关键。Barney 则把资源定义为“一个企业所控制的并使其能够改进效率和效能的所有资产、能力、组织过程、企业特性、信息、知识等。”他指出：“企业资源只有具备有价值性、稀缺性、不能完全模仿性和难以替代性这四个性质才能给企业带来持续的竞争优势”。不久，彼德拉夫（1993）也提出了一个与之相似的获取可持续竞争优势的观点。即可持续竞争优势应该包括四个条件：使租金产生的资源异质性；为维持租金对竞争对手的事后限制；不完全移动；为确保成本低于租金而对竞争对手的事前限制。在资源基础理论发展过程中，巴尼和彼德拉夫代表着两种不同的学派观点。以巴尼为代表的学派遵循着战略管理的传统，从企业的层面展开研究；而以彼德拉夫为代表的学派，则更强调从市场的层面进行研究，即把企业放到市场中来分析企业行为。图 7-1 和图 7-2 概括了巴尼和彼德拉夫不同思路的资源理论框架。

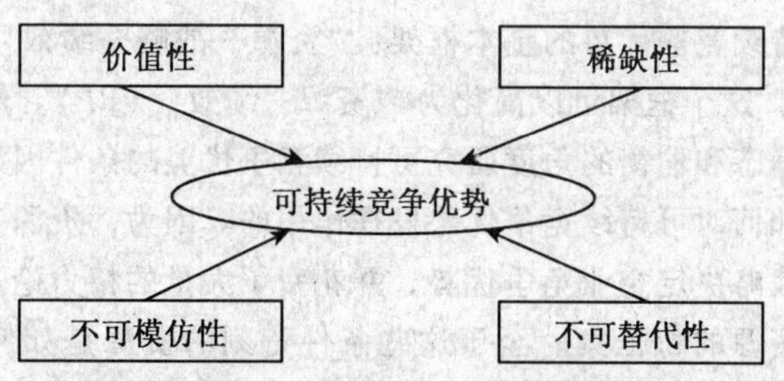

图 7-1　巴尼（1991）的理论框架

资料来源：参考 Barney, J.,“firm resources and sustained competitive advantage”, Journal of Management, 1991: 17.

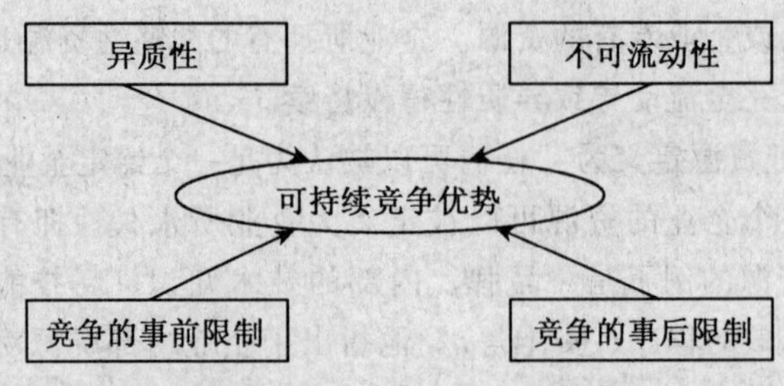

图 7-2 彼德拉夫（1993）的理论框架

资料来源：参考 Peteraf，M. A.，“The Cornerstones of Competitive Advantage：A Resourced-Based View”，Strategic Management Journal，1993：14.

资源基础观强调从企业自身的资源出发而不是市场结构等外部环境来研究企业的竞争优势，它成功地把研究的视角拉到企业内部，但资源基础论对资源的定义过分宽泛，过分依赖均衡分析，从而缺乏对资源产生过程的分析，因此对于企业资源的作用机制的研究还需要进一步深入。

2. 资源基础观的局限性

资源基础理论是战略管理中一个承上启下的学派。与波特的产业结构理论相比，资源基础理论无论在研究的视角还是重点上都有突破。它不再把企业看成是同质的个体，不再把企业看作单一的决策主体，因此也不再把企业看成一个黑箱。它基于企业内部以及从企业战略实施的能力基础（资源禀赋）的角度研究可持续竞争优势的必要条件。经过不同学者的努力，资源基础理论构造了一个解释可持续竞争优势的基本框架：“资源—战略—绩效”（RSP），按照 Perteraf 的观点，这个框架可以简化为“资源—绩效”（RP）。然而，资源基础理论着重于从静态和均衡的角度研究可持续竞争优势的条件因素，而忽视了研究这些条件是如何对可持续竞争优势发挥作用的。因为，资源基础理论仅仅论述了资源通过战略决定企业竞争优势，并花费了大量的精力论述这些决定可持续竞争优势的资源的特征集。至于这些条件苛刻的资源是如何决定竞争优势的，已经不是他们关心的问题。资源基础理论使得可持续竞争优势生成机理在学术上成为一种神秘化现象，从而在实践上无法给企业提出有价值的建议，也阻碍着对企业竞争优势的研究从经济学向管理学的转换进程。

资源基础理论的研究者都是经济学家，而经济学研究的规范方法在客观上要求对经济现象进行必要的简化和理论抽象。按照资源基础理论研究者的推论，在现实中企业要获得竞争优势，就必须采取独特的战略，要实施这个战略需要企业具备一系列的基础条件，这些条件可能类别多样，仅从学术研究简约化原则出发，学者们将这些纷纭复杂的基础性元素统一用“资源”这一个变量代表。资源基础理论将生成可持续竞争优势的所有因素都归纳到一个包罗万象的资源概念，这使得资源的概念无限地扩大，而将这些因素的差异性特征过滤掉了，正是学术研究中的这种简化和抽象，导致了一个“过程黑箱”。简约化在经济学研究中是合理的，因此，没有必要批评资源基础理论的学者们造成了过程黑箱。但是，管理学学者有责任将“过程黑箱”还原成“白箱”。在动态复杂的环境下，传统资源观在解释企业可持续竞争优势的战略管理方面存在着明显的不足。一些著名企业，如IBM、德州仪器和飞利浦等，它们在遵循资源观战略而积累起许多有价值的资源后，并不能确保拥有持续的竞争优势（Teece，1997）。同时，人们也注意到，某些企业在缺乏许多有价值资源的条件下，则能在快速变化的市场环境中获得竞争优势。动态复杂环境下可持续竞争优势的来源问题对资源基础理论提出了新的挑战。

二、基于能力的竞争优势观

1. 标准能力观

鉴于资源基础观的局限性，后来的一些学者对资源基础理论进行了批判性地继承和发展，产生了企业能力理论，也即以能力为基础的企业观。尽管汇聚在企业能力论这面旗帜下的研究者们所使用的概念各不相同，分析问题的框架与角度各有差异，但其基本思想却是一致的。由哈默和普拉哈拉德提出的企业核心能力概念在理论发展中逐步取得了主导地位。

(1) 标准能力观的主要观点

标准能力观认为：①能力是企业拥有的关键技能和隐性知识，是企业拥有的一种智力资本，它是企业决策和创新的源泉；②能力是分析企业的恰当切入点。就本质而言，企业是一个能力体系或能力的集合；③能力决定了企业的规模和边界，也决定了企业多元化战略和跨国经营战略的广度和深度；④现代市场竞争是基于能力的竞争。企业战略的核心不在于产品、市场的结构，而在于行动反应能力。

这种观点认为企业能力最终决定企业的竞争优势和经营绩效。积累、开发和运用能力决定了企业的可持续竞争优势。企业能力是企业拥有的为实现组织目标所需的技能和知识。虽然广义的资源包括企业能力，但是能力理论认为，能力与资源不同，能力是以人为载体的，是配置、开发、保护、使用和整合资源的主体能力。具有相似资源的企业通常在使用资源的效率方面有差异，这种差异就是企业能力的差异，是产生竞争优势的深层次因素。在核心能力理论看来，能力是决定企业异质性的根本，企业是一个能力系统或能力的特殊集合。隐藏在企业资源背后的企业配置、开发和保护资源的能力，是企业竞争优势的深层来源。更进一步，企业所有能力中核心和根本的部分，可以通过向外辐射，作用于其他各种能力，影响着其他能力的发挥和效果，这部分被界定为核心能力。在普拉哈拉德与哈默看来，核心能力是组织中的积累性学识，特别是关于如何协调不同的生产技能和有机结合多种技术流的学识。一般说来，核心能力具有如下特征：a. 稀缺性，是企业所特有的；b. 可延展性，核心能力可以使企业进入各种相关市场参与竞争；c. 价值性，核心能力能够使企业为客户创造价值；d. 难以模仿性，核心能力应当不会轻易地被竞争对手所模仿。企业要想获得和保持竞争优势，就必须在核心能力、核心产品和最终产品三个层面上参与竞争。核心能力是企业竞争优势的源泉，最终产品是核心能力的市场表现，核心产品是核心能力的物质载体，也是联结核心能力与最终产品的根本途径。

(2) 标准能力观的不足

标准能力理论的前提假设是，企业的能力是给定的，企业战略应主要处理给定能力的利用，而不是新能力的利用（Christfensen，1996）。也就是说，标准能力理论是一种强调以企业生产经营、经营能力和过程所特有的能力为出发点，来制定和实施企业竞争战略的理论。该理论认为，企业核心能力是企业可持续竞争优势的来源。但是核心能力本身就存在一个悖论，核心能力自身的特征决定了企业能力具有强烈的惯性。惯性所具有的路径依赖特征，产生了核心能力的刚性。演化经济学认为，企业的决策是由其惯例决定的，即由企业内部实行得很好的活动模式决定（Nelson and Winter，1982）。在任一给定时间，组织的惯例决定了企业与众不同的能力。企业不经常改变惯例，因为让企业成员改变过去已做得很好的事是“不自然”的行动，而且改变组织惯例的代价很高。因此企业倾向于根据外部环境变化对惯例做出适应性调整。这意味着对企业能力做出微调，而不是变革。另外，企业能力惯性的存在，使得企业很难在动态复杂的环境中做出重大的变革，以保持动态战略适应。在动态复杂的竞争环境中，无论是企业的特殊能力（Selznick，1957）或者是核心能力（C. K. Prahalad and Gary Hamel，1990）都很难保证企业获得持续的竞争优势。为了获得持续的竞争优势，企业需要的是能够进行创造性毁灭的能力。总之，在动态复杂环境下，标准能力观面临的一个难以解决的问题就是它的“核心刚性”问题。

2. 动态能力观

在当今环境急剧变革的时代，技术的快速变化与不确定性所形成的超级竞争要求企业动态地适应环境。企业能力由于其相对的“粘性”或“刚性”也可能成为企业获得持续竞争优势的障碍，即出现核心能力僵化的问题。提斯（Teece）等把演化经济学和资源观结合起来提出了动态能力分析的框架。他们认为动态能力是指企业保持或改变其作为竞争优势基础能力的能力（Teece, Pisano and Shuen, 1992；Teece、Rumelt and Winter, 1994）。动态是指为与环境变化相一致而更新自身能力的过程。能力是指战略管理在为满足环境变化的要求而整合、重构内外部组织技巧、资源与功能性能力过程中的关键作用。①

（1）动态能力观的主要观点

提斯等学者认为，有限动态能力的企业，不能培养竞争优势并使竞争优势的来源适应时间的发展，企业最终会失去生存的基础。而具备很强动态能力的企业，能够使它们的资源和能力随时间变化而改变，并且能利用新的市场机会来创造竞争优势的新源泉。标准的能力理论认为，企业的特殊能力是给定的，其研究的重点在于给定能力的利用。而动态能力理论则将研究的重点，放在了企业用以积累影响学习与研究进程的几率和方向的机制上（Markides and Williamson, 1994）。动态能力理论，秉承了熊彼特的创造性毁灭的思想，认为企业只有通过其动态能力的不断创新，才能获得可持续竞争优势。动态能力理论源自于标准能力理论，特别是吸收了核心能力理论的许多观点。所以动态能力在特征上有许多与核心能力相似之处，如企业的动态能力也具有价值性，独特性等特征。但动态能力理论是改变企业能力的能力，从本质上分析，与企业核心能力存在着区别。企业动态能力是一种开拓性的能力，它将焦点放在创新的开拓性动力上，强调以开拓性动力克服能力中的惯性。它更加关注企业的动态效率，而将静止效率放在次要的地位。开拓性动力通过促进创新和创造新的规则与能力为企业的竞争优势提供了长期基础（Christensen, 1995）。

Teece 等认为管理层的管理能力是区别市场和企业的关键，因为企业内部是以非交易方式组织的管理行动所形成的组织能力，恰恰是无法通过市场交易来复制的。因此，动态能力理论是组织与管理过程、位置和路径构建动态能力的框架。企业的组织与管理过程分为五个过程：协调、整合、学习、重构和转

① 江积海．动态能力与企业成长．经济管理出版社，2007：60-64.

型。位置是指企业特定的资产，包括技术资产、互补资产、财务资产、声誉资产、结构资产、制度资产、市场资产、组织边界，这些资产的形成在很大程度上是企业内生的，是在企业的经营过程中积累起来的，决定了企业创新的方向和速度，以及企业核心能力和动态能力共同进化的方式。路径依赖是指一个公司的历史影响着现在的行为路径选择。动态能力的基本逻辑是因为以组织惯例、技能和互补资产为基础的组织能力，包含企业大量特定的隐性知识，所以，企业的组织能力难以复制、模仿，而企业竞争优势来源于在企业内部运行的，由过程和位置所决定的高绩效的惯例，其演进的方向受路径依赖和技术机会的影响。

相对于强调企业能力内部化积累的标准能力论，动态能力论则通过其开放性而获得灵活性，从而减少了能力中的刚性。从本质上分析，动态能力表现出一种动态的非均衡状态。在动态复杂竞争环境中，能力持续不断地培养、开发、运用、维护和扬弃，这正是动态能力本质之所在——通过不断的创新而获得一连串短暂的竞争优势，从而从整体上体现出企业的可持续竞争优势。

（2）动态能力观有待解决的问题

动态能力理论的基点是动态地匹配环境，使得企业具有持续的竞争优势。但动态能力理论仍然需要摆脱传统能力理论面临的相同问题，否则动态能力理论将失去生命力和丧失其存在的意义。组织学习通常是循序渐进，而不是突破性的，即当企业寻找改进其经营的方法时，几乎不能忽视它过去的行为，使根本不同于旧惯例的新惯例概念化是困难的，而且企业需要付出巨大代价。因此，动态能力也需要努力克服能力的路径依赖性带来的影响。能力是一个复杂的概念，通常人们所指的能力是一个较抽象的特殊物质，很少有人能够十分准确地指出一个企业的能力之所在。能力理论虽然目前是战略管理理论领域的主旋律，但与其他相对成熟的企业理论比较，只是刚刚起步，理论显得有些松散，叙述纯文字化和概念含糊不清（Foss，1996）。这样在实际运用中，能力理论多少使人有些无从着手的感觉。但无论是标准的能力理论或者是更新的动态能力理论，现阶段其最大的贡献在于其战略思想对人们的启示。

三、企业的资源和能力是竞争优势的基础

1. 资源和能力是企业竞争优势形成的基础

企业内的资源有很多种，但并非所有资源都可以成为企业竞争优势或高额利润的源泉，一个企业即使用一种先进设备获得了某种程度的优势，很快就会因该先进设备的普及而失去竞争优势。从租金的产生和长期竞争优势的形成来

看，这样的资源是没价值的。这就揭示出：超额利润和长期竞争优势与大多数企业都有的资源间不可能存在因果关系。因为这样的资源或者供应充分，使任何企业都不可能从该资源中获得租金；或者供应稀缺，主要是因为针对这样的资源进行的竞争导致企业无法以低于价值的代价取得。在以上任何情况下，企业都无法在这一资源基础上获得持续的超额利润和竞争优势。

企业竞争优势的可持续性决定着企业的利润水平，而可持续性又与资源和能力的持久性有关，同时也与竞争对手模仿企业战略的能力有关。所谓资源和能力的持久性是指在较长时期内维持其价值不变。一般来说，资源和能力的流动性越好，或者说可复制性越好，竞争对手的模仿能力也就越强。这种流动性可以反映资源和能力在不同公司之间流动的难易程度，如果一个企业的竞争对手很容易获得模仿其战略所需要的资源和能力，那么该企业的竞争优势就很难持久。一般来说，原材料、零部件、由设备供应商生产的机器以及只具一般技能的雇员都比较容易在企业之间转移。资源和能力的可复制性同样也影响着竞争优势的可持续性，例如，在零售业一些商店通过延长营业时间、有奖销售、信誉卡等方式，所获得的竞争优势就很容易被竞争对手所模仿。同样，在金融服务业，一家金融机构推出新的服务方式也很容易被其他的金融机构所模仿。与单项的资源相比，组织能力的流动性更低，这是因为组织能力与文化和环境有着特定的联系。一些组织能力表面上看似乎很简单，实际上是很难模仿的。例如日本公司所采用的准时生产制和质量控制体系看似相当简单，并不要求复杂的技术和操作系统，但是其要求不同的部门和工作人员之间的高度合作，因此，世界上其他国家的公司，包括欧美一些大公司都很难有效地实施这种生产体制。即使有些竞争对手可以复制和模仿企业的资源和能力，但由于资源和能力具有动态性，因此最先获得资源和能力的企业仍具有一定的竞争优势。一般来说，资源和能力的形成需要经过一段时间的投资和培养，并进而产生资产批量效应，这意味着在技术、销售渠道和信誉方面取得的优势地位，可以加速随后的资源和能力的积累过程，而试图通过快速的投资来实现资源和能力的积累，则往往是事倍功半的。

企业要取得竞争优势，企业具有的资源和能力只是一个基础，不能直接转化为竞争优势。其原因在于企业具有的一般资源和能力是较容易被竞争对手模仿的；即使是战略性资源或核心能力，也不能保持企业持续的竞争优势，随着环境条件的变化，需要不断地进行调整；只注重自身的资源和能力的发展，而企业对自身的战略定位不明确，同样不能取得竞争优势。这就是要求企业结合内外部环境的变化，结合自身所拥有的资源和能力，为自己寻找合适的定位，加强对资源和能力的整合，通过协调、组织将不同的部分组合成有机的整体，使之发挥出更强大的作用，发挥出 1 + 1 > 2 的组织效应。

2. 企业竞争优势综合论

在过去的研究中，有些学者认为外部因素与竞争优势的关系更为密切，有些学者认为内部因素更应该成为企业竞争优势更稳定的基础，持后一种观点的学者又在竞争优势的具体来源是资源、核心能力的问题上存在着争议。我们认为无论是内部要素还是外部要素都对竞争优势起了支撑作用，其各自的作用机理和效率是不同的。从总体上说，这三大学派的理论从分析的对象、企业产生利润的来源、企业可供选择的战略，以及竞争优势的维持方式等都是不同的，三者唯一相同之处就是都从为顾客提供价值的角度揭示了竞争优势的存在。应该将这三种理论结合起来进行分析，这样才能更好地揭示竞争优势的来源。

企业竞争优势的综合论认为在分析企业竞争优势问题时，应当对其影响的因素进行综合分析，单一要素分析具有一定的局限性，因此在某种理论的应用中出现局限性的时候应该扩大分析问题的角度，借助其他学派的观点。实际上，从古典战略管理理论形成以来，甚至是更早，就一直没有非常严格地将企业内、外完全分开，只是侧重点不同而已。如 20 世纪 60 年代以来，一些学者，如安德鲁斯（1971）、安索夫（1965）、霍弗和申德尔（1978）等认为，可持续竞争优势可以用 SWOT 分析框架研究。该模型强调企业捕捉外部环境中的机会与规避、缓和环境中的威胁，充分发挥自身的优势，回避自身的弱点，从而获得可持续竞争优势。安德鲁斯（Andrews）在论及企业和外部市场之间的联系时，将战略定义为企业在可以做什么（机会和威胁）的前提下，能够做什么（优势和劣势）。福斯（1988）认为，SWOT 分析包含了企业资源和能力，涉及企业的多元化经营活动、企业阻止其他同行获得平均收益的专门壁垒及企业成长战略。传统的 SWOT 模型也暗示，只有当其战略能利用机会并缓解威胁时才能提高绩效，资源或能力的特性如稀缺性、不可模仿性、不可替代性等也可能成为可持续竞争优势的源泉，但条件是这些特性能促使企业利用机会并缓解威胁。在竞争优势的环境模型与资源基础模型间存在着互补关系。一方面，环境模型有助于分离出那些利用机会或缓解威胁的企业特性，并进一步区分哪些企业特性才能被视为资源；另一方面，资源基础模型则指出那些资源必须拥有什么特性，才能产生可持续竞争优势。

那些集中于研究一个企业环境中的机会和威胁对竞争优势影响的学者，也已经认识到他们假设前提的严重不足。如波特（1985）注意到内部的组织特性可能影响可持续竞争优势，他提出了价值链的概念，价值链是贯穿于企业内外的，它同资源基础学派的观点是具有一定关系的。后来企业资源学派对该价值链进行了更深的研究，如 Lado、Bord、Wright（1992）在价值链的基础上归纳出可持续竞争优势框架。他们认为，企业能力可以通过其代理人的战略决策和行动模式得以创造和培育。他们根据业务的职能将专有性的独特能力分为管理能力、资源基础能力、资源转换能力和产出能力，这些能力已经综合地考虑了企业文化、声誉、企业家精神、管理者认知及行为特性和外界环境等，它们共同产生了可持续竞争优势。

虽说竞争优势学派的代表人物波特、哈克斯，核心能力学派的代表人物普拉哈拉德、哈默，资源基础学派的代表人物巴尼、蒙哥马利，他们对竞争优势的来源、分析框架和研究工具上存在着较大的差异，但其结果都是为了将理论应用于战略管理中。通过战略管理手段，最终使企业实现基业长青。企业这棵大树想长久地生存与发展，并最终成为一棵基业常长树，就需要综合各理论的优势特点，不能讲求片面，全面地整合应用资源和能力，制定出符合环境变化的企业发展战略，并将之在实践中努力推广。

第二节　竞争优势及组成

很多学者在研究企业竞争优势时直接将“竞争优势”作为大家已知的概念，不做任何解释就开展后续的研究工作，国内的此类著作不乏这样的例子。现代战略管理研究的主要问题之一就是企业如何获取并保持竞争优势。在这里，我们对竞争优势的概念做个较为全面的分析，便于读者理解和把握。

一、竞争优势的内涵

1. 竞争优势的含义

1939 年英国经济学家张伯伦（E. Chamberlin）首先提出“竞争优势”的概念。后来，霍弗和申德尔（Hofer & Sehendel）将“竞争优势”概念引入企业战略管理领域。20 世纪 80 年代，哈佛商学院迈克尔·波特教授基于产业经济学对企业竞争优势进行了系统的研究，并取得了重要成果，出版了具有重要影响的《竞争优势》一书。虽然理论界对竞争优势的研究已经有很长时间，但是对于竞争优势概念本身，到目前为止理论界还没有统一而明确的定义。

不同的人从不同的研究角度，对其有着不一样的理解和定义。霍弗和申德尔认为，竞争优势是指：“一个组织通过其资源的调配而获得的相对于其竞争对手的独特性市场位势。”波特认为，企业竞争优势“来源于企业为客户创造的超过其成本的价值。价值是客户愿意支付的价钱，而超额价值产生于以低于对手的价格提供同等的效益，或者所提供的独特的效益补偿高价而有余。”巴尼认为，“当一个企业能够实施某种价值创造性战略而其他任何现有和潜在的竞争者不能同时实施时，就可以说该企业拥有竞争优势。”南京大学蒋学伟博士在《持续竞争优势》一书中，在深入研究了霍弗和申德尔、迈克尔·波特、巴尼、戴维、贝赞可、戴维、德雷诺夫、马克·尚利等学者对竞争优势的观点后认为，企业竞争优势就是指一个企业在有效的“可竞争性市场”（constable markets）上向消费者提供某种有价值的产品或者服务的过程中所表现出来的超越或者胜过竞争对手，并且能够在一定时期内创造市场主动权和超额利润或者高于所在产业平均水平盈利率的属性或能力。蒋学伟博士对企业竞争优势的定义覆盖了企业竞争的主要要素，反映了竞争优势的内涵，是一个比较好的定义。另外，这个定义也体现了竞争优势是动态的以及来自于竞争过程的思想。但是，由于蒋学伟博士没有对竞争作深入剖析，导致这个定义主要通过对现象特征的描述来表达含义，而且表述上比较含混。此外，企业的顾客也不仅仅是消费者，还包括作为企业服务对象的其他企业或者组织。

我们可以认为，竞争优势是企业在竞争中相对于竞争对手具备了某种更优越的条件和能力，使企业处于更有利的位势。这种竞争优势可以来源依赖企业历史积累起来的更优越的企业运作平台，更灵活适应的外部环境策略，更丰富的内部资源，更强的动态资源配置能力，以及更多有价值的隐性知识。

2. 竞争优势学派的主要观点

竞争优势学派主要以波特和阿诺德·哈克斯（Arnoldo Hacks）为代表。波特是竞争优势学派的核心代表人物，阿诺德·哈克斯是对该学派的一个后续发展，在波特理论的基础上进行了创新。

（1）波特的主要观点

20世纪80年代早期，战略管理的内容受新古典主义经济学的影响比较大，表现最为明显的是产业组织经济学的“结构—行为—绩效”模式。其代表人物波特从产业结构出发对企业竞争优势进行了系统、深入的研究，他的竞争优势理论成为了西方企业战略管理领域的主导范式。波特教授通过他的《竞争战略》、《竞争优势》和《国家竞争优势》3部著作建立了产业结构分析的战略框架，提出了五种市场力量模型和战略三步法：定位（Position）、权衡（Trade-off）、匹配（Fit）。波特认为企业竞争优势“来源于企业为客户（即消费者）创造的超过其成本的价值”。该价值表现为实物形态则是顾客愿意支付的价格，如果企业是以低于竞争对手的成本而又能同时提供同等的效益、或者所提供的效益具有独特性，能弥补高价所带来的不利，则企业就会获得超额价值。而价值的实现是通过竞争战略的选择、制定和实施来完成的。

竞争战略的选择有两个中心问题，一是产业的长期盈利能力，它表明了产业的吸引力。任何产业的竞争都处于新进入者威胁、替代威胁、购买者议价能力、供应商的议价能力和现有竞争者的竞争这五力作用之中。其中每一个作用力又都受到经济、技术等因素的影响，这五力综合作用决定了产业的盈利能力，使不同的产业或者同一产业在不同的发展阶段具有不同的利润水平。从而决定了产业的吸引力，影响着公司战略的制定。二是在产业结构稳定的前提下，企业在产业中的相对地位。波特认为，企业在产业中的定位决定了它的盈利能力是高于还是低于行业平均水平，而长时间维持优于行业平均水平的经营业绩，其根本基础是持久性竞争优势。企业的基本竞争优势来源于低成本优势和差异化优势，而低成本和差异化的显著性又决定了优势的大小。企业竞争优势的两种基本形式与企业寻求获取这种优势的活动相结合，可产生获得竞争优势的三种基本竞争战略，即成本领先、差异化和目标集聚。其中成本领先战略可以形成成本优势，如果企业进行所有价值活动的累计成本低于竞争者的成本，它就具有成本优势。成本优势的战略性价值取决于其持久性。如果企业成本优势的来源对于竞争者来说是难以复制或模仿的，其持久性就会存在。如果企业能够提供给顾客某种具有独特性的东西，那么它就具有了有别于其竞争对手的经营差异化。企业可以通过选择与实施一种基本的竞争战略来影响产业结构，改变一些竞争规则，进而改变企业在产业中的地位，取得市场竞争优势。战略的选择依赖于产业的吸引力、企业在产业中的相对地位，从而产业的吸引力和企业在市场中获得的位势就成了竞争优势的来源，为了保持这种优势，必须不断地进行战略性投入以构筑行业壁垒和保持优势位势。

波特认为企业作为一个整体，其竞争优势来源于设计、生产、销售、发送等过程和辅助过程（采购、技术开发、人力资源管理和企业基础设施等）中所进行的各种分散而又相互联系的活动，来自于与企业的战略所匹配的上下游产业所形成的更大的价值链配置系统。企业战略勾勒出这些活动的框架和相互关系，竞争优势则在于企业能以低于竞争对手的成本来完成这些活动的能力或能以独特的方式创造客户价值，从而使客户获得效益。这些活动的组合就是价值链，而每家企业的价值链与竞争对手的价值链又是有差异的，这种差异正是竞争优势的源泉所在。价值链其实就是从原材料的选取到最终产品送至消费者手中的一系列价值创造的过程。一个企业要具有竞争力，必须创建自己高效的价值链。因为企业之间的竞争不单是企业单体之间的竞争，而且是企业所处的价值链之间的竞争。同处一条价值链的企业之间应是一种战略合作的关系，而不仅仅是一种简单的买卖关系。迈克尔·波特提出的价值链分析方法，用来分析企业的竞争态势，有助于企业认清在运作活动链上的优劣环节，调整价值链结构，补强薄弱环节，保持原有的强项，创造新的竞争优势。

（2）阿诺德·哈克斯的主要观点

麻省理工学院的阿诺德·哈克斯提出了战略选择的三角模型，认为企业战略选择有三个方向：最佳产品、客户解决方案和系统锁定。最佳产品战略的思路是传统的低成本和产品差异化的策略。企业通过简化生产过程、扩大销售量来获得成本领先地位。或者是通过技术创新、品牌或特殊服务来强化产品的某一方面特性，以此来增加客户价值。客户解决方案战略则是通过一系列产品和服务的组合，最大程度地满足客户的需求。这种战略的重点是锁定目标顾客，提供最完善的服务；实施手段是学习和定制化。学习具有双重效应：企业通过学习可以更好地增强顾客的满意度；客户不断的学习增加了转换成本，提高了忠诚度。实施这种战略往往意味着和供应商、竞争对手和客户的合作和联盟，大家一起来为客户提供最好的方案。系统锁定战略的视角突破了产品和客户的范围，考虑了整个系统创造价值的所有要素。尤其要强调的是，这些要素中除了竞争对手、供应商、客户、替代品之外，还要联合补充品厂商一道锁定客户，并把竞争对手挡在门外，最终达到控制行业标准的最高境界。

（3）竞争优势学派理论的局限性

竞争优势学派的理论存在其局限性，这一学派是从产业的角度出发来考虑竞争优势的，着重于从企业的外部环境的产业结构分析，认为企业成功的源泉在于特殊的企业市场地位。波特的竞争战略分析是基于已经比较成熟的行业进行的，随着企业经营环境不确定性的增加，其理论表现出一定的不足。实证研究（Cool Schendel，1998；Rumelt，1991）显示，同一产业内企业的利润差距并不比产业间的利润差距小，即无法解释为什么在同一产业领域，不同的企业采用同样的战略，获得不同的利润。在没有吸引力的产业中可以存在利润水平很高的企业，而在吸引力很高的产业，也有经营状况不佳的企业。导致这些结果的出现，主要是由于波特把企业视为一个“黑箱”，把企业自身的力量看成是既定不变的，过分强调了企业的外部环境。同时他的研究对象是产业而非企业，这样就无法准确地站在企业的角度来看问题。企业在进入一个新产业时，首先是根据产业的结构吸引力选择一个产业；然后，在竞争者理性的前提假设下，对其战略作一个合理判断后制定一个进入战略；最后，进行战略性投资，购买所需的资产，整合企业内部活动，参与竞争。因此，用竞争优势理论指导企业，很容易诱导企业进入一些看似利润高、但缺乏经验或与自身竞争优势毫不相关的产业，进行无关联的多元化战略。

3. 企业持续竞争优势的含义

与其他事物一样，企业的特定竞争优势的发展也有其发展周期，一般都会经历三个阶段，即形成、维持和衰减。竞争优势的拥有者只能在竞争对手展开报复前的时期内利用这种竞争优势而获得超额收益。随着竞争对手的反击和环境的变动，企业原有竞争优势将遭到侵蚀和破坏。其中既有企业外部环境的原因，也有其自身内部的原因。前者可以简单地归结为四个方面，即新企业的模仿和进入、技术创新、消费者偏好或市场的变化、政府政策的变革，后者主要包括立足不坚实的竞争优势本身、抵御和反击市场威胁的软弱、对市场变化反应的迟缓。因此，企业如何创造持续的竞争优势就成为研究和关注的重点。

美国管理学者彼得·德鲁克（P. F. Drucker）曾经说过：“对企业而言，未来至关重要。”所以说企业不仅希望能够在短期内或某个时点上可以创造超额收益的竞争优势，而且更希望在长期内抵御竞争者的侵蚀，守住或维护已有的竞争优势；不仅在现在市场竞争中拥有优势，在未来的市场竞争中也能创造竞争优势；不仅是今天的胜利者，更希望成为明天及以后的胜利者。所以，竞争优势的创造和维持或持续竞争优势的获取成为当今战略管理学的研究中心和每个企业苦苦的追寻。传统战略管理理论一般认为竞争优势的持续是指某种既定形式的竞争优势在更长时间内的延续和保持，持续竞争优势是指能够在长期内一直存在或维持的竞争优势。比如，杰恩·巴尼（Jay B. Barney）认为，如果尽管有竞争者或潜在进入者倾力模仿它或减少它的优势，而厂商的优势依然存在，那么我们就说这种竞争优势是持续性的，即持续竞争优势或持久竞争优势（sustainable/sustained competitive advantage）。波特认为一个企业只要能够长时间维持高于其所在产业平均水平的经营业绩，就可以说这个企业具有持续竞争优势。项保华教授认为，“竞争优势可以是一种短期临时状态，也可以是一种长期存在状态，能在长期存在的竞争优势称为持续竞争优势。”

总的来看，他们都是立足于稳定的社会经济环境，并且认为竞争优势几乎可以直接转为持续竞争优势。他们是基于以下战略的假设前提：现在的趋势将延伸到未来；环境比较稳定；未来可预测；企业资源可以流动等等。在这种假设前提下，他们认为经验的连续积累可以成为企业竞争优势的源泉，局部的创新成为企业竞争优势的持续动力。

可以说任何一个竞争性企业都可能在某一个时点或某一个方面胜过对手而拥有竞争优势。但面对激烈变化的市场竞争环境，很多竞争优势在竞争对手的模仿和侵蚀下，可能在很短的时间内消散，甚至会成为企业的竞争劣势或障碍。只有一部分优势才能经受住市场竞争的考验，能在较长时间的激烈竞争中一直发挥着作用。所以说只有在长期的各种环境之中始终都拥有竞争优势的企业才算真正的拥有持续竞争优势，才能做到基业长青。因此，我们对持续竞争优势的理解应当从相对静态和绝对动态的角度来看。“持续”本身就有两个含义。一是持续是相对于时间而言，它表示在一段相对比较长的时间内保持，是相对于所有竞争者的模仿侵蚀来讲的。当一个企业的各种竞争优势不能被现在和未来的所有竞争者的模仿所侵蚀时，它才获得持续竞争优势；另一方面的含义是它是一个不断的保持的过程。在企业发展期内，通过不断的持续创新，能够动态地保持企业的竞争优势也可以说是竞争优势的持续。由此，持续竞争优势实际上包含两个方面的含义：一是企业的某一种具体的竞争优势的持续；二是企业作为一个整体，它的整个发展期内的竞争优势的持续。只要企业作为一个整体，能够在各种环境当中都具有竞争优势，那么就认为它具有持续竞争优势。对前者来说，如果它所处的社会经济环境比较稳定，并且立足于较为坚实的基础和企业的积极性防御，那么它就有可能“一劳永逸”地延续和保持相对较长的时间。对于后者来说，在动态的环境中，尽管某种既定形式的竞争优势迟早消散，甚至可能会演变成竞争劣势或障碍，但是如果企业能够在其发展期内创造出新的竞争优势以替代或补足消散的竞争优势，那么企业就可以在整体上保持竞争优势，从而获得持续竞争优势。

因此，持续竞争优势应当是一个动态的过程。某一种竞争优势现在对企业来讲是具有持续性，但在足够长的时间里，它只有随着时间和环境变化而变化才能够继续持续下去。在环境的急剧变化过程中，企业更多地应该通过不间断的创新，特别是对企业所拥有的暂时的竞争优势不断创新，以维持企业的整体竞争优势的持续。这对我国中小企业相对比较缺乏战略远景和核心竞争力来说更具有指导意义。

二、竞争优势的构成要素

企业要取得竞争优势，就必须为自己在市场中寻找合适的位置，对自身进行正确的战略定位，找到适合自己的发展方向。在明确了定位之后，企业就需要努力满足顾客的需求。只有能真正满足顾客需求，为顾客创造价值的企业才能在竞争中生存下去。不断满足顾客的需求，企业的竞争优势才能持续。当然，企业要取得持续的竞争优势还必须苦练内功，实现自身的不断超越和发展，在动态变化的环境中，持续创新发展，占领目标市场的领先地位。

1. 准确的市场定位

战略定位是企业带有长远的全局性的谋划，是对复杂多变的环境中的重要事件、机会和威胁做出正确的规划，它决定着企业核心资源的配置，也决定着企业未来的兴衰。在这一点上，中小企业应向大企业学习，重视战略定位。彼得·德鲁克曾经指出："小企业的成功依赖于它在一个小的生态领域中的领先地位。"中小企业应根据自己的特点，选择一些能发挥自己特长，适合于自身发展的经营领域，并在这一领域处于领先地位。

中小企业要善于扬长避短，集中有限的资源进行市场聚集，抢占新市场。中小企业的产品市场基于技术知识、市场、信息等不确定的特点而带有很高的不确定性。然而，由于中小企业规模小，没有雄厚的资金实力，没有强大的研究开发力量，也没有庞大的市场营销队伍，要想在激烈的市场竞争中生存，甚至成长壮大，准确的市场定位是其成功的第一步也是关键的一步。我们不难看到，在实际经济生活中，许多中小企业的失败，往往因为与大企业站在同一基点，在直接对抗中由于实力不济而陷入困境。事实上在新、旧产品更新换代之际，市场中往往存在着"空白"，在这些市场空白处常常可找到适合中小企业的成长点，只要中小企业根据自己的实力特点，积极寻求这样的机会，并善于开辟新市场，占据新市场的领先优势，常常是中小企业成功的"捷径"。如成都生物所在仔细分析自己的优势及所里开发的新成果后，认为利用我国植物资源开发的治疗冠心病的新药"地奥心血康"与同类药相比，既有技术领先优势又无副作用，而且是用于治疗常见病，便于形成产业，于是以 60 万元贷款起家，集中力量生产经营，在短短几年内营业收入就超过 2 亿元，成为该行业成长最快的企业之一。

走与众不同的道路，选大企业不便、不愿涉足的领域是中小企业产业定位的重要思路。大企业由于批量生产、规模庞大，往往不宜在投资少、周期短的领域插手，再加上产业结构在调整变动过程中也存在空缺薄弱之处，这就为中小企业在边缘产品、边缘技术方面建立立足点提供了前提条件。它可以集中人力、物力开发实用程度高的新技术和新工艺，并迅速加以应用，推出非标准化、非通用化的产品，这样既可以满足现代消费者个性化、多样化的需求，又能巧妙避开竞争对手的锋芒。因此，中小企业要善于在大企业的夹缝中寻找盲点，在大企业难以触及或忽略放弃的领域发挥相对特长和优势，采用高度集中的专业化市场战略，以小补大，以专补缺。

中小企业还可以选择为大企业协作配套生产。以制度经济学的观点，企业之间形成长期稳定的关系，可以减少市场风险，降低交易成本。以博弈论的观点，在长期的博弈中，双方互相采取协作的态度，结果达到协作性的均衡，即“双赢”。以信息经济学的观点，交易的持续进行，一方面使交易双方能互相积累有关技术和环境等方面的信息，并共享这些信息；另一方面，信息的积累效应还可通过基于长期绩效的评价方法避免道德公害问题，即由于信息不对称而产生的额外费用。我国大小企业间组织联系相当松散，缺乏较为密切的协作配套关系。大企业难以从小企业获得低成本高质量的零部件和中间产品，小企业更是难以从大企业得到资金、技术和管理方面的支持，经济的发展无法通过专业化提高效益。要改变这种以“大而全”，“小而全”为特点的低效率的生产方式，提高中小企业的生存发展能力，中小企业与大企业之间建立稳定的配套协作关系变得日渐重要。当出现大量与大企业协作的中小企业时，就会形成以大企业为核心的企业群和金字塔型的企业结构。这些以专业化分工为特征的中小企业的发展，不但为大企业集中力量开发关键技术创造了条件，同时也有助于中小企业的市场稳定，使中小企业的发展可以得到大企业的技术支持，信贷帮助，从而加快中小企业的技术进步，做到“小而专”、“小而精”、“小而优”。

不同类型的中小企业应根据自身优势，定位于不同的产业领域。在当前产业结构调整和升级中，中小企业应根据产业政策和自身特点，搞好产业定位，营造竞争优势。对于环保要求高、资源利用率要求高、规模经济的产业领域，中小企业应实施产业退出，或转为为这类产业领域内的大企业协作配套；对适宜中小企业经营的产业，则须大力进入。

2. *真正满足顾客的需求*

企业要实现对顾客的服务，首要的条件是企业必须了解顾客的需求到底是什么，即企业必须首先了解顾客的需求，其次是了解顾客需求会怎么变化。能够很好理解顾客需求并跟踪顾客需求变化的企业，将会因为提供的顾客价值符合顾客的愿望而获得更大的市场主动权。企业对顾客的理解状况将在一定程度上决定企业对顾客需求的满足状况，最终决定顾客的满意度状况。但是，在现实经济生活中，企业要真正做到了解顾客绝对不是一件容易的事，并不是每一个企业都能够很好地理解顾客需求。一般来说，不同的企业会对顾客需求从不同的角度去理解。企业间对相同顾客群的需求的不同理解，将导致企业之间在满足顾客需求上的巨大差异。对顾客需求把握准确的企业会获得成功，而对顾客需求把握不准甚至完全错误的企业将面临困境。

近年来有些大型企业一落千丈，甚至到了倒闭的边缘，分析其原因往往是产品没有适销对路，在市场出现需求变化时又不能及时果断地调整产品，最终失去了市场。而许多中小企业却在市场中如鱼得水，就是因为它们能够始终把握市场脉搏、收集市场信息，善于研究市场、超前谋划，同时打出自己的适销对路、称霸市场的拳头产品，满足顾客的需求，使企业在竞争的夹缝之中求得生存和发展。

一个企业的竞争力，归根结底就是通过对顾客价值链施加影响，并在为顾客创造价值的过程中形成的。随着市场竞争的日趋激烈，企业越来越认识到争取并长期留住顾客的重要性，认识到企业的使命就是要真正了解市场和顾客的需求，提供优质的商品和服务，满足市场或顾客的需求是企业一切经营活动的目标和中心。市场经济的实质是服务经济，谁能提供优质服务，谁就拥有稳定的顾客。否则，即使品牌知名度高、质量好，如果没有满意的服务，顾客也会弃你而去。据 1989 年美国波士顿的佛鲁姆咨询公司的调查表明，顾客从一家公司转向另一家公司的主要原因，10 人中有 7 人是因为服务不满意。服务质量每提高 1%，销售额也相应提高 1%。一个满意的顾客会给销售商带来 8 笔潜在的生意，而且至少有一笔成交。一个不满意的顾客会影响 25 个人的购买意愿，争取一位新顾客的成本是留住一个老顾客成本的 6 倍。所以，以顾客满意为核心，提供优质的产品和规范化的服务，也就成了企业争取顾客、求生存和求发展的关键。美国零售业巨头沃尔玛秉承“顾客永远第一”的经营理念，建立了以顾客满意为核心的企业价值观和经营发展战略。沃尔玛要求连锁店的员工真正关心顾客，把顾客利益放在第一位，实行独具特色的“太阳下山”原则，把当天的事情在“太阳下山”之前干完是每个营业员必须达到的标准，只要顾客提出服务要求，店员必须在当天满足顾客。在经营过程中，员工要耐心听取顾客的意见，把顾客的意见和建议都看成是改进服务的机会，事实上，沃尔玛的许多创新都来源于顾客的建议。沃尔玛以商品天天低价、保证顾客满意作为经营宗旨，向顾客提供高效优质服务和无条件退款等承诺，在竞争激烈的零售业市场中战胜了其他强大的竞争对手。总之，以顾客满意为核心是企业提升核心竞争力的重要途径，为顾客创造独特的满足需求的价值链，是企业核心竞争力独特元素的要求，它是企业获得长期利益的源泉。中小企业与大型企业相比较，生产规模小、经济实力弱、资本和技术构成低，要想在市场上长期立足并获利，更需要创造满足顾客需求的独特的企业价值链。

企业之间的竞争始终都是围绕顾客而展开的。但是顾客不仅是企业争夺的对象，而且也会对企业竞争产生重要的反作用。因此，我们在探讨企业持续竞争优势的来源时，绝对不可以忽视顾客的重要作用，必须考虑顾客这个重要因素对竞争优势的影响。一方面顾客作为企业竞争的对象，其本身并不能构成企业竞争优势的来源。但是企业经营一定时期后形成的顾客与企业之间的稳固关系、顾客结构中的赢利性顾客的数量和比例等，却会成为企业获得高于竞争对手利润率的一个重要因素。另一方面，不同的企业对同一目标顾客群会有不同的理解，企业之间理解顾客需求的这种差异，会导致其不同的经营管理以及不同的产品设计，最终也会导致不同的利润率。第三，企业选定目标顾客的同时，实际上就已经选定了自己的竞争对手以及所在行业，也就基本决定了自己将要面对的行业竞争环境。因此，顾客本身虽然不能成为企业竞争优势的来源，但是，企业与顾客的稳固关系、顾客结构中的高获利性顾客的数量和比例、企业对顾客的准确理解、企业通过选择顾客而面对比较有利的竞争对手等都可能给企业带来竞争优势，并构成企业竞争优势的来源之一。英国克兰费尔德管理学院的马克·詹金斯博士也认为，企业的顾客既能成为竞争优势的根源，也可能成为竞争劣势的根源。马克·詹金斯博士的看法，是在提示企业如果不能很好地处理顾客这个竞争要素，企业不但不能获得竞争优势，而且可能使自己处于竞争劣势地位。

3. 企业自身的不断发展

迈克尔·波特的价值链理论认为：企业是增加值的创造者，而增加值的创造是由一系列环节完成的，许多企业沿着从最初的原料生产开始，经由中间产品生产、最终产品生产到产品流通经营的全过程，这就构成了一条产业价值链。核心竞争力理论与传统管理理论强调的全方位控制产业价值链不同，它突出强调的是：企业必须成为产业价值链某一环节，尤其是关键环节上最优秀的生产厂家，这样企业就能把握竞争的主动权，确保自己在行业中的强者地位。因此，中小企业要不断发展，就应当努力创造在产业价值链关键环节上的独特优势，把握这一环节生产经营的核心技术，从而获取这一关键环节中间产品的最大市场份额。

在竞争激烈和发育成熟的市场经济中，企业要想基业长青和可持续发展，不可能单靠“好买卖”，抓住市场某个空缺获取一次性的暴力而稳坐钓鱼船，也不可能单靠一招鲜吃天下，而必须具备系统集成能力。这些系统集成能力主要包括关键稀缺资源获取能力、核心技术研发能力、核心产品开发能力、产品品牌的培育能力。如果将企业看作是一棵大树，那么要想使企业这棵大树成为一棵基业长青树就必须具备发达的根系、粗壮的树干、茂盛的枝叶和丰硕的果实。对于企业长青树而言，企业的资源是其毛细根茎，为企业大树提供基本的养分；核心能力是其树根，是企业生命源泉的供给；核心产品是树干，是企业的支撑者；品牌就是其枝叶和果实，是企业市场竞争主体。要提升企业的竞争优势，必须对关键资源的获取和积累、核心技术的研发、核心产品的开发和品牌产品的培育等路径做出系统的思考，并进行全方位的行动。

企业应当通过内部重组来谋求自我完善和超越。首先，应培养领先于竞争对手的管理文化氛围，即具有比所有竞争对手更好地适应企业发展的共同的价值观。而且这种价值观在新的环境变化中能够迅速适应最新变化，不断强化改善。其次，应把企业变成学习型组织，使本公司干部和群众通过培训学习充电，而使能力迅速而持续地提高。第三，对企业具有的各种资源和能力要素进行有效地整合，整合成为核心竞争力。企业竞争力要素的内部重组其实质是企业内部资源的优化配置，它更关注企业长远发展的需要，追求的不仅是如何在当前市场上做得更好，而且是如何获得在未来市场上的竞争优势地位。没有企业竞争力要素的内部整合，企业的各竞争力要素就是一盘散沙。内部重组使企业潜在的竞争优势得以实现。

中小企业还可以通过外部重组来构建竞争优势。通过内部发展建立竞争优势是比较慢的，因为受到中小企业内部资源能力的约束。相比之下，通过外部重组吸收“外来”资源，则有可能在较短的时间内获得较快的发展。获取外部资源的具体途径如吸收掌握关键技术的人才；与拥有核心专长的公司建立战略联盟；或者加入大企业或核心企业的系列化生产体系，形成长期稳定的协作关系；或者与同类型的中小企业进行联合，即参加联合的中小企业就某些特定的经营活动进行联合，如联合招聘、培训、采购、销售、运输等，甚至还可以通过联合开发新产品和合资兴办企业来开拓新的事业。运用外部重组谋取竞争优势，不能只关注短期的财务利益，更重要的是要考虑其所包含的竞争力要素，有些从短期看不具有财务收益的外部重组对象，因其包含企业所需要的重要竞争力要素，对企业来说也具有重要的重组价值，有利于企业持续竞争优势的形成。

第三节 中小企业竞争优势的来源与形成

中小企业要成长，要发展，要永续经营，就必须有自己的竞争优势。中小企业竞争优势的来源以及竞争优势如何形成是企业和研究人员关注的重点。这里我们从几个方面来探讨中小企业竞争优势的来源和形成，希望能对中小企业的发展有一定的指导作用。

一、中小企业竞争优势的来源

1. 适合中小企业发展的竞争战略

中小企业在激烈的市场竞争中有其优势的一面，即具有较强的灵活性和适应性；但也有它不足的一面，如规模经济效益差，技术力量不足，管理水平较低等。因此，中小企业在市场竞争中要想立足市场、发挥优势，就必须采取一套行之有效的经营对策和合理的竞争策略。大量研究表明，中小企业可以重点选择以下几个方面的竞争策略：

（1）市场细分原则下的专业化竞争战略

随着经济的发展和消费水平的提高，市场逐渐细分成不同的部分，市场越是细分，由一个大公司来控制市场的可能性就越小，中小企业参与竞争的机会就越多。成功的中小企业总是把自己有限的资源与能力集中在某个细分市场上，精于某个产品或产品线，力争做这一类细分市场中的老大。他们极少分散到其他领域，也不会因为其他行业暂时的高利润而仓促投资。他们通常首先使现有产品或产品线在某个细分市场上逐步提高市场占有率，从而形成自己的经营特色。德国有许多中小企业就是遵循这一原则成长壮大起来的。它们专门生产着诸如鲜鱼加工机械，纸张切割机，控制测量仪等数百种很专门化的产品，通过地域的拓展不断把生意做大，直至把产品推向国际市场，成为出口“小巨人”。遗憾的是，我国许多中小企业却不能很好地遵循这一原则，对市场目标没有一个明确的认识，经常被市场上五彩缤纷的机会所迷惑，随意进入，而不能做出自己的特色。结果是什么都想抓，却什么也没抓住，这是应该引以为鉴的。

（2）避实就虚的“缝隙经营”战略

一般来说，一项投资少、利润高的经营项目往往被许多企业选中，从而形成一种你倾我轧的局面。中小型企业由于规模、资金和技术力量等方面的局限，在与同行大企业竞争中难免处于劣势。为此，中小型企业在确定经营方向时，要努力避开行业内大企业、大公司所关注的热点项目，选择他们易于忽视而又有一定经济效益的小型“缝隙”产品，充分发挥自己灵活性和适应性强的优势，拾遗补缺，填补市场需求的不足。这样的缝隙领域是很多的，诸如：①市场规模较小，对大企业来说生产价值不大的产品；②大企业认为信誉风险大的产品；③属于多品种、小批量生产方式的产品；④小批量特殊专用产品。中小企业在市场竞争中，应随时注意和寻找这样的缝隙领域，根据自身的特点，有选择地进入。中小企业在寻求市场缝隙时，要做到能及时分析市场的趋势，善于捕捉机会，一旦看准了项目，要果断做出决策，并借助企业内外的技术人员和专业力量迅速展开，并在最短时间内拿出产品推向市场。因为在市场竞争中，每个中小企业都在寻求这一“缝隙”领域。市场缝隙领域的竞争，实际上就是中小企业之间的平等竞争，谁能抢先进入，谁就占领优势，否则就要坐失良机。

(3) 依附于大企业，走协作经营战略

专业化分工与协作的深入发展，使中小企业成为社会化大生产的重要组成部分。中小企业通过为大型企业配套生产零部件或元器件，与大型企业保持良好的协作关系，形成稳定的承包合同，走捷径之战略。中小企业并不是独立生产“完整产品”，而相当一部分中小企业是选择为大型企业配套服务，提供零部件或元器件。从企业之间的组织活动来看，如上海大众汽车公司，属于其利益共同体的企业就有四百多家，列入汽车总厂加工编号的一次配套的企业有将近一千家，进行二次、三次配套的达上万家，这类企业大部分是中小型企业，其中二次配套以下的主要是小企业；德国西门子公司与三万家中小企业建立了各种长期协作关系；日本的松下、日立、东芝等大型电器公司产品零部件70%以上是由中小企业提供的。这些中小企业就是靠依附于大企业，有了稳定的订单。关键是要保证大型企业所要求的产品质量，保持自己的竞争优势。实践证明，以互补协作战略为起点，走专业化发展道路，逐步积蓄力量，由小而大，由初级到高级不断发展壮大，是许多中小企业发展的成功之道。除了中小企业与大企业之间的协作外，中小企业之间也应加强协作，以求得共同发展。在“生存互补”的协作战略选择时，关键问题是中小企业要根据自身特点选择好依存的对象。

(4) 开发潜在市场的竞争战略

市场是动态的，社会需求总处在不断的变动之中。在市场经济中常常存在一些需求只是得到局部的满足或根本未得到满足，有的甚至是正在孕育着即将形成的社会需求。中小企业在市场竞争中要努力做好发现和预测潜在需求的工作，通过对市场的调查和分析，一旦发现有前景良好的潜在需求，就应着手做好开发、生产、销售、管理工作，发挥中小企业船小好调头的优势，从而获得在这一领域的领先地位。开发和占领潜在市场，对中小企业来说是较为适合的。因为中小企业的灵活多样性，对满足各种不同市场需求有着较强的灵活性，它可以在较短时期内迅速开发出新产品，满足潜在的需求。中小企业通过对潜在需求的满足，可以不断地开发新产品和新的市场，提高企业的竞争能力，维持竞争优势。

2. 企业的创新能力

所谓“创新能力”就是企业在市场中将企业要素资源进行有效的内在变革，从而提高其内在素质、驱动企业获得更多的与其他竞争企业的差异性的能力，这种差异性最终表现为企业在市场上所能获得的竞争优势。企业创新过程包含着企业在不同方面的变革，这些变革必然要对纳入其内部的要素资源如财务资本、技术、人力资源和原材料等按一定的组合方式进行有效配置，从而形成一定的资源配置综合能力。因此，企业创新能力是企业内部整合力的源泉。同时，企业创新的内容以及由此带来的内部整合力的变化要最终转化为企业产品或服务的实际竞争力，才称得上创新与创新的成功。因此，企业创新能力也是企业竞争优势的来源。所以，无论从企业要素资源的结构变革条件即企业要素资源量的扩大和质的提高，还是从企业三种基本竞争战略（成本领先、差异化、目标集聚）的运用条件来看，企业内部整合能力和企业外在竞争能力的提高都体现了对企业创新能力的依赖。

企业通过诸如制度创新、技术创新、管理创新等各个方面的创新活动，使企业内部资源要素重新配置，形成较以前更强的生产能力和营销能力，这就形成了企业在质的方面的提高。在这一过程中，企业不仅向外界输送产品或服务，而且由于企业作为资本载体、资本要增值的内在驱动力，再加之企业所处的市场竞争的外在压力，企业必然要将外界要素资源纳入企业内部进行重新配置，形成更强的资源整合能力和市场竞争能力。这样就打破了企业原有的产权边界，使企业的规模扩大，从而产生了企业在量的方面增长。因此企业成长的过程首先是企业不同方面创新的互动过程，是企业在市场竞争中优胜劣汰的过程，是优势企业不断扩张、资源不断向优势企业集中的过程。可以说，企业创新推动着企业成长的实现，是企业成长的前提。如果没有企业内部创新力的支撑，企业是不可能实现成长和壮大的。从企业发展史上看，企业创新推动企业成长是普遍规律。世界上任何一个企业成长壮大的历史都是与企业创新的历史密切交织在一起的。

在知识经济时代，企业的发展与竞争优势更取决于企业的创新能力。知识经济时代企业间的竞争是企业创新能力的竞争，创新能力的竞争归根到底又是企业在知识的生产、占有和有效利用方面的竞争。只有通过坚持不懈地进行创新，企业才能把已有的和可利用的知识资源转化为现实的生产力，转化为实实在在的竞争优势。与此同时，新的知识资源又被源源不断地生产出来，从而又进一步促进企业的创新。在知识经济时代，企业生产经营将逐步实现网络化、信息化和国际化，信息传播交流速度加快。这使得技术扩散更加迅速，一个企业的创新在某一区域的短期存在是有可能的，但长期存在已难以有效维持。其他企业可以利用创新成果的外部经济效应，进行相应的模仿或进一步创新，致使企业因创新带来的收益期较短，收益量减少，比较优势丧失。同时，新技术不断涌现，技术生命周期不断缩短。这在客观上要求企业必须不断进行创新，使自己的产品具有竞争力，形成企业自身产品的优势。对于中小企业来讲，找到适合自己的创新道路，进行持续创新，才是获得持续竞争优势的有力保障。

3. 企业的核心竞争力

(1) 核心竞争力的概念

核心竞争力又称之为核心能力（Core Competence），它是企业竞争力的基础和获得竞争优势的根源。一般认为，普拉哈拉德（C. K. Prahalad）和哈默(Gary Hamel) 最早提出了企业核心竞争力的概念，他们在“与竞争者合作——然后胜利”一文中指出，短期内公司产品的质量和性能决定了公司竞争力；在长期内起决定作用的是公司的核心竞争力——孕育新一代产品的独特技巧。1990 年，他们正式发表“企业的核心能力”（The Core Competence of the Corporation）一文，指出核心竞争力是“组织中的积累性学识，特别是关于如何协调不同的生产技能和有机结合多种技术流派的学识”，并据此创造出超越其他竞争对手的独特的经营理念、技术、产品和服务。确立了“核心竞争力是企业持续竞争优势之源”的重要观点。该论文一被发表，立刻引起理论界和实业界的巨大反响，成为《哈佛商业评论》历史上被引用频率最高的管理学文献之一。

国内外的研究者从不同角度对企业核心竞争力进行了定义：“资源论”学者认为，核心竞争力是一种企业以独特方式运用和配置资源的特殊资源；“能力论”学者认为，核心竞争力是企业一系列能力的综合；“资产、机制融合”学者认为，核心竞争力是企业核心资产的一个重要组成部分；“消费者剩余”学者认为，核心竞争力是以企业核心价值观为主导的，旨在为顾客提供更大(更多、更好）的消费者剩余的企业核心能力的体系；“体制与制度论”学者认为，企业体制与制度是最基础的核心竞争力；“创新论”学者认为，核心竞争力是企业不断创造新产品和提供新服务以适应市场的能力，不断创新管理的能力，不断创新营销手段的能力。麦肯锡咨询公司的观点是，企业的核心竞争力是指企业内部一系列互补的知识和技能的结合，它具有使一项或多项业务达到世界一流水平的能力。

不同的学者从不同的角度给出了核心竞争力的定义，对于核心竞争力的概念，到现在为止，还没有一个统一的说法。我们认为，也许把所有学者的观点综合一下，会给出对核心竞争力一个较为全面的理解。但对于核心竞争力概念的理解也不是必须进行严格统一的，也不可能完全统一。研究的角度不同，得出的概念也就不同；对于企业的实务来讲，能够给企业带来持续竞争优势的能力就是一种核心能力，不同企业在核心能力的侧重点上也各不相同。尤其是对于中小企业，不能追求各方面都要强于竞争对手，把握并培养好支撑企业发展的关键能力，就是抓住了企业的核心竞争力。

（2）核心竞争力与竞争优势

企业的核心竞争力的一种外在表现就是企业适应外部环境，在激烈的市场竞争中不断发展、壮大的能力。企业核心竞争力的内在特质是企业独具的，使企业能在一系列产品和服务取得领先地位所必须依赖的关键能力；它是企业所拥有的各项技术和技能的有机集合，并与企业的内部独特的组织运行机制和环境相融合，最终形成了企业长期竞争优势的源泉。

企业竞争优势是企业获取市场份额和夺取利润的相对其他相关企业的优势，它包括比较竞争优势和持续竞争优势。比较竞争优势是相对短期而言，持续竞争优势则相对长期而言。有人认为核心竞争力就是持续竞争优势，我们认为这种说法并不准确。核心竞争力是企业持续竞争优势的来源，然而它本身不会自动转化为竞争优势。如果没有相应的机制和条件加以支持，核心竞争力将变得毫无价值。所以核心竞争力只是持续竞争优势的基础，它也绝不是持续竞争优势的唯一源泉。比较竞争优势是一种资源禀赋优势，例如好的自然条件、廉价的劳动力等，是一种外在的优势，而核心竞争力则是一种内在的力量，它带来的是企业的持续竞争优势，而企业只有具有持续竞争优势，才能获得持续的发展。所以说，核心竞争力是企业竞争优势的基础，企业要在核心能力的基础上，在与竞争对手的较量中，发展持续的竞争优势。

二、竞争优势的形成

1. 低成本战略构筑竞争优势

随着经验效益被人们所认识，成本领先逐渐成为多数企业采用的获取竞争优势的基本途径。成本领先的企业以更低的成本提供与竞争对手相同或稍低的消费者可察觉的收益。此时，企业可以相对于竞争对手更低的价格销售产品。如果这一价格不低于企业的成本，价格降低的幅度高于可能带来的消费者可察觉的收益的降低幅度，企业将可能比竞争对手提供更多的消费者剩余，从而提高其市场占有率，赢得竞争优势。而且，拥有低成本优势可以抵御潜在进入者的进入威胁。因为，成本优势战略是中小企业谋求发展的重要战略方式之一。

成本驱动因素包括：规模经济、学习能力、生产能力利用模式、联系（价值链内部和价值链之间的联系）、相互关系（企业内部业务单位之间关系）、企业政策、地理位置因素等等。适合中小企业的低成本策略主要有以下几种：

（1）通过学习来降低成本。企业的管理层和员工都要重视学习，并且建立促进企业内部各部门和业务单位之间共享学习成果的机制。要保持学习专有，通过保留骨干员工、同员工签订保密合同条款等措施来防止企业知识的向外扩散。还要向竞争对手学习，通过了解竞争对手产品的工艺以及与竞争对手的供应商保持关系来获取其学习成果。如施乐公司在向佳能公司学习库存及质量管理经验时发明了一种全新的管理工具——标杆瞄准。

（2）实施流程再造降低成本。1993年美国两位管理专家迈克尔·哈默和詹姆斯·钱皮联名出版了《企业再造工程—管理革命的宣言书》提出了一套关于在企业内部如何形成有效彻底改革的理论、方法和步骤。企业再造工程也称企业再生工程，就是为了获得可以用诸如成本、质量、服务和速度等方面的业绩来进行衡量的成就，而对企业过程进行根本性的再思考和关键性的再设计。通过流程的重新设计，可以达到降低成本的目的。中小企业再造工程要打破传统的思考方式以作业流程为中心来实施改造。

（3）以技术创新来降低成本。科学技术是第一生产力。企业可以通过技术创新活动来开发新产品、新工艺、新材料，从而达到降低成本的目的。要开发低成本工艺，推进自动化、低成本的产品设计，就要避免在生产经营中的华而不实。如鲁北企业集团总公司发明并独创了把磷铵、硫酸、水泥三套生产装置结合在一起的联产技术，大幅度地降低了生产成本，其综合成本连续7年保持全国最低。由于资源循环利用，与同规模厂家单位生产磷铵、硫酸、水泥相比，鲁北化工的硫酸成本仅为硫铁矿制硫酸的1/2，水泥成本为一般水泥厂的2/3，磷铵成本至少每吨降低700～800元（人民币），竞争优势显而易见。

2. *差异化战略构筑竞争优势*

差异化是指企业向顾客提供的产品和服务在产业范围内的独具特色。这种特色可以给产品和服务带来额外的加价。如果一个企业的产品的溢出价格超过因其独特性所增加的成本，那么，拥有这种差异化的企业将获取竞争优势。不论产品和差异性有多大，最终都要落实到购买者对产品和服务差异程度的感觉上。所以，应当通过广告、商标、销售技术等途径来提高产品和服务的差异化程度。同时，差异化会建立起顾客对产品或服务的认识和信赖，当价格发生变化时顾客的敏感程度就会降低，削弱购买者讨价还价的能力，也增加了行业新进入者和替代品进入的难度。

影响企业产品或服务差异化的因素是复杂的，企业应该根据自身的资源和能力状况选择不同的途径获得差异化优势。中小企业可以着重于以下几个方面：

(1) 提高产品质量。美国麻省剑桥的策略计划研究所曾展开一项调查，想找出企业长期获利的关键。研究结果是：关键在于该企业是否具备由顾客角度认知的品质。顾客眼中低品质的企业，平均只有1%的营业回收，而且每年平均失去2%的市场占有率；但顾客认为高品质的企业，则平均有12%的营业回收，市场占有率每年提高6%，商品价格甚至十分昂贵。

(2) 提高服务水平。有研究显示，顾客停止购买的原因有二：可能是这家企业服务太差劲，也可能是他发现有一家更好或索价更便宜的公司，但前者的可能性是后者的四倍。这个结果说明，好的顾客服务是最能保证长期竞争优势的。因为，当每家企业及其产品呈现的风格大同小异时，别出心裁的顾客服务保证让你与众不同。企业在提高服务水平时，要由上至下改进服务，创造具体的顾客服务目标，雇用重视顾客的员工，训练员工关心和体谅顾客，激励员工为顾客提供热情的服务，授权员工自行解决问题。

(3) 提高附加价值。企业如果不在价格方面与同行一争长短，它就必须在其他项目上展开竞争。为了保住竞争优势，除了尽可能提供最低价格之外，还要不断提高产品的附加价值。提高附加价值是顾客再度光临的“粘着剂”。在顾客游离之际，增加产品价值能够提高顾客的忠诚度。

(4) 树立良好的企业形象。企业形象是对一个企业结构、文化及其属性的动态而又深刻的反映，包括构成企业的全部视觉要素、文化要素和行为要素。随着品牌效力的减弱、雷同产品的增多及顾客忠诚度的降低，对企业来说，树立良好的企业形象具有战略意义。因此，良好的企业形象能使企业及其产品与竞争对手区别开来，为企业的产品和服务增加价值，并能吸引和维系顾客，从而使企业在不断变革和竞争愈加激烈的全球市场中保持繁荣和发展。

3. 时基竞争战略构筑竞争优势

(1) 时基竞争战略的涵义

以企业战略咨询著称的波士顿管理咨询公司中的咨询专家斯托克长期致力于以时间为基础的竞争研究，提出了“时基竞争”战略。时基竞争战略旨在提高企业对市场的敏感性和反应能力，以满足消费者对时尚的追求，同时使企业始终保持其在目标市场中的不败地位。在时基战略中，时间被看作是决定经营绩效的重要因素。涉及开发、生产、销售和服务整个过程的时间管理成为企业提高竞争能力的主要方面。因此，节约时间、提高速度是时基竞争战略的核心。

(2) 时基竞争战略的措施

①加快开发速度。一个新产品从构想、开发到进入市场，到产生销售收入

及利润，有四个重要的时效指标：提出构想、产品开发完成、引入市场和大量供应。企业只有同时做到及时创意、及时开发新产品、及时上市、及时量产量销，才能真正达到新产品加速的效果。在知识更新换代加快、产品生命周期缩短的今天，一个企业更新产品的速度如果能比其竞争对手快，那么它将拥有很大的竞争优势。

②加快生产速度。基于时间的生产在生产周期的长度、工序结构的组织以及生产安排的复杂程度等方面有别于传统的制造商。他们尝试尽可能短地缩短生产周期,这意味着更频繁的各品种结构产品的生产,对客户要求的更快反应;基于时间的工厂是根据产品进行布局的,为了把搬运、移动零件的时间缩到最短,某零部件或产品的制造部门要尽量安排紧凑的程序,零件从一个活动移动到下一个活动在时间上要很少甚至没有什么耽误;在基于时间的工厂中,现场工作安排使得车间里的雇员能够做出更多的生产控制决策,免去了向管理层请示批准这一非常耗时的过程。基于时间的生产会给厂商带来巨大的竞争优势。

③加快销售速度。在生产型企业中，销售和配送耗费了和制造一样甚至更多的时间。因此，从企业经营系统来看，在实施基于时间的制造时，还要重视基于时间的销售和配送。如 20 世纪 70 年代后期丰田公司低效率的销售和配送业务严重削弱了柔性制造系统的好处。丰田汽车制造公司能够用不到 2 天的时间生产一辆汽车，但丰田汽车销售公司需要 15 到 26 天才完成销售、传送订单到工厂、收到计划订单以及将汽车运送给客户，销售和配送职能的成本占到客户支付汽车成本的 20% ~30%，比丰田生产一辆汽车的成本还要高。

第四节　中小企业核心竞争力构建与培育

企业核心竞争力是企业在发展过程中逐渐形成的，蕴涵于企业文化、融合于企业内质之中。企业要想真正培育和提升核心竞争力，就必须弄清楚在构建核心竞争力的过程中会遇到的问题，结合自身的具体情况，寻找适合自己的方法和途径加以构建和培育。实践证明，那种盲目简单照搬他人经验的做法，只能学到表象，而难以抓到实质和学出成效。因此，中小企业必须了解核心竞争力，从自己的实际情况出发，不断研究探索适合自己的道路。

一、中小企业核心竞争力构建存在的问题

1. 对核心竞争力的内涵认识不准确

中小企业对核心竞争力认识不准确，存在以下误区：①把比较竞争优势认

作企业核心竞争力。企业核心竞争力是竞争优势的源泉，但并不是说竞争优势就是核心竞争力。比较竞争优势是一种基于产品或服务的优势，是一种外在的能力，而核心竞争力是一种内在的能力，是基于企业的一种整体运作能力。核心竞争力是企业竞争优势之“本”，虽然企业竞争优势也可以来自企业一般性的竞争力，然而只有核心竞争力才能产生持续的竞争优势。②把企业一般意义的资源认作核心竞争力。核心竞争力依靠的是企业独自拥有的资源，是处于核心地位的资源，是有长远战略价值的资源。③把企业某一方面的能力认作核心竞争力。核心竞争力是企业所有能力的精髓。只有同类企业所不具备、且难以模仿和复制的能力，才可能形成企业的核心竞争力。

对核心竞争力内涵认识不到位的另一个表现是：我国许多中小企业认识不到先进的价值理念对培育核心竞争力的重要性，认识不到核心竞争力中文化价值因素的重要支撑作用。中小企业没有先进的价值理念，主要表现为注重企业短期利益和不注重好的企业文化的培育。分析我国中小企业文化建设的缺失，突出地表现在企业文化的三个层次即物质层、制度层和精神层上：

一是从精神层角度分析，许多中小企业缺乏服务社会和公众并被全体员工所认同的价值观。为了尽快创业、完成快速发展所需的原始资本积累，有的中小企业片面追求规模和利润，争取公司或个人利益。这种狭隘的、注重短期利益的价值观极大地影响了公司的形象，降低了公司的信誉，最终制约了公司的更大发展。这主要表现在对外界经营环境的破坏和内部管理过于苛刻，过于强调自身利益。

二是从制度层来分析，由于缺乏长期稳定积极的企业价值观，企业制度层的建设难以达到规范和统一，最终使得企业的管理结构不堪一击。主要表现在以下几个方面：①企业内部的董事会、监事会制度执行不力。②决策制度形同虚设，决策者缺乏制约。由于缺乏制度约束董事长、总经理或其他高层管理者，极易导致监督检查不力。③用人制度混乱，裙带关系复杂。

三是从物质层分析，许多中小企业非常重视表层物质层建设，并将它作为公司对外宣传的窗口。即非常注重厂容厂貌、员工言行举止、统一着装、佩戴胸牌等。注重这些是应该的，但不能仅仅停留在这样一个表面层次。如果企业不注重企业文化精神层建设，不注重培养企业价值观和经营哲学，规章制度建设不规范、监管不力，即使表层物质层看起来不错，实际上员工并没从内心真正认同企业文化，将物质层的规范看成是摆设和负担。而不少中小企业过于强调物质层的建设，强迫员工认同，不能真正考虑员工的内心要求。上述这些因素都影响了我国中小企业核心竞争力的培育。

2. 企业战略定位不明确

核心竞争力的培养需要与企业发展战略相匹配。企业战略意图表明了企业未来的前进方向、自己的业务定位、计划发展的水平。从目前来看，中小企业普遍存在着重战术、轻战略、依赖经验决策的情况。由于既没有企业的核心经营理念，又没有明确的战略意图，导致许多中小企业经营方向迷失，经营领域模糊，经营的盲目性、投机性、随意性特点突出，难以形成企业的核心竞争力。无明确的战略定位主要表现为盲目多元化经营和低成本扩张，分散了有限的资源，增加了经营风险，妨碍了企业核心竞争力的培育。

明确的发展战略对中小企业来说是至关重要的。有了清楚的战略规划，中小企业可以集中并有效地利用自身的资源，可以通过借助别人的力量等途径有意识地积累资源，进而降低资源不足对中小企业发展的制约作用。制定与实施战略决策，有助于中小企业将精力集中于影响企业经营绩效的那些关键因素和环节，注重企业的发展方向与对环境的适应性，积极主动地应变。利用环境变化中存在的各种机会，使企业在变化的环境中发展壮大。这也正是企业战略的核心所在。从我国的情况来看，中小企业在成长过程中战略管理的重点是行业和市场定位问题。改革开放以来，许多快速成长的中小企业都走上了高度多元化的道路，究其原因主要有：①现金流的压力；②管理能力弱，无法专业化深入；③促使创业成功的企业家素质和能力（识别市场机会和及时提供满足市场需求的产品服务）的惯性；④组织约束不力，公司治理不到位；⑤商业机会多。传统的思维模式促使许多企业特别是新创建企业盲目扩张，很多经营者简单地把规模的扩大等同于企业的成长。盲目的多元化很容易使企业走上机会型的发展道路而难以管理，不利于核心竞争力的培养。

3. 中小企业管理滞后

中小企业与国内大型企业及国外企业相比管理落后，尤其是企业的战略管理、成本管理、质量管理、人力资源管理、营销管理等方面，这使我国中小企业普遍无法通过卓越的、有特色的管理形成企业的核心竞争力，也不能为企业核心竞争力的形成提供相应的管理支持，很难适应激烈的市场竞争，是影响企业竞争力的带有根本性的深层次原因。另外，中小企业由于大多数是私人企业，实行的是家族管理，决策权集中于家族企业中的长辈或家族的主要成员。这虽然有有利的一面，但他们的精力、知识毕竟有限，一些家族成员受其教育水平、管理能力的限制，往往无力管理企业，发生决策失误。同时，现代企业的竞争，本质上是人才的竞争，人力资源是企业最重要的资源。

管理技巧和观念没有现代和永恒、东方和西方之分，促使华人企业家成功的经营方法与现代西方管理大师们的教诲如出一辙。它们的共性是：管理之道，就是规范化。中小企业在管理方面的重大问题，就是缺乏规范化的管理，这给中小企业核心竞争力的培育带来了很大的障碍。规范化管理对企业的发展犹如地基对楼房。仅仅看地面上的部分，每栋楼房都可能各具特色，但不管什么样的楼房，对地基的要求都是一样的稳定、扎实、支撑力强，而且楼层越高，对地基的要求就越严格。规范化管理是企业成长的“地基”，它可以促使企业的经营行为更多地具有理智的特点，是企业经营风险的“减振器”。在创业初期，迫于生存的压力，企业一切以顾客和市场为中心，这样做的本质是单纯以获取资金为中心，并不是真正意义上的市场导向。企业的全体成员只是重视成果，而不重视过程；只重视所得，而不重视成本。以至于企业的销售量和销售收入都在快速增长，但利润却没有增长反而可能下降甚至亏损，“红红火火不赚钱”。企业发展起来后，规模扩大了，市场基本上稳定了，企业需要严格过程管理，借助扎实的基础管理工作强化成本核算，通过管理制度建设构建基本的管理工作秩序，进而提高工作效率。规范化的管理是中小企业在核心竞争力培养过程中必须予以重视的问题。

二、中小企业核心竞争力的培育

1. 提高企业领导人的核心竞争力意识

竞争能力在客观上的演变过程是必然的。面对这种客观上不可逆转的过程，企业为保持核心竞争能力的领先进而获得竞争优势，就必须从其主观方面努力。而提高企业领导人的核心竞争力意识是主观努力的重要方面。在核心竞争力的观念进入企业领导人的意识之前，核心竞争力的培育，是一种无意识的企业行为的结果。其培育的速度和强度同企业有意识地塑造和提升行为的影响相比要慢得多、弱得多，企业领导人的核心竞争力意识淡漠是企业丧失核心竞争力的充分条件。而企业领导人的核心竞争力意识是获得核心竞争力的必要条件。具有核心竞争力意识的企业领导人，往往能够在认准市场需求和产品技术变化趋势的基础上，对企业的核心竞争力进行准确定位。然后建立相应的企业机制，配备相应的环境条件，来塑造和提升核心竞争力，并将其努力转化为企业的竞争优势。同时，这一切反过来又进一步增强了企业的核心竞争力。提高企业领导人的核心竞争力意识，大多是由高层发动、自上而下的，并且拥有一个灵魂人物，在中小企业中就是它的创始人或最高领导人。高级经理应关注核心竞争力的健康发展，并应有专门的经理全面负责；部门经理也应该被赋予负责跨部门的特定竞争力培育的角色，以有利于部门之间信息的沟通等，这是核心竞争力的一个重要来源。总之，要以企业决策层的核心竞争力意识为突破，企业高层在提升企业核心竞争力意识上应做出积极的努力和尝试，这也是培养企业核心竞争力的良好起点。

企业核心竞争力不是存在于个人或单项技能中，它的大部分力量都来自跨部门合作，或植根于多部门联合开发。核心竞争力理论强调企业的能力集成和系统协调，主张打破资源的部门分割，克服业务单位本位主义。因此，从更好地发挥核心竞争力作用的角度看，应当突破战略业务单位的限制，从企业整体上统一配置企业的核心竞争力。许多中小企业之所以不能建立起核心竞争力，就是因为各个战略业务单位是各自分离、独立运营的。这就要求企业领导人提高自己的核心竞争力意识，对此给予应有的重视。对此，要明确企业总部在建立和保持核心竞争力方面所承担的责任和作用，对各战略业务单位，监督其核心竞争力的研究和开发；同时统一协调企业内部核心竞争力的部门的创造者与管理者，加强跨部门交流，为持续改进核心竞争力创造条件。

对企业领导人核心竞争力意识的培育，要注重以下几个方面：第一，要让他们学习了解核心竞争力的内涵，明白培养核心竞争力对企业形成竞争优势的重要作用，努力培养他们系统思维能力和把握宏观发展趋势的能力。第二，要培育他们熟练运用市场机制、快速反应的能力和运筹帷幄、审时度势的魄力。要培育他们不仅能适应眼前可以把握、预测到的市场变化，更重要的是能把握未来市场较长时期的变化趋势和规律，使企业的产品开发和市场开拓走在市场变化的前面。第三，要鼓励他们最大可能地给予员工与之面对面交流的机会，敢于虚心接受来自一线职工的意见，培育他们与职工互帮互助、信息共享的作风。第四，要培育他们的感召力和凝聚力，让他们注重与员工的感情培养，提升他们尊重员工、培训员工的能力和与职工沟通的能力。第五，要培育他们识别、构建资源的能力和协调整合各种资源的能力。第六，要增强他们的创新意识和提升他们的创新能力。

2. 明确发展方向，掌握核心技术

（1）科学地制定培育核心竞争力的战略规划。核心竞争力是支撑企业持久竞争优势的战略性能力，它的培育必须依赖于企业的战略发展规划。因此，中小企业必须准确把握不断变化的市场环境，准确预测和把握本行业产品、技术的变化方向及趋势，对可能发生和出现的重要事件、机遇和威胁，根据企业的优势和劣势及时做出灵敏和正确的反应，适时调整自身的战略发展方向，以应对行业机构、市场和竞争环境的不断变化。积累核心技术、市场策略及管理方法，从而形成自身的核心竞争力，取得持久的竞争优势。

(2) 以核心技术创新为突破口，培育中小企业核心竞争力。中小企业在构建企业核心竞争力的过程中，技术创新是很重要的，没有技术上突破性的创新，所构建的核心竞争力的价值也将是有限和不稳固的。掌握核心技术对企业提升竞争力来说是至关重要的。核心技术在不同产品中表现为专利、产业标准等不同形式的知识。这类技术可以重复使用，在使用过程中价值不但不减少，而且能够增加，具有连续增长、报酬递增的特征。因此，核心技术是企业在市场中取得超额利润的主要原因。

以核心技术创新为突破口，构建中小企业的核心竞争力至少应注意以下两个方面：一方面以核心技术体系为基础开展技术创新。中小企业把相对有限的技术资源集中于少数技术领域进行技术积累，该企业的技术能力就会具有某种技术范式，这实际上构成企业技术创新必须遵守的核心技术体系。对企业来说，技术创新不仅在结构、功能上产生多方面的积极效应，更是全面提高企业素质，求得名牌成长、壮大的重要途径。更为重要的是由于技术创新是企业系统有目的创造性活动，它可以在企业组织中形成进取精神和团结合作意识，这对企业培育和提高企业的核心竞争力无疑是非常重要的。另一方面对企业的核心竞争力进行技术性整合。以一种或几种关键的核心技术为主导，把若干有关的技能有机组合起来，由此构成核心竞争力的整合。这种整合不仅是关键能力、有效能力的集中，而且是那些多余、落后、无关的机制、程序或职能的消除。

3. 不断提升企业的管理水平

(1) 加强战略管理，提高核心竞争力

核心竞争力的培育与提高绝不是一朝一夕之事，它必须通过不断地提炼和升华才能形成。在一般情况下，企业如果只是简单地建立市场战略、产品战略、技术战略等这些外在和显性化的战略，最多也只能获取暂时的优势。企业唯有把培育核心竞争力与战略管理融合在一起，才是使企业立于不败之地的根本战略，许多成功企业的经验都证明了这一点。为此，一是强化企业组织结构。企业的组织设计必须从系统的角度致力于改进以知识为基础的组织结构，以创造出新的交流途径并能激励组织成员的学习行为。只有那些能够推动这些行为的组织，才能使企业根据竞争环境中越来越复杂多变的情况，有效地调整自己的策略，同时又能保持自己的经营特色，才能在激烈竞争的环境中发挥优势并长盛不衰。二是提高企业的学习能力。企业要通过向市场学习营销技巧，向竞争对手学习竞争手段与技术，向国内外一些著名企业学习管理经验，在组织中形成推崇学习的良好风尚，最终形成具有旺盛学习能力的学习型组织，以夯实培育和提高企业核心竞争力的基础。三是加强人力资源开发与管理。中小企业要培育持续的竞争优势，建立企业的核心竞争力，这一切都离不开人力资本效用的最大发挥。中小企业的竞争力水平，与其拥有的知识型员工的质量和数量有重要关系。因此，管理和激励知识型员工，最终实现人尽其才，人尽其用，是中小企业不断增强其竞争优势的核心所在。中小企业必须建立有效的激励约束机制，提高员工的工作积极性，促进人力资本最大限度地发挥作用。只有对员工进行培训和教育，提高和发挥员工的潜能，企业才能在激烈的竞争中不断成长，兴旺发达。

（2）集中资源进行差异化经营与管理

企业的核心竞争力与企业现在拥有的资源、过去的经验和这些经验的积累等有关，也与企业长期从事某一专业领域有关。中小企业应集中自己的资源从事某一领域的专业化经营，许多成功公司的经验为我们树立了榜样。这些企业集中资源，通过对本行业的专注、忠诚和持续投入，苦心经营，精心培育核心竞争力，把它作为企业保持长期竞争优势的根本战略，并在这一过程中逐步形成自己在经营管理、技术、产品、销售、服务等诸多方面与同行的差异。在发展自己与其他企业上述诸多方面的差异之中，就可能逐步形成自己的独特的可以提高消费者特殊效用的技术、方式、方法等，而些此有可能构成今后公司核心竞争力的重要元素。事实上，在市场需求多样化的今天，中小企业更应寻找自己的潜在能力，分析这种能力与其他同行的差异性，并把它培养起来，进行差异化经营与管理，这是培育企业核心竞争力的重要途径。决不能总是跟风，搞“大路货”。能否培养出自己的核心竞争力，首先要看企业是否在生产、经营与管理等方面有独特的良好基础，中小企业要始终把强化管理放在重要位置，在这个基础上努力培养自己的核心竞争力，培养和提高公司的竞争优势，不断拓展自己的可持续发展空间。

（3）管理创新

管理是企业永恒的主题。在我国，管理方式与管理手段落后是中小企业当前的突出问题，通过管理创新来实现企业生产要素的优化配置，提高生产效率，还有很大的潜力可挖。管理创新，通过更有效的资源整合方式提高资源的利用效率。中小企业资源规模和数量都极其有限，管理创新通过提高资源配置效率，能帮助企业降低技术创新带来的不确定性，有助于提高企业内部人力资本、技术和知识的管理效率，有助于促进技术创新、制度创新与管理创新积极互动的关系。中小企业的管理创新随着各个企业的具体情况不同而侧重点会有所不同，但其主要环节体现在以下几个方面：

①加强知识管理

所谓知识管理就是企业为实现显性知识和隐性知识共享寻找新的途径。在知识经济时代，金融资本和其他传统生产要素已成为商品，而知识资本却成为创造收益的实际推动力。因此，知识管理变得日益重要，中小企业加强知识管理应采取：第一，建立激励员工参与知识共享的机制，创建企业内部知识网络，设立知识总监，关注创新和集体创造能力的培养；第二，建立企业外部信息和知识网络，尽可能多地吸收各种新知识，并使之与本公司的知识相结合；第三，同竞争对手进行合作性竞争，结成战略联盟，共同开拓和培育市场。

②加强企业技术创新的管理

技术创新是中小企业竞争优势的灵魂，是提高资源使用效率的基础。但技术创新是一个系统性工程，中小企业在创新过程中会遇到技术、人力资本、行为、投入、管理效率、市场营销等方面的不确定因素。因而，技术创新的收益是不确定的，中小企业必须加强技术创新管理，以提高资源的配置效率。

③加强企业的制度规范管理

制度是使组织运行秩序化、规范化的基本保障。好的制度可增强企业行为的可预见性，减少不确定性、不稳定性和无序性，从而节约组织的运行成本，在最大程度上减少人为因素的干扰。优越的企业管理制度具有自我调控、不断优化、动态平衡、适时创新和良性循环等特征，它可以在剧烈的市场变化和激烈的市场竞争中为组织起到“屏蔽”和“防波堤”的作用。因此，拥有好的企业管理制度，对中小企业核心竞争力的培育起基础性作用。

④加强知识产权管理

拥有专利保护的知识产权作为企业的一种智力资源，显然是有价值的、稀缺和不可模仿的，可以成为企业竞争优势的一个来源。中小企业必须加强知识产权的管理。首先，要切实保护自己的创新收益，提高专利意识，及时申请专利保护；其次，在涉及的领域内要明白已有的专利成果，不要搞重复开发，这样只会浪费有限的资源；最后，要善于利用已经失效的专利，节约企业的研究费用。

⑤加强企业对信息的管理

当今社会是信息的社会，信息已日益成为企业重要的资源。面对日新月异的信息技术的发展、剧烈变化的外部环境以及复杂多变的市场需求，中小企业必须利用其有限的资源建立自己的核心竞争优势。经济、技术、市场方面的信息对企业的决策起着越来越重要的作用。中小企业必须建立起完善的信息搜集系统，时刻掌握市场和竞争对手的动向；同时还要加快信息在企业内的传递速度和时效，保证企业在激烈的市场竞争中拥有快速、灵活的反应能力和决策能力；利用互联网资源，建立起一定的信息发布渠道，让潜在客户能够方便地找到企业，了解企业。由于中小企业资源有限，搜集信息的能力也是十分有限的，因此，在信息搜集过程中可以通过外部的咨询调查机构，利用外部资源完成信息搜集。

第八章　中小企业战略执行力的提升

企业战略管理包含战略制定和战略执行两个方面。战略正确并不能保证一个企业取得成功，而成功的企业一定是具备了正确的战略和卓越的战略执行力。随着企业战略管理在我国实践的不断深入，如何提升企业的战略执行力越来越为中国企业界所重视。实际上，战略执行力是针对企业组织系统而言的，是企业多种能力的结合与表现。企业提升战略执行力的过程就是企业正确地处理战略执行与战略制定、组织结构、企业文化和信息沟通之间相互关系，并使之相互协调的过程。任何一方面的缺失都会像木桶中的“短板”成为限制和损害企业战略执行力的瓶颈因素。

战略执行强调“把事情做正确”。实现战略计划的方法、途径是多种多样的，关键是要找到能以最低的成本、最高的收益来实现战略计划的路径。战略执行要灵活地、创造性地配置企业的人力、物力、财力等资源，建立支持战略的企业文化和组织结构，协调企业的营销、财务、生产、研究和开发各个部门的活动，发挥系统的整体效能，力求最快、最好地实现企业的战略计划。因此，中小企业在制定战略时，必须对自身的战略执行能力作准确的定位，战略制定不能脱离自己的能力去设计，在正确的战略指导下，不断提升自己的战略执行力。

第一节　战略执行力的内涵

无论是在中国还是在其他国家，无论是大企业还是中小企业，执行力都是每一个企业必须面对的重要问题。相关研究显示，在美国，大约有70%企业失败并非缘自低劣的企业战略，而是因为所制定的战略没有被有效地执行。《财富》杂志统计表明，经过精心策划的企业战略只有不到10%得到了有效的实施。战略执行已经成为投资者判断企业价值最重要的非财务因素。执行不只是简单地完成任务或未完成任务，它是一整套非常具体的行为、技术和艺术。他们能够帮助企业建立和维系自身的竞争优势。那些长期以来的绩优公司以及崭露头角的企业无一不是具有出类拔萃的执行能力。执行力是企业成功的一个必要条件，企业的成功离不开好的执行力。当企业的战略方向已经或基本确定，这时候执行力就变得最为关键。经过多年的实践，企业家们发现，企业最缺乏的不是宏伟战略，更不是创新意识，而是能够把宏伟战略、创新意识变成现实利润源泉的执行力。如果一定要在失败企业中寻找相似性，那恐怕就是"执行力弱化"，而能够持续经营的成功企业中最具一致性的就要数卓越的执行能力。

一、战略执行力的定义

2003 年，随着拉里·博西迪和拉姆·查兰《执行》一书的出版，中国的企业界和理论研究界就掀起了一股执行力的讨论热潮，我国的许多学者和培训人员也都陆续出版了有关执行力的专著及期刊文章，继续深入讨论执行力这个主题。

执行这一词对管理者来说并不陌生，在传统的 PDCA 管理闭环系统中，执行就是其中一部分。然而，在管理学的发展过程中的很长一段时间，人们都在关注如何做计划，如何制定战略，管理者都认为好的战略和计划才是企业取得成功的关键。但是，在企业经营的实际中，我们发现很多企业有着非常优秀的战略和计划，甚至有些公司拥有与竞争对手相同的战略，但是同样战略的结果却依然不尽相同，有些公司取得了成功，而有些企业走向了失败，其原因何在呢？拉里·博西迪认为，一家公司和其竞争对手之间的差别就在于双方执行的能力，执行力的不同正是导致这种结果的原因。

执行力的定义是什么呢？目前学术界还尚无一个明确的界定。在此，我们探讨一些学术界和实务界对执行力的定义。

1. PDCA 管理闭环中的执行力定义

"戴明环"最早是由美国质量管理专家戴明提出来的，又称为 PDCA 循环，是一种科学的系统的思维方法和管理程序。PDCA 包括计划（Plan）、执行（Do）、检查（Check）和行动（Action）四个环节，四者关系如图 8-1 所示。它是一个闭环系统，系统的每一次循环，都是为了保证计划（预期结果）的实现。从图中我们不难看出，在 PDCA 管理闭环中，执行仅仅是一个组成部分，它只集中在执行这一个环节中，在其他环节中不予以体现。在此阶段，执行就是严格按照计划实施，它是管理活动中的一个组成部分，仅仅集中在实施这个管理环节中，从管理的时空角度上来看，执行就是从计划到结果的中间过程。

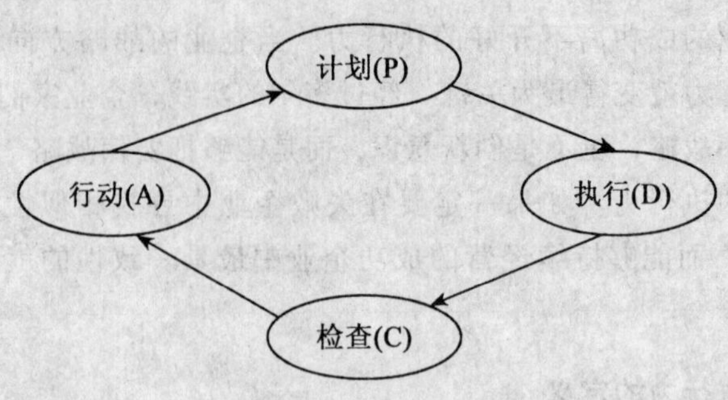

图 8-1　PDCA 循环图

2. 拉里·博西迪和拉姆·查兰在《执行》一书中的执行力定义

美国学者拉里·博西迪和拉姆·查兰通过对自己多年的企业管理及咨询实践的总结，在《执行》一书中，向人们阐述了一个全新的执行概念。在作者看来，执行并不仅仅局限于实施这个管理环节中，而是贯穿于整个管理循环中，这种思想类似于全面质量管理的思想，是企业中全面执行的思想。这就要求管理者和员工不仅要严格按照战略和规划执行，还要求管理者在制定战略和规划时要具有可执行性。这一概念是更符合企业管理实践的。

拉里·博西迪和拉姆·查兰指出了执行的内涵："执行应该成为一家公司的战略和目标的重要组成部分，它是目标和结果之间'缺失的一环'（Missing Link）。从这个意义上说，它是一名企业领导者的主要工作。作为一名领导者，如果不知道如何去执行，你的所有工作都将无法取得预期的结果。"《执行》一书中所谓"缺失的一环"来自达尔文的进化论，进化论认为，现代人和现代猿有着相同的祖先。长久以来，人和现代猿刚刚分离或者即将分离的化石是人类学家梦寐以求的支持上述理论的论据，被称为"缺失的一环"。这里被作者喻为目标和结果之间建立的关键联系。据此，他们认为从最基本的意义上来说，执行是一种面对现实并根据现实采取行动的系统化的方式。其关键是面对现实、系统行动。其要点有三："第一，执行是一种纪律，它是战略的一个内在组成部分。第二，执行是企业领导者的主要工作。第三，执行应当是一个组织文化中的核心元素。"

3. 保罗·托马斯和大卫·伯恩在《执行力》一书中的执行力定义

保罗·托马斯和大卫·伯恩在《执行力》（2003）一书中认为，没有执行力，就没有竞争力。执行力是一整套行为和技术体系。他们发现，所有执行力强的组织都有五个共同点：①执行力组织内部都建立了一种执行力文化。②执行力组织的薪酬设计更多地与业绩联系起来。③在执行力组织中，人员、战略、运营三个核心流程是紧密联结在一起的。④执行力组织的领导者们都对自己的企业和员工有很深的了解。⑤执行力组织很注意评估。自然而然，他们提出要提升企业执行力，也应从以上五点出发。

4. 一些企业家对执行力的定义

在拉里·博西迪和拉姆·查兰对执行下了新的定义之后，许多的优秀企业管理者也对执行这一概念表达了自己的看法。GE 的前任 CEO 杰克·韦尔奇认为，执行就是消灭妨碍执行的官僚文化；戴尔电脑的创办人迈克尔·戴尔认为执行力就是在每一阶段、每一环节都力求完美，切实执行；中国著名企业家、联想的创始人柳传志则认为执行力就是任用会执行的人。这些优秀的企业管理者对执行力下的定义，都与其自身的经营实践密不可分，但同时也带有很深的企业个体的特征，虽不能作为对执行力的定义，但却对明确执行力的概念起到了借鉴的作用。

以上是不同学者和企业管理者对执行力的一些认识。目前在理论界对战略执行力的理解可以归结为以下三种。一是过程说，认为战略执行不是简单的战术流程，而是一套通过提出问题、分析问题、采取行动的方式来实现目标的系统流程，是衔接战略目标与战略实施结果的重要一环。二是协调说，认为战略执行力是针对企业组织系统而言的，是企业多种能力的结合与表现。企业提升战略执行力的过程就是企业正确地处理战略执行与战略制定、组织结构、企业文化和信息沟通之间相互关系并使之相互协调的过程。三是控制说，认为企业竞争能力在很大程度上取决于企业的执行能力，而增强执行能力必须依靠管理控制系统。因此，构建基于执行力的管理控制系统至关重要。这一观点把战略执行力看做是战略分析和战略选择之后的有效实施的战略控制系统，其目的是要保障战略实施能够实现既定的战略目标，以一定的战略实施效率确保企业战略实施的效果。

在企业战略竞争过程中，实际上是难以将战略预见、战略设计与选择、战略执行与运作严格区分开来的。从系统的广义的视角来理解，战略执行力的实质就是企业战略管理统驭的能力，而不仅仅是按部就班地去按照战略部署简单地去执行。它不仅要关注战略实施的效率，还必须关注在动态变化的环境中战略管理的效能，也就是在战略实施和执行过程中动态地调整和优化整个战略系统。

二、战略执行力的重要性①

1. 战略成败的关键在于战略执行力

战略是应用于组织整体的，为组织未来较长时期设立总体目标并寻求企业在环境中位置，决定着企业发展的方向。战略是企业成功的重要因素。然而战略一旦制定出来，战略执行便成为战略是否能够成功的关键要素，因为即使再好的战略也无法自动实施。

战略执行力就是通过正确决策、严密组织、协同行动、精心管理，将战略目标付诸实践，是决策能力、组织能力、管理能力、调整能力、创新能力等的集合。在经济全球化加剧、企业战略趋同化也在增强的条件下，“企业成败的决定因素应是执行力”逐渐成为了企业管理中的新共识。越来越多的人认为，三分战备七分执行，更有高达90%以上的企业家认为“最占时间、最为重要、最为困难的事情就是制定和实施战略”。战略执行力在企业的竞争发展中显得格外重要，它不仅可以快速正确地执行战略，而且可以在执行过程中通过不断反馈和修正，提高企业战略预见能力、优化战略设计水平、积累战略竞争优势，形成战略制定和战略执行之间的双向互动。

战略的基本目标都非常简单：为企业赢得更多的客户；建立一种可持续发展的竞争优势；为股东获得足够的回报等。然而再好的战略，如果得不到有效执行的话，也无法达到预期的目标。研究发现，卓越的公司尤其是“世界最受推崇的企业”，他们并不一定在战略规划上花费更多的时间或努力，但他们却表现出卓越的执行力。Cisco是世界著名的网络设备公司，Cisco全球副总裁林正刚来中国时，他认为Cisco的成功不在于技术，而在于执行力。由此可见，“执行力”在世界级大公司被看得有多重。只有执行力才能使企业创造出实质的价值，只有战略执行力才能让企业发展战略变成现实。失去执行力，就失去了企业长久生存和成功的必要条件。在企业的经营与管理中，建立企业的愿景、战略与计划以及强调对人力资源、财务资源和实物资源的管理固然重要，但如何将这些管理的重要方面有效地联结和整合起来，才是企业真正在竞争中取胜的根本保证。这种整合、执行的能力就是目前许多优秀企业家和学者所强调的“执行力”。有人说过，如果不能执行的话，领导者的所有其他工作都会变成空谈。也有人断言，企业间过招，比拼的就是执行力，而中国企业缺

① 保罗·托马斯．执行力：没有执行力，就没有竞争力．源泉，译．中国长安出版社，2004：25-26.

乏的恰恰也是执行力。中小企业领导人也必须认识到：没有执行力，再好的战略也是空谈。执行力是一个企业能够战胜竞争对手的关键。

2. 执行不力是企业战略失败的病根

好的战略失败大多因为没有执行到位所致。不少企业家常常有一种困惑，他们有先进的技术、高素质的员工、也有正确的战略计划，但为什么就是无法付诸实施或者说执行效果不够理想呢？大量的企业实例说明了成功的战略选择并不能保证企业能在竞争中获得成功，而必须是在战略制定和战略执行两个方面都能卓越。“战略巨人、执行矮子”导致许多企业经营的失败。战略执行力弱成了企业管理中最大的“黑洞”，成了中国企业做大做强的瓶颈。

中国企业执行不力的几个原因：

（1）中国企业的执行力薄弱究其原因是执行文化的欠缺：一是儒家思想缺乏可执行性。传统文化研究方法不推崇实践、不善于实践，不仅造就了一个不善于实践的知识阶层，更导致理论与实践的脱离，企业在设计规划的过程中就没有过多地考虑是否可行；二是人治文化对执行的负面影响，制度的影响和约束力没有个人的权威大，领导的口头指示甚至是暗示可能强过企业基本法；三是面子文化，在中国传统文化中的“情面”是对企业执行力和高效有序管理的最大障碍；四是管理缺乏标准化，随意性大，工作要求无法定量，绩效考核也就流于形式。

（2）熟人文化导致规章制度不能有效执行。在我国的一些企业里，制度是给生人或新来的员工制定的，或者说上墙的制度是给别人看的，对于领导者的熟人来讲就没有太大的约束力。结果是熟人破坏了制度，就像骨牌一样一个倒下后接着就一个个地倒下了。企业即使制定了再好的制度也无人贯彻执行。另外，管理制度不够严谨，没有经过认真的论证就仓促出台，经常性的朝令夕改，让员工无所适从。最后导致了有好的制度、规定出台时也得不到有效的执行。

（3）管理者不能做到“常抓不懈”。从大的方面来讲，是管理者对政策的执行不能始终如一地坚持，虎头蛇尾。从小的方面讲，是对工作有布置没检查，检查工作时前紧后松，工作中宽以待己，严于律人，自己没有做好表率，等等。这些都制约着企业的执行力。

3. 只有严格的执行才能让组织运行

企业是一个在市场上面临复杂竞争环境的组织，这样的组织如果缺乏严格的执行能力，那就意味着失败，意味着灭亡。我国很多企业拥有完整的管理制度和众多规范，但由于缺乏严格的执行，制度的威信便荡然无存并最终导致企业的衰亡，因此，只有严格执行才能让组织产生强大的力量。

中国企业研究执行力的重要意义就在于，如何将执行力的理论同中国企业的具体情况有效地结合，从而提升中国企业的竞争力。遵照这一原则，企业在制定战略和实施计划时应注意以下几点：（1）在制定愿景和目标的时候，企业要真正了解市场的环境、目标客户的需求和企业自身的实力。（2）在制定具体战略的时候，要考虑到整合企业人力、财力、物力等资源，特别是要将这些资源调配到统一的方向上来。这种整合使大家的努力方向一致，结果才能使每个部门都能做到更好。（3）在拟定计划的时候，企业要将战略转化、分解到每一个部门及员工的日常工作当中，并明确他们的衡量指标。海尔在1998年的时候，就已经认识到这一点，张瑞敏说，我们做的BPR（流程重组）、我们做的任何市场的新概念都不可能成功，除非把绩效和员工的激励制度进行挂钩。（4）执行战略、跟踪目标的时候，要求有合理的业务流程及称职的员工。

对整个企业来说，执行就是企业要将高层决策不折不扣的加以实施以取得预期的效果。企业的战略规划事关企业的未来大计，是执行的主要对象，但执行的内容并不仅仅包括战略规划，其他诸如企业日常运营的一些琐细规定、应对突发事件的紧急决定等都应该属于企业执行的内容。执行高层的决策需要进一步的将总体任务逐层分解为很多子任务，并相应的交给不同层次的人员去完成，只有这样才能使组织高效地运行。

对企业中的每个成员来说，执行就是要“按质按量按时完成自己的工作和任务”。这里的“质”是指企业的成员对其完成的工作保证质量，要达到应有的效果，不能只注重形式主义；“量”就是数量，是指企业成员应该保证工作的数量，比如销售人员应该卖出事先确定好的产品数量；“时”是对时间的要求，在保质保量完成工作的同时还不能拖延，因为市场时机稍纵即逝；“自己的”意指企业每个成员都应该做好自己的本职工作，在保质保量按时完成自己份内工作的前提下再去帮助别人或者做其他事情。如果企业的每一个成员，上至企业高层管理者，下至一般员工，都能够将自己的本职工作在“质”、“量”、“时间”三个方面完成好，那么这个企业的执行力就会很强，企业的效益也会处于业内领先水平。

三、执行力的相关影响因素

要提升企业的执行力，就必须了解执行力的影响因素。不同学者对哪些因素影响执行力有着不同的观点和侧重，这里总结、归纳一下主要学者的观点。

1. 国外学者关于执行力影响因素的观点

(1) 拉里·博西迪和拉姆·查兰在《执行》一书中，提出影响企业执行力的因素主要有五点，分别为:

①企业管理者缺乏执行力;

②企业文化不是执行型企业文化;

③战略缺乏可执行性，或与人员不相匹配;

④企业人员配置达不到要求，员工缺乏执行力;

⑤企业的运营流程分解不合理，不利于执行。

(2) 在拉里·博西迪和拉姆·查兰的基础上，保罗·托马斯进一步总结归纳，认为除拉里·博西迪和拉姆·查兰提出的五大影响因素之外，还有三大因素影响着企业执行力:

①企业的组织结构是静态的，无法使企业保持活力;

②企业的薪酬制度无法激励具有执行力的员工;

③缺乏有效的评估。

(3) 拉博·斯兰迪也在自己的书中，提出了他认为的影响执行力的关键六点:

①战略的制定是否合理;

②是否正确分解战略和目标;

③运营过程中的执行力;

④企业团队的执行能力;

⑤企业的监督、预警机制;

⑥企业内部的沟通。

2. 国内学者关于执行力影响因素的观点

(1) 在余世维的《赢在执行》一书中，列举了影响企业执行力的八大因素，分别是:

①企业管理者没有常抓不懈;

②管理制度不严谨，朝令夕改;

③制度本身不合理;

④执行过程过于烦琐;

⑤缺乏将工作分解和汇总的好方法;

⑥没有人监督，也没有监督的方法;

⑦培训中的浪费;

⑧缺乏形成凝聚力的企业文化。

（2）黄超在《浅析影响企业执行力的因素》一文中总结了影响企业执行力的五大要素：

①缺乏正确的目标；

②企业人员缺乏执行力；

③员工缺乏团队精神和合作意识；

④企业的组织流程不符合企业的经营要求；

⑤企业的激励方式无法有效激励。

（3）方征在《提升企业的执行力》一文中指出了以下五点企业执行力影响因素：

①管理者自身的执行力不够；

②管理制度不完备，缺少针对性和可行性；

③企业的组织因素，特别是企业的中层组织；

④企业的信息沟通系统，包括企业内部的信息沟通及与外部环境的信息沟通；

⑤工作中缺少科学的监督和考核机制。

（4）陈波在《关于提升我国企业管理执行力的思考》一文中指出我国企业管理执行力不足的原因有：

①缺乏系统的、可以信赖的管理制度；

②制度在推行过程中，缺乏正确的评价机制；

③制度执行过程中缺乏监督机制；

④制度的完善和更新不及时。

通过对比中外学者的观点，我们可以总结以下结论：在分析执行力的影响因素时，国外学者更注重从企业文化以及企业流程这两个方面找原因。而国内学者在国外学者的研究基础上还从企业的管理制度上找原因。这也是我国学者将执行力问题与我国企业实际相结合的一大成果。相比国外企业而言，我国企业的执行力影响因素不仅集中在文化、战略、人员、运营上，还体现在我国企业的制度建设上，尤其是制度的执行上。这也是我国企业较国外企业而言，更迫切需要提升企业执行力的原因之一。

四、执行力建设的相关理论

执行力不足是当前许多企业共同面临的问题，企业执行力不是天生就有的，是需要在企业的经营管理实践中逐步建设和不断培养的。目前，关于企业执行力的理论研究中还缺乏建设执行力的系统方法和步骤，执行力建设的研究从理论和实践两方面都具有价值。现有执行力建设理论的基础是由拉里·博西迪和拉姆·查兰在《执行》一书中提出的。拉里·博西迪和拉姆·查兰提出要增强企业的执行力，就要将企业战略、人员和运营流程三者结合起来综合考虑。在此基础上，国内外许多学者都对执行力建设问题进行了进一步的探讨研究。

1. 国外学者关于执行力建设的观点

(1) 拉里·博西迪和拉姆·查兰提出的执行力建设方法

在《执行》一书中，拉里·博西迪和拉姆·查兰向读者展示了一套提升企业执行力的理论方法。作者阐述了执行力的三大基石和如何运用企业的三大流程来建设企业执行力。执行力的三大基石分别是企业的领导者、企业文化和企业人员配置。而建设企业执行力的核心则是通过在企业中建立具有执行性的人员、战略和运营流程。

拉里·博西迪和拉姆·查兰是执行力建设理论的最初提出者，同时也是目前为止，对执行力理论研究影响最为深远的学者。在书中阐述的方法，抓住了执行力就是整合企业战略、人员和运营的核心，并具体阐述了如何操作这三大具体流程的方法，但是，该种方法在理论的构成上还具有一定的缺陷，它单纯的从流程上建设企业执行力，与企业的实际稍有脱节。

(2) 保罗·托马斯的六大执行力建设法则

在拉里·博西迪和拉姆·查兰研究的基础上，保罗·托马斯进一步研究执行力的建设方法，共从六个方面阐述如何建设企业执行力，具体建设方法为：

①建立执行力文化；

②将薪酬设计与业绩相联系，给予那些具有执行力的人更多的精神和物质回报；

③将人员、战略、运营三个核心流程紧密联系在一起；

④领导者的任务是以开放的对话将员工凝聚在一起，为共同目标努力；

⑤注重评估；

⑥构建动态的组织结构，保持企业竞争力。

保罗·托马斯的执行力建设方法，既保留了拉里·博西迪和拉姆·查兰执行力建设方法的核心部分，又添加了他自己认为重要的五个方面，该方法是对执行力建设方法的进一步延续和拓展。

2. 国内学者关于执行力建设的观点

(1) 余世维提升企业执行力的理论

我国著名企业培训师余世维在其著作《赢在执行》中总结出了一套提升

企业执行力的方法。该法主要从四个方面来提升执行力，具体做法如下：

①把握执行力的三个核心流程，即企业的人员流程、战略流程和运营流程。从执行的角度制定和整合企业的三大流程。

②提升企业中个人的执行力，包括管理人员和普通员工。管理人员提升执行力分为两个部分，一是提升自己的工作能力，二是管好自己的下属，提升下属的执行力。提升公司员工执行力从提升工作能力和改善工作态度两方面来实现。

③提升组织的执行力。提升组织执行力有五大关键，首先企业需要构建具有执行力的企业组织框架；第二是建立具有执行力的管理团队；三是明确管理层的责、权、利；四是制定具有执行性的企业流程；五是建立健全企业的管理机制。

④执行要从企业领导者做起。企业领导者不仅在企业掌握着许多关键的工作，同时也是企业其他员工的“楷模”，企业的员工会以领导者的行为作为自己的行为规范，领导者的行为会对企业员工产生潜移默化的作用。所以，执行一定要从领导者做起。

(2) 章义伍的3+1执行体系

国内著名讲师章义伍提出的3+1执行体系，以企业中人员、战略和运营流程作为驱动执行力的三大硬件，以文化这个执行的灵魂作为驱动执行的软件系统，建设了3+1企业执行框架。在总结了大量企业的发展轨迹后，章义伍总结出以下结论：执行不是靠一两种新产品，更不是靠有特异功能的人，靠的是系统的战略流程设计；靠的是固化的运营流程；靠的是“人才加工工厂”的机制；真正的执行，根本出路在于建立一个不能依赖于能人的执行体系。

(3) 国内执行力建设理论总结

国内学者在期刊杂志上发表的提升或建设执行力的论文中关于执行力建设的方法，可以总结如下：

①明确企业的目标。制定可执行的企业战略并有效分解战略，完成战略的落实工作。

②重新构建企业的组织框架，明晰企业管理者的责、权、利，发挥企业的团队精神，提升组织的执行力。

③创建企业的执行文化。

④健全企业的管理制度，设立具有执行力的制度。

⑤增强企业领导的执行力。

⑥注重企业的人员配备，挑选适合企业工作需要，又具有很强工作责任心

的员工。

我国学者同国外学者一样，执行力建设理论都强调对企业三大流程的建设改造，认为提升企业执行力必须抓住企业的战略、人员和运营流程；同时也认为企业文化将会对执行力的建设产生关键的作用；认为领导者的执行力建设“模范”作用在建设企业执行力中有重要作用。此外，我国学者还强调企业制度的建设和完善，认为企业制度不完善或制度不符合企业实际需要，是影响企业执行力的一个重要原因，所以，要提高我国企业的执行力，必须完善我国企业的制度并制定一些具有可执行性的制度，以保证制度的实施。国内学者这种强调制度建设的理论，与我国企业的性质有关。我国企业从过去的计划到现在的市场，许多企业在制度建设上还不完善或有制度但并不适合现实的需要，这就要求我们更多的关注制度，建设具有执行力的企业制度。

第二节　中小企业执行力的来源

在上一节，我们关注了企业执行力的影响因素，了解了关于执行力的建设理论。可以得出这样的结论：中小企业执行力主要来自于以下几个方面：企业的三个核心流程、企业的执行力文化、有激励效用的中小企业管理制度，以及中小企业领导者和员工的执行能力。

一、企业的三个核心流程

执行力强弱的表象主要体现在执行的过程及执行的效果之上，核心在于企业的三个核心流程：人员流程、战略流程和运营流程。① 所谓流程指的是企业内正式或非正式约定俗成的做事方法，企业通过一系列活动创造价值，流程就是进行这些活动的步骤和方式。所有的企业都在以某种特有的方式利用这三个流程，但在大多数情况下，都无法将这些流程紧密地结合起来。由于这三个流程彼此紧密联系，所以人员之间也不应分隔。战略的制定必须考虑到企业人员条件和运营过程中可能出现的实际问题，而对人员的挑选和任用也应当根据战略和运营的需求进行。同时企业的运营必须与它的战略目标和人力资源相结合，如图 8-2 所示。最终，三项流程的联结和综合的程度，就表现为企业的执行力状况。必须重视的一点是，企业的领导者和管理层应当亲自参与到这三个

① 保罗·托马斯．执行力：没有执行力，就没有竞争力．源泉，译．中国长安出版社，2004：5-15.

流程当中。

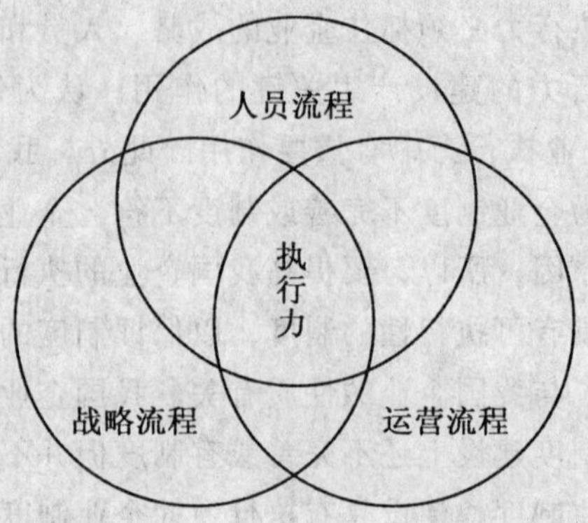

图 8-2　人员、战略和运营流程有机结合

1. 人员流程

无论什么时候，人永远是最活跃、最核心的因素。在三个流程当中，人员流程比战略流程和运营流程都显得重要，因为企业是要靠人来判断市场的变化，并根据这些判断制定战略，再将战略转化成现实的运营，是人员流程在战略与运营之间建立了联系。如果不能把人员流程做好，就无法完全发挥企业的潜力。传统人员流程最大的缺失，就是眼睛向后看，只评价员工目前的表现，而忽视了这些人是否有能力处理明天的工作。一个强有力的人员流程实际上提供了一个强有力的框架，该框架中足以确定整个组织在今后一段时期内的人才需求水平，并帮助领导者为满足这种人才需求水平做出相应的行动规划。人员流程是战略流程和运营流程的支撑，人是执行力的主体。如图 8-3 所示。

执行力组织中的人员流程必须关注以下几个方面①：

（1）将人员流程与战略、运营流程相结合

传统的人员流程通常更注重人们当前和以往的表现，以此来决定对此人的任用。而执行力组织的人员流程要求注重人的潜力，使之与下一个阶段的目标相结合。因为，评价一个人的能力如何，更重要的是看他能否做好明天的工作。有很多这样的人，他们在当前取得了很好的成绩，却不能在下一个发展阶段取得成功。所以，要建立执行力组织，就必须重构人员流程，使之着眼于未

① 保罗·托马斯．执行力Ⅲ：人员流程．源泉，译．国际文化出版公司，2004：151-177.

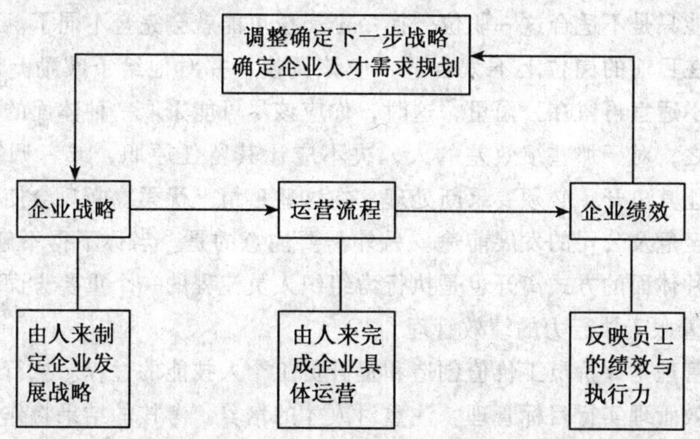

图 8-3 人员的执行力主体地位

来而不是过去。在很多情况下，战略本身并没有问题，最后之所以失败只是因为用错了人，所用之人的能力与所推行的战略及企业运营的要求不相符。实际上，为了下一个阶段的目标，被选中的人在当前的表现不一定要比他的前任更加优秀，但是，他一定要更适合把业务推向下一阶段，这一点非常重要。

（2）培养领导人才

人员流程的基本任务之一，就是建立培养领导人才的机制，以配合公司的中、长期发展目标。培养领导人才首先要对员工进行正确的评估，以发现那些高潜力人才。要弄清楚哪些人的业绩很好，哪些人的领导协调能力比较优秀。然后对高潜力人才进行针对性的培养，以使其能适应下一阶段目标的需要。这些工作将为公司培养出大批高素质的优秀管理人才。这样的人员流程将使公司具有很大的竞争优势。应当注意的是，领导人才不仅仅是着眼于选拔，更重要的是培养。对于通过人才评估和追踪评估中所发现的高潜力人才要进行培养。他们在哪些方面还要加强，在哪些方面需要进一步发挥，要着重对此进行培养。必要时，可以辅以职位的调动，以锻炼其相应的能力。这是建立领导人才机制的基本条件。

（3）正确处理低绩效的员工

企业里总会有些人不能胜任他当前的工作，这很正常，即使最优秀的人员流程也不可能保证每一个人都选择的非常合适。当某些人绩效达不到要求时，就要进行适当的处理，或者调到低一些的职位上，或者让其离开公司。而人员流程的任务就是将这两种情况区分开来。执行力组织的人员流程应该识别出哪些低绩效人员应该调换工作岗位，哪些低绩效人员必须离开公司。有些绩效差的人，可能只是不适合这一职位，换一个岗位可能就会完全不同了。这时你可以告诉他在目前的岗位上不太合适，应该调换，并对他给予鼓励。而另一些人，显然不适宜再留在公司里，这时，你应该尽可能采取一种体面的方式让其离开。总之，对于那些绩效差的人，决不应让其留任原职，或者调换工作岗位，或者让其离开，必须要果断处理。在这些事情上优柔寡断只会使事情越来越糟，甚至危及公司的发展前途。另外需要注意的是，当你不得不解雇人时，让其以一种体面的方式离开也是执行力组织人员流程的一个重要方面。

（4）着眼于执行力的绩效管理

绩效管理是评价员工价值创造和提升员工个人技能的过程。执行力组织对员工的绩效管理实行目标管理，注重对人才的培养。考核的结果将作为员工薪酬计算、升降的依据，同时也是晋升、降职、调动、开展培训和调换工作或辞退的主要依据。考核结果更是员工总结经验教训、进一步改进工作、提高个人终身就业能力的依据。

（5）有效的人才评估

对人员进行评估是执行力组织中人力资源部门的一项重要职责，也是人员流程的主要组成部分。人员流程的一切工作，都要求首先对人才的能力做出正确的评估。没有评估，你不可能了解一个人的潜能，也就不可能清楚地知道他适合在哪一方面发展，或者说是否能适应下一阶段战略目标及企业运营的需要，也就不可能在人员与战略和运营三个流程间建立起联系。而这是执行力组织人员流程的基本要求和目的。执行力组织中的人才评估与传统的评估有很大不同。传统的评估往往是由几个人组成评估小组，依据他们自己掌握的信息对人员做出评估，得出结果。而执行力组织的人才评估更倾向于有本人（被评估人）参与的双向评估，它是一个互动的过程，评估结果在评估过程中已经传达给了被评估者。评估在一种坦诚的气氛中进行，评估既全面、公正，同时也是对被评估人的培养。

2. 战略流程

很多中小企业的领导者还是不能认识到：好的战略，如果不能得到有力地执行，也无法达到预期的目标。好的战略并不是简单的数字组合（包括财务、市场占有率、利润等一系列目标），也不是毫无实践意义的夸夸其谈。它的核心和细节必须来自战略规划人员的周密思考与精心设计，所以这些规划人员必须对实际的操作过程、市场现实、现有资源和企业的优势劣势等问题有着深刻的了解，在各部门领导的强势推动下，让大多数企业员工普遍参与。战略流程必须把人员和运营结合起来。

大量企业经营失败的案例表明，很多企业战略经营的失败源于其战略缺乏可执行的基础，如公司战略中未能很好地预见外部环境的威胁，未能很好地评价组织自身的能力，导致公司发展过程中“小马拉大车”式的步履蹒跚；未能很好地沟通，导致员工对战略缺乏认同。这些都直接影响了战略执行的效果。一个可执行的战略是提高组织执行力的基础与前提。可执行的战略都要进行明确的企业任务陈述，都要进行详细的企业外部分析与内部分析，都要全体员工的群策群力，都要进行细致的战略分析与选择。企业战略流程包括：企业战略制定、企业战略实施、企业战略控制、企业战略修正等四个主要过程。具体的战略管理过程在此不再赘述。

战略定义了组织的发展方向，是组织行动的纲领。组织的一系列活动包括组织构架与各种资源的配置都是以战略为基础的，它是一份详细的行动指南。它应该能告诉领导者及执行人员应如何为了实现战略目标而配备各种资源、应实施何种措施来确保目标的完成。在整个战略流程中，最费时、最困难的不是战略的制定，而是战略的执行。许多公司的战略最终遭到失败，不是因为公司的战略有问题，而是因为执行不力。

一份好的战略计划应当充分考虑运营流程，应当能够执行。它要求战略计划的制定者对企业的一系列问题，比如面对的市场情况、企业现有的资源、企业的强势和弱势以及战略的可操作性有清晰的认识。要制定出符合实际的战略，就必须对自己企业所面临的商业环境有完全的了解，你处于何种地位，有哪些机遇和挑战，你的竞争对手的情况如何等。一项好的战略计划必须保证其假定的前提是合理的。不仅要有长期目标，还要有短期目标，在情况发生变化时应能进行适当的修改，即具有一定的灵活性。一项好的战略计划，还应该考虑到它是否有其他的替代方案，以及你的企业是否有能力实施它。战略计划还应当与人员流程结合起来。必须了解战略计划应由什么人来采取行动，公司里是否有现成的人选，以及如何去获得合适的人选。缺少合适的执行人员是战略失败的一个常见原因。如果没有合适的人选，也不能找到这样的人来执行战略，那么这项战略就不是一项好战略，就应该考虑调整或改变。

3. 运营流程①

运营流程与前面讨论的人员流程和战略流程密切相关。战略流程在一般情况下界定的是组织的发展方向问题，人员流程则是对战略执行过程中人员因素

---

① 保罗·托马斯. 执行力Ⅲ：运营流程. 源泉，译. 国际文化出版公司，2004：1-5.

的界定，而运营流程则是对人员开展工作进行的指导和说明。它把企业长期的目标分解为一些阶段性的任务，为了完成这些阶段性的任务，领导者就不得不做出许多具体的决策，将其整合到整个组织的运营当中，并根据市场情况的变化及时进行调整。所以在制定运营计划的过程中，所有的数据都必须以现实为依据，它不仅要以企业过去的表现为参照，从而为企业发展确定新的目标，还要为实现目标制定出具体的工作步骤。

许多领导者往往只关心结果，因而他们制定完成战略之后，就不关心具体的执行过程，他们希望执行人员能够自行完成目标，却不给执行人员指出一条到达目标的路径。这样做的结果往往是战略计划中途流产，无法达到最终目标。在执行力组织中，领导者不仅制定战略计划，还会充分考虑运营情况，制定出一份将人员和战略联系在一起的运营计划。运营计划的前提应当与企业所面临的现实环境相符合，应当在执行人员及财务人员之间进行充分地讨论。这种讨论应当包括这样一些问题，比如当市场上出现了新的竞争对手时应当对运营计划作何调整？宏观经济环境的变化（例如利率的调整）会对运营计划造成哪些影响？

一份优秀的运营计划通常包括了企业在一年之内应当完成的项目，这些项目将保证企业能够在收益、销售额和现金流等财务方面达到预期的目标。这样的项目有很多，例如新产品开发计划、市场营销计划以及充分利用市场机遇的销售计划，生产计划以及以提高效率为目标的制造计划等。在执行力组织中，领导者必须对行业有清晰的认识，而且深入参与到三个核心流程当中去。在运营流程中，领导者的任务是不仅要负责设定目标，而且要对计划的实施进行监督，并且带领大家对战略进行评估。一名执行型的领导者应能将运营流程与人员流程和战略流程结合起来。他不仅要在情况发生变化时做出取舍、进行应对，而且还要在执行计划的过程中对下属进行指导和培养。

传统企业是以职能管理为核心的，它把企业的业务划分成一段又一段的节点，各自关心本段内的事情，各人自扫门前雪，不管他人瓦上霜，结果出现了部门之间难以协调的现象。现代企业以流程为核心，每一个工作每一个部门都以客户的需求为中心，企业内部的员工、上下道工序、部门相互之间不再只是同事和上下级关系，而具有一种市场关系。原来的职能管理部门就不再是单单的管理职能，而成为支持流程。企业还可以将运营流程整合兼容为一套体系，比如将 ISO9000，OHSAS18000，ISO14000 等兼容为一个标准管理体系或者将 5S，TPM，ERP 等合并为基础管理体系，这样可以极大降低运营成本，仅仅体系所要求的记录证据可减少 60%，而且便于员工培训。

二、企业的执行力文化

拉里在谈论如何建设执行力时多次提到建立执行文化的重要，并提醒领导者们要重视推动自己企业建立一种执行文化。很多学者认为文化是企业执行力的核心，提升企业执行力就要把执行融入企业的文化。

1. 执行的思想应当融入企业文化

一个卓越的企业，良好、和谐的企业文化应该融合在企业经营管理的任何地方，它是维系企业生存、发展的灵魂。执行力文化是把“执行力”作为所有行为的最高准则和终极目标的文化，是对执行力的全面提升，是企业文化极为重要的方面。正是在这个意义上，执行力的关键在于透过企业文化塑造和影响企业所有员工的行为，进而提升企业的执行力。良好的企业文化作为企业提高执行力的内在动力，在于它时刻存在于日常活动之中，存在于企业员工的内心深处，影响着员工的具体行为。组织的执行力效果和作用正是执行文化的最终体现。因此，提升执行力的关键就在于通过企业文化影响员工的行为，并形成自觉的行为习惯和行为认同。要在由不同的部门和员工构成的企业内部，形成相同的思想和理念。通过企业文化，企业执行力就在企业个体的层面上形成了坚实的基础。概而言之，企业执行力是在企业战略指导下，以企业制度作保证，通过企业文化提升来实现的。

将执行力融入到企业文化之中，就是要在组织中培育执行的价值理念，树立执行态度、规范执行的做事方式，组织一旦具备了执行文化，它将能影响组织中的所有员工，让企业员工都具有执行精神。执行文化能够激发广大员工的积极性，促使员工按照企业所想要的方式去努力，而且能够适应动态环境的变化和企业战略的调整。通过学习、借鉴企业文化的塑造方法和理论，可以探讨出企业执行力的建设方法。

执行文化的根在于员工最根本的思维方式。如果员工的执行态度不正确，战略规划和设计是很难得以实施的。要让执行的思想植根于企业文化之中，首先，员工要对企业的价值观念、运作方式有一个透彻的了解，这样员工才能不折不扣地执行企业的经营宗旨，全心全意地去遵循企业的价值观念，增强对企业的荣誉感，自觉自愿地服从、投入甚至创造性地执行。其次，企业应该注重强化员工的责任感意识，责任意识的淡薄会导致执行意识的不足，而这正是许多企业经营失败的重要因素。第三，企业应该逐步完善各项制度，强调有效促进与有效控制。培育企业执行文化，不仅仅要强调执行态度和执行动机，还要从企业制度的方面根植执行文化，将其渗透到企业的行为准则中，使其成为企业的有机组成部分。这样，企业成员才能深刻理解并认真实践企业执行力。一个典型的例子是迪斯尼，1923 年，沃尔特·迪斯尼创建迪斯尼公司，在他统治的几十年时间里，逐步形成了迪斯尼的核心理念：注意一贯性与细节，以创造力、梦想与想像力不断追求进步，控制与保存迪斯尼的“魔力”形象，“带给千百万人快乐”。这些经营理念和执行文化在长期的经营中通过培训、考核、标准化等一系列的手段方法在员工的思想上扎根。

2. 培养企业执行力文化的方法①

(1) 改变员工的信念和态度

现代企业制度下，要求员工的信念要符合企业的经营理念，员工的行为要有利于企业的发展。我们发现，一些从国有企业破产、兼并、重组中产生的中小企业，由于没有重视文化的整合，使企业经营遇到重重困难；一些没有经过工业化训练的中小民营企业的股东和经营管理者，个人文化与企业执行力文化的冲突，导致经常发生企业执行过程中目标、流程的随意改变，缺乏科学性，流程混乱执行力低下，也直接导致企业经营陷于困境。

如果想使你的企业建立起一种良好的企业文化，你需要改变那些直接影响企业效益的员工信念和态度。领导人应该清楚地告诉员工公司的目标是什么，并与大家一起讨论怎样才能实现这个目标。态度决定一切，执行力的关键在于透过企业文化影响员工的工作态度。如果每名员工每天都想着如何把本职工作做得更好，决策的执行必然高效、彻底。员工作为个体必然会在思想、行为上存在差异，只有依靠企业文化才能将个体之间的差异淡化，只有突出凝聚力，才能形成推动企业前进的合力。一个好的执行文化会在企业内部员工心中产生“化学反应”，使他们注重责任，用心工作，讲究工作质量和速度。执行力好比铁匠打铁一样，是千锤百炼地锻造出来的，而执行文化是企业长期培育出来的。领导者要教育好自己的员工，从改变员工信念和行为开始：做事要认真，不要怕麻烦；要将自己工作岗位上的哪怕是一件小事情做好，方法是重复、重复、再重复，直到将事情做到极致。如果每一个员工都这样做了，而且坚持不懈，执行文化也就培养起来了。

(2) 领导要身先士卒

在构建执行力文化的过程中，领导者的行为非常重要。在一定程度上，领导者的行为成了企业行为的标杆。如果领导没有参与到企业的日常运营当中，那他就不可能对企业文化产生决定性的影响。我们经常会看到，有些领导班子

---

① 鲍升华．试论企业执行力文化建设．江汉论坛，2004 (10)．

经常在一起大吃大喝，天天红着脸满身酒气地出现在工作现场。员工看在眼里记在心中，直接影响着他们的工作热情。相反，有一些领导能够经常深入到生产一线，倾听各方面的意见。他们亲历亲为，身体力行，对自己的工作全心投入。这样对整个企业执行力的提高有很大的促进作用。

(3) 知人善任

人才是企业最重要的资源。引导事业成功的是人才，造成失败的也是人才。管理人才尤为重要，是企业顺利运转的支柱。知道自己需要什么样的人才，让合适的人做合适的事，才能有效发挥人才的价值。通常情况下，领导者需要投入40%的时间和精力用来进行人才的选择、评估和培养。用人问题即应该用什么样的人，如何找到要用的人，找到人以后如何量才录用，用人以后如何评估和培养。作为领导，尤其是企业的主要领导，选人用人是否得当不仅体现领导的水平和能力而且决定了所在企业和部门事业的成败。事实充分证明，在这方面工作上的失误短期内可能反应不大，时间长了往往是企业致命的根源。人各有长处，选人的关键是从什么角度去判断，不言而喻，要选“肯做事、能做事、做好事”的人。要有事业心、责任心，但是更要有忠诚度。无论是大型企业，还是中小企业，对企业的忠诚度应该是我们选人的重要标准，如果缺乏这一条，对其充其量只能是利用而不能重用，否则，也许所用的人能力越强，一定条件下破坏性也会越大。

(4) 有效的沟通

随着以人为本理念和企业文化管理模式的深入，内部沟通具有日益重要的战略意义，它有利于企业文化氛围的形成，有利于职能部门之间的协作配合；有利于员工共识的实现，形成统一的价值观和强大的凝聚力；有利于满足员工的心理需要，实现自主管理和人本管理；有利于增强员工的主人翁责任感，调动员工参与公司经营管理的积极性和创造性，使人力资源向人力资本转变。企业总是随着外部环境不断地变化，当企业处于不利的市场环境威胁甚至面临危机时，会造成员工士气普遍低落和群体离心力，这时就需要大范围地交流沟通，鼓动员工的战斗精神，激励他们的信心和忠诚，恢复士气。当企业有重大举措，如领导班子更替、经营战略重大调整、大项目上马、新规章制度出台等，除了商业秘密外，事先要尽可能地让更多的员工知情、参与，听听他们的意见，增强员工的主人翁责任感；决策后，要迅速地做出详细的解释说明，排除员工的疑虑，统一认识，坚定信心。坦白、互动的沟通对信息的搜集和整理，以及最后做出正确的决策必不可少。有效的沟通能够消除一项计划在执行中产生的误解，能够化解矛盾和解决冲突，同时也能够调动员工的积极性和创造性，能够体现企业以人为本，大家畅所欲言，心往一处想，劲往一处使，使企业形成凝聚力。通过充分的沟通，员工的积极性、创造性以及强大的凝聚力将推动企业执行力文化的建设向前迈进一大步。

（5）薪酬与业绩挂钩

员工所得到的薪酬既是对其过去工作努力的肯定和补偿，也能激励其在未来努力工作。在员工心目中，薪酬不仅仅是自己的劳动所得，它在一定程度上代表着员工自身的价值，代表着企业对员工工作的认同，甚至还代表了员工个人能力、品行和发展前景。所以，薪酬激励不单单是金钱激励，同时也隐含着成就和地位等激励。因此，薪酬激励能够从多个角度激发员工强烈的工作欲望，成为员工全身心投入工作的主要动力之一。要在企业内部建立起执行文化，就必须将薪酬与工作绩效挂钩，让员工所获得的薪酬额度与其贡献成正比。企业通过对员工的绩效考核，使岗位之间的晋升或降级有了量化的考核数据，使员工的精力集中到努力工作、提高工作业绩上来，避免干好干坏一个样的消极局面。通过奖励优秀的工作业绩，利用奖赏达到激励员工的目的。从而在企业内部真正建立起一种执行力文化。

三、有激励效用的企业制度

1. 合理、科学的企业制度建设是提高企业执行力的基础

企业制度的建立与完善要以是否具有激励效用为判别标志。企业要真正实现制度管人，而不是人管人，就需要管理层结合对各个部门和岗位的要求，制定出操作性强、有激励效用的工作标准，即合理、科学的管理制度。只有企业内每个领导、员工都明确自己的岗位职责，才不会产生推诿、扯皮等现象，才能在大家都主动工作的热情中提升企业执行力。制度在某种意义上来说就是一个企业的“宪法”，合理、科学的制度要兼顾企业利益和个人利益，并且要让个人利益与企业整体利益统一起来。责任、权利和利益是管理平台的三个最基本的要素，缺一不可。制度一旦定下来，它就应该具有权威性，上至决策层，下至普通员工，必须严格遵守和执行，它是企业行动方案的标准，它是企业员工的行动准则，它决定着企业员工在企业这个组织中能够干什么和不能干什么，以及怎样去干，等等。如果一个企业制定的制度不合理，就会引起执行层的抵触，进而产生过于频繁的修改—执行—再修改—再执行，使企业的制度逐渐失去权威性，员工从产生困惑到无所适从，最终会导致员工对企业制度无所谓的态度。一个好的制度体系应该在制度形成后 3 到 5 年，还能健康地运行，后期的改变也只是在原有基础上少量的调整，这需要企业的决策层和制度的制

定者对企业业务流程现状的深刻理解和对企业自身文化及企业未来发展的前瞻性的深刻把握。

合理、科学的制度要充分考虑本行业和本企业的现状，每个行业都有其自身的运营特点，行业的运营特点决定了企业对资源组织的方法和对资源的管理手段。此外，企业固有的行事风格、价值观等对制度的制定和执行也起着重要的作用，新制度太过超越原有企业文化，会产生灾难性的后果：员工离职、企业内权利的斗争、消极怠工、企业决策者威信降低等一系列连锁反应，最终就会形成企业的内耗，影响企业团队的协作力，从而影响企业整体工作效率，自然也会降低企业的执行力。合理、科学的制度建立后，新制度执行前的宣传贯彻非常重要。新制度的宣传贯彻必须由企业有实际影响力的人员带头，最好是“一把手”工程，否则“后遗症”影响深远。

2. 建立合理的执行制度框架

（1）制定支持战略的管理制度

提升企业的战略执行能力，企业应该加强自身的制度建设，要有相应的管理制度与之相匹配，建立支持战略的管理制度。为此，应该做到以下几点：①健全企业的各项管理制度，使企业的执行工作有章可循，有法可依，杜绝执行的随意性。②制度本身要合理，要有较强的针对性和可行性。管理制度在出台前要经过充分的调研和论证，所有的制度是为了帮助员工更好地执行战略，是提供方便而不是制造麻烦，是为了规范其行为而不是造成一种负担，制定制度时一定要慎重，要有针对性和可行性。同时，要注意各项制度之间的协调和衔接，防止出现冲突，以提高制度的整体效应。③建立科学的绩效评估和监督考核制度。建立科学的绩效评估和监督考核制度就是将绩效评估和奖惩制度与战略执行有效地联结起来，明确每个部门、每名员工在战略实施中的责任、权利和义务，创建一套与战略实施相关性的业绩评价标准，使得这套标准成为设计激励、评价个人和集体努力以及发放奖金的基础，强化绩效与回报挂钩的薪酬制度，将执行结果与执行人的利益相联系，从而增强员工的责任意识，提升企业的战略执行能力。

（2）设计有激励效用的执行制度框架

①将企业战略合理分解成短期经营目标计划，如年度经营计划、财务预算、资金计划、人事计划等，这种分解既可以在空间上把总目标分解成各个具体目标和具体任务，又可以在时间上把长期目标分解成不同阶段的具体目标和具体任务，在执行主体上可以将具体目标和任务分解到不同的部门，做到职责明确。海尔细化分解组织目标就是按“集团—本部—事业部—各职能部门—

责任部门—个人”的方式层层展开的。

②形成规范的、有章可循的制度化管理。制度保证是指通过建立和完善企业的组织制度、管理制度、责任制度、民主制度等方面，使企业所倡导的价值观念和行为方式规划化、制度化，使员工的行为更趋向合理化、科学化，从而保证企业战略执行正常运转。为此，需要合理设置组织机构和明确职能设置，规范流程设计和信息传递渠道，培养企业员工的岗位责任意识，划小核算单位，建立小事业部制。

③抓住战略执行的关键。执行系统必须突出重点矛盾，按照简单化原则，简略执行流程，将最重要、最核心的理出来，集中精力进行解决。

④保持执行系统的稳定性和连续性。虽然执行战略可能因为战略本身随主客观情势变化而产生调整，但战略执行系统框架和运行机制一般不应作较大的改变，良好的执行机制可以应对波动性的变化。

四、企业领导者的正确引导

1. 执行力组织中领导者的作用

企业决策者往往会把执行力差的原因归咎到各个方面，而忽略了从自身寻找根源。事实上执行力是决策者关于企业自身如何发展、如何管理企业意志的体现。一般而言，企业决策者应具有：较高的文化素质，较强的管理能力；敢于承担责任，有开拓进取的精神；严于律己，按制度和流程办事。这是企业决策者提高企业执行力的关键。反之，企业决策者管理能力较低，有关执行力的所有事情将无从谈起。决策者怕承担责任，办事模棱两可，难以决断，最后的结果只能是大家相互推诿，相互扯皮；决策者走形式主义，企业的各种文件、规章制度和执行程序也只是一纸空文，很难起到约束和激励的作用。此外，决策者对企业各级领导干部的态度，也会对企业的执行力产生重大影响。例如，在企业制度运行、执行过程中，企业中层违反制度后，如何处理？特别是企业的老总级、元老级或实力派违反制度时，这要考验企业决策者的协调手段和管理能力。处理得好，对企业的执行力的加强起推动作用，否则，制度只能被看作是给员工定的，这对企业的影响不言而喻。这就直接导致有制度执行不了，形同虚设。聪明的决策者应该清楚，严格执行企业制度不仅是维护企业利益的需要，维护企业员工利益的需要，而且对形成良好的企业文化氛围也有着积极的意义。当然企业决策者的“拍脑袋”、“一言堂”、“胡萝卜加大棒”式的管理模式，同样无法产生真正意义上的执行力，这种做法会使企业逐步失去其核心竞争力，在现代市场经济中被淘汰。因此企业执行力薄弱的根源与企业的决策者自身的能力和管理理念往往是分不开的。

在建立执行文化的过程中，企业领导者的示范作用也非常重要，从某种意义上说，领导者的行为将决定企业内部其他员工的行为。要提升企业执行力，首先应当有一个以“执行”为导向的务实的领导者。务实的领导者不但会以“知行合一”的经营理念和用人原则为指南，而且会运用执行文化的理念来指导企业运营、人事、薪酬和绩效管理政策的制定和实施。博西迪和查兰说：“对于一个组织来说，要想建立一种执行文化，它的领导者必须全身心地投入到公司的日常运营当中。领导并不是只注重高瞻远瞩的工作，也不能只是一味地与投资者和立法者们闲谈——虽然这也是他们工作的一部分。”领导者必须切身地融入到企业运营当中。因为，毕竟只有领导者才能够带领一个企业真正地建立起一种执行文化。就是说，领导首先要从思想上重视执行工作，其次要转变工作方法和工作重点，只有这样，才能带领员工在企业中建立起一种真正的执行文化，不断提高企业的执行力。

要创建执行力组织，企业领导者就必须亲自参与到企业的运作，对于企业的运营细节要了解得愈多愈好，优秀而卓越企业的管理者无一不是对本身业务知之甚详。不管是杰克·韦尔奇领导下的通用电气，还是山姆·沃顿领导下的沃尔玛，公司内部都可以强烈感受到这些管理者无所不在：几乎每位员工都认识他们，了解他们的主张，也知道他们对员工有何期望。韦尔奇在通用电气担任首席执行官长达二十年，在最后的一年任期中，他每周也会花 10 小时来审核公司各单位的运营计划，同时也密切参与员工相互往来的对话。即使在事业生涯的最后时刻，韦尔奇还是以主动参与的方式来领导公司。这些优秀的管理者能够在公司内无所不在而且深具影响力，就因为在员工眼里“他们就是企业本身”。韦尔奇还十分注重培养领导人，在 1991 年，当时距其退休还有 9 年时，他曾说：“从现在起，选择继承人是我要做的最重要决定，这件事每天要花费我相当多的心思。”

2. 执行型领导者的几项工作

(1) 了解你的企业和员工

了解你的企业和你的员工，这样才能安排合适的人做合适的事，才能培养合适的接班人。领导者要了解自己的企业和员工，知道自己的企业每一天都在做什么，自己的员工在做什么，工作进行得如何，在实施目标的过程中遇到了哪些问题，现在是否已经有了正确的解决办法等。在具有执行力的企业中，领导者和各级管理人员拥有开放的胸怀和性格，他们马不停蹄地在企业中走动，他们直接与员工接触，进行面对面的交谈，而且是坚持不懈地做下去。应该强调的是，各种形式的沟通均要做到坦诚、真诚，虚浮的侃侃而谈不能使你得到真实的信息。事实上，领导者希望了解企业和员工，而员工也希望了解领导人及公司的发展情况，也愿意将出现的问题与领导进行沟通。例如：郭士纳进入IBM后，意识到自己与员工沟通的重要性，认为持续地与员工进行面对面的沟通，而且用朴素、简单易懂和具有说服力的语言与之交流，对企业领导人来讲至关重要。正是基于这种想法，郭士纳通过面对面、电子邮件与员工进行坦诚的互动交流，把他的计划和信心传递给员工，使郭士纳加深了对企业和员工的了解。要真实地了解企业和员工就要设法让员工说真话，并做到知无不言，言无不尽。这就要求领导者要多提问题，多倾听。提出的问题要有针对性，而不是空泛之词。

(2) 坚持实事求是

执行力组织就要坚持以事实为基础来推动工作。但对于大多数企业来说，里面的领导和员工都是在尽量避免或掩盖现实。为什么呢？因为实事求是需要一种认真的态度，需要丢掉传统中国文化的清谈文化、面子文化、熟人文化和平均主义。我们经常会见到这样的领导人，他们对自己企业的前景与优势夸夸而谈，而问到他们弱项的时候，他们总是含糊其词，避重就轻。换句话说，他们都缺乏面对现实的勇气，缺乏实事求是的精神。

坚持实事求是就意味着你必须用一种客观的态度和勇气来看待自己的公司，尤其是在拿自己的公司与其他公司进行比较的时候。你一定要非常清楚地了解公司所处的竞争位置，同时要放开眼界，在衡量自己进步的时候，要把眼光放在与其他企业的对比之上，而不是仅仅局限于本企业内部。你不能把自己的关注点停留在“我今年取得了什么进步？”这样的问题上；你应该问，“和其他公司相比，我们公司目前的状况怎样？别人是否进步更快？”这才是一种真正的实事求是的态度。如果你打算让你的公司具有竞争力，如果你想在你的公司内建立起执行文化，你就必须做到两点：第一，你自己必须坚持实事求是；第二，确保在企业中进行任何谈话的时候，都以事实为基础，避免清谈。

(3) 强调亲自参与

执行力是企业“一把手”工程，是领导者需要认真思考并亲自参与的重要工作。企业管理者是执行力最重要的主体，那种认为领导者就是制定决策，执行决策是下属工作的观点是错误的。企业的决策人从根本上决定着企业执行力的强弱，因为即使是再完美的决策也会因没有执行力而夭折。企业领导者必须要一手抓决策，一手抓执行，两手抓两手都要硬，二者是辩证统一的关系。一方面，决策的有效实现依托于一个好的执行，不能执行的决策只能是“水中月，镜中花”；另一方面，执行需要有决策的眼光，执行需要决策的指导。而企业领导者就好比轮船的舵手，掌握着执行的方向。因为他了解企业所处的内外环境，更能看清问题症结所在，因此执行中领导者的亲自参与是十分必要的。只有在执行中才能及时发现各种问题，才能及时根据情况调整策略，这样才有可能达成企业目标，实现计划，使公司的事业不断向前推进。

在具体的工作中，企业领导者还必须确立明确的企业发展目标，以及实现目标的先后顺序，只有思路清晰，才能更快达到目标。在目标确立后，就需要适时跟进，就是要严肃认真地对待计划和提议，如果每个人对决策者的计划和提议表示同意，但由于没有人愿意执行任务，那么计划和提议最终还是没有产生任何实际的结果。因此，在提出计划和提议之后，紧跟着就要将它们完全落实，时刻跟踪落实的情况。领导者必须对优秀的执行者进行奖励，及时进行正确的奖励，可鼓舞员工士气。整个过程中，不断提高员工的能力和素质，是保证各项工作顺利进行的关键，是企业执行力落实的关键。

五、员工对组织的认同

1. 员工是企业执行力的基础

(1) 中小企业人员素质偏低

企业的整体素质首先是人的素质，中小企业从业人员整体素质普遍较低，虽然我国涌现了一批优秀的经营者和业务骨干，但就大多数中小企业而言，企业经营者的文化素质和专业素质不高，知识观念陈旧，经营管理水平低。企业职工的文化水平、技术水平低，专业技术人员、较高素质的管理人员、业务骨干、生产能手所占比例很小。由于先天的不足，而后天又缺乏自我提高、自我完善的过程，部分中小企业家缺乏现代企业家应具备的素质。同时，我国中小企业缺乏一套人才培养、运用和管理机制，没有给人才的培养和发展提供一个很好的平台，导致人才的大量流失。总之，人力资源综合素质偏低已经成为制约我国中小企业提高执行力及持续发展的最大障碍。

(2) 企业的中层干部

企业的中层领导干部、部门主管等部门级的成员，他们的主要工作就是上传下达，在企业中起到一个桥梁的作用。作为决策层的下级，他们应该正确理解决策层所做出决策的意图和目的并使自己与其达成一致；而作为基层的上级，他们又必须将企业的有效资源充分利用起来以实施上级做出的决策。正因为中间层在企业中处于一种桥梁的地位，所以中间层执行力的强弱是关系到整个企业执行力高低的一个枢纽。

战略分解落实下来要靠中层来实施。中层素质的高低，直接影响企业执行力的高低。企业文化、规范制度、管理流程、激励制度等都将取决于管理人员的执行力，因此，提升企业执行力的重要一环就在于中层。中层是否具备良好的管理意识，能不能在管理工作中，真正做到以人为本、以身作则，并善于识别真正适合本公司的人才，知人善任，决定了企业的基层员工素质能否提高，工作是否积极，团队是否有凝聚力。

如果中层具有强的执行力，则可以促使企业快速发展，相反地，则可以使企业停滞不前。如果责、权、利不清，将会使管理者出现大量的越位和逆向选择行为。因此，必须界定清晰中层管理者应尽的责任，形成“以制度管人，而非以人管人”的制度，倡导中层管理者一定要做好本职工作，对有能力的人要及时发现、及时提拔，告诫经常越位而搬弄是非的管理者要保持一颗平常的心态，多与群体融合，明确分工合作，共担风险和责任，形成坚韧不拔的团队，提升整体组织的执行力，而不是仅仅依靠建立在管理者个人基础上的执行力。

中层还有另外一个重要的工作，就是培养提升基层员工的执行力。要提升企业执行力，中层管理者就必须在重视自身执行能力的同时，绝不忽视对下属执行力的培养。中层管理者既是执行的监督者，也是执行的重要主体。如果把企业比作一个人，高层领导者就像人的大脑，担负着为企业指引航向的作用，基层人员负责具体实施，那么中层管理者的作用就好比人的神经中枢，起着承上启下的重要角色，担负上下级之间，部门与部门之间的信息沟通、协调等作用，是提升企业执行力的关键主体。

(3) 企业的基层员工

要提升企业执行力，企业的基层员工是最后的落脚点。企业的基层人员可以理解为不担任领导职务的普通员工。这一层次的人员更多时候是少说多做、兢兢业业的实干精神。这是最能体现企业执行力高低的一个层次，因为无论多么明智的决策，必须经过基层人员一步步地实施才能够最终变为现实。作为执行环节的最后落实者，基层员工执行力的强弱直接决定着团队执行力状况。

要建立具有高执行力的基层，必须做到以下几点：

①提供一个员工发展的平台。把执行力的提升与每个人的进步联系起来，创造平等的组织氛围，营造一种机会均等的环境，使全体员工都能在同等条件下展开公平竞争，并始终保持一定的竞争压力。充分调动起员工的积极性、主动性、创造性，是提高执行力的基础。为员工提供不断发展进步的机会，一般都采用内部提拔的方式。“管理人员必须要了解应该如何与他的下属共事，如

何帮助他们，如何培训他们。”

②明确工作的方向性、工作步骤及要求，让员工对各项专业技能熟练掌握和理解，在执行中避免政策的变形。各种任务的完成，需要很多专业性的知识，不要只是单凭个人经验来操作，否则执行的效果将参差不齐，管理也会失去控制。

③进行有效评价和引导。员工的执行力表现由各种因素来决定：不同工作体现的效率，成本的高低，完成的质量，对资源的利用，等等，因此，对员工执行力评价应该是多个维度的，根据不足之处，提供合理的调配和引导。

④提高员工的凝聚力。企业的经营与发展在很大程度上，依靠的是凝聚力。所谓企业的凝聚力，是指企业与职工之间的一种相互吸引力。具体说，就是企业对职工的吸引力、感召力，职工对企业的向心力。这种凝聚力一旦形成，就会使企业发挥出巨大的整体优势。职工对自己的企业是否认同，是否能产生一种归属感，是企业凝聚力形成与持久的关键。职工对企业的归属心态，就是职工以自己所确立的自身为标准尺度，将其放在众多企业的参照系中进行比照，通过直接或间接地验证、鉴别、比较，对企业所满足于他的价值实现的程度产生评价。当某个企业能较大程度地满足他的价值实现，与他的价值取向相吻合，他便会对该企业产生“认同意识”。随着自我实现的不断证实和兑现，便十分愿意将自己的发展与企业的命运联在一起，把自己“归属”于这个企业。使企业员工产生凝聚力，提高员工的执行力，是组织文化建设的一个重要方面。

2. 提高员工的执行力

(1) 使员工价值观与企业保持一致

员工的价值观对企业执行力有重要影响。员工的价值观如果与企业的价值观保持一致，由于具有相同的目标和方向，因此他在执行的意愿上就会很主动；如果相反，他就会消极怠工，不能认真执行任务。由于企业员工的背景复杂，价值观各不相同，因此想将企业的价值观调整为适应所有员工不太可能，而且也背离了企业组织的设立宗旨。因此只有使员工的价值观向企业的价值观靠拢。

经营之圣松下幸之助认为，公司不仅是“造物”的企业，更是“造人”的企业，“造人”先于“造物”。因此，他提倡与员工沟通，让员工把不满意直接说出来，并且为员工端上一杯茶，使员工心情舒畅，全力以赴为公司谋发展。松下幸之助采取的“尊重管理”方式，充分尊重员工内心需求、自我发展，这种方式使员工反过来为企业思考，形成了员工自我价值与企业价值的统一，“实现自我，回报社会”其意境就在于此。这种人本管理方式，通过员工个性释放，使员工的执行力提升，从而更有效率地完成任务。企业需努力做到：

①尊重人。每个人都有他自己的独立人格和自尊自强意识。企业对员工首先要持尊重态度，唯有如此，才能让员工对企业产生亲切感。这样，企业与员工之间的沟通就容易取得理想的效果，企业才会更轻易、真实地发现员工的优、缺点，因材施教；员工才能在被尊重的文化氛围中充分发挥自己的才能。二者结合，企业就能够取得最佳执行效能。

②了解人。企业应当尽力了解员工的思想、工作、生活、爱好、能力等多方面情况，对员工整体中带倾向性的问题尤其要了解清楚。即使是员工细微的感情变化也应了解，以起到知微见著的效果。因为，只有了解了员工的需要才能有的放矢地满足他们的需求，才能够使员工感受到企业的温暖而产生知恩图报的主人翁意识。

③关心人。关心员工个人目标的实现，激发他们的主人翁意识。要坚持奖罚分明的原则，有成绩就要表扬并给予各种奖励。员工有了缺点或错误，也要本着爱护的精神，及时地教育批评，引导他们回到正确的道路上来。切实关心员工的生活，不断提高员工的物质文化生活水平。对于一些企业暂时解决不了的困难，要实事求是向员工解释，双方携手，共渡难关。企业对员工无微不至的关怀，换取的必然是员工对企业的最大忠诚和更多奉献。

(2) 通过学习和培训提高员工素质

决策的执行最终要落实到每个企业成员的身上，因此员工的个人能力就成为执行是否得力的基础条件。决策制定出来以后，企业高层领导者能否将决策以任务的形式清晰、达意地布置给企业中层管理者，能否独当一面挑起企业的经营重担；中层管理者能否将自己部门的任务及时有效的传达给底层员工，能否胜任本部门的管理工作；基层员工是否有动力、有能力完成基础执行任务，这些问题自始至终都贯穿在执行的过程中。因此，提高各级员工的个人能力是获取高效执行力的另一个重要方面。

提高企业员工的个人执行能力主要有两种途径：一种是员工的自我学习；另一种是企业进行的培训。

①员工的自我学习

在就业竞争日益激烈的今天，如果某个员工没有持续学习的观念，而只是“吃老本”，那么他很快就会被残酷的现实淘汰。活到老学到老、抓紧一切时间为自己“充电”已成为今天很多职业人的共识。这就是员工的自我学习机制。自我学习的方式有很多种，或者通过工作实践来学习，因为实践本身就是一种学习的过程；或者在业余时间进行学习，如进入高校在职深造或者通过读书创建新的知识结构；或者通过发达的计算机网络系统与他人进行交流，进而使自身能力得到提高，等等。

②企业的培训

除了员工自我学习之外，企业对员工的适当培训也是必不可少的。企业要改变过去那种“使用人”的传统观念，而代之以“培养人”的现代用人理念。要重视员工的在职教育情况，经常性的对员工进行培训以提高他们的专业技术能力。还要进行使员工的行为和态度组织化、定型化方面的训练，要对员工进行教育，灌输组织的目标和文化，以适应组织的需要。培训要体现公平原则，同时要进行培训的反馈控制，考核培训效果。应该说近年来越来越多的企业开始重视员工的在职培训工作了，这也形成了企业人力资源管理的一个重点工作。企业的培训工作要从了解员工的心理开始。根据成功企业的调查与理论概括，员工都有明显的心理感受，如渴望自身竞争力得到提高、希望受到关注等。在实施企业培训方案中要尽可能考虑到企业员工的心理特点。这样实施的企业培训工作才能真正产生效果。

在企业管理实践中，我们更多的是将员工的自我学习与企业的培训有机结合起来，构建学习型组织。所谓学习型组织，是指以共同愿景为基础、以团队学习为特征的学习型的企业组织。它把个体学习、团队学习与各种激励有机地结合起来，有效地激发员工的学习和创造潜能，提高员工的忠诚度和责任感，不但使其能够勤奋地工作，而且能够让其“更聪明地工作”。它通过营造整个组织的学习氛围，增强企业整体的学习能力，提高群体智商，挖掘集体智慧，使得整个组织处于不断的学习和创新过程之中，提高组织执行力，从而在竞争中获取持久的优势。构建学习型组织，在企业内部形成一种学习氛围，让员工时刻有一种压力：如果不抓紧时间学习新的知识和技能，那么他现在的职位将很快不保。这种压力可以使企业员工更加积极的进行自我学习。同时辅之以必要的内部培训，双管齐下，必将极大的提高企业员工的个人能力。

第三节　执行力提升的基本路径与一般方法

提升企业执行力需要从多个方面入手，多管齐下可以取得良好的效果，企业的永续经营正是奠定在执行力坚实的基础上。在本节，我们着重从企业流程再造、标准化和规范化几个方面来探讨，认识这些基本方法，了解它们对提升执行力及促进企业成长的重要意义。

一、企业流程再造

1. 流程再造的概念

(1) 业务流程再造的含义

业务流程再造（BPR）(Business Process Reengineering) 理论最早是由美国的 Michael Hammer 提出的。1990 年，美国麻省理工学院教授 Michael Hammer 博士在《哈佛商业评论》上发表了一篇题为《再造工作：不要自动化，而是彻底铲除》(“Reengineering Work：Don’t Automate，But Obliterate”) 的文章。文中指出，我们习以为常的企业流程，多是在现代计算机技术和通信技术诞生前提出的，有些甚至是在 20 世纪初提出的，其中许多流程已没有存在的价值，要想真正利用信息技术来提高企业效率，就必须对企业的作业流程进行重新改造和设计，以清除不必要的环节或步骤。从而正式提出了“业务流程再造”的概念。

迈克尔·哈默（Michael Hammer）和 CSC Index 公司总裁詹姆斯·钱皮（James Champy）通过广泛深入的企业调研后发现，一些企业由于较大幅度地改变了工作方法，从而在一个或多个领域取得了戏剧性的成功业绩。这些企业并没有改变其所从事的原有业务，而只是对业务中的流程（process）作了增减或改变。1993 年，他们联名出版了《公司再造：公司管理革命的宣言》(“Reengineering The Corporation：A Manifesto for Business Revolution”) 一书，展开了流程再造研究的篇章。

首先要认识一下什么是流程？简单地说，就是做事的前后顺序及过程。企业的流程就是企业完成其业务活动，为顾客创造有效价值并获得收益的过程。那么什么是业务流程？流程再造理论创始人之一的达文波特博士（Davenport）对业务流程的定义是：业务流程是系列的特定工作，有一个起点，一个终点，有明确的输入资源和输出结果。哈默认为：“我们把业务流程定义为一系列业务活动，其中包括将某种或多种东西投入并创造出对顾客有价值的产品。”任何企业的存在，都是为了向顾客提供有价值的产品或服务，为此所进行的各种有序活动，自然构成了业务流程。通过业务流程的有效运作，企业把投入转化为产出。因此，企业中的发展战略流程、研发流程、采购流程、生产流程、营销流程、售后服务流程等均是企业业务流程的组成部分。

那么业务流程再造的定义是怎样的呢？哈默和钱皮在书中对 BPR 做了如下定义：企业流程再造工程是对企业的业务流程（Process）作根本性的

(Fundamental) 再思考和彻底性的 (Radical) 重新设计 (Redesign)，其目的是在成本、质量、服务和速度等方面取得显著的 (Dramatic) 改善，使得企业能最大限度地适应以顾客 (Customer)、竞争 (Competition)、变化 (Change) 为特征的现代企业经营环境。

在这个定义中，包含四个核心领域：根本性 (Fundamental)，彻底性的 (Radical)，显著性 (Dramatic) 和流程 (Process)。

“根本的”再思考，就是对企业所关注的业务流程进行重新思考。例如，“我们在做什么?”，“为什么要做?”，“为什么要用现在的方法做?”，“为什么要由我们来做?”，“是否可以在什么地方改变一下?”，“这种改变是否更好?”等等。通过对这些问题的重新思考，企业可能会发现问题，从而激发改善的动力。

“彻底的”重新设计，就是在发现问题的基础上，对企业进行重新构造，而不是仅仅对企业进行改良、增强或调整。

“显著的”改善，意味着业务流程再造寻找的不是一般意义的业绩提升或略有改善、稍有好转等，而是要使企业的业绩有显著的增长或飞跃，这也是衡量流程再造是否成功的标志。

业务流程再造关注的是企业的“业务流程”，一切的“再造”工作都是围绕业务流程展开的。从业务流程定义中可以发现，业务流程实际上是一系列共同为顾客制造价值的关联活动的总成，是一条价值链，只有对组成价值链和环节的业务流程实行有效管理和运作的企业，才可能在市场的竞争中获得优势。

BPR 追求的是一种彻底的重构，而不是追加式的改进。它的基本思想就是必须彻底改变传统的工作方式，也就是彻底改变传统的自工业革命以来、按照分工原则把一项完整的工作分成不同部分、由各自相对独立的部门依次进行工作的工作方式。而实施 BPR，以企业过程为核心明确了再造工程考虑和改造的对象是企业过程。从根本上打破了传统职能分工理论的基础，是企业流程再造理论的精髓。所谓企业过程是指为了完成某一目标或任务而进行的一系列超越时空的逻辑相关活动的有序集合。通过考察企业过程的发生、发展和终结，确定、描述、分析、分解企业过程，重构与企业过程相匹配的企业运行机制和组织机构，实现对企业全过程的有效管理和控制。能够使企业真正着眼于过程的结果，消除传统管理中只注重某一环节而无人负责全过程的弊端。实施 BPR，就是要有全局的思想，从整体上确认企业的作业流程，追求全局最优，而不是个别最优。

当然，流程再造在取得成功的同时，也有不少失败的案例。所谓的“彻底的重构”只具备理论上的可能性，在实践中因为牵扯到方方面面复杂的利益关系，是很难对一个企业进行一个彻底的变革的；只有通过耐心的，严谨的，一步一个脚印的逐步改变，流程再造才能够在公司中得以顺利开展。因此，哈默经过认真的反思，在2001年出版的《企业行为纲领》一书写道：“我不再把‘根本性’看作‘企业再造’这一经营概念的核心概念，最起码不再是最重要的概念。现在，我感到最能够准确表达‘企业再造’理念的词汇是‘过程’这个词。从中我们可以认识到，企业流程再造不是一蹴而就的，而是一个不断改进，持续改善的过程。流程再造只能是渐进式的改变，而不能是突进式的“革命”。

在哈默博士提出业务流程再造概念的同时，国外学者从多方面对业务流程再造重新界定，纷纷给出了自己的观点：

①日本业务流程再造专家小林裕认为：业务流程再造是将某些要素重新组合成某些事件。

②达文波特（T. H. Davenport）教授和认为：业务流程再造是组织内和组织之间工作流和各种流程的分析与设计。

③毛洛（M. Morrow）和哈哲尔（M. Hazel）认为：业务流程再造是检查关键流程中的活动和信息流，以达到简化、降低成本、提高质量和柔性的目的。

④J. E. 肖特（J. E. Short）和N. 文卡特曼（N. Venkatraman）认为：业务流程再造是企业对内部运营流程的重新构造，以改善产品分销与发运服务的业绩。

⑤H. J. 约汉森（H. J. Johansson）对“企业流程再设计”（BP Redesign）定义为：是组织取得成本、周期、服务和质量彻底变化的手段。它需要许多工具和方法，并强调企业是一系列面对客户的核心流程的集合，而不是功能的集合。

⑥R. B. 坎波南（R. B. Kaplan）和I. 墨多克（I. Murdock）把流程再造归纳为“核心流程再设计”（Core Process Redesign），认为它是对企业如何运行进行根本性的再思考，对其工作流程、决策、组织和信息系统以集成的方式进行再设计。

⑦J. N. 洛文沙（J . N. Loewenthal）把流程再造归纳为“组织再设计”（Organizational Reengineering），指以组织核心竞争力为重点，对企业流程和组织结构进行根本性的再思考和再设计，以达到组织业绩的巨大提高。

这些不同的表述所表示的意义在某些特征方面有所不同，但它们的着眼点都是企业的流程，希望通过企业流程的再造或再设计，获得企业绩效的改变，以提高顾客的满意度。所以，在众多的概念与定义，为人们普遍接受的定义还是哈默所提出的“业务流程再造”一词及其给出的定义。

（2）业务流程再造的本质特征

通过上述对流程再造定义的阐述，我们可以发现，业务流程再造也并不具体指出企业应该如何完成日常工作，它所关心的是企业如何从基于一种方式的运作转变为基于另一种方式的运作以提高企业的绩效。它具有以下一些本质特征：①

①流程和流程中非增值内容的最小化是业务流程再造关注的焦点。它要求再造后的流程要尽可能缩短时间，以提高效率；去掉多余的，对组织绩效提高没有作用的流程；强化并更多地关注关键流程。

②关注顾客是业务流程再造的出发点。业务流程再造是企业内外环境变化所共同作用的结果，但它的直接驱动力是企业为了更好地满足顾客不断变化的需求。企业组织的使命就是要了解市场和顾客的需求，并有针对性的提供产品或服务。为此，要重整或优化既有的流程，提高效率，压缩管理层级，使企业员工的一切活动都是围绕顾客展开。

③以业务流程为核心。业务流程所强调的是工作如何进行，而不是工作是什么。不同于传统分工原则，BPR 思考和改造的对象是企业的业务流程，它是彻底打破传统劳动分工理论框架的基础，以业务流程为核心是 BPR 的理论精髓。

④信息技术是业务流程再造的有效工具。在企业流程再造过程中，信息、技术将发挥巨大的作用，它将对企业的业务流程产生重大影响。BPR 的关键是要在实施过程中，把技术、方法和人在业务流程再造中有效运作并提高效率，从而推动企业组织的技术性与社会性的结合。信息技术的发展和广泛应用，给 BPR 提供了巨大的运作平台。

⑤效益的巨大飞跃是业务流程再造的目标。BPR 是一项战略性的企业组织变革的系统工程，从而使企业获得长期可持续发展，提高企业在激烈市场中的竞争能力。根据这项要求，对企业各项活动及其环节进行重构，对企业的业务流程进行彻底的再思考和再设计，从而达成组织的目标。

2. 流程再造的方法

业务流程再造是根据环境的变化而重新设计流程，对流程的每一环节进行

① 王璞，曹叠峰．流程再造．中信出版社，2005：10-14.

改进，对不提供价值的环节彻底摒弃，力争改进流程中每一环节的工作绩效，通过战略设计和组织管理模式上的变革，将企业运行中被割裂的过程重新联结起来，使其成为一个连续的流程，使流程更加通畅，通过对业务流程的集成与优化，更加贴近顾客，实现成本和效率的整体优化，增强企业的竞争能力。企业进行业务流程再造的着手处是企业的运作流程，有的企业进行单项流程的再造，有的企业进行多个流程再造，或者说进行全面改造。企业可以采用的业务流程再造策略有很多，但是具体采用何种策略，要视业务流程再造对现有流程的改造程度而定。也就是说，企业在决定采用何种流程再造策略时，应该考虑以下几个问题：现有的企业流程应该作为新流程的基础吗？对现有流程的分析应该深入到什么程度？是对现有流程进行局部改造还是建立全新的流程取代现有流程？

业务流程再造的方法主要包括两大类：一类是系统化改造法，它是指辨析理解现有流程，系统地在现有流程的基础上创建提供所需的新流程。另一类是全新设计法，它是从根本上重新考虑产品和服务的提供方式，从零起点设计新流程。①

（1）系统改造法的含义

系统改造法是一种逐步改进的变革，我们对业务流程再造的认识是对任何给定流程绩效的显著改善。对某一部门某个局部流程的这种显著改善本身并不一定能给整个组织的绩效带来很大改进。但是，如果作为持续改进的一部分，在整个公司内多次重复这样的局部改善，就有可能获得整个组织绩效的巨大改善。系统化改造法从学术角度来看，不像是典型的 BPR 方式，而更像是一种介乎于传统的企业改革与纯粹的业务流程再造之间的产物，它试图在保持业务流程再造优点和特征的同时，尽量避免再造带来的阵痛和风险。在现阶段，系统化改造法是一种很实用的再造方式。

我们认为，忽视现有流程的风险是很大的，因为这种模式会造成组织无法充分利用自己长期以来积累的知识和经验，以至于有重犯过去错误的危险。事实上几乎还没有哪家公司能够在现有的业务经营中成功地实施全新的流程。一方面，由于新流程与现有的实际工作缺乏联系，使得员工无法适应新的设计，致使新流程的实现受阻停顿。另一方面，如果对现有流程分析过细过深也不利，因为这样会造成在设计新流程时会受到老框框的约束。同生活中许多事情

① 梅绍祖，James T. C. Teng. 流程再造：理论、方法和技术．清华大学出版社，2004：3-5.

一样，在 BPR 里没有绝对的正确与错误，我们必须在从现有流程中汲取知识和按理想状态设想工作方式之间选定一个平衡点。

（2）全新设计法的含义

全新设计法是激进大变的同义语，目标流程往往同过去联系不大。因此，这种方式通常能够带来绩效的飞跃式进步，但是取得这种进步的风险很大。全新设计法从整个业务流程着手，是全方位、全过程、全部人员的。这种方式的优点是抛开现有流程中所隐含的全部假设，从根本上重新思考企业开展业务的方式。主要缺点是实现所要求的组织变革虽不是不可能，但也是相当困难。总体说来，这种方式的风险高，组织经历的痛苦深，对正常运行干扰大。然而，全新设计方式提供了绩效飞跃的可能性，使得所求结果成倍的改变。为了使目标得到几倍甚至几十倍的改进，必须以完全不同的方式做事。“全新设计”将从目标开始，逐步倒推，设计能够达到要求的流程。

（3）两种方式的对比

①系统改造

这种方法是在深刻分析和理解现有流程之后，系统地在现有流程基础上创建新的流程。这种方式的优点在于改变可以逐渐地积累实现，因此能够迅速取得收效，并且风险较低，对正常运营干扰小，实施起来阻力小。缺点是仍然以现有流程为基础，再造范围窄，创新流程虽然不是不可能，但与全新设计方式相比，则实现起来不大容易。不过，当在大范围基础上应用时，这种渐进方式的确能够产生显著的步进式业绩改善，我们称之为“大规模渐进改善”。许多欧洲汽车配件生产企业在进行流程再造时，都采用系统化策略改造企业流程，他们通过在企业中引进准时生产制方法，使企业的生产效率和产品质量取得了巨大改观。这些企业多数经历的都是大规模渐进改善，通过实行上百个小变革，积累成显著的业绩改善。这些企业不仅改进了业绩，而且通过坚持持续改进的思想，保持不自满，不丧失竞争锐气的态度。系统化改造应该最终成为组织整体生命的一部分。选择这种方式的企业一般具有以下的一些特点：

第一，企业的业绩不算太糟，原来流程的运行并没有出现太大的问题，企业再造的原因只是为了适应顾客环境的变化或是同业竞争的需要；

第二，企业一直以来就有着在流程中不断地进行小规模革新的传统，并且这种传统已成为企业文化的一部分；

第三，企业处于较为成熟的产业，工作流程已历经多年考验，技术性较强。

②全新设计

组织采取“全新设计”方式的原因可能是由于他们认为自己已经到达“危机点”状态，认为自身的流程改善已到了重要的转折时期；也可能是由于他们先前采取系统化改造方式的再造努力未能实现显著的业绩改善；还可能是企业正处于事业发展的高峰，有强烈的扩张需要，希望大幅度超越竞争对手，提高竞争标准，构筑竞争壁垒。从流程再造所付出的成本看，全新的业务流程设计需要一次性地支付较大费用。许多采用过这种方式的组织发现，实施阶段最大的问题是新流程与现有流程的差别非常之大，使得员工难以适应。如果没做好认真仔细的准备或者管理部门不够坚定，员工可能会拒绝使用新方法。有时企业可能还会决定建立新的部门或经营机构，而不是在现有组织内进行变革。这种“新开场地”的做法有许多优点，特别是提供了在最新思想指导下的设计机会。在一群新劳动力中创建所要的文化比在对现有文化进行重大改变要容易得多。

③系统改造与全新设计的选择

一般来说，系统化再造相对于全面设计更加适合于中小企业，而全新设计方式则更适合于大中型企业开拓中长期的竞争能力。系统化改造更强调随着时间的推移不断的大量渐进变革，全新设计则是激进式的“革命”，通常能够带来业绩的飞跃式进步，但是取得这种进步的风险也很大。

西方的企业通常更倾向于全新设计方式，这是因为激进的变革显得更吸引人，而且如果这样的变革成功了会带来更大的个人提升机会。因此，这种方式的风险往往被忽略，造成 BPR 的高失败率。据统计，BPR 的失败率高达 70%。尤其值得注意的是，绝大部分大型项目都没有取得项目开始时所确定的全部目标。通常是选择了低风险持续改善途径的组织取得显著收效，而且在其他企业放弃了激变改进的希望后仍然坚持自己的努力。有些企业认识到，他们的具体情况并不适宜于彻底改变其经营方式。如果顾客和股东都更看重企业的可靠性，那么，除非企业业绩严重低下或面临危机，任何有损这种可靠性的提议一般不会被接受。同时，我们注意到许多日本厂商采取了渐进持续改进现有流程的方式。这种低风险方式的问题是随着时间的推移，它所能带来的收效越来越小。最后，将会到达某一转折点，能够从现有流程中“榨出”的业绩改进降至最低，因此必须从根本上重新思考如何获取进一步的显著收效。虽然认识到这一现象的存在，但是我们认为，西方企业更多的是过早地跳入了激进大变的浪涛。许多希望通过激进大变超越竞争对手的企业发现，项目取得预期改进业绩结果的时间如此之长，以至在这期间竞争对手通过渐进持续改进所得到的业绩提高已经超过自己设定的激进大变目标。用莱恩·波利策特（Len

Polizotto）博士的话来说：对大型的变革一定要小心从事。这种项目的投资回报可能会低于在渐进改革上相当投资的收益。经济环境的相对稳定可能是近几十年日本企业比较偏爱渐进的持续改进的原因。另一方面，一直处于剧烈波动状况的欧洲和美国经济可能驱使企业采取更为激进的措施，这种压力在日本最近才被感受到。非常重要的是要认识到，全新设计的新流程并不一定立即就能超越老流程，特别是从财务指标的角度来度量。出现这种情形并不意味着一定犯了错误，重要的是要看新流程是否具有能大大提高中长期业绩水平的潜力。

综上分析，对于我国的中小型企业，大规模持续渐进改善的系统化流程改造的模式应该取代激进的全面设计模式而成为我们关注的重点，系统改造法更适合中小企业的流程变革。企业必须从自身的实际情况出发来考虑流程再造的方法。不论选择哪种方式，都要注意对现有流程的分析不能过分。我们应该认识到，不论用什么方法，目标都是获得显著的业绩改善。因此，应该对新流程而不是对老流程给予更多的关注，后者仅仅是一个起点。

3. 流程再造的步骤

企业实施流程再造，一般需要将项目实施分为几个步骤，具体的步骤划分主要取决于流程再造项目的性质与特点，如取决于再造项目本身对客户的关注程度、业务流程的结构化程度、信息技术的应用程度以及流程再造的彻底程度等。比如，结构化程度高的流程再造要比半结构化和非结构化流程再造简单；战略上需要进行重大调整的流程再造变革，以及以信息技术广泛应用为支撑的业务流程再造，往往需要对现有的业务流程进行全面的反思和重新设计。这些都会影响到业务流程再造阶段、步骤及活动的划分与选择。对于不同企业运营情况和不同的再造目标，实施步骤自然不尽相同，但基本上都会参照下面提及的几种模式。

（1）迈克尔·哈默的四阶段模式

这种流程再造的阶段模式，哈默本人并没有在《再造企业》一书中具体列明，是一些研究哈默理论和思想的学者根据书中的内容做出的总结和概括。

第一阶段，设立再造的管理团队，通过组建包括再造领导人、流程主持人、再造总管等人员在内的流程再造小组，为流程再造提供人力资源的保障。

第二阶段，充分认识原有流程，选择要再造的业务流程，分析再造的可行性，确定再造流程的顺序。

第三阶段，运用各种思路和方法，例如头脑风暴法、逆向思维法等，设计流程改进和重构方案。

第四阶段，全体员工的思想动员，再造的愿景宣传，按既定方案实施系统化再造。

(2) 乔·佩帕德和菲利普·罗兰的五阶段模式

在这五个阶段中，每个阶段又细化为不同的具体步骤：

第一阶段，构筑必要的环境和寻找适当的时机。

①再造愿景的确立；

②获得管理高层的支持；

③员工的学习培训和交流；

④认清核心流程；

⑤建立再造流程小组；

⑥各方面形成共识。

第二阶段，分析诊断旧流程和设计试验新流程。

①再造流程团队的培训；

②设定流程再造的目标；

③分析和诊断现有流程；

④判断再造的环境和时机；

⑤确立再造的比较标杆；

⑥重构流程；

⑦新流程下的人员设计；

⑧再造技术水平手段评价；

⑨设计方案的检验。

第三阶段，设计出适应新流程的组织架构和人员配置。

①现有人力资源的评估；

②技术结构和能力的评估；

③重新框定组织形式；

④人员的重新配置和培训；

⑤更新技术结构及其应用。

第四阶段，新流程的试点运行与不断完善。

①确定将要试点的流程；

②建立试点流程小组；

③明确涉及的客户供应商；

④试点流程的试运行；

⑤试运行结果检查和反馈；

⑥试点流程的系统实施。

第五阶段，流程再造的绩效评价和愿景对比。

①再造流程的绩效评估；

②让客户分享再造的成果；

③深入分析再造后的流程；

④流程的持续改善。

在这样的流程再造过程中，五大阶段并非强求顺序推进，应根据企业的实际情况，各阶段的推进也可齐头并进，也可交叉推进，还可循环进行。

（3）具有一定权威性的 Prosci 的研究报告，将 248 家企业在实施 BPR 项目的不同阶段所分别开展的工作和关键活动概括如下①：

第一阶段，计划和启动阶段。

①识别准备变革的关键业务并评估如果不进行变革将产生的结果；

②识别重组的关键流程；

③任命高级管理人员，成立专门委员会；

④获得高层经理人员对业务重组项目的支持；

⑤准备一份项目计划书：定义项目范围，确定可以量化的目标，精心挑选的实施方法以及详细的项目进度计划；

⑥与高层经理人员在项目的目标和范围上达成一致；

⑦经过挑选的业务重组小组；

⑧精心挑选咨询顾问或外部专家；

⑨向小组主管传达项目目标，并开始与组织全体进行沟通；

⑩训练业务重组小组；

⑪开始业务变更管理行动并有一个精心准备的沟通计划；

第二阶段，调查研究及发现阶段。

①对其他公司进行基础性的研究；

②通过与客户面谈，核心小组识别当前需求及未来需求；

③进行广泛的内部员工与管理人员的沟通与交流，以了解业务实际并通过头脑风暴法获取业务变更的灵感；

④研究相关著作及期刊杂志以了解行业趋势并寻找最佳实践方法；

⑤在一个较高的层次上记录流程及相关数据，寻找差距；

⑥回顾技术改造及可选项；

① 摘自《BRP 方法学基础》，这篇文章由开思软件咨询顾问钱强根据 Prosci 的研究报告编译而成。

⑦与委员会主管及关键的高级经理交流；

⑧深入现场或参加学术交流；

⑨从外部专家和咨询顾问获取有用的信息；

第三阶段，设计阶段。

①创新设想（头脑风暴法、灵机一动），创造性思维；

②进行大胆设想，借鉴其他公司的成功经验；

③由领域内的专家形成若干个模型，吸收不同模型的长处形成综合模型；

④建立理想的流程场景；

⑤定义新的流程模型并用流程图描述这些流程；

⑥设计与新流程适应的组织结构模型；

⑦定义技术需求，选择能够支持新流程的平台；

⑧将短期成果与长期效益分开；

第四阶段，审批阶段。

①进行代价与收益分析报告，明确投资回报；

②对客户及雇员影响进行评估，对竞争地位的变化进行评估；

③为高级经理人员准备实际案例；

④在评估会上向委员会和高级经理人员展示并获得他们的批准；

第五价段，实施价段。

①业务流程及组织模型的详细设计，详细定义新的任务角色；

②开发支撑系统；

③实施再造准备方案及小范围的实验；

④与员工就新的方案进行沟通，确定并实施变更管理计划；

⑤制定阶段性实施计划并实施；

⑥制定新业务流程和系统的培训计划并对员工进行培训；

第六阶段，后续工作阶段。

①定义关键的衡量标准以进行周期性地评估；

②评估新流程的效果；

③对新流程实施进行持续改进；

④向委员会和高层经理人员发表最终报告，以获得认可。

（4）归纳总结后的六阶段模式

上述几种阶段模式从不同侧面比较完善和详尽地设计和描述了流程再造的步骤，对企业的流程再造应该已起到相当大的指导作用。通过总结比较，可将流程再造步骤归纳为六个阶段、二十个步骤，这样可以比较清晰而具体地描述出企业流程再造的过程。

第一阶段，再造准备。

第一步，统一思想。企业决策层及管理高层对企业的流程再造和重组要在思想上取得统一，达成共识，并要在符合企业战略目标的前提下做出决策。

第二步，构建团队。组建由企业高层人员牵头的流程再造工作推进组织，并给予充分授权，直接向企业最高管理层负责，并建立定期进度报告。

第三步，确立目标。通过对企业所处市场现状及竞争对手的全面分析，选定若干个与企业自身发展目标相似、企业规模相近的同行业先进企业，作为企业再造的参照标杆，以此为再造工作的目标。

第二阶段，对企业系统的自我诊断。

第一步，战略目标分析。分析检查企业目前各类客户各层次需求的满足程度及潜在变化，根据分析结果，进行战略目标的调整。

第二步，竞争力的评估。依据调整后的战略目标分析企业的现有资源，认清企业的优劣势，评估自身的竞争力，特别是核心竞争力。

第三步，运营模式诊断。运营模式是企业建立在符合自身条件特点基础上的业务开展方式，也是最终实现企业自身战略发展目标的具体行动方式。根据企业战略目标的调整和对竞争力的认识，彻底地诊断现有运营模式，确定哪些需要更新和扬弃。

第三阶段，把握再造时机进行全体动员。

第一步，再造时机的把握。一般来说，企业的再造往往是在特定的时机出现时才会进行，例如，企业遭遇严重的市场竞争，或是企业业绩持续不佳，潜伏着危机，或是面临事业迅速发展机会。因此，洞悉时机的变化并予以把握，将直接影响再造的顺利进行。

第二步，对员工进行愿景宣传和思想动员。流程再造要顺利推进，应该在发起之初，在企业自上而下，进行思想动员，统一企业员工的思想认识，增强员工承受力，特别是对将来组织调整有所心理准备，认同企业再造后的新愿景，为再造的顺利进行营造氛围。

第四阶段，设计再造流程方案。

第一步，设计运营模式。在前期诊断企业现有运营模式的基础上，引导员工发挥积极性和首创精神，全员参与，运用头脑风暴法，集中企业上下的智慧和高层的判断决策力，听取各方意见，为企业选定新的运营模式。

第二步，变革企业文化。在新的企业运营模式下，对员工进行各种形式的培训，确立与新的企业运营模式相适应的新的企业文化，并能借机对企业的价值取向进行统一，在组织中形成强大的向心力。

第三步，诊断现有流程。对照新选定的运营模式，如果可能聘请外部专家参与，以内部流程再造团队为主，鼓励全体员工全面介入，诊断企业现有流程，进行流程效率和效能评估，判定症结所在，确定冗余流程和问题流程。

第四步，设计再造方案。组织内外部专家，在分析诊断出的结果基础上，参照标杆企业流程再造的经验做法，按新的运营模式要求重新设计企业流程并推进流程再造方案的实施。

第五阶段，再造流程从试点到正式的推行。

第一步，局部性试点。选定试点部门或单元，进行局部性试点，将行动方案通过新流程进行试验性运行。可以进行同时多点试验、长期效能试验、多轮反复试验。通过试验，取得较完整、可信度较高的原始参数和资料。

第二步，方案的修补。根据试点得到的信息进行分析，与原方案的预期目标进行对比验证，对设计方案进行修补完善，对预期目标进行微调，可能的话，设计应急预案，以规避流程再造过程中不可预测的风险。

第三步，广泛的沟通。在再造过程中，要建立好沟通渠道，流程再造方案的制定不能闭门造车，因为再造涉及所有组织机构和全体员工的利益和权力调整，方案的制定和实施，应取得大多数人的理解、认同和支持。

第四步，调整组织机构。实施伊始，首要的是根据方案的要求，对原有的组织结构进行必要的调整，对管理人员重新进行调配，对权力重新进行整合。

第五步，新流程运行。在必要的过渡期过后，条件一旦成熟，就要全面推进新流程的运行，及时完成新旧流程的转换，最终在全系统完成推行。

第六阶段，对再造流程的持续改善。

第一步，流程的评估和调校。在流程再造以后，应同时启动新的绩效评估体系，根据新的绩效评估体系，出台新的薪酬制度，实现对流程再造的有效拉动。在新流程运行过程中，要不间断地对其与新的运营模式之间的适应性进行调校，并根据评估结果，对新流程进行改进完善。

第二步，规范流程。新的流程运行后，要进行有计划的推广，经过一段时间的循环运行和反复修正完善后，应以正式流程管理文件、图表等企业标准的形式对其规范化，将新的流程相对固化下来，作为一段时间内的标准。

第三步，持续改善。流程再造不是一劳永逸的，它是一个循环往复、逐级递进的过程。企业要根据市场和自身情况的不断变化进行定期的诊断，根据诊断的结果，对流程反复完善，不断改进。

上述阶段和步骤是一个通用性的、原则性的流程，中小企业在实际进行流程再造的过程中可以根据自身的特点对流程的阶段或具体步骤进行灵活的变动，以达到适合自己的最佳实施效果。

二、推进中小企业经营管理的标准化和规范化

1. 标准化

(1) 标准及标准化的概念

关于"标准"的概念，随着人们认识进程的不断进步，也在逐步地发展着。国内外许多标准化领域的专家、学者对之均有不同的解释。国际标准化组织（ISO）的指南文件中关于"标准"的定义也一再更新。在1983年的ISO的第二号指南中对标准是这样定义的："由有关各方根据科学技术的成就与先进经验，共同合作起草，一致或基本上同意的技术规范或其他公开文件，其目的在于促进最佳的公众利益，并由标准化团体批准"。这从三个方面确立了标准的概念，即：标准产生的依据、产生的过程和方式以及标准的作用。1997年ISO/IEC导则第3部分对"标准"这一术语又给出了新的定义："为在一定的范围内获得最佳秩序，对活动或其结果规定共同的和重复使用的规则、导则或特性的文件。该文件经协商一致制定并经一个公认机构批准。标准应以科学、技术和经验的综合成果为基础，以促进最佳社会效益为目的。"我国关于"标准"的定义是根据我国实际的情况而制定的。国家定义的"标准"为："标准是对重复性的事物和概念所做的统一规定。它以科学、技术和实践经验的综合成果为基础，经有关方面协商一致，由主管机构批准，以特定的形式发布，作为共同遵守的准则和依据"。标准是衡量劳动效果优劣、效率高低、作业程序是否科学、服务态度是否规范、经济效益是否合理等客观事物的尺度。也可以说，没有标准就无法准确地判断事物，更无法统一口径，也就没有比较的科学性了。

标准化是为了所有有关方面的利益，特别是为了促进最佳的全面经济效益并适当考虑到产品使用条件与安全要求，在所有有关方面的协作下，进行有秩序的确定后制定并实施各项规则的过程。标准化以科学、技术与实验的综合成果为依据，它不仅奠定了当前的基础，而且还决定了将来的发展，它始终和发展的步伐保持一致。因此标准化是指以制定标准和贯彻标准为主要内容的全部活动过程。ISO的指南文件的定义是："标准化主要是对科学、技术与经济领域内重复应用的问题给出解决办法的活动，其目的在于获得最佳秩序。一般来讲，包括制定、发布与实施标准的过程。"我国国家给出的"标准化"定义是："在经济、技术、科学及管理等社会实践中，对重复性事物和概念，通过

制定、发布和实施标准，达到统一，以获得最佳秩序和社会效益。”

标准化不是一个孤立的事物，而是一个活动的过程，是一个不断循环螺旋上升的运动过程。标准化的效果在社会实践后才能表现出来。标准是标准化活动的产物。标准化活动本身不可脱离标准的制定、修订和贯彻执行。但是并不是制定、修订和贯彻标准就是标准化的全部，标准化是一个相对的概念，它不仅在深度和广度上有程度的差别，而且还包含标准与非标准的相互转化。“标准”按照性质分类，由于标准属性本身的复杂性和多样性，只能按照最高层次分为技术标准、经济标准和管理标准。一般技术标准是指对标准化对象的技术特征加以规定的标准，例如一些图形符号标准、术语标准、信息技术中的数据格式标准、通信标准等；经济标准是指规定或衡量标准化对象的经济性能和经济价值的标准，例如一些环保标准，计量标准，测试标准等；管理标准是管理机构为行使管理职能而指定的具有特定管理功能的标准，例如管理规则，管理程序等。按照对象分类，习惯上我们把标准分为产品标准、工作标准、方法标准和基础标准等类。以上两种分类方法是从不同角度对同一对象标准集合所进行的划分，它们之间是一种相互补充的关系。

（2）标准化对中小企业发展的重要意义

前面更多地是从国家及行业的宏观层面认识了标准的概念，而在企业内部微观的层面上讲，标准及标准化对企业的发展同样意义重大。中小企业要永续发展，要提高企业的执行力，离开标准化是无法实现的。随着企业的发展，要在激烈的竞争中取得竞争优势，企业就不能像小家庭作坊那样随意行事。企业在发展的过程中，需要有制度的规范，需要让企业日常运作的各个方面都走上标准化的道路。对于生产技术方面的标准化问题，多数企业现在都能给予足够的重视，这与社会现代化的进程分不开。但对于企业业务流程以及管理方面的标准化，大多中小企业做得不尽如人意。在认识了标准化之后，中小企业就需要认真考虑企业业务流程及管理的标准化问题，这对企业执行力的提高有极大的促进作用。

有了标准的企业业务流程，人员、战略以及运营的效率都会有很大的提高。全体人员办事有章可依，工作计划、工作安排明确到位，工作绩效有标准衡量，能不断促进员工工作的积极性，不断降低企业日常运作中各个环节的成本。而管理虽说是一门艺术，但同样它也是一门技术，日常的许多管理工作都是有法可循的。中小企业要对日常管理工作尽可能地制定较为详细的标准，不应当让企业处在一种随意的状态之下，要让领导和普通员工都知道该干什么，不该干什么；任务需要何时完成，需要怎样完成。在努力推动了企业工作流程及管理的标准化之后，需要将这些标准真正地确定下来，这对执行力的提升至关重要。

2. 规范化

在现代社会，产品、工程、服务以及社会生活的各个方面都需要通过系列化、通用化、程序化、规范化等标准化的手段来建立简化和统一的秩序，从而取得更大的经济效益和社会效益。标准的实施过程，实际上就是推广和普及已被规范化的实践经验的过程。

中小企业是拉动我国经济增长的重要力量，在它规模不断扩大的同时，管理水平的提升也无法回避地提上了日程。传统的简单的管理模式的弊端随着企业的发展壮大越来越明显地表现出来，现代企业规范化管理是中小企业发展的必由之路。规范化管理是被国内外成功企业管理实践证明了的，是中小企业生存和发展，提高企业执行力的有效保障。规范化管理是克服随意性管理决策，实施统一规则和相对稳定的管理体系，是管理动作井然有序和协调高效的保证，是由人治到法治的转变。实行规范化管理需要有规范的制度保证，建立现代企业公司制度；建立健全企业各项管理制度；确立学习型企业等。

（1）规范化管理是中小企业成长过程中的必然要求

企业持续成长的过程是企业自身管理不断变革、创新的过程。哈佛大学组织学家葛雷纳认为企业的成长要经历清晰可辨的五个阶段，指出企业从创业阶段重点创造一个产品、一个市场，发展到多种产品和服务，其组织结构要随之变化，每次变革都是为了解决企业继续成长前的管理问题，但同时也孕育着新的危机。我国多数中小企业正处在向第二阶段发展的关键时刻。

企业进入成长期后，随着增长速度越来越快，相应地对组织内的管理活动和管理者的能力开始提出新的要求。此时，企业要想继续获得成功，两方面能力必不可少：一是获取资源并加以有效管理的能力；二是在组织中建立更为复杂的经营系统的整合能力。为了加快企业的发展，人们的眼光往往关注资金、技术等生产要素，而对管理认识不足，不能下决心改变管理落后的状况，因为这牵涉到改革与创新的问题，牵涉到痛苦的自我否定问题，也牵涉到既得利益者的利益问题。然而，管理落后的状况不改变，企业又怎能找到它的成长之路？企业必须利用现代企业管理知识，整合资源，合理配置，使自己的企业管理更趋规范。跟不上时代的步伐脱胎换骨，不进行规范化管理，用现代化管理知识武装企业，就只能被淘汰出局。因此，规范化管理是中小企业成长过程中的必然要求。

（2）规范化管理是增强市场竞争力的必然要求

在现代市场经济条件下，企业外部联系因生产社会化程度日益提高而发展得十分广泛，企业所面临的市场环境由于激烈的竞争，也呈现出异常复杂多变的局面，加之企业技术、规模、人员素质等各种各样因素的影响，这一切都使得企业管理必须大大提高了解和认识环境、迅速而正确处理企业内外部各种复杂关系的能力。在这种情况下，企业如不积极采用现代管理的技术、方法和手段，而是继续维持传统的管理，那就很难应付成千上万、复杂纷繁的管理业务。只有不断吸收现代管理的新思想、新理论，运用现代管理的新方法和新手段，才能跟上时代前进的脚步。

对于中小企业而言，有效的管理不仅不是多余的，而且管理本身也是生产力，管理水平高低对于各要素生产率的高低具有重要的影响，是经济增长的重要因素。实行规范化管理就是要求中小企业按照现代企业制度的要求，放弃旧的传统的管理模式及相应的管理方式和方法，创建新的管理模式及方法。在要素不变的情况下，提高产出水平，或者在较少要素投入的条件下，获得同样高的产出水平。

规范化管理势在必行，是由规范化管理内在的功能和作用决定的。第一，规范化管理是企业在内外因素作用下的一种自觉的“内功修炼”。通过利用现代企业管理的观念、方法和手段，使企业的管理不断地完善和健全，从而增强企业解决问题的能力，增强企业抵御风险的能力和对市场的应变能力，提高企业的市场竞争力。第二，规范化管理具有整合功能。在规范化管理的过程中，可以自觉地扬弃陈旧的东西和阻碍企业发展的消极因素，最大限度地吸纳积极因素，形成企业的凝聚力和向心力，向企业的目标迈进。第三，规范化管理具有约束的功能。规范化管理下的管理模式、管理制度都是开放式的，特别是它的用人制度、分配制度和考核制度都是公开的，也是公正的。在这种氛围里，积极的、健康的、美好的东西将得到张扬，而那些消极的、腐朽的思想和行为则无处藏身，追求进步将成为人们的自觉行为。第四，规范化管理具有激励员工的作用。规范化管理通过对企业人才、资本等要素的重新整合，通过对管理制度的调整，使其达到最合理的状态，让能者有用武之地，使庸者自奋，从而激发企业员工以主人翁的意识，认真负责并创造性地做好每一项工作。

总的说来，规范化管理之所以能够推动经济增长就在于：规范化管理能够减少交易成本，激励个人和组织从事生产活动，从而极大地提高生产效率和实现经济增长。从一定意义上可以说规范化管理是企业增强市场竞争力的必然要求。

（3）规范化管理是中小企业现代化管理的必然要求

从西方发达国家的企业管理进程看，一般要经历从能人管理到科学管理，再到文化管理这样三个阶段。能人管理的特征是企业的整个运作都靠某个能人拉动，靠某个人的能力和经验管理。科学管理是规范化、制度化、机制化的管理。其主要表现为：从计划、组织、领导、控制到部门职能、岗位职责、行为准则、奖惩办法、运行程序等各个方面都有相应的制度、规范和机制。这个阶段是企业发展过程中最为重要的阶段，它为企业持续的发展打造了一个坚实的管理基础平台。

目前中国中小企业的管理问题不是单个点的问题，而是结构化、系统化的问题。大多数中小企业科学管理的任务还没有完成，这使得企业的内部管理能力对外部市场扩张和企业规模的扩大形成了瓶颈和制约。要真正改善中小企业的管理，就要对传统的管理进行创新，运用系统化的思路，建立持续的管理机制和规范化的管理体系。企业规范化管理是按现代企业制度要求管理企业的科学而合理的管理方法。企业的规范化管理是任何一种管理手段的前提条件，我们可以称之为管理平台。对我国中小企业来说，通过实施管理规范化来提高企业的素质，是迈向管理现代化的一个必然台阶。管理规范化不仅仅是解决现在的问题，它对企业将来的发展具有更大意义。

规范化架起了管理战略与企业目标之间的桥梁，填补了管理理论与管理实践之间的鸿沟。管理规范化思想的精髓是抽象的管理理论变成可操作性和规范性的管理实施流程，是管理理论的操作性表达。管理操作规范的可操作性体现在流程上，以一系列完整的流程指引管理者思维和操作，能够准确地反映某一方面的问题和需要，具体详备地提供解决的途径或方案，形成做正确事情的方法；而规范性则体现在普遍适应性和最优性上，不是只使用于一时一地一事，而是适用于各时各地各事，不是随便一种流程和具体方法，而是最优的流程和具体方法，指导正确地做事。在推进规范化管理的进程中，必须要有制度的保障。制度是组织运行方式的原则规定，缺乏规范的现代企业制度，即使有很好的管理体系（而实际上这是不可能的），也只能是一座地基不牢固的大厦。

（4）规范化管理要求企业健全管理制度

我国的中小企业管理水平低、管理基础薄弱，管理表现出更多的随意性，缺乏全面的制度化、规范化和程序化，这里的关键在于缺乏完整的管理制度。目前中小企业的管理制度体系主要存在以下几个问题：第一，具有一定规模的中小企业有一定的管理制度规范，但整体却不成体系。随着中小企业规模的扩大，组织中各职能部门都有各种规章制度、行为规范、但缺乏足够的横向联系和沟通，相互之间存在冲突或有空缺。其根本原因是因为没有形成完整的体系，没有从全公司的角度出发考虑部门间的连接问题。第二，部门间职责不清，权责不明等。由于企业各部门间缺乏足够的横向沟通，同时由于组织结构的问题，导致各部门职责不清，有事没人做，有责任没人负，因而工作效率不高；同时，由于职责不清，也会导致各种混乱，如多头领导、政出多门，让下属无所适从。其根本原因除了组织结构的问题外，部门职责不规范，执行不严格也是非常重要的因素。第三，制度规范可操作性不强。企业的各项制度规范虽已逐步建立，但仍有一部分还是不够细化，不够合理，导致可操作性不够强。存在这些问题的主要原因是中小企业的现有制度都是随不同的发展需要（阶段）而制定的，缺乏全面系统的总体考虑。同时，中小企业管理制度体系建立在陈旧的职能式组织体系基础上，缺乏运用现代管理理论和方法构建现代企业管理体制的思维和基础。

企业管理制度是企业员工在企业生产经营活动中共同遵守的规定和准则的总称，企业管理制度的表现形式或组成包括企业组织机构设计、职能部门划分及职能分工、岗位工作说明、专业管理制度、工作或流程、管理表单等管理制度类文件，是管理的依据。企业管理制度本身就是一种规范，具有规范性，而且只有具有一定的规范性才能发挥企业管理制度的作用。企业因为生存和发展需要而制定这些系统性、专业性相统一的规定和准则，就是要求员工在职务行为中按企业经营、生产管理相关的规范与规则来统一行动。企业管理制度的规范性还要求企业管理制度呈稳定和动态的统一，应该根据企业发展的需要而实现相对的稳定和动态的变化。

要解决中小企业的管理问题，就需要企业采取科学合理的方法，根据实际运营情况构建适合自己的管理制度体系，建立一系列约束员工行为的规范，这是建立现代企业制度，进行规范化管理的保障。企业进行规范化管理，建立健全管理制度，就要进行：管理制度的制定、制度的贯彻执行、制度执行的监督反馈。

（5）推进企业经营标准化、规范化管理需要建立学习型组织

企业是一个动态的开放的系统，其外部环境和内部条件都在不断变化，这必然会对企业的活动内容、活动形式和活动要素产生不同程度的影响。如果企业固守原有的规范，不能适时进行局部或全局的调整，则可能会被变化的环境所淘汰，或为改变了的内部要素所不容。这种为了适应企业内外变化而进行规范调整，是创新的内容之一。标准是规范化管理的前提，规范化管理是一个“规范——创新——再规范”螺旋上升的良性循环。不同的人在这个循环中的作用有所不同，标准引导先进者，规范主要是约束落后者的，要用“标准”

和“规范”来推着他们前进、提高。对大多数人来说，要让标准与规范逐渐变成他们的一种习惯和自主行为，成为习惯性遵守标准与规范的先进员工。先进者是拉动管理前进的动力，他们用自己的自主行为来影响他人，用自己的创新活动来把标准与规范带上新的水平。

标准化、规范化管理常让人联想到泰勒的科学管理，好像是与人本管理水火不相容。其实这是一种误解。人本管理是以人为本、以人为中心的管理，它是现代管理的基石。只有始终坚持人本管理，才能更好地促进“规范——创新——再规范”的循环。

员工是企业最宝贵的资源，进行标准化规范化管理要依靠员工，要发动他们积极参与管理。在制定规范时依靠他们，融入他们的聪明才智，同时在执行规范时依靠他们，加强互相监督和自我控制，使员工在“规范——创新——再规范”的循环中不断提高其能力和素质，不断发挥他们的创造力。因此，中小企业必须努力提高员工素质，建立学习型组织。学习型组织能让企业更好地适应环境，完成持续的自我提升。它是进行规范化管理，提高企业执行力的重要因素。

第九章 中小企业技术进步与创新

随着社会经济和科技的飞速发展，不确定因素日益增加，市场竞争也日趋激烈。中小企业要永续经营，就不仅要能在特定的条件下实现发展，而且要能在变化的条件下发展，并且是长期的可持续发展。为此，中小企业必须能够不断适应外部环境和市场需求的变化，从市场环境的变化出发，合理规划自己的发展战略，进行不断的技术创新，不断推出新产品，提高产品的附加值，从而提高产品和服务的市场竞争力和市场占有率。中小企业要把持续的技术进步与创新作为可持续发展的基本途径。众多成功的企业，就是依靠不断的技术创新，由小到大发展起来的。因此，中小企业必须重视技术进步与创新，增加自身的技术创新能力来赢得竞争优势。

第一节 技术进步与创新是永续经营的必由之路

中小企业是技术创新的需求源和创造源，技术创新是中小企业发展的动力和源泉，为其发展提供了强大的动力，是提高中小企业核心竞争力之所在。科学技术的突飞猛进及其对经济发展越来越大的影响，以及我国经济体制改革的日益深化和对外开放步伐的加快，技术水平低、管理落后等固有劣势已越来越制约着中小企业的进一步发展。美国华盛顿大学教授费尔德莱曾指出，任何企业离开了现代科学知识，很难承认它是一个创造社会财富的实体，以市场为导向、以提高产品竞争力为目的的企业技术创新活动是促进经济发展的重要因素。中小企业要想在竞争中占有一席之地，就必须要走技术创新之路。持续的技术创新才会产生长久的竞争优势，如果一个企业缺乏创新的技术，其劳动生产率越高，产品可能积压越多，亏损就会越严重。因此，当前我国广大中小企业发展的关键不是简单的扩大产量和规模，而是要提高企业的技术创新能力，并以市场为导向，按照现代企业发展的要求，积极调整自己的产品结构。中小企业只有走技术创新之路，才能从根本上提高企业的竞争能力，才能在激烈的竞争中求得生存和发展。技术进步与创新是中小企业永续经营的必由之路。

一、技术创新的内涵

自20世纪50年代以来，随着科学技术的迅猛发展，以技术创新为核心的技术进步在经济增长中的作用越来越大，技术创新理论也日益成为世界各国普遍关注的热点。技术创新是一个经济学概念，是有特定涵义的新的经济发展观。它是指与新技术（新产品、新工艺）的研究开发、生产及商业化应用有关的技术经济活动，是技术进步的重要组成部分。技术创新又是一种能够把握市场机会和技术机会，正确地做出技术创新决策，有效地实施这一决策并成功地引入市场的能力，是一种通过技术变革有效地促进经济增长的可行手段。

1. 技术创新的含义

1912年，美籍奥地利经济学家约·阿·熊彼特（J. A. Schumpeter）在《经济发展理论》（The Theory of Economic Development）一书中提出“创新”的概念，指出企业家进行的“创新”就是建立一种新的生产函数，即把一种从来没有过的关于生产要素和生产条件的“新组合”引入生产体系。所谓“经济发展”就是指整个社会不断地实现这种“新组合”，通过创新来推动经济的发展。熊彼特的“创新”包括以下五个方面：①引进一种新的产品，也就是消费者当前还不熟悉的产品，或者一种产品的一种新特性；②采用一种新的生产方法；③开拓一个新的市场；④掠取或控制原材料或半制成品新的供应来源；⑤实现产业新的组织形式。“创新”是一个经济范畴，而非技术范畴。熊彼特认为技术创新不是科学技术上的发明创造，而是把发明或其他科技成果引入生产体系，利用那些原理制造出市场需要的商品，从而使生产体系产生震荡效应，形成一种新的生产能力。这些科技成果商业化和产业化的过程才是技术创新。

由熊彼特界定的“创新”概念，具有以下几个基本特征：

第一，创新是一个较为宽泛的概念，包括各种可提高资源配置效率的新活动，不一定与技术直接相关。从企业的角度涵盖整个企业技术、生产、营销全过程，不局限于某一特定领域，既包括产品创新、生产技术创新，又包括市场创新（即销售市场创新和供应市场创新）和组织制度创新。

第二，创新不是从旧组合中通过渐进、不断调整而产生的，而是间断地（具有新颖性）出现，“创新性破坏”旧组合，实现经济发展。

第三，创新可以被其他企业模仿，纷纷效仿而一时风起云涌，形成高潮，由此推动整个经济周期性发展。但随着创新仿效者的增多，创新者的垄断利润会逐渐消失。

(1) 国外学者和机构对技术创新的概括

熊彼特提出了“创新”概念，但他并没有对技术创新下一个明确的定义。继熊彼特之后，索洛（S. C. Solo）1951 年在其《在资本化过程中的创新：对熊彼特理论的评价》中首次提出实现技术创新的两个条件，即新思想的来源和随后阶段的实现发展，这又被称为“两步论”。这一“两步论”被认为是技术创新概念界定上的一个里程碑。到 1962 年，伊诺思在其《石油加工业中的发明与创新》一文中首次直接地对技术创新下了一个定义，伊诺思从行为集合的角度出发，认为：“技术创新是几种行为综合的结果。这些行为包括发明的选择、资本投入保证、组织建立、制定计划、招用工人和开辟市场等”。林恩（G. Lynn）从创新时序过程的角度认为技术创新是始于对技术的商业力的认识而终于将其完全转化为商业化产品的整个行为过程。迈尔斯（S. Mayers）和马奎斯（D. G. Marguis）1969 年在其报告《成功的工业创新》中将技术创新定义为技术变革的集合。认为技术创新是一个复杂的活动过程，从新思想和新概念开始，通过不断地解决各种问题，最终使一个有经济价值和社会价值的新项目得到实际的成功应用。厄特巴克（J. M. Utterback）1974 年在其发表的《产业创新和技术扩散》中认为技术创新就是技术的实际采用或首次应用。弗里曼（C. Freeman）1982 年在其《工业创新经济学》中指出技术创新就是指新产品、新过程、新系统和新服务的首次商业性转化。爱德温·曼斯菲尔德（Edwin Mansfield）将技术创新定义为：每一次引进一个新产品或新过程所包含的技术、设计、生产、财务、管理和市场诸步骤。缪尔塞（R. Mueser）在 20 世纪 80 年代中期对技术创新的定义的各种观点作了系统的整理和分析，然后重新将其定义为技术创新是以其构思新颖性和成功实现为特征的有意义的非连续性事件。这一定义突出了技术创新在两方面的特殊涵义：一是活动的非常规性，包括新颖性和非连续性；二是活动必须获得最终的成功实现。应当说，这一定义比较简练地反映了技术创新的本质和特征。曼斯菲尔德（M. Mansfield）对技术创新的定义常为后来学者认可并采用，但曼斯菲尔德的研究对象主要侧重于产品创新，所以与此相对应，其定义也只限定在产品创新上。他认为，“产品创新是从企业对新产品的构思开始，以新产品的销售和交货为终结的探索性活动”。按照他的观点，技术创新就是一种新的产品或工艺被首次引进市场或被社会所使用。

美国国家科学基金会 NSF 在其报告《1987 年：科学指示器》中将技术创新定义为“技术创新是将新的或改进的产品、过程或服务引入市场”。明确技术创新的范畴，即技术创新包括：一是特定的重大技术创新；二是代表性的普遍意义上的技术创新；三是模仿和不需要引入新技术知识的改进作为最低层次上的两类创新。这样逐渐形成了关于技术创新研究的概念体系。美国工业调查协会认为，创新是指实际应用新的材料、设备和工艺，或某种已经存在的事物以新的方式在实践中的有效使用。经济合作与发展组织（DECD）则认为，技术创新指新产品的产生及其在市场上的商业化以及新工艺的产生及其在生产过程中应用的过程。美国国立图书馆研究部对技术创新所下的定义为："技术创新是一个从产生新产品或新工艺的设想到市场应用的完整过程，它包括新设想的产生、研究、开发、商业化生产到扩散这样一系列的活动。"

（2）国内关于技术创新的概括

我国学者也从不同角度对技术创新概念的内涵做出了深入研究。清华大学的傅家骥教授提出"技术创新是企业家抓住市场的潜在盈利机会，以获取商业利益为目标，重新组织生产条件和要素，建立起效能更强、效率更高和费用更低的生产经营系统，从而推出新的产品、新的生产（工艺）方法、开辟新的市场、获得新的原材料或半成品供给来源或建立企业的新的组织，它是包括科技、组织、商业和金融等一系列活动的综合过程"。他结合我国技术发展的实际情况，认为在我国对技术创新的"新"的界定不能严格限制为"首创"，因为对于我国这样一个经济与技术发展水平还比较落后的发展中国家来说，即使在相当长时间内，也很难达到较高的标准，过分限制会阻碍技术创新对经济发展和企业改革的推动作用。吴贵生认为，"技术创新是指由技术的新构想，经过研究开发或技术组合，到获得实际应用，并产生经济、社会效益的商业化全过程的活动"。贾蔚文提出，"技术创新包括从某种新设想的提出，经过研究开发或技术引进、中间试验、产品试制和商业化生产，直到市场销售的全过程"。汤世国认为，"技术创新是一个典型的融科技与经济为一体的系统概念，它不仅关注技术的创新性和技术水平的进步，更关注技术在经济活动中的应用，特别是在市场中取得的成功"。许庆瑞认为，技术创新泛指一种新的思想的形成，得到利用并生产出满足市场用户需要的产品的整个过程。广义而论，它不仅包括一项技术创新成果本身，而且包括成果的推广、扩散和应用过程。

在1999年出台的《中共中央、国务院关于加强技术创新，发展高科技，实现产业化的决定》文件中明确指出："技术创新是指企业应用创新的知识和新技术、新工艺，采用新的生产方式和经营管理模式，提高产品质量，开发新的产品，提供新的服务，占据市场并实现市场价值。企业是技术创新的主体。技术创新是发展高科技、实现产业化的重要前提"。由此，科学地界定了技术创新的概念，明确了技术创新的目的，确认了技术创新的主体，指出了技术创新在我国发展高科技、实现产业化进程中的重要地位和现实意义。

（3）对技术创新含义的总结

国内外学者从不同的角度对技术创新给出了自己的认识，虽侧重点各有不同，但对技术创新的概念也有一个大致相同的认识。可以认为，技术创新是一个科技、经济一体化的过程。它强调了创新的最终目的是技术的商业应用及获得市场的成功，是技术与市场的有机结合。技术创新是以市场需求为导向，以提高竞争力及最终获取市场回报为目标，从新产品或新工艺设想的产生，经过研究与开发、商业化生产，到市场推广应用等一系列活动的总和。技术创新的主要动力来自市场需求，又以市场价值的实现与应用作为成功的标志。技术创新是科技由知识形态转化为物质形态、由潜在生产力转化为现实生产力的重要途径。技术创新的最终目标，是形成高水平的生产能力，并与市场开拓相结合，获得商业利益或良好的社会效益。技术创新强调已有科技成果的综合集成和生产要素的优化配置，最终体现为提高企业的市场竞争力。

2. 技术创新的内容

根据国内外学者对技术创新的基本定义及其相关研究，我们认为技术创新的内容主要包括产品创新、工艺创新和服务创新。

（1）产品创新：是指在产品的生产和经营过程中，生产出新的产品或是对老产品的改进与提高。它可以使创新者增加产品品种，开辟新的市场，取得市场竞争的有利地位，从而在短时间内推动一个企业、行业乃至一个产业部门的迅速发展，所以企业家对产品创新有着特别的偏好。产品创新可分为突破性创新和渐进性创新两类。突破性的产品创新是指全新的产品创新，或组合已有的技术取得新的应用；渐进性的产品创新是指使用新材料、新配件等改进产品的性能，或通过改变产品的局部而改进产品整个系统的功能。一般说来，突破性创新对企业的发展影响较大，渐进性创新对企业的影响有大有小，但前者往往比较难以实现，投入也大；后者较易做到。计算机的出现属于前者，而多媒体技术属于后者。任何一个企业的生存发展都有赖于新技术的采用和新产品的生产，产品创新能力直接影响着一个国家或企业的科研实力和市场竞争力，因而各方面历来都对产品创新给予高度重视。国内外成功发展的经验也表明，具有广阔市场前景的新产品，是一国经济发展的增长点。产品创新能力直接影响着一个企业或国家的科研实力和市场竞争力。

（2）工艺创新：是指研制和采用新的生产方法或对原有生产方法进行改进，从而改进现有产品的生产或提高产品的生产效率。这些方法可能包括生产设备和配方的更新、生产组织的改革或两者兼而有之。其技术原理没有重大突破，主要是基于市场需求的扩展和技术上的改进，属于非根本性技术变化。这是在生产过程中的一种技术创新，故也称为过程创新。工艺创新有利于改进产品质量、降低产品成本和提高劳动生产率，增加产品的综合竞争力，它与产品创新是密切相关的。由于工艺创新对开发新产品、改进原有产品以及提高原有产品的产量和质量都具有重要作用，因此其重要性并不亚于产品创新。特别是对于以高新技术成果产业化为内容的换代产品和全新产品来说，其最终的商业化成功，若没有工艺创新是很难实现的。一般情况下，大多数工艺创新是渐进的，投入大小和难度都比较适合中小企业的特点，也是中小企业技术创新重要途径之一。

（3）服务创新：是指企业向市场首次推出在技术上有某种改变的新服务的过程，它是将新的设想、新的技术手段转变成新的或者改进的服务。服务创新是技术进步和市场分工发展的结果，借助技术的发展，服务内容和手段可以得到不断的提高和专业化。例如正在发展的电子银行、电子邮政、电子商务等。在近30年间，科技与经济的迅速发展使产业结构发生了重大变化，以信息产业为代表的服务业迅速崛起。因而，我们应该对服务创新给予更多的关注。由于服务创新投入较小，而且市场需求变化快，是最适合中小企业特点的技术创新类型之一。

产品创新、工艺创新和服务创新之间常常相互影响、相互交融、相互促进，而且与中小企业的直接经营活动密切相关，因而具有较大的普遍性，在中小企业的技术创新活动中占有重要位置。

二、中小企业技术创新的作用

科技的发展，竞争的加剧，使得技术创新已经成为企业在市场中生存和发展的必要手段。中小企业要永续经营，技术创新起着举足轻重的作用。在需求的拉动和竞争的推动下，我国中小企业技术创新的积极性有了很大程度的提高，与此同时，我国政府也采取了一系列措施鼓励和扶持中小企业技术创新。中小企业的技术创新有了一定的条件，但也不可避免地存在着许多劣势，这就需要中小企业自身不断努力，将技术创新持续进行下去。

1. 技术创新是中小企业发展的必由之路

经济体制改革的进行，使我国中小企业获得了前所未有的蓬勃发展。从1995年到2002年，全国国有及规模以上非国有工业企业中中小企业的总产值一直占到一半以上，2003年达到了66.3%，并且以其48.5%的资产提供了75%的就业机会，中小企业还安置了全国2/3以上的下岗职工以及绝大多数的农村剩余劳动力。可以看出，中小企业已经在我国国民经济中占据不可替代的地位。但是，这种快速发展是建立在一些特殊背景之下的。首先，20 世纪 80 年代初至 90 年代中期正是我国消费需求增长较快的时期。由于长期短缺经济的影响，改革开放后相当长的一段时间内，国内多数商品仍然是供不应求，国内市场基本上处在卖方市场，竞争并不十分激烈。在这个阶段，以劳动密集型产品为主的中小企业，发挥了我国劳动力资源丰富而廉价的优势，在需求急速增长的刺激下得到迅速发展。第二，改革开放初期，我国的市场经济体制尚未完全建立，国有企业特别是国有大中型企业仍然较多受到计划经济模式的影响，而中小企业则充分发挥了机制比较灵活、对市场反映比较灵敏的优势，得到了迅速的发展。这种特殊背景的存在，使得我国多数中小企业的快速增长主要是建立在高投入、低效率这种粗放型增长方式的基础上，在相当大程度上掩盖了许多中小企业机器设备落后、技术水平较低、人员素质较差等固有劣势。

科学技术的突飞猛进及其对经济发展越来越大的影响，以及我国经济体制改革的日益深化和对外开放步伐的加快，种种因素都使得我国中小企业在之前的特殊背景下快速成长的比较优势正在逐渐丧失，技术水平低、管理落后等固有劣势已越来越制约着中小企业的进一步发展。技术创新成了我国中小企业发展的必由之路。

当前，技术创新已成为企业生存的条件、发展的基础和提高市场竞争力的源泉和手段。技术创新，有利于企业在激烈的市场竞争中站稳脚跟，获得持续发展。实现效益最大化是企业追求的目标，而技术创新正是实现这一目标的有效途径。第一，通过技术创新，企业能够不断推出新产品，从而扩大销售和市场份额；第二，技术创新使企业改进了生产工艺，降低了产品成本，从而获得产品价格上的优势；第三，技术创新能够使企业内部资源得到更优化的配置，使企业产生更好的整体效益。中小企业技术创新是否成功的重要标志，就是创新行为能否使企业获得明显的收益，这种收益可能是现实的、眼前的，也可能是潜在的、长远的，但最终的目标就是要提高企业的经济效益。

2. 技术创新是中小企业生存之本

在巨大的环境压力下，创新成为中小企业的生存之本。作为国家技术创新体系的重要组成部分，中小企业技术创新能力的提高，对于一个国家维持其在全球市场上的竞争力和保持经济的可持续发展至关重要。面对激烈的市场竞争，许多中小企业成功的关键是拥有独具特色的技术产品。这些产品具有专门化的特征，至少在初期不会引起大公司的注意，也使其他小企业难于模仿。科技使产品在市场上具有生命力、赢得高价并躲开了市场变化的冲击。然而，要想保持市场份额就要不断更新换代、保持较高的产品创新率。我国中小企业在创新领域中的活动始终是积极的，并创造出相当数量和高水平技术创新成果。但总的来说，大多数中小企业都缺乏品牌观念、产品技术含量不高、附加值低，并存在人员素质差、技术水平落后、环境意识淡薄、资源利用率低等问题。高新技术的应用推动了中小企业的技术创新，但技术成果的商品化需要技术、资金、管理、营销等多方面的投入。在一些新兴产业中，小型高科技企业开展创新活动的资金缺乏，最终会使创新活动功亏一篑。中小企业必须发挥自身的优势，努力克服在技术创新道路上遇到的困难。因为只有依靠不断的技术创新，才能赢得持续的竞争优势，技术创新是中小企业生存发展的根本。

考虑到中小企业在国际竞争中缺乏大企业所具有的竞争力，这就需要我国政府加强对中小企业的技术支持，使我国中小企业在国际竞争中占据有利地位。近些年，很多国家都把中小企业技术创新活动作为维持本国竞争优势的重要举措，像欧盟国家的“尤利卡计划”就是最著名的鼓励中小企业创新的机制。因此，只有国家重视创新，中小企业自身认识到创新的重要性，中小企业才能在全球化的竞争浪潮下化险为夷，立于不败之地。

3. 技术创新是中小企业发展的永恒主题①

中小企业生存、成长和壮大（发展为大型企业）的主旨在于不断地生产出满足人们物质和文化生活需要的产品（或服务）。因而探讨中小企业技术创新的必然性很自然会联系中小企业的产品。可以这样说，中小企业的生产力水平与其产品的生命力息息相关；而产品的生命力则又集中反映了企业技术创新的精神和行为。理论和实践都已证明，技术创新是中小企业生存和发展的灵魂，是永恒的主题。

（1）技术创新是中小企业生存、发展、壮大的内在动力。中小企业从诞生之日起就必须通过技术创新这一过程向市场推出新产品，当该新产品实现其市场价值后，市场又会推动中小企业的进一步发展。同理，中小企业的成长期和壮大期也是如此。在现实中，由于企业内在动力不足、不重视技术创新或未进行技术创新而濒临倒闭或已经倒闭的中小企业占有很大比重。

（2）技术创新是中小企业参与同业或同类市场竞争的实质和法宝。中小企业参与市场竞争，表面看是产品功能、式样、耐用度（产品寿命）、安全性、价格等的竞争，而实质上决定上述这些产品特征（完整产品）的是企业

① 魏君英，何蒲明．技术创新：中小企业发展的永恒主题．技术经济，2003（5）：30-32.

技术创新能力的大小。当中小企业面临的竞争对手是大企业时，相比之下会有许多不利因素。例如，资金短缺、技术力量薄弱、设备落后等。这种情况决定了中小企业不可能与大企业长期抗衡，一决胜负；而只能根据自身特点，把市场需求和提高自身技术创新能力有机结合起来，只要把握好这一方向，就可以使中小企业立于不败之地。

(3) 技术创新是延长中小企业寿命的“灵丹妙药”。大量的实例证明，每年诞生的中小企业很多，但倒闭破产的也不少。为什么会出现这种“英年早逝”现象？原因固然很多，但根本原因在于技术创新乏力，或忽视了企业的“二次创新”、“三次创新”……中小企业在其发展的各个阶段上，应密切关注本企业产品的生命周期，努力同时抓好四代产品，即生产一代、试制一代、研发一代、构思一代，而每一代产品从构思、研发、试制到生产直至销售的过程都是一次技术创新过程。

(4) 技术创新是中小企业改善供给的源泉。中小企业存在和发展的最大价值在于能够向社会提供物美价廉的产品（或服务），以促进经济增长。随着科学技术的高度发展和社会生产力水平的提高，必然会引起社会消费需求结构、层次、内容的深刻变化，一方面要求中小企业必须不断适应这种变化，生产出适销对路的产品，另一方面也要求它们通过技术创新来生产出更加丰富多彩的新产品。有关资料表明，从产品质量结构上看，我国目前在世界上处于20世纪90年代先进水平的产品仅占10%左右；从产品品种结构上看，我国目前生产的产品品种总计为60余万种，而全世界则有150余万种。因此，无论是产品质量结构，还是品种结构，对我国中小企业来说均有极大的潜力可挖。而挖掘这种潜力，只有通过广大中小企业的不断创新才能实现。

三、中小企业技术创新的途径

技术创新的途径有多种，但从中小企业的实际情况出发，适合于中小企业实施技术创新战略的方式主要有以下三种①：

(1) 引进消化吸收再创新：企业的主要技术来源是技术引进，在对引进技术消化吸收的基础上进行改进、创新。强调的是从引进消化到吸收再创新的过程，在对知识、技术充分理解消化的基础上进行创新。

(2) 模仿创新：企业技术主要通过模仿使用已有的技术获得。经过模仿，企业逐渐掌握了技术，就可进行适当的改进和创新。在率先创新者的示范影响

① 杨栩．中小企业技术创新系统研究．科学出版社，2007：79-95.

和利益机制驱动下，企业通过合法手段（如通过购买专有技术或专利许可等方式）引进技术，并在率先创新者技术的基础上进行改进创新，或者在一项新技术出现以后，企业模仿新技术的创新。模仿创新是指对率先进入市场的产品进行再创新，即企业通过学习模仿率先企业的创新思维与创新行为，引入、购买和破译率先者的核心技术，并在此基础上加以创新，使之更加适应市场。

(3) 合作开发：出于节约研究开发投资、缩短开发周期或进入对方占领的市场的目的，企业可以利用自己的优势与具有其他优势的合作伙伴进行某一领域的共同开发，采取合作开发的创新途径。在这种战略下，参加合作的各方可发挥各自的优势，做到优势互补。通常的合作方式为：制造商与供应商合作、制造商与用户合作、同行制造商（竞争者）之间的合作，以及企业与高等院校或科研院所的合作。

1. 引进消化吸收再创新

"引进消化吸收再创新"方式曾经被世界上许多国家成功的应用。众所周知，日本是引进技术并消化吸收再加以改造做得十分优秀的国家。日本大多中小企业并不是照搬别人的技术而是对引进的技术不断进行创新。日本中小企业在技术引进和技术开发中，首先是从研究开发某项专门技术开始，进而确立企业的主导技术。然后，根据经济技术的发展和企业经营环境的变化，以主导技术为核心，吸收其他技术不断开发新产品，开拓新领域，实现企业的多角化经营。这样，当某一种产品滞销，就可以马上转产，使企业具有分散风险、适应环境变化的内在调节能力。

就创新本身而言，创新是有风险的，也是有成本的。作为中小企业来说，选择哪一种创新模式，取决于企业占有资金、人才、信息等创新资源的多少和创新项目的难易程度。中小企业，尤其是初创期的中小企业推荐以消化吸收再创新模式为主，或者参与大企业的产业链创新体系。在我国整体科技水平还比较落后的情况下，这种模式不失为中小企业一种好的选择。但这种模式一定要落实到再创新上，否则，就失去了这种模式的意义。采用这种模式的中小企业需要清楚，即便可以通过委托开发等"买断"技术实现暂时的创新，但如果没有完成技术学习的过程，那也只能是"有产权，无知识；有技术，无能力"。技术可以购买，但创新能力是买不来的。技术引进之所以重要，是因为它有可能缩短技术学习的过程；而这一过程能否实现，则取决于企业的战略和学习者的动力及能力。

日本、韩国等国和我国一些成功大企业的经验表明，引进技术是缩短差距、节省投资、争取时间的捷径。在近期及相当长的时间内，引进技术对我国中小企业更有取得竞争优势地位、占领国内市场、挡住外企大举入侵的现实意义。对于我国中小企业来说，这是一条应用性很强的路径。采用引进消化吸收战略的关键：首先是恰当的市场定位，对国内市场及可能的国际市场的判断和选择准确，是取得经济效益的前提。其次是及时和有效的消化吸收，消化吸收是掌握先进技术，使其发挥效益的条件，是改进创新的基础和积累技术的必要途径。目前，我国中小企业在这方面还做得很不够，需大力加强。最后要注重改进和创新，只有经过改进和创新才能形成自己的特色，才能造就本企业持久的竞争力。

引进技术固然重要，但建立一个引进、消化、吸收和再开发的机制更为重要。日本企业从国外购买专利技术的费用总额与消化吸收的研究费用总额之比平均为1:7，而我国企业引进技术经费与消化吸收经费之比为17:1，二者存在很大差距。长期以来，我国对技术装备盲目、重复引进的问题没能得到很好的解决。由于不重视消化、吸收和创新，致使国家每年技术装备进口额持续上升，不仅造成国家资源的巨大浪费，而且从某种程度上抑制了国内自主创新能力的提高，造成“引进——落后——再引进——再落后”的恶性循环。因此，中小企业必须注重在引进基础上的再创新，这是中小企业采用此创新策略的根本。

2. 模仿创新

进行模仿创新，企业面临的市场不确定性较低，技术不确定性也较低。模仿创新是企业为了抓住市场，更好地满足消费者的需求而进行的一种创新，这种创新主要是对原有技术的一种完善和扩展。市场展现的每一个需求，可能需要企业多次创新才能满足，这就需要企业进行持续创新。随着对创新产品的逐渐接受，消费者的需求开始呈现出多样性，随着用户在产品使用过程中不断扩展的想像力和愿望，顾客对产品、技术的评价指标开始多方向、多角度变化，可能某些原来被忽视的指标开始被顾客考虑，这种考虑可能是显性的，也可能是隐性的。企业就需要展开相关的市场营销活动搜寻顾客的新评价指标，确定可以满足的目标市场。企业可以选择一个或多个细分市场进行模仿创新，赢得顾客。

模仿创新的特点是：①模仿跟随性。对有价值的新技术进行跟随、学习。②研究开发的改进性。模仿创新不是照搬率先者的技术，它同样需要一定的研究、开发力量，在学习、吸收的基础上加以改进、发展。③投资的后倾性。模仿创新的投资要分布在创新链的中下游环节，在工艺改进、质量提高方面有自己的特色与优势。实施模仿创新可以回避技术研究与开发的风险，中小企业可以冷静地观察率先者的技术创新活动，选择最适宜的技术成果加以引进、消化与吸收。投资少、风险低，效率高，这就是模仿创新的后发优势。

针对中小企业技术力量薄弱、实验和设备手段相对落后的实际，为推动技术创新，首先应当考虑的就是采取模仿创新。模仿创新战略是具有模仿创新能力企业的战略选择。模仿创新并不是单纯的模仿，而是一种渐进性的创新行为。对原始创新而言，由于技术和市场的不确定，往往风险很大、创新成本很高，许多技术创新往往会付出极大的沉没成本而无收获。中小企业技术力量薄弱、资金缺乏，大多无力承担这些风险大的开拓性创新项目。为了积蓄力量又要快速成长，采取模仿创新是积极可行的技术发展和能力培育之路。由于模仿创新可以使吸收开发的针对性大大增强，这就回避了自身研究开发所带来的风险，从这个意义上与自主创新相比，模仿创新是一种风险较低的创新策略。

从长远目标来看，我国中小企业不能完全放弃自主开发，然而在现阶段，资源的制约局限了中小企业创新战略的选择空间。清华大学经济管理研究所、中科院政策与管理研究所、国务院发展研究中心分别对不同地区和对象的样本调查，均得出相同的结论，“资金缺乏”和“人才缺乏”分别排在企业技术创新障碍的第一位和第二位。而自主开发和率先创新对资金和人才的要求最为严格，中小企业在这两项资源上恰恰处于最为紧缺的状况，因此，中小企业选择自主开发必然会力不从心，模仿创新才是大多数中小企业创新战略的现实选择。模仿是技术发展的一个重要阶段，事实证明，只有吸取率先者的技术成果、经验和教训，进行有针对性的模仿创新，中小企业才能在激烈的市场竞争中求得生存和发展。美国强生公司在模仿创新方面的成功经验值得借鉴：①洞悉市场。跟踪竞争对手以发现尚未得到满足的需求，寻找市场缝隙，预测需求的变化。②强有力的市场研究开发队伍，明确倾向于实用工程和工艺改进，而不是强调技术的基础进展。③快速反应的能力。强生因其建立有进取精神的小组并最终产生一项新业务的能力而闻名。

采取模仿创新需要注意几点：①模仿创新绝不意味着单纯的照搬照抄，其战略意义在于模仿基本技术和率先者的行为，它要求企业必须进行适合市场需求的改进和创新。②技术模仿行为应当在法律的规范下进行，避免侵权、合理付费是模仿者应当遵守的准则。③要取得模仿创新的成功，企业首先要具备一定的基础。因此，在模仿前应进行必要的学习和技术准备。值得注意的是，中小企业一方面不能好高骛远，需要正确认清自己的现状，从基础做起，踏踏实实的积累经济和技术实力；另一方面也不能盲目自卑，甘居落后地位，在模仿的基础上不能完全放弃自主开发，要知道，任何一个领先者、大企业都是由小企业发展而来的。同时应注意，中小企业发展迅速，技术创新战略必须根据企业的发展及时调整，防止由于战略不适合而束缚企业的发展。

3. 合作开发

现代社会中，企业之间的竞争与合作更注重“双赢”的实现。中小企业资源短缺，可根据自身情况和具体项目在中小企业、大企业以及科研院所中选择合作伙伴，进行合作开发，以达到事半功倍的效果。首先，小企业在平等互利的基础上结成较为紧密的联盟，可以更有效地利用有限的资金和技术力量，互相取长补短，共担风险，克服单个企业无法克服的困难和危机，开展个体无法开展的创新活动。中小企业应摆脱旧的竞争观念，将“和商”文化观念引入竞争，认识到即使是相同行业，面对相同市场也可以结成合作联盟，通过合作实现双赢。其次，与大企业合作是根据中小企业力量单薄、创新资源匮乏的特点而制定的一种创新策略。中小企业在发展过程中，应利用分工协作的优势，与大企业合作，一方面发挥自身创新机制灵活、市场反应快的优势，另一方面可利用大企业的科技、设备、资金等优势，快速开发新产品、新技术。第三，现代技术创新的90%源于科学理论基础上的原始性创新，科学理论和人才成为创新的持续和主要的动力。斯坦福大学坚实的科学后盾是硅谷崛起的基本条件之一，意大利中小企业的蓬勃发展也离不开众多科研机构从不同角度以不同方式对其技术创新给予的大力支持。我国技术创新的大部分人才资源集中在科研院所，而不是企业中。中小企业应积极利用外部资源，注重与大学及科研机构的合作，不断获取创新资源与人才的支持，以弥补自身的不足。

合作开发的创新方式有三个特点：一是有利于企业在更广阔的视野下组织创新资源，从而克服中小企业创新资源不足的先天障碍；二是合作各方的责、权、利较易明确，从而有利于企业对创新风险的分散与转移；三是有利于提高企业创新速度以便更好地响应市场需求，从而获得更高的经济收益。

(1) 中小企业相互合作创新

中小企业在技术创新上处于不利地位在很大程度上是因为相互之间缺乏合作、彼此孤立造成，因而必须加强企业之间的合作，降低中小企业技术创新的风险。中小企业可采取以产业或区域联合的集群模式获得“创新资源”优势，提升技术创新能力。集群模式是当前创新合作的一种主要形式。在一定的环境下，众多相互关联的中小企业聚集在一起形成集群，集群中的企业拥有共同的专业人才市场，可以利用共同的交通、实验基地等基础设施，达到了资源共享、优势互补、协作创新和风险共担。集群提供了特殊的环境，改变了单个企业势单力薄的被动局面。集群内企业之间的技术相关为技术创新合作奠定了基础，企业之间在不同阶段的专业化也拓宽了企业的知识和技术存量，减少了恶性和过度竞争。中小企业集群不但可以获得大企业才拥有的创新资源优势，也不会降低单独的中小企业所具备的创新行为优势，既能通过竞争使得企业始终保持足够的创新动力及高度的警敏性，又能通过相互合作产生协同效应。中小企业集群把技术创新从不同规模的企业单体行为提升为更大规模的群体行为，整合出了新的技术创新优势。

（2）与大企业合作创新

中小企业在发展过程中，应利用分工协作的优势，与大企业合作，一方面发挥自身创新机制灵活、市场反应快的优势，另一方面可利用大企业的科技、设备、资金等优势，快速开发新产品、新技术。这是根据中小企业力量单薄、产品单一的特点而制定的一种经营战略。大企业要摆脱"大而全"的生产体制的桎梏，就必须求助于社会分工与协作，这在客观上增加了大企业对中小企业的依赖性，为中小企业长期的生存和发展提供了可靠的基础和生存空间。中小企业在决定自己的生产方向时，不是着力于不断开发新产品，而是要与一个或几个大企业建立长期固定的合作关系，与大企业分工协作，让大企业带动中小企业完成创新发展。中小企业在协作生产期间，必须注意技术积累，不断增强自身的管理能力，创新能力，树立良好的企业形象，逐渐独立地面向市场，使企业获得长期发展。

（3）产学研合作创新

产学研合作是合作创新的一种。进入20世纪90年代以来，我国政府在总结世界各发达国家经验的基础上，开始大力倡导产学研合作，使产学研合作创新在我国蓬勃发展，取得了显著效果。目前，产学研合作创新活动是我国经济和社会发展中的重要组成部分，已成为我国建立国家创新体系的重要内容，对推动中小企业技术创新的发展具有重要意义。

产学研合作创新是指以企业为主，企业、大学、科研单位及政府的相关部门为追求发展，在共同的目标利益趋动下，运用各自资源相互协作所进行的经济和社会活动。其活动结果是实现资源在新起点的配置。产学研合作创新的重点在技术创新过程的上游和中游。

在产学研合作中，企业、大学、科研单位都是合作的主体，三者关系平等，都有从自身优势出发获得最大利益的需求。当主体各方以自身优势换取对方优势时，这种合作活动的动机便形成了。中小企业在技术创新过程中，与高等院校、科研机构在风险共担、利益共享、优势互补、共同发展的原则下合作进行技术创新。这是我国及世界发达国家的中小企业技术创新成功的经验，产学研合作能降低中小企业技术创新的风险，大幅度提高中小企业技术创新的水平和成功率。

中小企业为提高技术创新能力，可在结合自身实力的基础上，通过以下方式进行产学研合作：①协作型的技术创新合作。协作型的技术创新合作是以技术咨询、技术服务、技术培训、技术转让等合同形式建立的“产学研”合作技术创新方式。中小企业也可以把自己无力解决的科研课题委托给高校或科研机构完成，企业与院校或科研单位就研究范围、期限、经费、所有权、保密责任等签订合同，通过合同的形式实行委托研究。这种方式灵活机动，特别适用于“短平快”的技术创新项目。②共建合作技术创新的经济实体。共建经济实体是指中小企业与高校、研究机构围绕共同的目标，集中部分人力，物力，财力统一经营，在财富共享的基础上组建实体进行技术创新的合作创新方式，这种方式有利于产学研长期稳定的合作，有利于技术优势转化为经济优势和市场竞争优势。

第二节　中小企业技术创新方向与产品定位确定

中小企业进行技术创新，必须把握好技术创新的方向，只有创新方向正确了，创新成功的可能性才大。否则，因为不能正确把握创新的方向，将可能给企业带来更大的损失。作为中小企业技术创新的重要内容，产品创新对企业的发展关系重大。在技术创新之后，中小企业必须对自己的产品能够做出正确的定位，为取得更高的市场份额，为自身赢得成长和发展奠定基础。

一、把握中小企业技术创新的方向

企业的存在与发展是以获取利润为目的的，同样，企业的技术创新也以此为目的。技术创新要对创新过程进行准确的定位，为技术创新指明一个正确的方向，并且合理配置相关资源，把有限的时间、资金等用在关键的地方，从而避免一些无谓的努力。通过对消费者需求的调研、分析、预测，进行市场细分，根据中小企业的资源能力，找出现有的或具有潜在优势的技术创新点，以满足经过市场细分选定的目标顾客群的需求。中小企业必须明确准备通过技术创新要满足顾客哪些方面的特殊需求和偏好，给顾客带来哪些方面的特殊利益和价值。这些特殊需求和偏好是顾客所追求和重视的，只要企业以技术创新为手段，使企业的产品或服务能满足顾客的特殊需求，那就会给企业带来直接的效益。把握企业技术创新的方向，要使得技术创新的成果有与众不同的特色。

只有具有特色的技术创新，才能使技术创新的成果独具一格，技术创新扩散才有更大的价值，企业通过技术创新生产的产品才具有更大的竞争力。市场竞争无处不在，企业要想在激烈的竞争中立于不败之地，就必须有胜人之处。谁能通过技术创新为顾客创造超过竞争对手的价值，谁就能赢得顾客。

1. 要善于发现和抓住市场机遇

能否满足市场需求，获得商业利润，是检验企业创新成功与否的最终标准。所以技术创新应当始于市场，终于市场，紧紧围绕市场来展开。善于发现市场需求，能够抓住这些创新机遇，中小企业才能保证创新方向的正确性，促使创新的成功。因此，企业首先要对市场进行深入的了解、分析，进而发现市场的现实和潜在需求，抓住市场机遇。通常讲市场机遇主要来源于市场的拉力和技术的推力，这二者是技术创新的催化剂。而以市场为导向的市场拉力式的技术创新对技术创新的成功往往起着更为重要的作用。海尔开发的“双富豪”和“雪富豪”冷柜就属于市场拉动式技术创新。海尔在市场调查中发现，食品店或冷饮店对冷柜的需求量很大，但市场上却没有专门为此设计的产品，海尔从市场需求出发开发的“双富豪”和“雪富豪”冷柜，正是专为食品店和冷饮店设计的，这两款冷柜问世以来，在全国各地市场引起了轰动。企业技术创新的实践表明，在有企业参与的几乎所有成功的技术创新的项目中，企业从一开始就对市场需求情况有所了解，并对创新项目可能给企业带来的效益有一定的估计。同时，中小企业在技术创新过程中，要作好商业化的准备，抓住创新项目可能给企业带来的商机，而不是等到项目完成、新产品或新工艺开发成功后，再去考虑市场，否则创新战略就很难成功。

要抓住市场机遇，市场细分战略是中小企业提高技术创新成功率的一条有效途径。通过细分市场，中小企业既可以集中力量于一个或几个细分市场，扬长避短，避免与大企业竞争，又可以对不同的细分市场采取不同的创新策略。其实际是垄断市场中某个小的领域，使自己免受竞争与挑战，更好地发挥自己的技术专长，争取在一些特殊产品上成为技术创新的佼佼者。中小企业应根据自身拥有的技术创新资源和能力，尤其是核心能力，大胆寻求新的市场机会，选择符合行业特点的技术创新战略。同时，又必须密切关注宏观环境和行业特点的变化，不断调整完善企业的技术创新资源和能力，选择一条适合自己的技术创新路线。

2. 要有清晰的创新目标

企业在确定创新目标时也应当从市场出发，结合技术的可行性，认真制定出简单清晰、参与者认同的切实可行的技术创新目标。确定了创新项目的目标以后，还必须据此制定有关的工作计划，把各项目标细分和转化为对项目的实际要求。工作计划分为技术和经济两方面的计划，技术方面要确定所要达到的技术要求和指标，经济方面应确定项目成本和投资回报率。企业在选择创新目标时，技术方面的因素是前提，经济方面的因素是基础，必须把它们结合起来加以考虑，切实做好创新项目的可行性分析工作，将创新的风险努力降到最低。

企业在确定创新目标、从事技术创新的过程中并不能一味地追求“高、精、尖”的技术，而要贴近消费者，无微不至地从细处为消费者着想，把消费者的愿望和要求作为技术创新的出发点，哪怕是消费者的一个微不足道的问题也要值得认真考虑。企业要学会从消费者的烦恼中捕捉用户的要求，并从解决消费者的烦恼出发来确定自己的创新定位。只有抓住一点一滴的细节创新，才能很快得到市场的回报。

3. 要有明确的创新策略

（1）明确创新的重点

技术创新战略就是根据技术创新目标构造创新过程中所遵循的指导思想，以及在这种思想指导下的一系列规划、内容和程序等方面的决策。它具有全局性、长远性和可靠性的特点。企业在技术创新活动中要获得成功必须制定有效的技术创新战略，突出重点，确定长期、中期和短期发展目标及相应的措施。

首先，确定技术创新的战略意图。它是企业长期追求的最高目标，其核心内容可以用最简洁的语言来表达，如青岛海尔的战略意图是“真诚到永远”，企业从事技术创新就不能偏离这个方向。战略意图的主要特点是长期性、稳定性和超越性，它为企业技术创新提供长期指导并为企业技术进步和发展提供动力。

其次，确定战略意图实现的战略方案和战略措施。企业应将所要达成的总目标划分成阶段性的企业近期有望实现的分目标和切实可行的措施。这个目标要突出重点，如邯钢将行业最低成本指标作为自己努力的重要目标，佳能复印机确定的创新重点是提高产品功能，同时降低产品成本。

最后，协调参与技术创新项目的各方动机和目的。企业关心的是商业回报和市场竞争优势的形成；研究机构主要的目的是开发技术，提高自身的技术水平。对企业来讲，协调好技术、商业和生产战略之间的关系特别重要。创新是一种持续过程，企业技术创新的长期战略就是要能够对产品和工艺进行持续不断的改进。

（2）选择合适的创新合作伙伴

一项成功的创新项目，往往是多方合作的结果，这就涉及合作伙伴的选择问题。要使创新取得成功，必须选择合适的创新合作伙伴。

首先，合作伙伴的选择要有利于形成互补性的伙伴关系，包括横向和纵向互补。横向互补是指合作伙伴具有不同的产品市场或技术互补性。纵向互补涉及到研究开发、产品生产、市场开发等过程。合作伙伴一般包括科研机构、大专院校、企业、用户等。建立稳定而有效的伙伴关系必须以互补性为基础，项目参与各方必须各有所长、各有所需、各有所获，具有共同的责任感，这样才能形成较强的合作创新能力，项目成功的可能性才能最大。

其次，合作协议应确定比较现实的条款和条件。伙伴间的合作关系可由协议予以保障，只有明确权责关系，做好利益分配，才能保证创新工作的顺利开展，否则后患无穷。良好而紧密的合作关系除有法律约束外，合作各方之间还必须有强烈的合作意愿。

最后，创造良好的人际关系环境。合作项目成功的关键取决于参与创新的人员构成，良好的人际关系可以使人心情舒畅，以饱满的热情投入到工作之中，能充分发挥参与者的主动性和创造性。良好的人际关系是项目合作的前提，是创新成功的保证。

二、中小企业产品定位

定位的根本目的是让企业的产品、品牌和形象在消费者的头脑中占据一个特别的和有价值的位置。企业不仅要根据现有市场和行业的竞争情况，见缝插针地探寻空白点和避强就弱地寻找市场的薄弱环节，更要跳出原有行业的束缚，以创新的精神开创自己的新天地。

1. 定位理论简介

定位（Positioning）的概念最早出现在艾·里斯（AL Rise）和杰克·特劳特（Jack Trout）在1972年为《广告时代》撰写的题为“定位时代”的系列文章，它的出现在美国广告界产生了巨大反响，成了流行于美国的一个重要市场营销观念和技术，并迅速风靡全球，被称为营销史上的一次划时代的革命。定位理论的开创者里斯和特劳特对定位的解释是：定位是以产品为出发点，为产品在预期客户的大脑中确定一个合适的位置。里斯和特劳特在他们的著作《定位》中一再强调，“定位不是你对产品要做的事，而是你对预期客户要做的事。”换句话说，“你要在预期客户的头脑里给产品定位。”菲利浦·科特勒在《营销管理》中把定位的概念概括为：“定位就是对公司的产品进行设计，从而使其能在目标顾客心目中占用一个独特的、有价值的位置的行动。”这里有两个关键词是“独特的”和“有价值的”，前者指该产品有独特的个性，从而与竞争产品有明显的差异；后者指产品的这种个性和差异与目标消费者的需求相吻合，以达到定位的有效性。A. 佩恩在《服务营销》中对“定位”的界定是：“定位是关于识别、开发和沟通那些可以使机构的产品和服务在目标顾客心中感受到的比竞争对手更好和更有特色的差异性优势。”

定位理论的形成是市场营销发展史上具有划时代意义的重要表征，它的运用在营销体系框架中日趋重要。里斯和特劳特提出的定位理论主要是从广告诉求的角度来研究市场定位；汤姆·雷诺兹等提出的定位理论将产品特点和消费者价值等联系起来。

(1) 里斯和特劳特提出的定位理论

里斯和特劳特在提出了定位的概念之后，1979 年，他们合著的《定位：攻心之战》一书，首次将定位策略上升为系统的定位理论，标志着定位理论的正式诞生。经过多年的发展，定位理论在营销实践中得到不断的提升和完善，其原则、内涵、种类和战略传播等内容得到不断丰富，已成为了营销理论的关键部分之一。里斯和特劳特指出，营销的发展历史经历了产品主导、形象主导和定位主导时代，这三个过程充分反映了定位理论产生的必然性及其形成背景。

①产品主导时代

20 世纪 50 年代之前，产品市场基本是处于供不应求的卖方市场，只要企业产品质量好又愿意推销都能够打开市场。受当时生产力发展水平及消费水平的限制，消费者比较重视实效，这种理性的购买行为使企业把注意力全部集中在产品的质量及顾客的利益上。当时的代表性理论是雷斯提出的 USP（Unique Selling Proposition）理论，即“独特销售主张”理论。其观点主要强调：在制作广告时，把注意力集中在产品的特点及消费者的利益上，以理性诉求为主。

②形象主导时代

20 世纪 60 年代以后，随着生产力的发展，产品市场出现了供过于求的状况，开始由卖方市场向买方市场转化。社会化大生产的分工协作原则使得不同企业按相同标准生产出同类产品，产品之间的差异性越来越小，同质性程度越来越高，仅凭产品的“硬件因素”已很难体现出独特的竞争优势。但是，企业和商品在人们心理的形象却有着巨大的差别，形象优秀的企业在竞争中占据优势获得成功。这时广告大师奥格威提出了品牌形象理论，它的基本观点是：广告的主要目标是树立品牌形象，描绘品牌的形象比强调产品的具体功能更重要。从某种意义上来说，形象主导时代是向定位主导时代转变的一个过渡阶段。

③定位主导时代

20世纪70年代，科技和管理等因素的发展使产品和企业的数量迅猛增长，致使市场供求状况呈现供远大于求的局面，企业之间的竞争不断升级。在这期间，促销广告表现的是无数的企业形象。结果，人们面对数量庞大且还在不断增加的企业形象，采取的是在心里进行排序和简化，只接受少数几个。所以，企业不仅要有良好的产品和形象，更重要的是被人们接受。如何能在繁多的品牌中脱颖而出，如何提供给消费者一个购买自己产品的理由成为所有企业必须面对的问题。这时，里斯和特劳特首次提出了定位这一概念，并发表了一系列的相关论文，从而使营销发展进入定位主导时代。里斯和特劳特的基本观点是：广告表现出的差异性要显示和实现出它与其他品牌之间的区别；定位在建立之后，消费者产生相关需求时，会自动并首先想到广告中的这个品牌。以往的营销传播是从自身产品考虑，方向是由产品到消费者，而定位理论主张从传播对象出发，形成由外向内的开放系统。这种由外而内的思考方式决定了营销的前瞻性和战略性，它要求企业的产品定位要先于营销传播策划，所有的营销活动都须在定位的统帅下进行。

（2）汤姆·雷诺兹等的定位理论

汤姆·雷诺兹（Tom Reynolds）在1988年提出的价值定位理论将产品特点和消费者价值观联系起来，其核心思想是消费过程中的“手段——目的”链。该理论认为，消费者在购买产品和服务时，其出发点是实现一定的价值，为了实现这一价值需要取得一定的利益，为了实现这一利益需要购买一定的产品和服务的属性。具体地说，个人价值是人们所追求的最终目标，手段是人们实现目标的所有方法，在市场营销范畴中，手段就表现为产品属性及由此带来的产品利益。这就形成一个“手段——目的”链（Means-end Chain）：产品属性——产品利益——个人价值。产品的定位，包括价值定位、利益定位和属性定位三个方面。消费者在购买产品时，总是为了实现个人某种价值。价值是由产品和服务功能利益组合实现的，不同的消费者对产品和服务有着不同的利益诉求，而利益是由不同的产品和服务属性实现的。价值确定产品和服务带来的利益，利益确定产品和服务的属性。

例如在表面上，今天的消费者与昨天的消费者购买的是同一种类别的牙膏，但是购买的内容发生了很大的变化。过去他只购买产品属性和产品利益（比如含氟牙膏或防止蛀牙），但是在今天他常常会购买三种东西：产品属性、产品利益和产品价值（比如“做个好妈妈”），而产品价值的差异化成为定位的最重要内容。例如儿童防蛀牙膏有很多品牌，这些品牌的产品属性和产品利益都是一样的，含氟和防止蛀牙，但是由于佳洁士推出了“好妈妈”这一准确的价值定位，所以取得极大的成功，成为儿童牙膏市场的领导者。

2. 产品差异化的设计①

企业产品定位的两个重要内容就是产品差异化的设计和产品定位策略的选择。

一个企业在差异化因素的选择中，产品本身的差异化是最基本的。产品的差异化根据行业实际情况的不同而具有不同的层次，但总的来说基本上存在以下几个方面的可差异化的内容：特色、性能、一致性、耐用性、可靠性、可维修性、风格和设计。

（1）特色

这是指对产品基本功能加以补充的突出的附加功能。这种特色有助于产品核心功能更好地发挥作用，帮助顾客有效地使用产品。如手机的基本功能是通话，随着技术的发展现在已经推出的手机功能齐全，其附加功能可以说是多种多样，包括号码储存、游戏、记事本、闹钟、拍照和上网等，并且通过外形上的独特设计使手机成为时尚的代表。

（2）性能

性能主要是指产品和服务在关键属性上的表现水平。例如计算机的性能就是计算速度、数据处理能力和数据的存储容量。计算机不仅包括上面这些基本性能，而且针对其特殊的使用用途还要求一些特殊性能，如图形设计要求有高的图形处理能力和显示分辨率，打游戏要求有高的数据处理速度和散热能力，对商业数据处理要求有高的浮点处理能力。产品性能上的差异常常伴随成本的不断调整。因为增加不同的性能有不同的成本投入，因此对新增的性能必须考虑它对消费者的实用性。

（3）产品质量的一致性

这是指企业生产的各产品个体都符合产品设计的要求，保持较小的标准方差。例如对于某一个品牌的打印机，厂商原本的设计是每一个墨盒在覆盖率为75%的条件下可以打印300页纸。但是如果因为生产上的不足造成打印张数有很大的不同，那这就意味着对大多数买主来说这种产品质量存在不一致性。消费者一般会希望产品具有较高的一致性，这样才符合消费者的使用目的，而当产品的质量水平存在较大波动即一致性不高的时候，必然会影响使用效果。当

① 吴丰．市场营销管理．四川大学出版社，2004：194-196.

然，对于有经验的消费者来说，因为他有较高的鉴别能力，他可能因此获得较多的消费剩余，但这对厂商来说又非常不利。因此，保持产品质量的一致性对于企业产品的销售是十分重要的。

(4) 可靠性

这是指产品在使用过程的一定时间内保持不坏的可能性。用户在选购产品时，都会十分重视产品的可靠性。良好的可靠性将带给消费者使用上的便利，减少不必要的麻烦。企业一方面要重视产品的生产管理，不断提高产品质量；另一方面也应该保持投入成本和产品质量可靠性之间的一致性，即通过可靠性的层次差异满足不同顾客的不同需要。这样才可以增强消费者的信任度，使其对产品的购买感到物有所值。

(5) 耐用性

耐用性是指某一个产品在自然的或者特殊的条件下，进行操作所能保持的使用寿命。作为消费者当然喜爱使用寿命长的产品，这样产品才可以为消费者提供更多的消费剩余。对于产品的耐用性，也存在类似产品质量可靠性的要求。耐用性也应该和产品的投入成本保持一致，这样就可以很好地满足不同消费层次顾客的需要。另外还需要注意的是，不是每一样产品都强调产品的耐用性。例如高科技产品，因为其更新速度很快，耐用性对它们便显得意义不大了。

(6) 可维修性

可维修性是指一旦企业的产品出了故障或坏了以后可以获得修理的难易程度。很显然，标准化的零部件最方便维修，这会使得维修工作程序化，即便是用户自己也可以参照说明书进行准确的修理。现在标准化已经越来越成为各个行业发展的方向，其中电脑的标准化程度是比较高的，特别是市面上又有很多DIY书籍，这更方便了用户对电脑的维修。

(7) 风格

风格是指产品给顾客的视觉和感觉效果。风格是附于核心产品之外的特殊利益，它具有明显的针对性，是企业进行市场细分最明显的区分指标。当产品进入成熟期之后，各自在性能、质量上都没有太多的差异，这时风格将成为企业巩固已有市场份额的最有效手段。对于这点，我们可以在香烟广告上看到明显的风格特色，万宝路香烟代表了野性、粗犷和沧桑，而摩尔香烟则体现了悠闲、高雅、华贵，这些都将烟草市场严格地区分开来。

(8) 设计

设计是指从顾客要求出发，能影响一个产品外观和性能的全部特征的组合。随着竞争的强化，设计将能提供一种最强有力的方法以使企业的产品和服务差异化。设计特别适用于耐用设备、服装、零售服务，甚至包装商品。前面我们所提到的关于产品差异化的内容都包括在设计的范围之中，完美的设计必须是方便适用的、有良好的视觉效果，便于销售。在市场日趋成熟的条件下，一个企业应该充分重视对产品设计的投入，不应该将设计简单化为包装，而应该通过产品的整体设计反映出产品的特色，创造出能够吸引消费者的产品形象。

3. 产品定位策略①

企业进行产品定位，就是着力宣传那些会对目标市场产生重大影响的产品差异，确立企业产品在目标顾客心目中的独特位置。

这里，企业首先要决定向目标顾客推出多少差异。

企业可以只向目标顾客推出一种产品差异，即进行单一差异定位。许多营销学家们都推崇这种做法。采用这种方式的要点是必须使所推出的产品差异成为这种差异中的“第一个”，要第一个进入目标顾客的心目中。在人们心目中先入为主，比起努力使人们相信你可以比产品首创者提供更好的产品要容易得多，有效得多。这能给企业带来许多好处。因为人们首次接收到的一种信息，在人们头脑中和同类信息相比会占有稳如磐石、不容排挤的位置，在大脑定位记忆机能的作用下，人们会对这种信息产生不可动摇的信任感，竞争者想取代它的位置的活动是难以奏效的。第一个在长江三峡走钢丝的是科克伦，那么第二个是谁呢？没有多少人记住他，虽然他用的时间比科克伦更少。这就是“第一位”的作用。

在竞争者也强调企业所设计的某种产品差异或企业设计的几种差异都有助于确立企业产品的独特位置时，企业进行多重差异定位也是很有必要的。伊莱克斯冰箱在中国市场上实行的是两重差异定位：“超静界”，冰箱运行时的声音只相当于撕一张纸发出的响声；“可靠性”，年内不用维修。“小护士”美容护肤品是三重差异定位：美白自然；效果持久；滋润不干燥。需要注意的是，企业推出的产品差异过多，会降低可信度，也影响了产品定位的明确性。

其次，企业必须决定推出哪些差异。

为此，企业要对目标市场竞争者和企业自身的情况进行竞争优势分析。企业要对所设计的产品差异对目标顾客的重要性、企业实施产品差异的能力和所需时间、竞争者的模仿能力等方面进行分析，做出对所设计的每种差异应采取

① 张文贤，高伟富．高级市场营销学．立信会计出版社，2000：167-170.

的决策，选择并推出那些能真正增加企业竞争优势的产品差异。

一般地，企业可以选择的定位策略有：

（1）属性定位。产品属性包括制造该产品时采用的技术、设备、生产流程及产品的功能等，也包括与该产品有关的原料、产地、历史等因素。日本电器、瑞士表、茅台酒和龙井茶等产品都是按产地及相关因素定位；可口可乐强调的是它的绝对保密的独具特色的“7X”配方；而一些名贵中成药的定位则充分体现了使用的原料、秘密配方和独特的加工技术、悠久的历史传统等因素的综合。当企业的某种或几种属性是竞争对手的产品所没有的、或是竞争对手无暇顾及而没有予以强调的，企业就应强调产品的这些特性，这时采用按产品属性定位的策略往往容易奏效。例如，亨氏公司的“西方最稠的番茄酱”的宣传，使该公司的番茄酱占有了“稠”这一概念特征，定位于“稠”这一特性使亨氏公司赢得了50%的市场份额。

（2）利益定位。这里的“利益”包括顾客购买企业产品时追求的利益和购买企业产品所能获得的附加利益。小天鹅集团向顾客做出“终身保修”和“超过约定维修时间一天，补偿消费者损失一元”的承诺，江苏启东盖天力制药厂生产的“白加黑”感冒药免除了感冒患者白天服药瞌睡的困扰，这些都是按产品为顾客提供的利益定位。

（3）质量——价格定位。按产品的质量——价格定位有几种情况：第一种情况是强调质量——价格相符。在企业产品价格与同类产品相比更高的情况下，企业总是强调产品具有高质量，一分钱一分货，以此说服顾客支付更多的钱来购买企业的产品。对质量较低的产品，销售人员又会向顾客指出用如此低的价格能买到这种产品是值得的。第二种情况是质高价低。作为一种竞争手段，一些企业采用质高价低的定位方式，以加速市场渗透，提高市场占有率。华龙集团的“同等质量比价格，同等价格比质量”，就是这种定位方式的概括。这时，企业向顾客传递的信息是每分钱都能获取更大的价值。采用这种定位方式时，企业除了要向顾客宣传产品的低价，还要重视优于价格水平的产品质量信息的传递，否则会造成产品在顾客心目中定位档次的降低，造成定位策略的失败。

（4）使用者定位。企业针对某些特定的顾客群进行促销活动，以期在这些顾客心目中建立起企业产品是特地为他们这类顾客生产且最适合他们使用的印象，即赋予产品与使用者特性相似的特定的产品形象。这种定位方式能在一定程度上满足顾客的心理需求，促进顾客对企业产生信任感。采用这种定位方式时，企业不但要推出适应不同使用者需求的不同产品，还要针对不同的使用者设计不同的营销措施。德国的宝马车和奔驰车都以优质高档来占领市场，但它们之间却不存在直接竞争，这是因为它们的使用者定位截然不同："奔驰是别人开的，宝马是自己开的。"具体地说，奔驰的使用者以企业董事长、银行经理、企业主和政府要员居多，他们通常年龄较大，一般都配有专职司机；而宝马的使用者多为年轻的经理、部门主管及各行业的专业人士，他们喜欢自己驾驶汽车。使用者定位的不同，在产品差异上也有所反映：奔驰车体现了优质汽车的豪华舒适，而宝马则体现了为使驾车者体会到驾驶本身的乐趣所作的精心的设计安排。我国第一汽车制造厂生产"红旗"牌小汽车时也采用了使用者定位方式，除生产公务用车外，还专门为出租车市场生产了红旗——吉星出租轿车。

（5）竞争定位。它是根据与竞争有关的属性或利益来进行定位。竞争定位的第一种情形是在顾客心目中加强或提高企业现有的地位。在美国出租车行业排名第二的阿维斯公司，长期致力于第一位的争夺。导致连续亏损13年。而当阿维斯公司公开承认自己在市场中的位置，强调企业要努力赶超后，得到顾客的认同，当年便开始盈利。第二种情形是针对竞争者的定位来进行定位。如生产七喜饮料的企业将其定位于"非可乐"型饮料，以示与可乐饮料的区别，从而确立了七喜饮料在非可乐型饮料中的主导地位。在20世纪50年代后期，可口可乐在销售额上以大于5:1的优势压倒百事可乐；在20世纪60年代初期，百事可乐将其产品定位为"新一代的选择"，出色地占领了青少年市场，造就了"百事可乐新一代"，目前在美国的可乐市场上它只比可口可乐少10%的份额。第三种情形是采取"高级俱乐部"定位方式，宣称企业是几大企业之一。这是将企业和同行业中的领先者捆在一起，使人们产生"俱乐部"里的成员都是最佳企业的印象。在美国汽车生产企业中位居第三的克莱斯勒公司与通用、福特的差距较大，因此它提出了三大汽车公司的概念。

企业在产品定位过程中还应避免容易出现的几种错误：第一是定位过低，使人们没有真正认识到企业的独特之处；第二是定位过高，这也使人们不能正确地了解企业；第三是定位混乱，这可能与企业推出的差异过多或定位变化频繁有关；第四是定位的真实性存在问题，导致人们对企业的定位产生怀疑。出现定位失误时，都会在目标顾客心目中产生不利于企业的影响。

第三节　企业坚持围绕核心技术进行创新发展

现代企业制度体现的是企业资源配置的高效性，而这种高效率能否充分发挥，主要依靠企业的核心技术和技术创新。一个企业要在竞争市场中有立足之地，要培育和提升自己的核心竞争力，必须有自己的核心技术，可以说核心技术是核心竞争力的核心。企业应当围绕核心技术进行技术创新与发展，保持企业的核心竞争力。核心技术应该是独特的，竞争对手无法对其加以复制或复制起来很难的。中小企业在打造核心竞争力的过程中，首先要清楚地了解自己的核心技术是什么，即那些是自己专有的、在竞争中起关键作用的技术，然后再集中人力、物力、财力对其专有技术和关键技术进行研究、开发、再创造。从表 9-1 所示的技术类型的划分可以看出核心技术的关键作用。

表 9-1　　**技术类型划分特征**

类型	特征
基础技术	构成企业（经营单位）业务的主体 已为竞争对手们广泛开发和运行 竞争中的影响力很小
核心技术	已很好地融入产品和工艺中 竞争中的影响力很大
试验技术	某些竞争对手正进行试验 对竞争的影响力可能会很大
研究中技术	处于研究初期/其他产业中的初生技术 对竞争的影响尚不知，但是确定的

资料来源：傅家骥．技术创新学．北京：清华大学出版社，2003：33.

一、核心技术的概念

核心技术是具有自主知识产权的，具有一定科技含量和市场价值的，帮助企业获取行业竞争优势，为企业的发展提供动力，是企业发展的基础，是企业组织内部经过整合创新后所具有的知识和技术。它使得企业在行业内或某一特定领域成为技术的领先者，外部则体现为拥有的专利产品和专利数量，在竞争环节表现为同类产品中起关键作用的一种或多种技术等。核心技术的来源一是原创性技术，二是模仿性技术。

核心技术有以下一些特点：

（1）商业价值性：核心技术具有商业价值性，商业价值是核心技术生命力和意义的关键所在，没有商业价值的技术，永远不能成为企业的核心技术。

（2）技术领先性：核心技术具有一定的技术领先性，是有别于传统的技术，譬如成熟技术，落后技术，淘汰技术等，它应该是具有一定的时代领先性。但就有助于市场竞争而言，也不是越超前越好。从商业竞争角度看，适度的技术领先最具有竞争力。总之，技术领先性是建立在一定的商业价值基础上的，否则一味地追求技术领先性，会给企业的发展带来困难。摩托罗拉铱星计划失败的例子就是最好的证明，铱星技术是领先的，但由于缺乏市场支撑，难以短时间体现其商业价值，最终没有逃脱失败的命运。

（3）难以模仿性：核心技术的核心论释，就在于它是不容易被竞争对手所模仿，甚至是不可替代的，譬如 Intel 的芯片技术、柯达的图片显像技术等，有些技术的模仿过程可能是较为漫长的，否则，则不能成为核心技术。

（4）不可速成性：是指核心技术的培育和形成，并非是一朝一夕的事情，需要企业长期的不断努力和艰苦攻关。

（5）生命周期性：核心技术和其他产品一样，同样具有生命周期性。技术的进步是快速的，企业一方面在大力培育自己的核心技术，但另外一方面，也在突破其他企业核心技术铸造的技术屏障。所以，核心技术随着经济的发展，科技的进步，有可能被其他的技术，更新的技术所取代，或者面临功能上为其他技术产品所替代等风险。因此，企业在培育核心技术的同时，需要不断的创新，这是一个长期的渐进过程。技术上的这种良性竞争，是社会进步的动力。作为企业，不仅需要着力培育核心技术，还要把握最新的行业技术动态，分析其对企业的影响，这是技术战略管理应该完成的工作。

（6）市场垄断性：核心技术的形成和利用，通过专利保护，在市场上拥有相对垄断性，能使企业居于非常有利的竞争地位。正因为如此，跨国公司才热衷并不断加大对核心技术的投入，铸就专利保护的门槛。

（7）高效益性：核心技术的商业价值就体现在它的高效益性。企业核心技术的培育和形成为企业的长期发展奠定了基础，配合企业的良好运营，可以给企业带来持续的收益。

二、核心能力与核心产品

要正确认识核心能力还必须理解核心产品的概念。核心产品，它是核心竞争力的载体，它是一种或几种核心竞争力的物质体现，同时也是核心竞争力的市场体现。核心产品是最终产品的重要组成部分，更是联系核心能力与最终产品的纽带。企业通过核心产品的自行生产，防止商业核心的扩散，从而将核心竞争力保持在企业内部。可口可乐公司自行配制浓缩液就说明了这一点。企业为了维持核心竞争力领域的主导地位，就必须在核心产品的生产上维持尽可能大的制造份额。需要指出的是，一个企业的最终产品或服务的市场份额不同于其在核心产品生产上的份额。比如 Intel 公司在全球 PC 市场上的份额微乎其微，而在 PC 芯片生产上却占有全球市场的绝对份额。

一种核心能力能衍生出几种产品和业务，跨越传统的市场界限和产品界限。核心能力比核心产品更稳定，发展更缓慢，是企业竞争优势的源泉，但核心能力不等于企业竞争优势。核心能力是核心产品的开发基础，核心产品是核心能力的市场延续。要想把核心能力转化成企业的动态竞争优势，就要以核心能力为基础开发企业的核心产品。核心能力向市场的转化过程应该是“核心能力——核心技术——核心产品”的转化机制。核心技术是核心能力到核心产品的重要过渡条件，当然，核心技术也是核心能力的重要组成部分。核心能力向核心产品的转化可分解为：核心能力造就核心技术和核心技术创造核心产品两个重要阶段。那么在这一转化过程中核心技术是企业克敌制胜、占领市场、攫取超额利润的手段，它使核心产品得以形成，核心能力得以发挥。核心技术与核心能力、核心产品三者之间具有天然而难以隔离的有机关系。核心能力是企业或组织的无形战略资产能力在有形能力基础上的整合与协同，核心技术提升为核心产品，并通过企业组织的战略构架，资源的投入，规模化与范围化经济的战略生产与经营，把最终产品推向市场上的消费者，为企业的发展做出贡献。从实际的工商实践管理出发，核心技术来源于核心能力的增强与提升，是介于核心能力和核心产品之间的强力催化剂。所以说，核心技术不仅属于核心能力的有形范畴，也属于核心能力的无形范畴。但核心技术本身并不必然就是超额利润，卓越的技术只有与企业的战略预见能力（对影响未来市场需求各因素进行准确把握的能力）相结合，才能转化为一系列工艺独特、性能超群的核心产品。一个企业若不能建立起有效的“核心能力——核心技术——核心产品”的转化机制，那么即使掌握了某种核心能力或有了核心技术后，也不能有效地增强企业的战略竞争能力。例如，电子表的核心技术是瑞士人发明的，却由日本人把它转化为日本公司的核心产品和市场利润；断层扫描技术是由美国的 EMI 公司发明的，最后却由它的竞争对手美国通用电气公司运用这种技术开发出医用 TC 机，并由此获得巨大的收益。

三、围绕核心技术进行相关多元化

1. 创新以核心技术体系为基础

中小企业把相对有限的技术资源集中于少数技术领域进行技术积累，该企业的技术能力就会具有某种技术范式，这实际上构成企业技术创新必须遵守的核心技术体系。对特定的企业而言，核心技术体系表现为在一定的技术、生产、组织、市场等的约束之下，支配该企业创新的产品主导设计，以及为实现其设计的核心生产技术和相应的核心管理技术等。核心技术体系是企业核心竞争力的重要构成部分，也是技术创新的基础之一。围绕核心技术体系开展技术创新的好处如下：

（1）技术开发的成本降低

一般情况下由原有的产品设计和生产技术延展出新的产品设计和生产技术，由于其主导设计未变和核心生产技术未变，因此，不存在由一种技术体系转向另一种技术体系的“技术转换成本”，并且创新人员的“学习费用低”，生产设备的调整、使用费用也低。同时，由于技术实现的周期短，创新中所占用资金的时间成本也会低一些。

（2）创新产品的实现成本降低

围绕核心技术体系的产品创新，通常是用本企业的新产品去替代老产品。在一定的市场购买力和既定的市场分割的限制下，创新者最好进行边际性市场拓展，因为，边际性市场拓展不需要付出更多的市场投入。在新产品的市场实现中，创新者可以利用老产品的市场渗透力，利用原有的销售网络和设施，快速进入市场。

（3）易形成创新产品集群

对现有的产品主导设计、核心生产技术和相应的核心管理技术等进行“边际性改动”，企业就可以推出新的产品和服务，形成创新产品集群。

2. 核心竞争力是多元化经营的根本依托

多元化是多数中小企业永续经营的必选之路。谈企业的多元化经营，一定要提到企业的核心竞争能力问题。为什么有些企业能保持业绩稳定增长的发展势头，而有些企业则是昙花一现呢？关键要是看企业有没有核心竞争力。

优秀的企业，大多数只投资一个行业，在这个行业里逐步培养自身的核心竞争力，以此为基础再逐步考虑多元化经营。

不管企业实施何种形式的多元化，培养和壮大核心竞争能力都至关重要。稳定而具有相当竞争优势的核心业务，是企业利润的主要源泉和企业生存的基础。企业应该通过保持和扩大企业自己所熟悉与擅长的核心业务，尽力扩展市场占有率以求规模经济效益最大化，要把增强企业的核心竞争能力作为第一目标，并视为企业的生命。在此基础上兼顾多元化。优秀的企业，在经营领域的选择上，都首先确定自己的核心业务，并积极培养核心竞争力，并以此为基础，考虑多元化经营。

以海尔为例，它从一个小小的街道工厂发展成为一个多元化的国内家电行业旗帜型企业，其多元化经营战略的路径是：首先坚持 7 年的冰箱专业化经营，在管理、品牌、销售服务等方面形成自己的核心竞争能力，在行业占领领头羊位置。从 1992 年开始，根据相关程度逐步从高度相关行业开始进入，然后向中度相关、无关行业展开，首先进入核心技术（制冷技术）同一、市场销售渠道同一、用户类型同一的冰柜和空调行业，逐步向家电与知识产业进军。

海尔集团多元化经营成功的经验可以归纳为：

(1) 多元化经营的重点放在自己熟悉的业务领域，辅以少量的大跨度多元化经营。

(2) 主要是运用无形资产（品牌、管理方法）及兼容的边际成本很低的营销渠道来盘活存量资产，以此方法实现多元化经营，从而达到低成本多元化的目的。

(3) 除了最高主管之外，在被兼并的企业中大量使用熟悉本行业的原企业的经营管理人才。

现实中，有些企业集团主张实行科、工、贸多元混合发展，这种观点不很妥当。因为企业的战线拉得越长，力量就越分散，控制能力就越弱。在亚洲金融危机中，韩国部分大企业相继破产倒闭，多元化经营过度是重要原因。近几年，西方国家兴起一个向主业集中，回归主业的潮流，昭示着企业对过度多元化的反省。

企业开展多元化经营，科学的思路是在突出核心能力的基础上，重点发展 2~3 个具有一定规模和相当实力的项目，形成对核心业务的强大支持，这对一个企业而言已经是很了不起的了。

稳定而具有相当优势的核心业务，是企业利润的主要源泉和企业生存的基础。企业应该通过保持和扩大自己所熟悉与擅长的核心业务，尽力扩展市场占有率，以求规模经济效益最大化，要把增强企业的核心竞争能力作为第一目标。在此基础上兼顾“一元化”与“多元化”。世界上优秀的企业，在经营领域的选择上，都首先确立了自己的核心业务，并以此为基础，考虑多元化经营。紧紧围绕自己的核心业务，以与原核心业务有关的一些特殊的力量、技术、条件、管理或者资源为基础，不断推出新产品，使自己的市场越来越大。

因此，可以得出一个结论：既搞一些多元化经营（这是实现适应环境变化的一个基础），又通过核心竞争能力经营自己精通的核心业务的企业，对环境变化的适应和引导有更大的力量，能够取得很好的发展效果。众多成功企业的营销实践也表明，那些扩充了业务范围，但仍紧紧地以自己原有的技术、管理特长为中心的企业，所取得的经营成绩比其他形式的企业好。核心业务和核心竞争能力才是企业的生命。一个企业商标形象和企业形象及在顾客心目中的地位是依靠核心业务来确立的。如果核心业务和主导产品的信誉出了问题，肯定会影响企业的其他产品。当然新开发的业务或产品也会进一步巩固原有的主导产品及核心业务的优势。

总之，对于企业如何进行多元化经营来说，稳定的、扎实的、具有相当优势的核心业务是企业生存的基础和发展的保证，也是多元化增长的基本前提。多元化发展意味着企业要进入新的领域，新领域意味着陌生，企业常常缺乏对新领域充分的知识、信息、经验和相应的专长，因而风险较大。有时需承担比在原来熟悉的核心业务领域更大的风险，而且在进入新领域之初，企业还不太可能迅速站稳脚跟，也不太可能迅速取得高额回报以平衡新领域的风险。因此，企业在开始采用多元化发展战略时，需要核心业务提供雄厚实力和稳定保障来支持，这不仅是企业多元化发展的前提，更是企业避免因多元化的风险而受灭顶之灾的客观要求。如果核心业务已经陷入困境，欲通过多元化经营使企业摆脱困境，企业不仅缺乏足够的资源在新领域建立新的优势，甚至还会使原有的经营领域受到连累而危及到企业的生存。

3. 实行以核心竞争力为基础的同心多元化

多元化主要有两种方式：横向多元化和同心多元化（关联多元化）。横向多元化是指企业在规模扩张的过程中，通过收购、兼并其他行业的企业，或者在其他行业投资，把业务扩展到其他行业中去，新产品、新业务与企业原有产品、技术、市场缺乏关联性。而同心多元化是企业在规模扩张过程中，利用本企业原有的技术、特长、市场等开发新的产品，增加产品种类，从同一圆心向外扩大业务经营范围：新的产品、业务与企业现有的产品、技术、市场有较强的关联性。①

横向多元化发展是传统管理理论的必然产物，也是企业发展的一种内在本能，其诱因可能是企业所面临的市场环境不断发生新的变化，出现新的商业机会，对企业产生强烈的诱惑；或者主业经营不顺利，需要其他行业机会；或者是为了规避单一经营的风险等。横向多元化在企业的发展过程中，往往会使企业经营的产品线愈来愈长，经营的事业域愈来愈宽。当企业进入一个自己不熟悉的事业领域时，尤其是新事业领域要求企业所应具有的关键性能力与企业现

① 谭力文，吴先明．战略管理．武汉大学出版社，2006：120-134.

有核心竞争力不吻合时，企业就会失去自身优势。而且多元化所涉及的事业领域过多时，也会分散企业有限的资源，弱化了主业，企业根基动摇，最终可能使企业全盘被动。我国中小企业在扩张过程中，这样的教训是很多的。“爱多”在VCD领域其实只是在最终产品市场占优势，本身缺乏核心技术，但它却贸然进入了当时竞争已经十分激烈的彩电行业；“三株”在发展鼎盛时期，涉及的事业领域包括医药、化工、材料、物理电子、酒业及化妆品；“巨人”集团更是全面出击，资金链十分脆弱。最终这些企业都成为昨日黄花，原因有多方面，但盲目的横向多元化也是其中重要的一个方面。因此，我国中小企业在发展过程中应当经营业务归核化，走同心多元化的路子，即关联多元化，它有两层涵义：一是回归主业，把主业做大做强；二是回归以核心竞争力为“圆心”的同心多元化。20世纪90年代国际上出现了企业回归主业的发展趋势，企业从伸展很开的事业领域，纷纷向自己原有的或自认为有相对优势的领域收缩。例如，GE在20世纪90年代进行了业务的重新调整，出售了大量与公司发展战略方面关联性不强的业务部门。值得指出的是：归核化并不是简单地反对多元化，而是反对没有根基的多元化。核心竞争力概念明确指出：凡是企业核心竞争力优势能得到较好发挥的事业领域，就是企业多元化有把握成功的新领域；凡是企业核心竞争力优势无所作为或不能很好地发挥作用的地方，企业多元化的风险将很大。因此，企业在考察选择多元化战略的新事业领域时，必须明确判断领域（行业）所要求的关键性能力是否能与企业现有的核心竞争力相匹配。

多元化经营的好处不仅仅是规模经济与范围经济。马凯德和威廉姆森（Markide & Williamson，1994）认为，关联多元化能比竞争者更为迅速和低成本地创立、积累新的战略性资产，而不仅仅是不同的战略业务单元共享现在资产。具体说来，关联多元化有四种潜在优势：

（1）资产共享：不同的战略业务单位之间可以共享同一战略性资产，例如共同的分销体系，从而可以获得规模经济与范围经济的优势。规模经济主要指单一业务规模扩大所产生的经济性。范围经济是企业经营的产品或服务的种类的增加所产生的经济性，是多元化经营所谋求的主要利益之一。

（2）资产改善：利用在建立和维持某一战略业务单位的现有战略性资产的过程中积累起来的核心竞争力，可以提高另一战略业务单位的现有战略性资产的质量。例如，本田公司在管理现有小轿车分销网络的过程中积累的经验，可能有助于改善其摩托车的分销网络。

（3）资产创立：利用在建立现有业务的战略性资产过程中开发的核心竞

争力，可能会更迅速地或以更低的成本创立一项关于新业务的新的战略性资产。例如，利用建立摩托车分销网络的经验，建立平行的除草机分销网络。

(4) 资产裂变：关联多元化可能会增强现有的核心竞争力，因为在建立新业务的战略性资产的过程中，公司会学到新的技能。这反过来又会提高其现有业务的战略性资产的质量。在建立除草机分销网络的过程中，本田公司会学到新的技能，这反过来又有助于改善其现有的摩托车分销网络。

关联多元化的长期价值主要不在于规模经济的利用，而在于使公司以更低的成本进行战略性资产的扩张。引发“资产改善”、“资产创立”和“资产裂变”等效应是关联多元化取得长期竞争优势的关键所在。

第十章　中小企业经营文化的构建与培育

我国大多数中小企业由于规模小、发展时间短，企业管理水平普遍较低，相当一部分甚至是不规范经营。中国对于中小企业的发展问题，更多谈到的是要科学管理、提高管理水平，但却很少有人会提倡中小企业要注重文化的建设。很多中小企业主认为，中小企业发展受到很多因素的制约，特别在资金、技术、人才和管理方面可谓先天不足，中小型企业关键是生存，谈不上企业文化建设问题，甚至管理界一些专家也持同样观点，这就使得中小型企业的文化建设更为滞后。本书认为中小企业，如果想发展成大型企业，现在就必须做大型企业要做的事；想成为一个卓越的公司，现在就必须做卓越公司应该做的事情，这样才有可能成为大公司或卓越公司。中小企业要想立于不败之地就必须搞好企业文化建设。

第一节　企业经营文化与永续经营的关系

一、企业文化的形成及其研究意义

企业文化是人类文化、民族文化发展的结果，是人类文化经过渔猎文化、农耕文化发展到商业文化的产物，是商业文化的一部分，是商品经济高度发展的工业社会特有的社会文化现象。应当说，有企业和企业管理存在，就有企业文化存在。但是，一般来说，这时的企业文化属于自然生成的企业文化，真正把企业文化当成一门科学对待，有意识地对它进行研究并运用于企业管理实践，是20世纪80年代以后的事情。

1. 企业文化研究热潮的兴起①

企业文化的凸显是市场竞争的结果，反过来又为企业参与市场竞争服务。企业文化研究热潮的兴起源于日本对美国的挑战，日本经济的冲击引起美日比

---

①　张仁德，霍洪喜．企业文化概论．南开大学出版社，2001：20-23.

较管理学的研究热潮。

日本是个岛国，资源贫乏，火山地震不断，既没有像中国那样光辉灿烂的民族文化，也没有像欧洲那样的现代科学技术，而且是第二次世界大战的战败国。在这种条件下，日本从20世纪50年代开始引进美国的现代管理方法，60年代实现了经济腾飞，前后只用了不足20年的时间，令人难以置信。

日本经济重新崛起，创造了连续增长的奇迹，进入20世纪80年代以来，已作为一种超级经济力量出现于国际舞台，大有取代美国、欧洲之势。是什么力量促进日本经济腾飞？本来日本的管理是向美国学的，日本成功的奥秘是什么？美国学者把目光投向日本，探讨美国输给日本的缘由。20世纪70年代末到80年代初，一大批美国学者，不仅有管理者，而且有社会学、心理学诸多学科的学者远渡重洋赴日本考察，掀起了美日比较管理学研究热潮。美国学者考察研究的兴趣开始主要在企业管理方面，对美日两国的不同管理模式进行了全面的比较。特别是考察了企业之后，他们发现，日本企业与美国企业之间一个最大的差别，是日本企业的员工有“爱厂如家”的思想，而美国企业的员工缺乏这种思想。这证明，美日两国不同管理模式的背后是文化的差异，因此，美国学者又把注意力集中在文化比较研究方面。文化的形成是一个长期的历史过程，具有鲜明的民族特征，日本的企业文化再好也只适用于日本，而不能简单地移植到美国企业。美国学者学习日本的最大收获，是发现了文化力是推动经济、推动企业发展的原动力。密歇根州立大学特普斯忒拉教授等人合著的《国际企业的文化环境》一书指出：“美国人特别易于漠视其他文化，国家的宏观大环境和在联邦之内所讲的共同语言使美国人得以避免真正地在思想和行动方面接触外国方式。我们的大熔炉观念把我们基本上有着封闭的文化这一事实掩盖起来了。我们的贸易壁垒正在崩溃，这也是我们文化壁垒崩溃的时候了。”企业文化的研究，从此在美国成为热门话题。

对于美国人决定重塑企业文化的决心和举动，日本人作出了积极反应。他们深感自己对企业文化理论研究的薄弱。美国学者对日本企业文化的赞赏和对其经验的理论概括，不仅进一步激发了日本企业的自尊心，而且使日本人受到了研究企业文化理论的启发。20世纪50年代，在经济技术相对落后的情况下，日本虔诚地向美国学习现代管理思想和技术，但他们没有机械地学，而是巧妙地把西方管理经验加工改造成适合日本国情、具有日本特色的管理模式，并使之获得了日本民族文化的认同和支持。很快，日本学者企业文化研究成果陆续问世：1984年中野郁次郎所著的《企业进步论》出版；1985年，社会和学术界开展了题为“21世纪革新企业研究”的学术研讨会，对“文化革新方向：企业文化的创造和渗透”进行了深入研究；同年，名和太郎《经济与文化》一书问世，从整体上分析了日本经营管理模式的文化背景，探讨了文化与经济的关系、文化力的作用问题。与众不同的是，日本的企业界一些著名的企业家如松下幸之助、上野一郎等对自己的经营管理经验进行系统整理，对自己公司文化实践进行新的提炼和概括，来支持和丰富学术界的理论研究，他们在企业文化研究热潮中非常引人注目。

企业文化研究热潮在中（我）国台湾省引起了中国管理模式的研究。20世纪80年代中期，我国大陆企业界掀起了塑造企业精神的热潮，“企业文化”一词开始出现于报刊杂志上。1984年中国古代管理思想研究成立。1988年企业文化研究热潮已成为中华大地上若干热潮之一。到1989年底，报刊登载的企业文化文章达250余篇，一大批翻译和编著的企业文化著作相继出版。各省市纷纷举办研讨会和各种形式的讲习班、讲座活动，中国企业文化研究会成立。进入90年代，涌现了一批具有较大影响的企业文化研究成果。1991年新华出版社出版《企业文化丛书》一套十本。1994年人民出版社出版了百卷本《经济全书》，其中就包括《企业文化》等等。如果说我国在世界企业管理思想的变革中错过了几次机会的话，那么，在企业文化研究的热潮中，我们基本跟上了时代的步伐。

2. 企业文化研究的重大意义

研究企业文化理论，重视中小企业企业文化的建设，对于我国中小企业的发展具有重大的现实意义和深远的历史意义。它将有促进我国中小企业进行内部改革，建立适应现代企业制度的需要；将有助于改进和加强企业思想政治工作，推动企业的精神文明建设；将促进我国中小企业管理由以物为中心向以人为中心的转变，提高我国中小企业管理水平；将有助于发挥我国民族文化传统的优势和社会制度的优越性；将有助于丰富和完善中小企业的企业形象和信誉，增强企业竞争能力；同时，还有助于推广我国优秀的企业管理经验，继承和发扬我国企业文化的精华，创造我国企业管理的特色。

二、企业经营文化的研究对象和主要内容

1. 企业经营文化的研究对象①

(1) 国内学者的观点

国内学者对企业文化的研究对象有着各自不同的见解。由郝镇华等主编的

① 刘光明．企业文化．第三版．经济管理出版社，2002：16-17.

《企业文化论》一书写道："不同于某些理论问题或具体实践问题的地方在于，企业文化研究本身反映的是理论与实践的结合点，它所揭示的是企业发展的内在规律问题，体现的是企业与社会发展的内在要求，是作为企业管理理论中组织、管理文化的形态出现和存在的，具有自己特定的研究对象、研究内容、研究方法和手段。从这个意义上说，企业文化是关于企业管理发展的科学。"因此，该书认为，企业文化的概念、特征、功能、基本内容和作用，以及关于企业文化形成、发展和取向方面的内容，应成为企业文化的研究对象。

由罗长海编著的《企业文化学》认为，企业文化的研究对象，顾名思义，就是"企业的文化现象"，但"企业的文化现象"又是各具特色的。有资本主义企业文化，也有社会主义企业文化。企业文化既不同于工业企业文化，也不同于商业企业文化，原因就在于他们有不同的研究对象。在所有这些正在或有待建立的学科中，企业文化的研究对象最为广泛。任何一种具体的企业文化，都是企业文化学的研究对象，遗漏了就可能发生以偏概全的失误。但任何一种具体的企业文化，又不完全进入企业文化的研究范围，它自身特有的东西是特殊企业文化的研究对象，如社会主义企业文化所特有的东西是社会主义企业文化的研究对象，商业社会企业文化所特有的东西是商业企业文化的研究对象，等等。从这个角度来看，企业文化的研究对象并不是直接就等同于各种具体的企业文化现象，而是存在于这些现象中一般和普遍的东西。因此，企业文化的第一研究任务，就是把作为本学科研究对象的企业文化定义搞清楚，然后才有可能研究它的各个方面，说明它的发展变化，并揭示它的深层本质和规律。

(2) 国外学者的观点

美国哈佛大学狄尔·甘乃迪教授认为，企业文化由价值观、神话、英雄和象征凝聚而成，这些价值观、神话、英雄和象征对企业的员工具有重大意义。他认为，构成企业文化的五大要素是：①企业环境，这是塑造企业文化总目标的外部条件；②价值观，这是企业基本的观念及信念，是构成企业文化的核心；③英雄模范，这是企业文化的人格化，是企业员工行为模式效法的具体典范；④典礼和仪式，这是企业文化的外在表现，是企业文化在生产经营活动中例行事务的行为规则；⑤文化网络，这是企业先进的价值观和英雄意识沟通、传递的渠道。

美国加州大学管理学教授大廉·大内认为，企业文化是由其传统和风气所构成的，同时，文化意味着一个公司的价值观，诸如进取、守势或是灵活——这些价值观构成公司职工活动、意见和行为的模式。管理人员身体力行，把这些规范灌输给职工并代代相传。

美国当代管理学家彼德斯·沃特曼认为，成绩卓著的公司能够创造出一种内容丰富、道德高尚而且为大家所接受的文化准则，一种紧密相连的环境结构，使职工们情绪饱满，互相适应和协调一致。他们有能力激发大批普通职工做出不同凡响的贡献，从而也就产生高度价值的目标感，这种目标感来自对产品的热爱，提高质量和服务的愿望、鼓励革新以及每个人的贡献给予承认和荣誉。

日本学者，拓植大学的今西伸认为，企业文化是特定企业中具有固定特征的价值体系。它由三个主要因素构成：①价值体系，即精神方面，指企业哲学、经营观念信条、企业目标等；②行为体系，即工作结构、组织环境、组织结构、战略、规章制度、习惯、惯例等；③经营风尚，即基础方面，包括社风、组织风尚、传统、行为规范、成员行为能力等。

综上所述，国内外企业文化的研究范围相当广泛，大部分学者都重视研究企业文化的实际功能和效用——对企业经营效益、经营业绩会产生怎样的影响？如何产生影响？企业经理们在这个过程中可以发挥什么样的作用？如何发挥他们的作用？等等。

2. 企业经营文化的主要内容

企业文化涉及企业的各个部门，渗透于企业生产经营活动的各项工作之中，其内容丰富多彩，构成一个复杂的要素系统，其内容主要包括以下几个方面：

(1) 企业精神

所谓企业精神，就是企业职工在长期的生产经营实践中所形成的传统、习惯、作风、理想、信念、宗旨、价值观、道德意志和行为准则等意识和观念的总和。它是企业物质生产经营活动的反映，又对企业的生产经营活动发生重要的影响和作用，是一切企业赖以生存和发展的精神支柱。国内外的企业，都无一例外地崇尚优秀的企业精神。

企业精神是企业群体意识的复合体。企业精神的内涵，具有多元性、层次性和广泛性的特点。首先，企业精神的多元性表现在，它的内容既有社会心理方面的传统、习惯、习俗，又有作为社会意识形态的观念，还有各种行为规范和准则，这说明企业精神是与企业价值观、企业目标、企业道德等都不同的一个综合性概念。其次，企业精神的层次性表现在，它不仅包括低层次的社会心理，即传统、习俗等，还包括高层次的社会意识形态，即企业哲学、企业道德、企业价值观等。不仅有浅层的企业作风、目标，还包括深层的企业信念和价值观念等。最后，企业精神的广泛性表现在，企业精神的范围不仅包括企业生产经营方面的精神，如质量第一，服务至上，以信为本等，而且包括生活方面的要求，如团结友爱，尊老爱幼等。不仅有对内的发展宗旨，如顽强进取，刻意求新，励精图治，振兴腾飞等，而且有对外的方针，如互惠互利，共同发展等。此外，企业精神作为企业文化的基石和主体，具备企业文化的各种特点，特别是企业文化的民族性、时代性和企业个性等，在企业精神上体现得尤为明显、突出。

（2）企业价值观

所谓企业价值观，就是企业及全体员工一致赞同的关于客观事物对于企业是否具有价值，以及价值大小的共同认识或看法。它体现了一个企业的基本理念和信仰，反映了企业内部衡量事物重要程度及是非优劣的根本标准，因而是企业文化的核心。企业价值观念的确立对企业文化的其他要素具有决定作用，而其他要素，如制度规范、习俗仪式等，都是在一定价值观念的基础上建立和形成的。

企业价值观作为群体意识，规定了企业该干什么，朝什么方向干和怎样干才能效益更好，以及干得好与坏的评价标准，为企业的生存和发展提供了基本方向和行为指南。一个企业的价值目标如果是错误的，那么企业的发展就要受挫，只有在正确价值观的指导下，企业的经营活动才能取得成功。因此，每一个企业，要想在市场竞争中立于不败之地，要想追求卓越的成绩，都应该而且必须确立正确的企业价值观。其中包括人本观念、市场观念、质量观念、信誉观念、时间观念、效益观念、整体观念、民主观念、法制观念等。一个企业的价值观念是由许多价值观要素组成的价值观念体系，这些价值观要素相互联系，共同发挥作用。

（3）企业道德

所谓企业道德，就是企业在其生产经营活动中应遵循的，旨在调整企业与国家、企业与企业、企业与服务对象及企业内部职工之间各方面关系的行为规范的总和。它以善良与邪恶、正义与非正义、公正与偏私、诚实与虚伪等标准为道德评价和道德命令的方式，调整企业内部与外部的各种关系。企业道德既是一种善恶评价，通过舆论和教育的方式影响职工的心理和意识，形成职工的善恶观念和生活信念；同时它又是一种规范企业及职工行为的标准，企业道德观念、道德信念可以转化为道德意志，可以通过舆论、习惯、规章制度等形式来调节企业及职工行为。因为企业道德一旦被职工群众所接受，深入人心，成为职工的道德伦理、道德信念、道德情感和道德意志，就会内在地发生作用，自觉的调整、规范员工的行为——维持企业的利益，同不利于企业发展的一切言行斗争。职工一旦危害了企业利益，就会受到舆论和自己良心的谴责；职工做了有利企业的好事，就会受到舆论的称赞和自己良心的安慰，从而形成规范职工行为的道德力量，成为推动企业前进的精神动力。

（4）企业风气

企业风气通常称为“厂风”，在日本叫“社风”或“风土”，风气即风土气息。所谓企业风气，也就是企业的风土气息，是由企业哲学、企业价值观念、企业道德等企业文化内容所决定的企业精神形象。它包括企业的经营作风、管理风格、领导方式、思想作风、工作作风、生活方式、环境风貌等内容。企业价值观是决定这些企业风气要素的核心，渗透于企业风气的各个方面：企业经营管理哲学决定企业经营管理风格；企业精神决定企业的思想作风和工作作风；企业道德规范决定企业的生活方式和风尚；厂容店貌、企业环境决定企业的风貌。企业风气综合地体现了企业文化的内容，是企业文化内容的外在表现。

三、中小企业经营文化与永续经营的关系

1. 中小企业经营文化与企业形象

所谓企业形象，就是指各类公众对该企业综合认识以后形成的最终印象。企业的总体形象往往由三个部分组成，包括由德信、质量、服务、技术等要素构成的理念形象，由职工行为、经营者行为、社会责任等要素构成的行为形象，由厂房、厂貌、企业名称、企业标志等要素构成的视觉形象。企业文化与企业形象既密不可分又各具特色。企业文化是企业形象的灵魂和支柱，企业形象是企业文化的外在表现；企业形象必须受企业文化指导，有什么样的企业文化，就有什么样的企业形象。两者的区别在于企业文化建设的主体是企业内部行为，企业形象则需社会公众和社会机构的认同和评价，需要企业外部要素如评介机构、新闻媒体、广告媒介等的参与才能最终完成；企业文化是内在的精神范畴，是企业的意识形态和上层建筑，而企业形象则侧重于企业内涵的外在表现。

（1）企业形象是企业内外成员对企业的总体印象。在企业形象中，企业只是被作为人们认识的客观事物而存在，是客体。根据马克思主义物质意识的关系，企业文化是企业形象形成的物质基础。在企业的生存和发展中，企业文化建设应该是第一位的。一个企业，如果没有质量过硬的产品，没有一个团结守法的员工群体，没有一种健康向上的文化气氛，则不管怎样宣传，都不能在公众心目中形成良好形象。

（2）企业形象是企业文化的体现和升华。企业形象作为人们对企业的总体认识，是企业文化的直接体现。人们能够认识和辨别的企业形象，是各个层次的企业文化的具体化。我们的感觉、知觉、记忆、联想、思维等一系列活动，只是在重复着各个层次企业文化建设的内容。这样，在我们心目中形成的企业形象，只能是体现企业文化的企业形象，而不能是其他；同时，公众心目中形成的企业形象也绝不是企业文化的简单复写，而是一种对企业文化升华了的认识。海尔广告中的“海尔，真诚到永远”的广告语，留给人们的不仅仅是一句广告语，而是一种真诚为消费者服务的印象。同时，企业的产品和容貌，在人们的心目中，代表的是一种风格，一种象征。

（3）一个企业塑造其企业形象的实质就是坚持先进的企业文化方向。这是因为：首先，先进的企业文化方向体现着企业先进的价值观和经营理念的价值导向；其次，先进的企业文化方向反映着企业积极精神状态和良好道德风貌的行为水准；再次，先进的企业文化方向折射着企业领导群体经营管理水平和能力的具体形象；最后，先进的企业文化方向指导着企业用视觉形象对理念与行为的整合水平。

一个企业具有良好的企业形象，其作用是显而易见的。它是企业经营过程中必不可少的宝贵财富和无形资产，可以为企业带来一些意想不到的收益。首先，良好的企业形象有利于获得消费者的认同，增强消费者的信心，因而可以扩大销售，增强产品和服务竞争力；其次，良好的企业形象具有强大的凝聚力，可以使员工在企业内外环境中产生一种优越感和自豪感，使员工在每一个工作岗位上都可以获得最大的精神满足；最后，良好的企业形象还有利于产生良好的外部经营环境，对企业经营产生巨大的推动作用。

2. 中小企业经营文化与企业战略

企业文化和企业战略之间的关系，就好像是人的观念与行为的关系，人先有了观念，对事物有了或初步或成熟的看法与认识，然后才产生在观念支撑下的行为，而行为又影响着人的观念。“成功战略 + 优秀文化 = 卓越生产力”这一管理模式，已被不少有识之士信奉为21世纪企业管理的行为指南。文化与战略形成合力，进而推动企业持续、快速、稳步地发展。企业战略要与企业经营理念和经营环境相一致，而经营理念是企业文化的构成要件，也是企业必备的核心文化，它由决策者决定，并以企业文化的各种外在形态来表现；企业经营环境直接影响着企业文化的内容。因此，企业文化的塑造受企业战略的影响并为之服务，同时又影响企业战略的实施。

（1）企业文化是企业战略制定获得成功的重要条件以及企业战略实施的

重要手段。优秀的文化能够突出企业的特色，形成企业成员共同的价值观念，而且企业文化具有鲜明的个性，有利于企业制定出与众不同的、克敌制胜的战略；企业战略制订以后，需要全体成员积极有效地贯彻实施，正是由于企业文化具有导向、约束、凝聚、激励及辐射等作用，才激发了员工的热情，统一了企业成员的意志及欲望，为实现企业的目标而努力奋斗。

（2）企业文化与企业战略必须相适应和相协调。当战略制订之后，企业文化应该随着新战略的制订而有所变化。但是，一个企业的文化一旦形成以后，要对企业文化进行变革难度很大，也就是说企业文化具有较大的刚性，而且它还具有一定的持续性，会在企业发展过程中有逐渐强化的趋势。当企业制定了新的战略要求企业文化与之相配合时，企业的原有文化变革速度非常慢，很难马上对新战略做出反应，企业原有的文化就有可能成为实施新战略的阻力，因此在战略管理的过程中，企业内部新旧文化的更替和协调是战略实施获得成功的保证。企业战略反映着企业宗旨和价值观念、有着企业文化的烙印。优秀的企业文化往往会形成有效的企业战略，并且是实现企业战略的驱动力与重要支柱。

（3）企业文化引领企业战略，是企业战略管理的风向标。动态的战略管理过程可以分为战略规划、战略实施、战略控制和战略修正四个阶段，每个阶段又包含若干不同的步骤。而企业战略制定的第一步就是确定企业的宗旨，即企业使命，是指企业存在的理由和目的；它不是企业经营活动具体结果的表述，而是为企业提供一种原则、方向和哲学。它与企业核心价值观具有相同的DNA，反映并体现着企业的核心价值观，是企业精神文化的重要内容。恰当的企业宗旨，为企业战略的制定与实施提供了明确的指导方针，使企业既不至于在多种发展机会与方向面前无所适从，又不至于在复杂的环境中迷失方向。对于优秀的企业家来说，必须在深刻认识企业的现状和需要的基础上，在分析环境的机会和风险的基础上，通过确定企业宗旨为战略管理铺平道路、指明航线。

总之，如果企业希望获得成功，其文化必须能够产生满足当前或今后市场的战略需求的组织行为。如果企业文化产生的员工行为不被市场尊重，这种文化不仅破坏企业的价值，甚至会毁掉整个企业。反之，如果企业文化能产生与市场和已经过检验的战略协调一致的行为，该文化就立于不败之地。因此，战略离不开文化，文化把握着企业行为、资源和最终业绩的关键。

3. 中小企业经营文化与企业竞争力

没有企业文化就没有核心竞争力，企业核心竞争力是指企业独具的、支撑企业可持续性竞争优势的核心能力，是某一组织内部一系列互补的技能和知识的结合，它具有使一项或多项业务达到竞争领域一流水平的能力。企业核心竞争力为企业独自拥有，具有独立性。它是在企业发展过程中长期培育和积淀而成的，孕育于企业文化，深深融合于企业内质之中，为企业员工所共同拥有，难以被其他企业所模仿和替代。企业能否确立一种“自灭自新”的态度，在竞争对手没有反击之前，就及时放弃原有优势并建立新优势将成为能否持续获得高于平均利润率的根本标准。因此，寻求好的市场机会固然重要，但是否具有把握机会所要求的核心竞争力更为关键。没有企业文化，谈不上核心竞争力，没有一套成功的企业文化，企业的生命力是有限的。

（1）企业文化是促进核心竞争力形成的内在机制和基础。当一个企业能够拥有“企业组织中的集体性知识，特别是关于如何协调多样化生产经营技术和有机结合多种技术交流的知识”时，它便具备了“核心竞争力”，它具有价值性、转移性和导引性。从短期来看，核心竞争力表现为企业整体形象优势，具体如产品的品种、品质、品牌和对市场的号召力等各种有形的、可量化评价的指标；而从长期看，则表现为在企业追求产品价值实现的过程中，向顾客提供优于竞争对手并不易于被竞争对手模仿的，为顾客所认同的能力。通常企业可通过自主开发的拥有知识产权的核心技术占据市场，通过专业化经营和技术创新造就竞争优势，最终形成核心竞争力；或通过直接收购、联盟、兼并等方式整合不同优势，构建核心竞争力。在这一过程中，企业文化的价值与作用是不容忽视的。

（2）企业文化是核心竞争力的主要组成部分。企业文化是企业所独有的，在企业长期发展过程中形成的企业价值观和经营哲学。它很难被竞争对手和其他企业所模仿，因此具有核心竞争力的特性。企业文化所形成的经营理念和价值观，一经“内化”，必然产生一种强大的规范力，从而成为人们行为的准则，也必会产生一种持久的推动力，促使人们积极地去实现既定目标。这种规范力和推动力是核心竞争力不可缺少的一个内在动因。而价值观则表现为“客户本位”，使客户获得长期的关键性利益，这既是打造企业核心竞争力的“着力点”，也是企业核心竞争力的重要表现形式。因此，约翰·科特认为“企业文化在下一个10年内很可能成为决定企业兴衰的关键因素”，其实质就是企业文化是核心竞争力的决定性因素。

（3）核心竞争力是企业文化功能的体现。随着经济全球化进程的加快，越来越多的企业已认识到企业文化的重要作用，一个企业的动力及凝聚力都来自于企业的文化，没有一套成功的企业文化，企业的生命力是有限的。企业文化有其存在的理由：①企业本身的需要。企业文化是企业概念中必不可少的要素之一，尤其对现阶段处于由人治向法治转换过程中的国内公司，健康的企业文化将能削弱甚至取代个人影响力在企业中的过分存在，为企业的平稳发展创造条件。②管理制度的需要。没有合理的管理制度，制度中存在的各种漏洞导致的后果的大小完全取决于员工对企业的忠诚度，具有较大的风险性和不稳定性。③人才竞争的需要。对共同价值的认同会使员工产生稳定的归属感，从而吸引和留住人才。④市场竞争的需要。良好、健康的企业文化能够提高效率，减少费用支出，提升品牌含金量，增加产品的价值，从而增强企业的竞争力。⑤管理创新的需要。企业文化作为现代企业管理理论和管理方式的重要内容，其丰富的内涵、科学的管理思想、开放的管理模式、柔性的管理手段，为企业管理创新开辟了广阔的天地。加强有中国特色的企业文化的研究、运用和实践，是我国企业管理创新的必由之路，也是完善和建立现代企业制度的重要途径。

总之，没有企业文化，就没有核心竞争力。企业的发展源于核心竞争力，而核心竞争力的构建与培养离不开企业文化。

四、中小企业文化在企业永续发展中的主要功能与作用①

以价值观为核心的企业经营文化，是中小企业管理中不可缺少的重要组成部分，对中小企业的生存发展来说是一种具有神奇作用的内在动力。企业经营文化作为中小企业竞争力的重要源泉，具体来说在中小企业永续发展中的主要功能和作用体现在：

1. 导向作用

企业文化的导向作用是指企业以自己的价值观和崇高目标指引职工向企业生产和经营的既定目标努力奋进，它体现了企业生产经营活动的规律和经验。在激烈的市场竞争中，中小企业如果没有一个自上而下的统一目标，就不能形成强大的竞争力，也就很难在竞争中求得生存和发展。传统的管理方法都是靠各种各样的策略来引导职工去实现企业的预定目标；而如果有了一个适合的企业文化，职工就会在潜移默化中接受共同的价值观念，不仅过程自然，而且由此形成的竞争力也更持久。

企业文化建设就是在企业具体的环境及条件下将人们的事业心和成功欲望转化成具体的奋斗目标、信条和行为准则，形成企业职工的精神支柱和精神动

① 王成荣，周建波．企业文化学．经济管理出版社，2002：64-67.

力，为企业的共同奋斗目标而努力。因此，建设企业文化的实质就是建立企业内部的动力机制。这一机制的建立，使广大职工自觉地把个人目标融入到企业的宏大目标中来，可以使其为实现企业目标而做出个人牺牲。

2. 凝聚作用

企业中每一个群体组织和每一个员工都有自己的价值评判标准和行为准则，都有自己物质和精神方面的需要，因此不同组织和个人表现出不同的个性特征。这些个性特征要想凝聚为一个整体，只有依靠企业整体价值观。企业的各个群体组织和各位员工，把个人的理想信念融入到企业整体的理想信念中来，形成价值观共识，才会为企业发展提供强大的精神动力。当个人价值观与企业价值观融为一体时，企业员工才会感到自己不仅是在为企业工作，也是在为自己工作。这种员工与企业的和谐一致，能够激发起员工强烈的归属感和自豪感，使员工的士气保持长盛不衰。

企业的凝聚力指的是企业和职工的相互吸引力，具体说是指企业对职工的吸引力，职工对企业的向心力。凝聚力是一种情感，凝聚力首先可以通过企业对职工的关爱表现出来；其次，凝聚力又可以通过职工对企业的依恋体现出来。这种凝聚力还必然会转化成企业发展的推动力，表现为职工与企业结合为命运共同体的合力。

3. 激励作用

企业经营文化的激励作用，是指企业文化能使企业成员从内心产生一种情绪高昂、奋发进取的效应。倡导企业文化的过程是帮助职工寻求工作意义，建立行为的社会动机的过程。通过这一过程，可以在职工中形成共同的价值观，在企业中形成人人受重视、受尊敬的文化气氛。这种气氛一旦形成，就足以胜过任何行政命令。在这种气氛中，每个成员做出了贡献都会及时得到领导和职工的赞赏与鼓励，获得极大的心理和精神满足，并因而自觉树立对企业强烈的主人公责任感。职工的主人公责任感对于一个企业来说是弥足珍贵的。有了这种责任感，职工就会为企业发展而勇于献身、奋勇拼搏；有了这种责任感，职工就能迸发出无穷的创造力，为企业发展献计献策、不断创新。

4. 创新作用

企业经营文化可以激发员工的创新精神，鼓舞员工开拓进取。最典型的例子就是3M公司，他们提出“3M就是创新”的理念，鼓励员工大胆尝试，成为以创新闻名的公司，保持企业的活力和竞争力。日本的卡西欧公司提出“开发就是经营”的企业哲学，对激发员工的创新精神起到了积极的作用。可见，优秀的企业文化不是保守的，而是创新的，在变化莫测的网络时代，只有不断创新，企业才能生存，这种思想在优秀企业的企业文化中多有表现。

5. 效益作用

企业经营文化强调以人为本和崇高的社会目标，并非追求企业的最大化利润。但是，它的引导作用、凝聚作用、激励作用和创新作用的充分发挥，却可以使企业取得最好的效益。例如，人们在一种先进的企业文化气氛中工作，会充满自豪感和主人公精神，会忘我地、创造性地工作，还能取得政府、社区和消费者的广泛支持，并减少工作中大量不必要的冲突与摩擦。显然，企业的效益因此会大大提高，这种作用就是企业经营文化的效益作用。

第二节　企业经营文化的内涵、特点、构成与要求

一、企业经营文化的内涵

尽管企业经营文化热已经在全球范围内产生了深刻的影响，但究竟什么是企业经营文化？企业经营文化有什么内涵？对此，许多人并不十分了解，即便是企业界和学术界也还没有形成完全一致的看法。综合国内外的研究，对企业文化大致有两种看法：

第一种是狭义的，认为企业文化是意识范畴的，仅仅包括企业的思想、意识、习惯、感情等领域。例如，“Corporate Cultures”的两位作者美国学者迪尔和肯尼迪认为，企业文化包括四个要素，即价值观、英雄人物、典礼及仪式、文化网络。这四个要素的地位及作用分别是：价值观是企业文化的核心；英雄人物是企业文化的具体体现者；典礼和礼仪是传输和强化企业文化的重要形式；文化网络是传播企业文化的通道。

第二种是广义的，认为企业文化是指企业在创业和发展过程中所形成的物质文明和精神文明的总和，包括企业管理中硬件与软件、外显文化与内隐文化两部分。这种观点的理由是企业文化是同企业的物质生产过程和物质成果联系在一起的，即企业文化既包括非物质文化，又包括物质文化。该观点认为，企业人员的构成状况、企业生产资料状况、企业的物质生产过程和物质成果特色、工场的厂容厂貌等都是企业文化的重要内容。

本书既不同意狭义的看法，也不同意广义的看法。我们认为可以用简单的语言来表述企业文化这个概念，即企业文化是企业信奉并付诸于实践的价值理念。也就是说，企业信奉和倡导，并在实践中真正实行的价值理念，就是企业文化。一般来说，对于企业文化的理解，需要掌握这样几个要点：

1. 企业文化从形式上看是属于思想范畴的概念

也就是说企业文化属于人的思想范畴，是人的价值理念。这种价值理念是和社会道德属于同一种范畴的。我们在治理社会的时候，首先提出来要依法治国，但是再完善的法律都会有失效的时候，法律失效了靠什么约束？靠社会道德，所以既要依法治国，又要以德治国。管理企业也一样，首先是靠企业制度规章，但是对于企业任何制度来说，再完善都会有失效的时候，企业制度失效了就得靠企业文化来发挥约束作用。

由此可见，企业文化是和社会道德属于同一范畴，是人的价值理念。也就是说企业文化和社会道德一样，都是一种内在约束，即人们在思想理念上的自我约束，因而都是对外在约束的一种补充，只不过是发生作用的领域不同而已。社会道德是对全社会有作用，而企业文化则是对企业有作用。所以我们说，从形式上看，企业文化是属于思想范畴的概念。正是因为如此，企业文化是极为重要的。

2. 企业文化从内容上看是反映企业行为的价值理念

也就是说，企业文化在内容上是对企业的实现运行过程的反映。具体来说，它就是企业的制度安排，以及企业的战略选择在人的价值理念上的反映。或者说，企业所有的相关活动，都会反映到人的价值理念上，从而形成了企业文化。由此可见，从内容上讲，企业文化是与企业的活动有关的价值理念，而不是别的方面的价值理念，它是反映了企业的现实运行过程的全部活动的价值理念，是企业的制度安排和战略选择在人的价值理念上的反映。

3. 企业文化从性质上看是属于付诸于实践的价值理念

也就是说，价值理念如果从其实践性的角度看，实际上可以分为两大类，一类就是信奉和倡导的价值理念，一类是必须付诸于实践的价值理念。企业文化既是属于企业信奉和倡导的价值理念，又属于必须要付诸于实践的价值理念。也就是说，企业文化是真正地在约束企业员工的行为，真正地在约束企业的运行过程，是在现实中真正起作用的价值理念，而不仅仅是一种倡导或者信奉的价值理念。

4. 企业文化从属性上看是属于企业性质的价值理念

企业文化不是一般的、别的价值理念，而是作为企业自己本身的价值理念而存在的。企业文化虽然有时也可能会受到民族的价值理念、社会的价值理念，以及其他有关方面的价值理念的影响，但是就它的属性来看，它是属于企业的价值理念，所以人们把企业的价值理念，即企业文化，称为企业的灵魂。

5. 企业文化从作用上看是属于规范企业行为的价值理念

即企业文化作为企业的价值理念，是对企业真正发挥作用的价值理念，企业文化对企业的行为以及员工行为起到非常好的规范作用。例如，企业文化中的责权利对称性管理理念，规范着员工的责权利关系；企业文化中的共享共担管理理念，规范着企业与员工在风险承担及利益享受上的相互关系。

上述从形式、内容、性质等方面表述了企业文化的真正内涵。

二、企业经营文化的特点

为了进一步揭示企业文化的内涵，以便更好地为企业经营管理服务，有必要弄清企业文化的基本特点。

1. 综合性

企业文化是管理科学的大综合。现代企业管理理论，都是从不同的侧面去研究企业生产经营、运行理论、发展规律的，而企业文化是以企业作为一个整体，阐明企业多维、立体和有机的辩证关系，并对其进行整体的综合研究的科学。在研究的过程中，它广泛吸收了历史上管理科学中一切优秀的科学成果并加以综合。它不仅研究企业价值观、企业目标、企业精神、企业制度、企业经营科学以及企业道德等方面，而且还研究企业环境、文化仪式、文化网络、英雄人物等方面的内容。企业文化是多层次、综合性的管理学科。

2. 时代性

企业文化是时代精神的体现，是企业的时代精神，从内容到形式都带有时代性的特点。企业都处于一定的社会条件下，受文化传统、社会制度、社会交往关系、社会习俗、时代风貌等方面的影响，但在这种环境下，尽管企业个性不同，然而企业文化必然要打上时代的烙印。例如，在我国传统的计划经济条件下，必然造就带有高度集中统一的企业文化，而在今天的社会主义市场经济条件下，企业文化必然要发生变化，体现一种开放灵活、生气勃勃的企业精神和企业形象。企业文化的时代性的含义：一是它的客观性，尽管不排除人的主观努力，但任何人想完全摆脱时代的束缚，那是不可能的；二是它的发展性，即随着时代的发展，客观环境的变化，企业文化也将不断发展、创新。

3. 传承性

企业文化是企业成员共同拥有的财富，更是所有成员行为的规范和法则。每个成员要想在一个企业中求得发展，就要不断地学习所在企业的文化。这种学习包括员工在日常的工作和生活中不断地实践和探索，累积新的经验，在更高的层次上加深对企业文化的认识。这种对企业文化的由适应、遵守到为其发展做出贡献的过程，带来的是成员自身素质的提高和企业文化的持续进步。同时企业也需要通过教育、训练的途径培养和提高整个企业的员工文化素质，并在此基础上推动企业的整体文化不断成长。

4. 人本性

企业文化的人本性，即以人为中心或者说以人为本的特征。企业文化非常重视职工的主体性，要求职工意识到自己是企业的主人。它强调人的理想、道德、价值观、行为规范等在企业管理中起核心作用；在生产经营管理过程中，关心人、尊重人、信任人，使全体职工互相尊重，团结奋进，积极参与企业管理，推动企业发展。以人为中心本身是行为科学的管理理论，但行为科学所研究的人，主要是单个的人，虽然它也涉及群众意识，但其出发点是群体中的各个成员，即不是群体的整体性。企业文化也是以人为中心的管理理论，但它研究的却是群体价值观、群体精神、群体信念等，而且把企业精神和企业价值观念作为企业文化的核心，这是企业文化区别于行为科学的重要特征之一。

5. 革新性

企业文化在企业中一经形成，便具有了自己相对稳固的模式和传统，但它们也不是恒久不变的。随着社会历史时期的不断交替，企业文化赖以生成的社会文化会不断地变换其内容和形式，与此相适应，企业文化具有显著的革新性，企业文化只有在随着企业历史和文化发展的同时不断地运动、变革和发展，才能保持其旺盛的生命力和活力。这一特征在当代企业文化中表现的尤为突出，以至于如今国内外的许多成功企业都在顺应改革潮流，不断更新旧的文化模式，创造新的文化内容。企业文化的革新性主要体现在企业文化能够在与时代潮流的持续磨合中，在保持自身优势的前提下，历经适应、变革、创新到新的适应这一循环往复的过程，确保企业永远走在时代潮流的前列，在竞争中立于不败之地。

6. 独特性

企业文化的独特性主要体现在各个企业的企业文化所采取的形式多种多样。不同的企业走过的从创立、生存到发展的道路各不相同，各企业采用的推动企业经营与管理的手段和方法也不同。每家企业内部都存在着自身所独有的企业文化，它能够辅助企业对外适应外部社会与市场环境、对内营造良好的协调机制与人际关系，促进企业全面成长。因此，每家企业的文化又都各具特色，表现出明显不同于其他企业的、具有不可替代的个性化和独特性特征。一般情况下，相同或相近行业内的企业文化在类型方面表现为相近或相同；不同行业间企业文化的差异较大。正是这种企业文化呈现出的异彩纷呈的局面，形成了整个企业界或行业内企业文化的多样性，即众多的、局部的个性化、独特性构成了全局的多样性。而每一家企业在自身的文化建设中都必须以自身的特色为立足点，充分利用自己已有的条件，发挥自身优势，有选择地学习有益的理论、方法和经验，克服盲目追赶或照搬，力图建立和发展具有本企业特色的企业文化。

三、企业经营文化的构成要素与系统结构

1. 企业经营文化的构成要素①

企业文化是一个完整体系，这个体系是由若干相互联系、又具独特作用的要素构成的。这些要素不仅在企业日常经营管理中起着重要作用，而且对形成优秀的企业文化也将发挥重要作用。构成企业文化的基本要素有五个方面，即企业环境、价值观、英雄人物、典礼仪式和文化网络。

(1) 企业环境

企业环境是指企业经营所处的内部和外部条件，也是企业文化的前提条件。任何企业都处在一定的社会环境和自然环境之中，受环境的制约和影响。因此，企业必须尽最大的努力去适应；同时，企业对环境又不是完全消极和被动的，它可以积极影响和改造环境。企业只有与客观环境实现动态平衡，才能协调发展。企业环境包括内部和外部两个部分。

一方面，企业的生存和发展需要处理好与外界各方面的关系，创造一个有利于发展的和谐的外部环境。企业的主管和经理人员不能仅对出现的问题做出被动的反应，而是要积极主动地对周围环境的变化保持敏感，并能预见和解决问题。另一方面，企业作为一种经营团队，同其他集团一样都是人类的集合体。企业以经营为目标，以组织为自己的存在基础。企业内部需要形成良好的经营秩序，拥有共同的目标和协作的欲望，主动沟通思想，是企业组织维系自身存在的牢固根基。此外，企业内部环境的优化，是营造良好外部环境、塑造良好企业形象的基础。只有优化企业内部环境，才能赢得政府、媒体、消费者和社会各界的信任，才能使企业上下养成服务社会、爱护自然的习惯，从而使企业内外环境和谐一致。

(2) 价值观

企业价值观是指导企业生产开发、经营管理获得成功的企业全体成员所拥有的共同信念、经营理念、是非标准以及协调人与人关系以及人与自然关系方

① 陈亭楠．现代企业文化．企业管理出版社，2003：93-130.

面的企业价值观念、企业价值知识的根本观点的总概括，是关于企业一般价值的根本观点。价值观是企业文化的核心，是企业组织的基本思想和信念。具有优秀文化的企业内部都存在着为职工们所共同拥有的价值观。领导者们不断地向职工宣教这些思想和信念，并要求整个企业不偏离企业的价值标准。

企业价值观的确立是企业组织在决定企业的性质、目标、经营方式和角色时作出的选择，也是企业经营活动成功经验的实践积累，它决定了企业经营行为的基本性质和方向，构成了企业内部成员行为准则，也是企业一切行为与活动所追求的理想境界。企业的典范人物、典礼仪式以及文化网络等企业文化要素都是从企业价值观中派生、引申出来的，其作用就在于维护、传播以及强化企业价值观。

（3）英雄人物

一个企业的英雄人物是为了宣传和贯彻自己的价值系统而为企业成员树立的可以直接仿效和学习的榜样。英雄人物是企业价值观的人格化体现，更是企业形象的象征。许多优秀的企业都十分重视树立能够体现企业价值的英雄模范人物，通过这些英雄人物向其他职工宣传灌输企业提倡和鼓励的东西。一般，英雄人物在企业内部的所作所为常常是人们关注的焦点，向人们提供着可参考的样板，从他们身上人们可以弄清楚自己该做什么、不该做什么，怎样为企业的发展、为自己个人的成长建功立业。对企业外部公众来说，英雄人物是企业形象的缩影，他们向外界宣告企业重视的理念、企业在经营与文化方面的特色和企业领导人的追求与希望。英雄人物工作的方法和风格为企业员工们设定了工作的标准和规范。而企业对英雄人物的奖赏是一种生动形象、具体可行的激励方式，激励员工们努力工作，以获得与英雄人物同等的奖励。总之，英雄人物在组织内部提供了一种持续的影响，他们为自己的组织提供精神凝聚力。

（4）礼节和仪式

礼节和仪式是企业围绕自己企业文化的主旨——企业价值观——而组织和筹划的各种仪式的活动。一些大企业的管理者通过安排企业的仪式、礼节，向员工和社会各界说明企业的礼仪标准和办事程序，从而确保员工和与企业打交道的人都以正确的方式进行活动。这其中当然也体现了管理者对思想境界的追求和对事物的判断标准。企业的礼节和仪式包括一些具体的形式，它们从不同的角度去表现企业的价值观，共同营造一个完整的企业文化气氛。企业的娱乐仪式能松弛人们紧张的精神并促进创新。娱乐活动的特点是没有其他的目的也没有法则，但却以其多种多样的形式把人们联系在一起，减少冲突，鼓励试验，促进企业文化价值观的推广。

(5) 文化网络

企业文化网络是指一个企业用来传播企业文化信息的正式和非正式信息沟通系统，它是企业文化构成要素之一。企业文化网络在企业中具有传播和解释企业文化的功能。通常任何一家企业中的信息沟通都通过正式系统和非正式系统两个渠道来完成。企业文化网络的正式系统有广播、电视、报纸、各种会议等。企业的文化网络建设特别注重非正式信息沟通系统的建立，它是未经设计、自发形成的、内隐的沟通系统，主要用于非正式组织的沟通。企业文化网络之所以重要，是由于它不仅传递信息，并且也为员工说明信息的意义。著名的《塑造企业文化》一书中曾提到：在企业文化兴盛的公司，文化网络的势力相当庞大，它能加强组织的基本信念，传递英雄人物的事迹和成就，以提高英雄人物所象征的价值观，创造新气象，促进改革。可见，文化网络的重要性。

2. 企业经营文化的系统结构

研究企业文化的结构是把企业文化作为一种独特的文化现象进行探讨，可以从物质层、制度层、行为层、精神层文化等方面对企业文化进行深入的剖析。在企业文化的结构中，物质、制度、行为和精神文化之间的关系是一种有机结合的关系。其中物质文化是基础，是制度文化的存在前提，是行为文化的积极成果，是精神文化的载体。制度文化是中介，是适应物质文化的固定形式，又是行为文化得以保证贯彻的强制规范，还是精神文化的主要机制和载体。行为文化是落脚点，是物质文化形成的条件，是制度文化的产物，是精神文化的动态体现和折射。精神文化是灵魂和核心，指导着物质文化、制度文化以及行为文化的建设。

(1) 企业物质文化

企业物质文化是由企业职工创造的产品和各种物质设施等构成的器物文化，是一种以物质形态为主要研究对象的表层文化。企业生产的产品和提供的服务是企业生产经营的成果，因此，它是企业物质文化的首要内容。其次是企业创造的生产环境、企业建筑、企业广告、产品包装与设计等，他们都是企业物质文化的主要内容。

①企业产品的内涵及种类

产品作为企业生产经营的成果，其内涵有传统意义和现代意义两种。传统意义的产品以及对它的解释，常常局限在产品特定的物质形态和具体用途上；而在现代市场营销学中，产品则被理解为人们通过交换而获得的需求的满足，被归结为消费者和用户需求的实际利益。由此，产品概念所包含的内容大大扩充了。现代意义的产品是指企业向市场提供的能满足消费者或用户某种需求的任何有形产品和无形产品。

现代产品的整体概念由核心产品、形式产品、扩大产品三个基本层次组成。其中，核心产品，是指产品的实质层，它为顾客提供最基本的效用和利益。消费者或用户购买某种产品决不仅仅是为了获得构成某种产品的各种构成材料，而是为了满足某种特定的需要。形式产品，是指产品的形式层，较产品实质层具有更广泛的内容，它是目标市场消费者对某一需求的特定满足形式。它往往通过产品不同的侧面反映出来，例如人们在购买产品时，不仅注意到产品的功能，还考虑到产品的品质、造型、颜色、品牌等因素。扩大产品，是指产品的扩展层，即产品的各种附加利益的总和。它主要包括企业提供的各种售后服务，如提供产品的安装、维修、送货、技术培训等。

②企业基础设施与企业形象

企业基础设施和企业形象是企业物质文化的重要组成部分。企业基础设施主要是指与企业生产相关的各种物质设施、厂房建筑以及职工的生活娱乐设施。企业形象是企业文化的象征，是体现企业个性化的标志。它包括企业的名称、企业象征物和企业建筑空间结构、布局、企业广告、产品包装与设计等。企业基础设施是企业的硬件条件，是企业生产经营所必须具备的基本条件，它对企业的生存和发展起着基础作用。企业形象是企业的软件条件，是企业生产经营所必须的附产物，它对企业的生存和发展起着促进作用。尤其是随着科学技术、社会经济的发展以及市场竞争日益激烈，企业形象对企业生存与发展所起的作用越来越突出。现代企业都很注重通过企业形象识别战略来塑造、推广、宣传、树立企业形象，开拓市场。

③企业生产环境

企业生产环境包括厂区的整洁、绿化，生产现场的卫生，厂房、车间、机器设备的用色，以及工作时的背景音乐等，企业生产环境的优劣，直接影响企业员工的工作效率和情绪。优化企业的生产环境，为企业员工提供良好的劳动气氛，是企业重视人的需要，激励员工工作积极性的重要手段。

④技术、设备现代化与文明程度

企业的文明程度与技术、设备现代化密切相关。从一定意义上说，企业文化的形成取决于企业内外部多种因素，其中企业外部的技术环境、企业内部的技术条件、企业职工的文化技术水平对企业文化的塑造有重要影响。技术的发展对企业文化有很大影响。技术作为物质文明、精神文明的一种体现，对社会起着潜移默化的作用。人们接受了这种技术反映出来的思想，可以冲击传统的思想沉积，破除旧的价值观念，萌生新的价值追求。

技术、设备是企业形成物质文化的重要保证。企业技术、设备的发展水平决定企业的竞争力。新技术、新设备、新材料、新工艺、新产品的开发和应用，生产过程的机械化、自动化、电算化都直接关系到企业生产技术的发展方向和产品在国内外市场的竞争力，关系到企业物质文化发展的水平及其对企业精神文化发展的影响程度。不仅如此，技术、设备还是现代企业进行生产经营活动的物质基础，是企业劳动资料中最积极的部分。在现代企业中，职工凭借先进的技术、设备，创造优质的物质文化。随着知识经济时代的到来，技术、设备对企业文化建设的制约作用越来越大。今后的企业生产效率和经济效益在很大程度上取决于技术、设备的现代化程度。

（2）企业制度文化

企业制度是关于企业组织、运营、管理等一系列行为的规范化和制度化。企业制度包括产权制度、领导体系、组织机构、管理机构、运行规则，以及所有者、经营者、劳动者之间的关系，国家对企业的关系，企业和社会的关系等方面。企业制度文化是企业制度诸多方面内涵在观念形态上的反映，主要包括企业领导体制、企业组织机构和企业管理制度三个方面。

①企业领导体制

企业领导体制的产生、发展、变化，是企业生产发展的必然结果，也是企业文化进步的产物。企业领导体制是企业领导方式、领导结构、领导制度的总称，其中主要是领导制度。企业领导制度，受生产力和文化的双重制约，生产水平的提高和文化的进步，就会产生与之相适应的领导体制。不同历史时期的企业领导体制，反映着不同的企业文化。在企业制度文化中，领导体制影响着企业组织机构的设置，制约着企业管理的各个方面。所以，企业领导体制是企业制度文化的核心内容。卓越的企业家就当善于建立统一、协调、通畅的企业制度文化，特别是统一、协调、通畅的企业领导体制。

②企业组织机构

企业组织机构，是指企业为了有效实现企业目标而筹划建立的企业内部各组成部分及其关系。企业组织机构是企业文化的载体，包括正式组织和非正式组织。如果把企业视为一个生物有机体，那么组织机构就是这个有机体的骨骼。因此，组织机构是否适应企业生产经营管理的要求，对企业的生存和发展具有很大的影响。不同的企业文化，有着不同的组织机构。影响企业组织机构的不仅是企业制度文化中的领导体制，而且，企业文化中的企业环境、企业目标、企业生产技术及企业员工的思想文化素质等也是重要因素。组织机构形式的选择，必须有利于企业目标的实现。

③企业管理制度

企业管理制度是企业在进行生产经营管理时所制定的、起规范保证作用的各项规定或条例。企业管理制度是企业为求得最大利益，在生产管理实践活动中制定的各种带有强制义务，并能保障一定权利的各项规定或条例，包括企业的人事制度、生产制度、财务制度、民主管理制度等一切规章制度。企业管理制度是实现企业目标的有力措施和手段。它作为职工行为规范的模式，能使职工个人的活动得以合理进行，同时又成为维护职工共同利益的一种强制手段。因此，企业各项管理制度，是企业进行正常的生产经营管理所必需的，它是一种强有力的保证。优秀企业文化的管理制度必然是科学、完善、实用的管理方式的体现。

(3) 企业行为文化

企业的行为文化是指企业员工在生产经营、学习娱乐中产生的活动文化。它包括企业经营、教育宣传、人际关系活动、文娱体育活动中产生的文化现象。它是企业作风、精神面貌、人际关系的动态体现，也是企业精神、企业价值观的折射。从人员结构上划分，企业行为中又包括企业家的行为、企业模范人物的行为、企业员工的行为等。

①企业家行为

企业的经营决策方式和决策行为主要来自企业家，企业家是企业经营的主角。一般，企业家都是具有卓越才能的人，他们强调长期行为，不断把利润进行再投资，以发展企业。他们善于创新，干实事而不空谈；有领导能力，有丰富的想像力、判断能力和坚韧的意志；有监督和管理的才能；有丰富的业务知识，善于把握时机作出具有战略意义的重大决策或创新。他们目光远大，不斤斤计较眼前利润的多少，而是注重对于整个企业发展的全局性设想。

成功的企业家在经营决策时总会当机立断地选择自己企业的经营战略目标，并一如既往地贯彻这个目标直至成功。实现这一目标并非一件易事，它要求企业家在制定决策时必须体现宏观性、预见性、创新性、联想性和韧性的统一。

②企业模范人物的行为

企业模范人物是企业的中坚力量，他们的行为在整个企业行为中占有重要的地位。在具有优秀企业文化的企业中，最受人敬重的是那些集中体现了企业价值观的企业模范人物。这些模范人物使企业的价值观“人格化”，他们是企业员工学习的榜样，他们的行为常常被企业员工作为仿效的行为规范。企业的模范人物大都是从实践中涌现出来的、被职工推选出来的普通人，他们在各自的岗位上作出了突出的成绩和贡献，因此成为企业的模范。一个企业中所有的模范人物的集合体构成了企业模范群体，卓越的模范群体必须是完整的企业精神的化身，是企业价值观的综合体现。企业模范群体的行为，是企业模范个体典型模范行为的提升，具有全面性。因此，在各方面它都应当成为企业所有员工的行为规范。

③企业员工群体行为

企业员工是企业的主体，企业员工的群体行为决定企业整体的精神风貌和企业文明的程度，因此，企业员工群体行为的塑造是企业文化建设的重要组成部分。组织职工参加政治思想学习、企业规章制度学习、科学技术培训，开展文化、体育、读书以及各种文艺活动等都是塑造企业员工群体行为的重要手段。同时，在塑造员工群体行为的过程中还要注意激励全体员工的智力、向心力和勇往直前的精神，为企业创新作出实际的贡献，并把员工个人的工作同自己的人生目标联系起来。不仅如此，企业应该力争使每个企业员工都认识到：企业文化是自己最宝贵的资产，它是个人和企业成长必不可少的精神财富，以积极处世的人生态度去从事企业工作，以勤劳、敬业、守时、惜时的行为规范指导自己的行为。

(4) 企业精神文化

企业精神文化，是指企业在生产经营过程中，受一定的社会文化背景、意识形态影响而长期形成的一种精神成果和文化观念。它包括企业经营哲学、企业价值观、企业精神、企业道德、企业风貌等内容，是企业意识形态的总和。它体现在企业的物质文化、制度文化以及行为文化的方方面面。企业精神文化是相对于企业物质文化来说的，企业精神文化是一种更深层次的文化现象，在整个企业文化系统中，它处于核心的地位，是企业的上层建筑。

①企业经营哲学

企业经营哲学是指企业在生产开发、经营管理过程中观察和处理各种问题，使之达到既定目标所依据的世界观和方法论，是企业在处理人与人、人与物关系上形成的意识形态和文化现象。每一个成功的企业都有其高明而正确的经营哲学，以此为企业的发展提供基本思路，指导职工的创造性工作。在观察和处理这些关系中形成的经营哲学，一方面与特定时期的社会生产，特定的经济形态及国家经济体制有关，另一方面与民族文化传统有关，与文化背景有关。

②企业价值观

企业价值观，是指企业在追求经营成功过程中推崇的基本信念和奉行的目标。从哲学上说，价值观是关于对象对主体有用性的一种观念。而企业价值观是企业全体或多数员工一致赞同的关于企业意义的终极判断。当代企业价值观的一个突出特征就是以人为中心，以关心人、爱护人的人本主义思想为导向。随着现代科学技术的发展，现代和21世纪文明的真正财富，将越来越表现为人通过主体本质力量的发挥而实现对客观世界的支配。这就要求充分注意人的全面发展问题，研究人的全面发展，无论对于企业还是对全社会，都有着极为重要的意义。

③企业精神

企业精神是企业全体或多数员工共同一致，彼此共鸣的内心态度、意志状况和思想境界，是现代意识与企业个性相结合的一种群体意识。每个企业都有各具特色的企业精神，它往往以简洁而富有哲理的语言形式加以概括，通常通过厂歌、厂训、厂规、厂徽等形式表现出来。它可以激发企业员工的积极性，增强企业的活力。企业精神源于企业生产经营的实践，随着这种实践的发展，企业逐渐提炼出带有经典意义的指导企业运营的哲学思想，成为企业家倡导并以决策和组织实施等手段所强化的主导意识。企业精神集中反映了企业家的视野追求、主攻方向以及调动员工积极性的基本指导思想。企业精神常常以各种形式在企业组织过程中得到全方位强有力的贯彻。于是，企业精神又常常成为调节系统功能的精神动力。而且，企业精神总是反映着企业的特点，它与生产经营不可分割。企业精神不仅能动地反映与企业生产经营密切相关的本质特性，而且鲜明地显示企业的经营宗旨和发展方向。它能较为深刻地反映企业的个性特征和它在管理上的影响，起到促进企业发展的作用。

④企业道德

企业道德是调整企业与企业之间、企业内部职工之间关系的行为规范总和，是一种特殊的价值体系，是企业法规的必要补充。它是以善良与邪恶、正义与非正义、公正与偏私、诚实与虚伪等相互对立的道德范畴为标准来评价企业及职工各种行为并调整企业、职工之间的关系的。它一方面通过舆论和教育的方式，影响职工的心理和意识，形成职工的是非观念，从而集中形成职工的内心信念；另一方面又通过舆论、习惯、规章制度等形式在企业各种活动中确定下来，成为约束企业和职工行为的原则和规范。

⑤企业风貌

企业风貌是企业职工从事生产经营活动和处理相互之间关系所表现出来的外部行为特征，具体可表现为企业的风格、风气、传统和习惯。企业风貌决定于企业价值观、企业精神和企业道德。一个企业是否具有良好的风貌，对企业职工的工作热情、工作干劲、凝聚力、创造力以及企业整体形象都有直接影响。

第三节　企业文化构建与培育的主要对策

一、企业文化构建与培育的步骤

1. 企业文化构建与培育的准备阶段

建设企业文化关键在于量体裁衣，建设适合本企业的文化体系，达到这一目标的前提就是对企业文化的全面了解。企业在构建与培育企业文化的准备阶段时，其工作重点就是对企业现有文化进行一次调查和分析。当一个企业尚处于创业阶段，需要了解企业创业者的企业目标定位，如果是已经发展一段时间的企业，则需要了解企业发展中的一些问题和员工广泛认同的理念。常用的一些调研方法主要包括：访谈法、问卷法、资料分析法、实地考察法等方法。可以是自上而下、分层进行，也可以是大规模一次进行，这取决于企业的规模和生产特点。

企业文化的调研要有针对性，内容主要围绕经营管理现状、企业发展前景、员工满意度和忠诚度、员工对企业理念的认同度几个方面。一些企业内部的资料往往能够反映出企业的文化，可以从企业历史资料、各种规章制度、重要文件、员工基本情况、先进个人材料等方面获得有用信息。在企业文化调研过程中，匿名问卷形式比较常用，它可以很好的反映企业文化的现状和员工对企业文化的认同度。我们可以根据需要设计问卷内容，设计原则是调查目标明确、区分度高、便于统计。对有价值观类型的调查，又不能让被调查者识破调查目的。

经过一系列的企业文化调研，我们需要进行一些分析，得出初步结论。分析主要集中在以下几个方面：

（1）分析企业经营特点，搞清企业在行业中的地位和企业生产经营情况；

（2）分析企业管理水平和特色，研究企业内部运行机制，重点分析企业管理思路、核心管理链、现有管理理念和主要弊端；

（3）分析企业文化的建设情况，领导和员工对企业文化的重视程度；

（4）逐项分析企业文化各方面的内容，包括企业理念、企业面貌、员工行为规范等具体内容。

根据对以上问题的综合分析，我们可以判断目前企业文化的状况，了解员工的基本素质，把握企业战略和企业文化之间的关系，分析企业急需解决的问题和未来发展的障碍，这就为下一步企业文化的设计阶段做好了准备工作。

2. 企业文化构建与培育的设计阶段

企业文化是一个有机整体，它包括精神层（即理念层），又包括制度层、行为层和物质层，它包含了企业形象规范体系的全部内容，既有理念系统、又有行为系统和视觉识别系统。理念系统的设计要本着以下原则：历史性原则、社会性原则、个异性原则、群体性原则和可操作性原则。制度层、行为层以及物质层设计要本着与理念高度一致的原则、系统完整性原则和可操作性原则。

企业文化的设计中最重要的是企业理念体系的设计，它决定了企业文化的整体效果，也是设计的难点所在。理念体系一般来讲包括以下方面：企业愿景、企业价值观、企业哲学、经营理念、管理模式、企业精神、企业道德、企业风貌等。企业制度层主要是为了贯彻企业的理念，日常管理的每一项制度都是企业理念的具体表现，同时，有必要针对企业理念的特点制定一些独特的管理制度，尤其是对企业文化的导入十分必要。物质层的设计主要包括标志设计、服装设计、办公用品设计等，核心是企业标识和企业标识的应用设计，这些设计都要为传达企业理念服务。本节第三部分将重点介绍企业文化构建与培育设计阶段的主要内容，因此，在此不作详细介绍。

3. 企业文化构建与培育的实施阶段

企业文化的实施阶段实际上也是企业的一次变革，通过这种变革，把企业优良的传统发扬光大，同时，纠正一些企业存在的问题。一般来讲，企业文化的变革与实施需要有导入期、变革期以及制度化时期。

导入期的主要任务是从思想上、组织上、氛围上做好企业文化变革的充分准备。在此时期内，要做好建立强有力的领导体制、高效的执行机制、全方位的传播机制等几方面的工作，让企业内部所有人认识到企业文化变革的到来。变革期是企业文化建设工作的关键时期，在此时期内，企业要全面开展企业文化理念层、制度层、行为层以及物质层的建设，即进行由上而下的观念更新，建立健全企业的一般制度和特殊制度，形成企业风俗，做好企业物质层的设计与应用。这一阶段可谓是一个完整的企业形象塑造工程，中心任务是价值观的形成和行为规范的落实。制度化时期是企业文化变革的巩固阶段，其主要工作是总结企业文化建设过程中的经验与教训，将成熟的做法通过制度加以固化，建立起完整的企业文化体系。这一时期常见的问题是新文化立足未稳、旧习惯卷土重来，尤其对于过去有过辉煌历史的企业，往往会坚持旧习惯，这一点要求管理者做好充分的思想准备。

二、企业文化的构建与培育中的环境因素分析

企业是一个开放的系统，企业不能离开环境而生存，企业文化也不能脱离环境而构造。每一个企业都需要从外部环境输入资金、原材料、机器设备、劳动力等资源，通过企业机体内部的优化组合和生产制作的转化过程，生产出产品或劳务，再输出给外界。企业文化就是在这个不断反复的生产循环中发展的。因此，要构建与培育良好的企业文化，就必须认真分析企业文化所处的环境因素。

1. 企业文化构建中的外部环境分析

企业外在环境从决策的角度看可以分为宏观环境和微观环境。从生产经营的角度看可分为市场环境、技术环境、资金环境、信息环境、投资环境等。从人际关系构成看可分为上级机关、投资者、消费者、供应者、社会团体、社区关系等。影响企业文化的宏观环境包括社会政治制度、国家经济状况、国家科技发展水平、民族文化、自然地理条件。

社会政治制度对企业文化建设的影响是相对稳定的。如国家的方针政策、法律法规，制约着企业文化的性质和发展方向。国家的经济环境对企业生产和企业文化建设有直接影响。国民经济发展的速度和比例、国民经济结构、国民收入、人均国民收入水平及其增长、市场体系和市场需求，这些因素都会影响企业文化，企业了解和掌握这些因素及其变化发展的趋势，就能使本企业的文化建设符合国情。国家的科技水平是企业形成物质生产力的保证。新技术、新设备、新材料、新工艺、新产品的开发和利用，生产机械化、自动化水平，关系到企业物质文化发展的水平。民族文化传统是企业文化建设的土壤，传统的民族文化是一个国家在长期历史发展过程中逐步形成的，有强大的渗透力，如勤劳、爱国、自强、尊老爱幼、遵纪守法都是中华民族的优良传统，是企业文化建设值得吸取的精神营养。

微观环境包括企业所在社区、地区的经济发展战略、地方法规、社区文化、风俗习惯、乡土人情等。

2. 企业文化构建中的内部环境分析

企业文化建设的内在制约性因素是多方面的，如职工队伍素质、技术装备、原材料、经营管理素质等。

(1) 职工队伍素质

现代企业竞争，是技术的竞争，更是人才的竞争，企业如果有一支高素质

的职工队伍，就能立于不败之地。如今的社会，是知识经济的社会，企业的发展取决于对智力资源的占有，人才作为智力资源的载体，就成了企业的命脉。企业成功与否，完全取决于企业内部的人才数量、质量和效能的发挥程度。人才是企业所有财富中最宝贵、最有决定意义的资源。从一个现代企业的发展看，尽管高技术不断出现，新材料不断被发现，企业的信息化程度越来越高，表面上看人才的作用并不那么突出，在一些企业中，热衷于建厂房，买设备，进行有形资产开发购置时花费毫不吝惜，而对于引进人才、进行人力资本投资、无形资产开发时却缩手缩脚。实际上，国内外许多高技术企业的成功经验证明，这些高技术企业都是在有了技术创新设想的人才和看到了潜在市场的人才之后，从无到有，从小到大发展起来的。在知识经济条件下，人才的拥有比资金的拥用、市场的占有更为重要。人才是未来经济竞争的制高点，是新一轮企业竞争的焦点。

(2) 技术装备素质

技术装备是现代企业进行生产经营的物质基础，是企业劳动资料中最积极的部分。在现代企业中，职工凭借先进的技术、装备，使劳动对象达到预期的目标，为社会生产出更多优质、价廉的产品，创造优质的物质文化。随着知识经济时代的到来，技术装备对企业文化建设的制约作用越来越大。今后的企业生产效率和经济效益在很大程度上也取决于技术装备的现代化程度。

(3) 经营管理素质

经营管理素质表现为企业在生产经营活动中，劳动者、劳动对象所能达到的最优结合的程度，即能以最少的劳动力和最低的消耗，取得最大的经济效益。

进入 21 世纪，我国企业经营管理水平有了很大提高，企业基本实现了由生产型向生产经营型的转变，不少企业已树立了市场、竞争、开放和效益等观念，从原来的单纯追求产值、产量和速度，开始转到重视产品质量、品种、规格和适销对路。不少企业从封闭型走向开放型，它们不只注重内部生产管理，而且注重生产与流通的结合，以销定产，面向市场、面向用户。不少企业从单项管理走向综合管理，建立了计划、控制、监督和信息体系，建立了责权利相结合的经济责任制，全面计划和经营体系，全面技术、质量管理体系，全面人事劳动管理体系，全面经济核算体系。这些转变为企业文化的构建与培育提供了十分有利的条件。

三、企业文化的构建和培育

企业文化作为一种意识形态的东西，它是一种信念力量、道德力量和心理力量，是在企业员工中长期培育出来的。企业文化对企业行为和企业员工行为的约束物化为企业的组织制度、行为规范，只有在企业和职工对企业文化“认同”的基础上，才有约束力。因此，企业文化建设对于企业的规模一般没有特殊要求，无论大企业还是中小企业都可以根据自身的条件进行企业文化建设，这也为中小企业的企业文化研究提供了前提。所以，中小企业的企业文化也可以概括为企业职工在长期生产经营过程中，培育形成的价值标准、行为规范和基体信念的总和。

建设企业文化的方式与方法是多种多样的，它与企业经营管理活动相伴随，相互渗透、相互推动。但从相对独立的角度讲，建设企业文化的方式与方法主要有以下几个方面：

1. 创立企业文化礼仪

企业文化礼仪，是指企业在长期的文化活动中所形成的交往行为模式、交往规范性礼节和固定的仪式。它规范了在特定文化场合企业成员所必须遵守的行为规范、语言规范、着装规范，若有悖礼节，便被视为“无教养”的行为。企业文化礼仪根据不同的文化活动内容具体规定了各种各样的规格、规模、场合、程序和气氛。这种礼仪往往有固定的周期性。不同企业的礼仪体现了不同企业文化的个性及传统。

企业文化礼仪在企业文化建设中的作用主要表现在：

（1）使企业理性上的价值观转化为对其成员行为的约束力量。文化礼仪是价值观的具体外显形式，通过规范文化礼仪，实际上也就使人们潜移默化地接受和认同了企业价值观，文化礼仪客观上成为指导企业各项活动的行为准则。

（2）企业文化礼仪是企业文化传播最现实的形式。通过文化礼仪，使难解、难悟的价值体系、管理哲学等显得通俗易懂，易于理解和接受；同时由于大多数企业文化礼仪生动、活跃，具有趣味性，其中所包含的文化特质更易于在企业全体成员之间进广泛传播。

（3）企业文化礼仪是企业成员的情感体验和人格体验的最佳形式。在企业各类文化礼仪中，每个企业成员都具有一定角色，他能够身临其境，受到礼仪活动现场气氛的感染，经历情感体验，产生新的态度。

企业文化礼仪不是企业文化活动中的静态构成，而是在实践中不断补充、丰富和创新的。具有优良传统的企业，其文化礼仪也是丰富多彩的。主要有：

（1）工作惯例礼仪，是指与企业生产经营、行政管理活动相关的带有常规性的工作礼仪。其特点包括：气氛庄严、热烈；直观性强，直接体现所进行文化活动的价值和意义；与常规工作直接相关，成为工作禁忌和工作惯例；有规范性和激励性，直接规范人们的工作行为，强化人们的工作动机。这类礼仪一般包括早训、升旗仪式、表彰会、庆功会、攻关誓师会及职代会等。

（2）生活惯例礼仪，是指与员工个人及群体生活方式、习惯直接相关的礼仪。举行这类礼仪的目的是增进友谊、培养感情、协调人际关系。其特点：气氛自然、轻松、和谐；具有民俗性、自发性和随意性；具有紧急性，避免矛盾和冲突，抑制不良情绪；具有强烈的社会性，有些礼仪直接由社会移植而来，又常常是由非正式组织推行，并在企业中广泛传播。这类礼仪一般包括婚庆会、联谊会、祝寿会、运动会、欢迎会以及文艺汇演等。

（3）纪念性礼仪，是指对企业具有重要意义的纪念活动和礼仪。举行这类礼仪的目的是使员工产生强烈的自豪感、归属感，增强自我约束力。其特点：突出宣传纪念活动的价值；烘托节日欢快气氛；强化统一标准，如穿着统一服装，挂企业徽记，举行升旗礼仪，唱企业歌曲等。这类礼仪主要是指厂庆、店庆以及其他具有纪念意义的活动。

（4）交往性礼仪，主要是指企业员工在社会公众联系、交际过程中的礼仪。中国是礼仪之邦，企业在对外交往中应在遵循国际惯例的基础上，特别注意发扬优良传统。

规定这类礼仪的目的主要是，对内创造文明、庄重的工作氛围，对外树立企业良好形象。其特点是既有通用性，又有独创性。通用性是指企业要遵循世界上各国民族通用的交际礼仪，不遵守这些礼仪会被对方看不起，遭到轻蔑；独创性是指企业自身在交往实践中创造的交往礼仪，这类礼仪往往有特殊的场景和程序，带有鲜明的企业个性和文化魅力，交往对方置身于这种礼仪之中，感受到友谊、友爱、有强烈的被尊重感。交往性礼仪包括接待礼仪、厨房礼仪、会见礼仪、谈判礼仪、宴请礼仪以及送礼、打电话、写信礼仪等。

企业文化礼仪既可以是自发生产的，也可以由企业组织推行。企业如果能够自觉地创立具有自身特色的企业文化礼仪体系，使企业文化礼仪与企业价值观相一致，就能更有效地发挥企业文化礼仪在建设、强化、传播企业文化中的积极作用。

2. 营造企业文化氛围

氛围，一般是指特定环境中的气氛和情调，能够形成氛围，必定使人产生一种强烈的感觉，这种感觉来自特定环境中所体现的精神。企业文化氛围，是指笼罩在企业整体环境中，体现企业所推崇的特定传统、习惯及行为方式的精神格调。企业文化氛围是无形的，以其潜在运动形态使企业全体成员受到感染。因此，企业文化氛围对于企业成员的精神境界、气质风格的形成具有十分重要的作用。

企业文化氛围由物质氛围、制度氛围和感情氛围三个部分所构成。物质氛围是基础，制度氛围是保证，感情氛围是核心。

物质氛围主要是从企业物质要素及其组合中所反映出来的企业主体的情趣、格调。良好的物质氛围表现为企业环境洁净、井然有序。制度氛围主要是企业成员对企业各项政策、制度及规定的态度、情绪等。良好的制度氛围表现为制度与企业成员行为的一体化，企业成员形成了自觉维护、遵守各项政策、制度及规定的习惯和氛围。感情氛围主要是企业成员在相互交往及工作中所表现出来的氛围和态度。良好的感情氛围，表现为企业成员之间相互尊重与信任，工作配合默契，心情舒畅，相互之间的摩擦、冲突和矛盾现象较为少见，员工对企业有强烈的归属感，工作中追求成就，追求创新，人人不甘落后。

上述企业文化氛围构成的诸要素中，感情氛围是核心，它是企业文化最直接的表现，物质氛围和制度氛围的好坏从根本上讲取决于感情氛围。因此，创造企业文化氛围的重点是创造企业文化的感情氛围。

在积极创造物质氛围和制度氛围的基础上，要把创造良好的企业感情氛围作为重点。企业创造良好的感情氛围，要做到：

(1) 要从思想上、事业上关心员工，如关心员工政治思想上的进步，文化、技术水平上的提高，在工作上给予支持和帮助等，使员工感受到企业的重视与尊重，感觉到事业上有发展前途，从而促进上下级之间感情的融合；

(2) 应善于利用各种文化活动，沟通员工个体与个体之间、个体与群体之间、群体与群体之间的感情，协调相互关系，增进友谊；

(3) 应从生活上关心员工，尽心为其办实事，解决实际困难，增强员工的归属感；

(4) 要利用各种场合进行感情投资，建立企业领导与员工群众相互信任、相互支持的新型关系；

(5) 要通过做思想政治工作、宣传企业目标、开展民主管理、进行物质和精神激励等办法加强对企业各类非正式组织的引导，使之在思想感情上与企业保持一致；

(6) 要创造良好的学习环境，鼓励企业员工求知上进，使企业内部形成浓厚的学习气氛。

3. 建设企业文化的其他方法①

在建设企业文化过程中，除了创立企业文化礼仪、开展企业文化活动、创造企业文化氛围等基本方法外，还可以根据企业的具体情况有针对性地采取一些具体的方法。

（1）教育输入法。当企业文化的积累达到一定的量度，企业内外环境迫切需要推进新的价值体系时，企业文化的倡导者应通过各种形式，如会议、讲座、报告、办报刊、黑板报、墙报、宣传栏、广播以及发放宣传材料等向员工输入企业新的价值观，使员工尽快了解、理解企业的意图，从而在较短的时期内，在企业价值观上达成“共识”。

（2）舆论导向法。企业发展进入关键时刻，新旧文化的冲突和摩擦非常激烈，企业员工所信奉的价值观不一致。这时企业应有目的的组织各种系统的宣传活动，包括内部宣传和对外宣传，让员工知道，什么是好的，什么是不好的，什么行为是正确的，什么行为是错误的，从而为员工提供正确的价值导向和行为导向。

（3）领导垂范法。企业领导人作为企业文化的发起者和新文化的积极倡导者，他的言行和形象对文化的发展影响极大。企业领导人只有使自身的品德、情感、能力、作风、行为更充分展示所倡导的文化的特点，身体力行，率先垂范，才能带出一种好的作风和好的精神面貌。

（4）行为激励法。当企业员工的某些需要长期无法达到时，企业员工个体或某些群体意识与行为就会出现惰性，以至于对企业倡导的价值体系持淡漠或反感态度。这时就应采用激励的方法，如物质激励、精神激励、信息激励等，满足员工物质上或精神上的迫切需要，激发员工的积极性，并且使员工看到并体验到企业倡导的价值观并不是空洞无物、脱离实际的，促使员工调整自己的心理和行为。

（5）活动感染法。即通过举办各种形式的政治、文化、娱乐活动，如英模报告会、革命传统报告读书会、经验交流会、运动会、文艺晚会、智力竞赛、技术比赛、合理化建议以及各种主体营销和服务活动等，突出体现企业价值观的主题，创造良好的活动气氛，使员工在其中潜移默化地受到企业优秀文化的感染，思想得到升华，士气得到提高，尤其是使价值取向、追求、行为准则等渐渐得到调整，并向着企业倡导的文化方向发展。

---

① 王成荣，周建波．企业文化学．经济管理出版社，2002：310-312.

(6) 时间启迪法。即积极利用企业发展或对外交往中的重大事件，如重大技术发明事件，生产、经营、管理成功实例或责任事故，质量评比获奖或消费者投诉事件，新闻报道中的表彰或批评事件，参与社会公益活动等，大力渲染，强调某一事件的积极意义或给企业带来的重大损失，借以给员工带来心理震撼和震动，使员工产生强烈的印象，无形之中受到教育和启发，从而接受正确的价值观和行为方式。

上述方法在使用中不是孤立的，根据建设企业文化的特点和难度，可以以一种方法为主、其他方法为辅，也可以把几种方法结合在一起使用，使之相互渗透、相互补充，综合发挥作用。

四、中小企业既有文化的变革

优秀的企业文化对于企业的发展起着重要的作用，但是由于企业文化受诸多因素的影响，企业文化不是一成不变的。但是又由于不同因素发生变化后可能导致企业文化变革的方向不同。企业在成长发展过程的不同阶段，面临的内外部环境在不断变化，企业发展战略也会发生变化。只有变革企业文化，创新自己的经营方式和管理方式，才能使企业文化符合企业发展战略的新要求，使企业永葆青春。在实际工作中，企业可以通过以下几个方面来推动企业文化的变革。

1. 利用 CRM 推动企业文化变革

全世界范围内的各个企业都因为 CRM（Customer Relationship Management）而正在经历一场深刻的变革，它关系到企业在未来怎样与客户和潜在客户进行交流和互动。CRM，即客户关系管理，源于“以客户为中心”的商业模式，是一种旨在改善企业与客户之间关系的管理机制。它实施于企业的市场、销售、技术支持等与客户有关的工作部门。目标在于通过提供快速、周到、优质的服务来吸引和保持更多的客户，通过优化面对客户的工作流程来减少获取客户和保留客户的成本。

CRM 作为一种全新的战略思维和工作方法，以其独特的魅力和巨大的冲击力，正在逐渐变革传统企业已经形成的文化机制。大部分企业为适应不断变化的管理潮流和商业环境，自动或被动地接受了这些变革。企业文化的这些变革主要是由重视企业内部价值和能力，变革为重视以客户资源为主的企业外部资源的利用能力，以及因此而带来的由重视企业与员工、员工与员工之间的关系变革为重视企业与客户、员工与客户的关系；由重视企业利润变革为重视客户利益；由关注客户群体需求变革为关注客户个性需求；由面向理性消费的经营思路变革为面向情感消费的经营思路等诸多文化因素的变革。企业由重视企业内部价值和能力，变革为重视企业外部资源的利用能力，是 CRM 给企业文化带来的最大变革，企业文化的其他许多变革都是由这一变革所衍生而来。当然，这些企业文化的变革，并非完全是“顾此失彼”式的，有些由 CRM 所带来的新型文化观念，可以与旧有的文化传统兼容并蓄，只是在侧重点上向有利于客户关系资源利用方面倾斜，同时企业对于以客户关系为主的外部社会关系的重视，并不表明企业就此忽视内部资源的管理和利用。事实证明，不少企业在企业关系资源的利用方面，已经做到了内外兼顾。但是，当 CRM 理论的导入带来企业新旧文化冲突时，企业的旧文化应该让位于新文化，只有那些勇于革新旧文化的企业，才能贯彻 CRM 理论，使企业的文化意识形态全面提升，以适应新的经济环境，获得更强的生命力。

2. 利用 HR 推动企业文化变革

企业文化的变革是一个漫长而艰苦的过程，期间会遇到公司传统文化及某些利益团体的抵制。企业文化变革的关键是企业领导人及中高层管理人员自身观念的转变，自觉接受新的企业文化，同时能够有意识地通过自已的言行举止将企业的核心价值观及原则渗透到组织中去。因此，公司人力资源系统在企业文化变革中也扮演着极其重要的角色。

在企业文化变革过程中，对人力资源系统进行相应的调整可以促进新的企业文化的形成。企业的人力资源政策直接影响着员工的行为，当人力资源政策发生变化时，员工的行为也会发生变化。企业新的文化内涵重新定义之后，根据新的文化内涵对企业的人力资源系统进行相应调整，可以确保公司的人力资源政策、系统、关键指标等能有效地支持和强化新的企业核心价值观和公司原则，即新的企业文化。利用人力资源管理系统来推动企业文化变革的企业可以考虑对下列五个人力资源子系统进行相应的评估和调整，以便使企业新的企业文化能得以生根发芽并得到强化。

(1) 企业招聘系统

企业应评估和调整自己的招聘系统，把是否符合公司新的企业核心价值观作为新员工招聘的标准之一。企业在对候选人面试时，面试问题中应有目的的考察候选人是否符合公司新的核心价值观的要求。例如在考察候选人是否具有诚信的品质时，可以问这样的问题，“请举一个你曾经经历过的一个道德困境方面的例子，你是怎样处理这个道德困境的?”通过候选人对问题的回答，可以了解候选人的道德价值取向。对那些不重视诚信的候选人，公司应果断地拒绝录取。总之，通过类似的问题企业可以有效地了解候选人的价值观取向，最终录取那些与本企业价值观相近的候选人，淘汰那些与本企业价值观不一致的候选人。

（2）员工培训系统

在公司员工培训上，建议在新员工入职培训课程中增加企业核心价值观和公司原则的培训，帮助新员工了解和理解企业文化，增强对核心价值观的认同。对现有员工，也应定期组织企业文化方面的培训或研讨会，以不断深化员工对新的企业价值观的理解。对企业中高层员工，应定期组织企业文化创新和变革方面的培训，以便让管理人员更加重视企业文化的建设，并且为其进行文化创新和变革提供理论框架和工具。

（3）员工绩效考核系统

在员工业绩考评上，建议将员工是否遵守企业新的原则和体现新的公司核心价值观作为对员工进行考核的重要标准之一。例如新的企业文化强调诚信的重要性，那么在员工业绩考评上就应考评员工在取得绩效过程中是否遵循了公司的诚信原则。员工的绩效固然重要，应成为员工业绩考评的主要依据，但公司同时也应了解员工怎样获得的绩效。有的员工通过欺骗的手段来增加销售额，虽然绩效不错，但却违背了企业的诚信原则，给企业的长期发展带来大于其个人业绩的损失。通过对员工是否遵守公司原则和价值观的考评，可以督促员工用正确的方式去获得业绩，从而最大化公司的长期利益。

（4）员工薪酬系统

在员工的薪酬系统上，公司应真正建立起符合新的企业核心价值观和企业原则的薪酬系统。例如，新的公司核心价值观中强调业绩导向，那么在薪酬系统设计上就应该拉大不同表现员工的薪酬差距，并且真正让工作表现好、对公司贡献大的员工受到明确的奖励和赏识，特别是通过薪酬的调整予以体现。

以上这些人力资源政策的调整都可以有效地强化公司新的企业文化，进一步促进变革。通过人力资源政策调整招聘到那些符合企业新的核心价值观的员工，同时使那些代表企业新的核心价值观和遵守企业原则的员工得到晋升和奖励，最终公司理想的企业文化会逐渐形成。

3. 从企业文化各构成层次着手推动企业文化变革

企业文化是一种管理文化，是“软管理”、“软科学”。在企业管理变革过程中，企业文化通过其不同层面上的变革——倡导新的价值理念、引入新的企业机制、构建新的行为规范、塑造新的企业形象，来凝聚和激励企业员工为实现企业目标和自身价值而努力工作。

（1）企业品牌形象塑造

企业形象是企业文化的外显形态，有什么样的企业文化，就有什么样的企业形象。在市场上，企业形象外化为企业品牌。但企业形象本质上应是“企业人”的形象。因此树立企业形象要从培育“企业人”入手，优秀的企业文化最终都会通过“企业人”表现出来。当然，树立和维护良好的企业形象，提高企业在广大消费者和社会公众心目中的知名度、美誉度，创造企业的品牌价值，重视企业无形资产的保值增值，无疑也是企业管理变革的重要内容之一。

（2）企业行为文化变革

美国哈佛商学院著名教授、企业文化研究的重要奠基人约翰．P. 科特在《企业文化与经营业绩》一书中指出：“企业文化对于企业经营业绩的重要意义是毋庸置疑、显而易见的。那些有助于激励企业员工主动性、积极性和协调员工行为方式的企业文化，在市场环境发生变化的时候，能够促进企业经营战略和行为方式进行有效变革，从而推动企业经营业绩不断提高，不断增长。”当然，企业文化变革的成功有赖于企业高层管理者的倡导和推动，但只有中层、基层管理者以及全体员工积极参与变革，企业管理变革与文化变革才能最终取得成功。联想集团有大量的经营管理信条体现着企业的行为变革实践，比如，我们的存在取决于我们能否找到自己的客户，我们的价值取决于我们能否满足客户的需求；谁贴近客户，谁就是指挥棒；把5%的希望变成100%的现实；联想是没有天花板的舞台，等等。

（3）企业制度文化变革

企业理念变革是企业管理变革的先导，但没有企业体制和机制的变革，企业文化变革很可能被扼杀在摇篮之中。“成功的企业皆有相同之处，失败的企业各有各的不同”。在企业制度变革中，建立健全现代企业制度，实施完善的法人治理，企业决策者、管理者之间及其与企业员工间的有效沟通，是企业管理变革的必备良方。为使GE成为一个更具竞争力的世界级公司，杰克·韦尔奇领导GE公司压缩规模，减少层次和流程，实行垂直为主的矩阵式、扁平化组织管理，将大公司的雄厚实力、丰富资源、巨大影响和小公司的发展欲望、灵活性、激情结合起来，消除官僚主义制度，激发管理者与员工的热情，大家共同承担责任，相互合作。改变过去控制、干预、约束式的管理；推行协助、激励和教导式管理，规定经理人员认真倾听员工声音是一件必不可少的工作。杰克·韦尔奇把管理行为界定为：清楚地告诉人们如何做得更好，并且能够描绘出远景构想来激发员工的努力，而不是陷入过度的管理之中。

（4）企业理念文化变革

没有新的理念，就没有新的文化。没有变革思维，就没有变革行动，也就没有变革的成功。比如 GE 的管理文化中所倡导的“无边界管理”、“数一数二”、“适应变革”、“相互学习”等理念，造就了全球最佳企业和最卓越的企业管理者。中国联想集团在近 20 年的发展历程中，秉持并确立“科技的联想、服务的联想、国际化的联想”的发展理念，正是这一理念推动联想集团成为了一个国际化经营的企业，一个服务品牌化的企业。

中小企业永续经营案例与分析

在前面章节，笔者对影响中小企业经营发展的各个方面都从理论和实践两个方面进行了分析阐述，系统分析了对中小企业经营发展产生重要影响的各方面因素，为中小企业从不同侧面解释了现代管理理论对企业发展的指导作用，指示了企业发展的方向与方法。为了让读者能更全面、更具体地了解影响企业实现持续发展甚至永续经营的重要因素，本章以华为技术有限公司的发展为例，展示一个中小企业发展壮大的历程。

一、华为发展简史①②

华为公司的发展可以说是展示了一个中小企业发展壮大的完整历程，对广大中小企业的发展有着重要的借鉴意义。在 1997 年前基本上还没有什么人听说过华为，到了 2000 年华为就有了很大的知名度。到目前为止，华为在印度、美国、瑞典、俄罗斯以及中国的北京、上海和南京等地设立了多个研究所，8 万多名员工中的 43% 从事研发工作。截至 2008 年 6 月，华为已累计申请专利超过 29 666 件，连续数年成为中国申请专利最多的单位。华为在全球建立了 100 多个分支机构，营销及服务网络遍及全球，能够为客户提供快速、优质的服务。目前，华为的产品和解决方案已经应用于全球 100 多个国家，以及 35 个全球前 50 强的运营商。

华为公司的创办者任正非 1944 年出生在贵州，大学毕业后参军，在 1982 年裁军中退伍。后来到深圳南油下属的一家电子公司任副经理，据他自己称有被骗的经历，后来无处就业，被迫自己创业，成立华为公司，时年 43 岁。20 世纪 80 年代的深圳是改革开放的前沿，也是冒险家的乐园。1987 年 9 月，华为以“民间科技”企业的身份正式获工商局核准，注册资本 21 000 元，任正

① 程东升，刘丽丽．华为真相．在矛盾和平衡中前进的“狼群”．当代中国出版社，2004.

② 参考华为技术有限公司官方网站。

非等六人平均持有各六分之一的股份，共有员工 14 名。

1988 年正式营业，主要经营小型程控交换机、火灾报警器、气浮仪开发生产及有关的工程承包咨询。业务为代理进口香港康力公司的 HAX 交换机。华为代理的香港交换机在质量上比内地生产的好，价格上又比世界大厂家生产的低，有一定的竞争优势。1989 年，自主开发成功 PBX。

1990 年，华为在代理香港产的交换机的同时，开始研制自己的数字交换机。最初的时候华为公司设在南油附近的深意大厦的五楼，住宿办公都在一起。用半截简易砖墙隔成小间的宿舍，一出门就到了办公室，然后热火朝天地投入工作。开拓者们就是在这样的场景下，完成华为 BH03 机器雏形的研制并开始销售。公司真正的第一代产品是一种叫 HJD48 的较小门数的用户交换机，是一种相当不错的产品，到 90 年代中期每年仍有相当数量的销售额。

1991 年，员工人数发展到二十多人。任正非这个时候常常激励大家“我们要做世界通信七强”。这个目标在当时看来似乎是痴人说梦，任正非也就被戏称“任疯子。”1991 年成功开发了 HJD48 模拟用户小交换机（最大容量为 512 门），伴随 HJD48 的开发成功，公司进入了一个新的发展阶段；接着成功开发了 JK1000 端局交换机、2000 门数字端局交换机及万门程控交换机。1991 年因为货款回收慢，导致现金流出现问题，申请贷款却没有结果。11 月，申请将公司性质变更为集体企业，并于次年 6 月获准。

1992 年销售额首次突破亿元大关，利润过千万元，员工平均创造利润近百万元。任正非做出了一个决定，将全部利润投入研制 C&C08 交换机。1992 年，同处深圳的两家企业中兴通讯公司、长虹通讯设备有限公司已经分别先后研制出局端数字交换机产品和 2000 门数字交换机。华为这时候已是一个后来者，华为人选择了同时开发 2000 门数字程控交换机和万门程控交换机，两个项目组工作同时进行，这样尽管在 2000 门交换机上落后了，但万门机却是占了先机。1992 年初公司开始大规模招兵买马，除了个别是来自通讯科研机构和邮电学院较有经验的人员外，其余的大多是搞计算机或刚从学校毕业的新鲜血液。但程控交换机的开发不是简单的事情，按原计划是在 1993 年春节前样机系统问世，但在 1992 年 9 月份时还在反复讨论总体布线。从 1992 年第三季度开始，基于经济过热的结论，中国人民银行已经从严控制专业银行的贷款发放，信贷扩张的势头降下来了。华为由于研发资金紧张，而又无银行贷款，不得不向大企业拆借资金，利息高达20%~30%。“华为是没有多少资本的公司，发展的速度又十分地快。资金从来是困扰公司最大的困难，高层领导每年 90% 的时间是为了解决资金问题”。20 世纪 90 年代，随着股份合作制的兴起，职工持股逐渐试行于国有中小企业和许多非国有企业。这个时期，华为的职工内部股也作为一种制度确定下来。

1993年，在一个利于电信设备企业发展的大环境下，华为推出2000门网用大型交换设备C&C08交换机，9月，万门交换机研制成功。当年的销售额达到4.1亿元。同年在浙江义乌开局，几十个从来没有见过交换机、更没有开过局而研制成功C&C08交换机的年轻研究人员，在山沟沟里守着问题百出的试验局，四个月和机器吃住在一起。随后，当万门机快要推出来的时候，绝大多数万门机的开发者，并没有见过万门机局是个什么样子，还专门飞去长春参观一次。但是C&C08最终成了华为在通信设备核心技术方面的第一次突破。

1993年华为和各地电信局合资成立了莫贝克公司，主营通信电源和电话机等产品，之后电源产品有了很大的发展，并在2001年以60亿人民币的价钱卖给了爱默生公司。但电话机的运作却是不理想，市场没打开。

在1994年，华为迎来了一个开花结果的季节，当年实现销售额8亿元。经过广泛的市场宣传和局机、用户机较稳定的装局，全年共销售近70万线。万门机顺利装局，新业务、智能平台、排队机、无线项目发展迅猛，很快就投放市场，七号信令和多种制式交换机实现14位/24位对接，公司在10月以较大阵容参加北京举办的本年度亚太地区规模最大国际通讯展。

国家支持电信发展的力度在继续加大，但华为的生存环境仍然不容乐观。多次贷款计划搁浅，被迫向其他企业高息借款，一段时间里员工只发一半工资。但是，华为在这个时候就关注了公司管理问题，从建立“销售人员奖励分配方案”开始，华为在管理方面的探索越来越深入。

1995年，华为销售额达到14亿元，全国电子行业百强排名第26位，发展势头迅猛。注册资金增至7 005万元，员工达800多人，100%持股。年内，公司成立了知识产权部，并成立北京研发中心，并于2003年通过了CMM4级认证。至此，公司从单一的交换机产品开始，逐步进入移动通信、传输等多类产品领域，开始研究CDMA技术。产品逐渐多元化，华为开始成为一个能提供全面通信解决方案的公司。9月，华为内部发起“华为兴亡，我的责任”企业文化大讨论，在讨论中任正非主导明确了华为公司的文化。当年开始，聘请彭剑锋等5名中国人民大学教授进行管理咨询；成立工资改革小组，设计工资分配方案；在全公司范围内大规模推行ISO－9001标准。这一年华为开始发放股权凭证，延续至1996年。

1996年推出Quidway2501路由器和ISDN系列终端，成立了上海研发中心，并于2004年通过了CMM5级认证。年底，首台STP在宁夏银川开试验机获得成功，跻身世界少数几家能够提供该设备的通信巨头行列。在信息产业部、邮电部召开的全国交换机产品订货会上，抢到一大批订单。全年完成销售额26亿元，在全国电子百强列第21名。6月1日，国务院副总理朱镕基、李岚清等国家领导人视察华为。朱镕基指示随行的政府部门和四大银行，积极支持华为和像华为这样的民营企业的发展。这次指示对华为的帮助非常重要，华为的融资环境顿时宽松。朱镕基的此次参观在政策上给了华为很大的改观。当时，很多省市的电信局的资金都很短缺，很难用现金购买设备。华为和招商银行合作，推出了买方信贷业务。随后，华为正式获得第一批大学生招聘指标。

1996年初，任正非提出起草《华为基本法》，在任正非看来，《华为基本法》是给公司核心干部和员工定做的指南。3月，开始起草《华为基本法》。12月26日，《华为基本法》第四稿登在《华为人报》第四十五期。就这样在高速发展中，华为开始落实管理基础。这一年，市场发生变化，电信部门设备采购权上报到省市一级，并逐渐转向招标方式。华为针对市场变化，提出了大公司战略，要和国际接轨。

1996年2月，孙亚芳带领市场部所有正职干部，包括26名办事处主任，集体辞职，引发干部能上能下大讨论，最后获得公司金牌奖励。由此启动华为第一次大的人事制度改革。年底，引入美国HAY咨询公司香港分公司任职资格评价体系。

1996年，华为在俄罗斯设立办事处，次年成立合营公司贝托华为。与香港地区和记黄埔签订合同，为其提供固定网络解决方案，这是从国内市场走向国际市场的第一步。在国家有关机构的协助下，逐步在东欧、前苏联、西非和东南亚等地区开拓了市场。1996年成立华为电气，注册资本为7亿元人民币（合8 450万美元）。1996年推出SBS系列SDH光传输产品。到1999年，华为的光传输产品在国内市场上占有率达到24%，仅次于朗讯。

1997年华为实现销售额41亿元，同比增长60%。华为进入了迅速扩张期，员工人数增至5 600人。除原有的电话交换机外，还介入了数据业务、无线通讯等通讯领域的主导产品。1997年推出完全拥有自主知识产权的全套GSM系统合QuidwayS2403以太网交换机。与Texas Instruments、Motorola、IBM、Intel、Agere Systems、Sun Microsystems、Altera、Qualcomm、Infineon和Microsoft，成立了联合研发实验室。截至2005年6月，华为共有10所联合研发实验室。

当年，华为进行员工持股制度改革，完成第一次增资，华为当时在册的2 432名员工的股份由此全部转到华为技术有限公司工会的名下，占到

61.86%。为缓解资金紧张的压力和牢固地占有市场，华为想方设法在全国范围内与各地电信部门的直属企业——各地的电信运营商洽谈成立合资公司，并大量吸纳邮电系统员工入股。1997 年开始系统引进世界咨询公司，建立与国际接轨的基于 IT 的管理体系。解决老员工的沉淀问题，鼓励员工以“内部创业”方式离开华为。

1998 年年初，任正非将上市问题提上议事日程。计划以电气部门拆分上市，但由于错综复杂的股权关系，未能如愿。为解决贷款和融资问题，华为和铁通合作成立北方华为。又与各地邮电局合作成立沈阳华为、山东华为、四川华为、天津华为、北京华为、成都华为、安徽华为、上海华为。1998 年，成立数据通信行销部专门负责数据产品销售；推出 QuidwayA8010master 电信级接入服务器；开始 WCDMA 的研发；成立华为公司渠道拓展部。当年，公司的产品数字微蜂窝服务器控制交换机获得了专利。公司成立了南京研发中心，并于 2003 年 6 月通过了 CMM4 级认证。

3 月 23 日，《华为基本法》于明华会议中心定稿。公司启动大规模人才招聘计划，10 月，在清华大学大战中兴通讯，展开了人才争夺。公司引入英国的职业技能资格认证制度。1998 年员工人数增至 8 000 人，销售额达 89 亿元，同比增长 34.8%。

1999 年，销售额首次突破百亿元，达 120 亿元，利润 17 亿元，员工人数达 15 000 人。当年根据美国电信咨询机构 Dittberner Associates 的统计，华为公司的 C&C08 交换机网上运行量在业界排名第九。1999 年初步建立全国七大区的代理销售体系，北京华为数据通信研究开发基地正式启用，第一个代理商级授权培训中心和代理商解决方案中心在北京成立。华为 QuidwayR3640/3680 模块化路由器和系列交换机面世。1999 年华为第一台移动交换机（GSM）开通。1999 年，华为成为中国移动全国 CAMEL Phase II 智能网的主要供应商，该网络是当时世界上最大和最先进的智能网络。当年公司成立班加罗尔研发中心，并于 2001 年通过了 CMM4 级认证，在 2003 年通过 CMM5 级认证。

1999 年，改由孙亚芳出任董事长、法人代表，任正非担任总裁。年内，先后通过与包括 IBM 在内的世界知名企业如 The Hay Group（在人力资源管理方面）、PricewaterhouseCoopers（在财务管理方面）、以及德国的 FraunhoferGesellschaft（在生产管理与品质管理方面）合作，全面提升了华为在国际商业领域的竞争能力。年底，与 IBM 合作实施信息科技开发和集成供应链计划。当年，国家金融政策进一步放开，华为资金短缺的局面缓解。2 月增资，注册资本金 65 606 万元。9 月，股权变更、增资，注册资本金 106 060 万元，其中，华为技术有限公司工会持股 88.15%，华为新技术股份有限公司工会持股 11.85%。

2000 年，由于发展迅速，业绩突出，华为越发受到中央的重视。当年实现合同销售额超过 26.5 亿美元，其中海外销售额超过 1 亿美元，并在美国硅谷和达拉斯设立研发中心。2000 年 2 月，江泽民到华为视察民营高科技产业发展情况。11 月，任正非随国务院副总理吴邦国出访非洲。

2000 年华为企业网事业部成立，面向企业网络提供设备及解决方案，“阳光行动”在全国 17 个重点城市展开，企业网国际分部成立。在北京电信展提出城域网概念，成为可管理、可运营、可增值数据网络的倡导者，发布 QuidwayNetEngine16/08 系列骨干路由器。2000 年公司销售额达 220 亿元，利润 26 亿元，纳税 27 亿元，利润在电子百强中居首。员工人数达到 16 000 人，12 月增资，注册资本金升至 232 000 万元。11 月，任正非被《福布斯》杂志评选位中国富豪第三名。2000 年底，华为老员工内部创业的热潮涌起，但是谁也没有想到，时任华为电气总裁的李一男从华为离开，这是一个曾经最被看好的任正非的接班人。

2001 年，销售额 255 亿元，上涨幅度明显下降，资产负债率 53%。1 月，任正非随国家副主席胡锦涛出访。2001 年，与俄罗斯国家电信部门签署上千万美元的 CTMS 设备合同。国外销售增长迅猛，延伸至泰国、印度、巴基斯坦、法国、西班牙等 40 多个国家和地区。当年，华为成为国际电信联盟的成员，10 Gbps SDH 系统开始在德国的柏林进行商用。根据 RHK 的统计，华为的光纤系列产品稳居亚太地区市场份额的第 1 名。为了适应企业的进一步发展，公司当年在全国高校招聘 5 000 多人。2001 年在高端路由器、无线通讯网络市场寻求突破。投入巨资开发第三代移动通信 3G 设备。推出 QuidwayNetEngine80 核心千兆交换路由器、QuidwayS 全系列智能以太网交换机，成为国内首家获得软件开发管理 CMM4 级国际认证的企业。

2001 年 5 月，与爱默生电气签下协议，将华为电气以 65 亿元人民币卖给全球电气大王爱默生，并更名为安圣电气。9 月华为增资，注册资本金升至 32 亿元。其中华为技术有限公司工会占 98.8% 股份，任正非占 1.1%。华为接受财务顾问的建议，以股利 8.8 亿元实行增资，将华为新技术股份有限公司工会手中 11.85% 的股权并入华为技术工会名下。2001 年华为将“内部股”改为“虚拟受限股”，员工可以按比例将手中所持股份以最新的每股净资产价格卖给公司，股价以面值计算，每股 1 元，不溢价，分红降低为 10%。

2002 年，倡导“构建端到端的可管理、全线速、全智能交换 IP 网络”。

推出 QuidwayNetEngine40 系列通用交换路由器，QuidwayNetEngine5000 万兆核心多层交换机，QuidwayNetEngine 系列高端路由器销售达 1600 余台，成为全球主要的端到端网络设备及解决方案供应商之一。6 月 4 日，在美国得克萨斯州成立全资子公司 FutureWei，第四季度，WCDMA 系统实现阶段性供货。2002 年，华为销售额为 221 亿元，首次出现负增长，年初，大规模裁员的消息在内部迅速传播。7 月，财经经营管理部领导率先发出总监一级干部资源降薪 10% 的倡议书，随后公司各大部门纷纷响应。当年在高校招聘仅 800 人左右。尽管 2001 年到 2002 年间，全球电信基础设施的投资下降了 50%，华为的国际销售额还是增长了 68%，从 2001 年的 3.28 亿美元上升到 2002 年的 5.52 亿美元。华为通过了 UL 的 TL9000 质量管理系统认证。当年为中国移动部署世界上第一个移动模式 WLAN。2002 年暑期，华为中基层员工股权基本清理，同时按照员工等级实行股票期权制。下半年，国内媒体刊发由海外媒体首先发表的消息：华为筹备海外上市。

2003 年海外市场成为华为销售重点。上半年，销售额仅为 120 亿元，其中海外销售 3.5 亿美元，同比上升 60%。员工人数达到 22 000 人。公司于当年通过了 DNV（DET NORSKE VERITAS）的 ISO 14001 认证。2003 年 1 月 23 日，思科系统有限公司宣布对华为技术有限公司及其子公司就华为侵犯思科知识产权提起法律诉讼，华为迅速撤回在美国的路由器。但是，思科最终撤回了诉状，双方解决了所有的专利纠纷，并承认华为没有侵权行为。2 月，以任正非、孙亚芳、洪天峰等高层领导为首，公司总监级以上干部递交了 454 份自愿降薪 10% 的申请书。3 月，华为与美国 3COM 公司成立合资公司，生产企业数据网络设备。华为利用 3COM 的技术，3COM 则利用华为在国内的销售渠道。4 月，中共中央总书记，国家主席胡锦涛再次视察深圳华为技术公司，指出要抓住机遇，利用自身优势，加快走出去的步伐，积极参与国际市场竞争。5 月 27 日，深圳中级人民法院以不公开审理的方式，开庭审理了华为创业元老刘平状告华为公司的案件，另一位创业元老黄灿随后提起股权诉讼。6 月 6 日，美国得克萨斯州东区联邦地方法院法官暂时禁止中国路由器厂商华为公司及两家相关公司发售与思科有关的软件和用户手册或让熟悉这些软件的员工开发相似的产品。2003 年 10 月 1 日，双方和解。8 月 20 日，公司酝酿实施 2003 年员工持股方案，面向 80% 员工，超过 16 000 人。8 月 21 日，原华为公司传输部技术人员王志骏、刘宁、秦学军因与华为公司发生“以自主创业的名义盗窃公司的核心技术”纠纷，被深圳检察机关批捕，羁押 9 个月并立案。在 12 月，华为向阿联酋电信公司（Etisalat）提供了一项覆盖全国范围的 UMTS 服务，强化了 Etisalat 技术领导者的地位，同时帮助其成为中东和阿拉伯世界中第一个引进第三代网络的运营商。

2003 年下半年一开始，华为发现中兴在上半年的销售额超过自己，对此，整个业界都表示关注。到了 2003 年结束的时候，华为宣布全年销售 330 亿，中兴是 257 亿，华为重新夺回了第一，但是差距却是小了。

进入 2004 年，华为已在国际上锋芒毕露：NGN 市场份额 13%，为全球第二；ADSL 市场份额 32.9%，全球第一；2001 年到 2003 年的全球交换机新增市场份额 32%，全球第一；光网络产品市场份额全球第四。华为与西门子成立合资企业，针对中国市场开发 TD-SCDMA 移动通信技术。华为赢得中国电信的国家骨干网优化合同，此项目的目标是优化中国电信在广东省的 163 个骨干网络。根据合同，华为的高端路由器 NE5000 获得了 TSR 采购合同 100% 的市场份额，成功地进入了国家骨干网的两个超级节点。同时，华为的 Gbit 交换路由器 NE80 赢得了该项目 75% 的市场份额。华为与中国电信签署合同，建造 1 200 多万个 ADSL 线路，进一步巩固了华为作为中国电信最大战略伙伴的地位。

华为获得由 Frost & Sullivan 颁发的“亚太区 2004 年度最有前途企业”和“亚太区 2004 年度宽带设备供应商”两个奖项。Frost & Sullivan 是一家全球市场研究机构，提供有关新兴高科技和产业市场的信息和情报。公司获得从 29 家银行共同提供为期三年的 3 亿 6 千万美元的贷款，用于实施全球发展规划。当年，华为赢得为荷兰运营商 Telfort 提供 UMTS 网络设备的合同。

2005 年，华为与沃达丰签署全球采购框架协议，正式成为沃达丰全球供应链的优选通信设备供应商。华为与 Telefónica 签署战略合作协议，Telefónica 选择华为作为其在 3G 和宽带领域进行业务创新的战略性合作伙伴，同时双方还将携手拓展拉美地区市场。当年，华为第三次登上 Frost & Sullivan 亚太区技术大奖的领奖台，获得 2005 年亚太区“年度无线设备供应商”、“年度 NGN 设备供应商”和“年度光网络供应商”三项大奖。华为大学正式注册成立，面向客户、公司管理层及员工展开全面系统的技术、管理、文化等培训。华为成为英国电信（简称 BT）首选的 21CN 网络供应商，为 BT21CN 网络提供多业务网络接入（MSAN）部件和传输设备。华为获得了在中国生产和销售手机的许可，正式进军手机行业。

2006 年 5 月 8 日，华为推出了新企业标识。新标识体现了华为聚焦、创新、稳健、和谐的核心价值观。在 2006 年香港 ITU 展上，华为推出了基于 All IP 网络的 FMC 解决方案。当年，华为移动软交换用户数突破一亿，作为全球移动软交换市场的领导者，华为移动软交换出货量居全球第一。沃达丰选择华为承建其西班牙 WCDMA/HSDPA 无线接入网络。摩托罗拉和华为 UMTS 联合研发中心在沪成立，该合作旨在为全球客户提供功能更强大、更全面的 UMTS 产品解决方案和高速分组接入方案（HSPA）。eMobile 选择华为为其部署日本第一个基于 IP 的 HSDPA 无线接入网络。华为与 3COM 完成针对 H3C 的竞购。美国移动运营商 Leap 选择华为建设 3G 网络，该 CDMA 3G 网络将覆盖美国加利福尼亚州、爱达荷州、内华达州等重要地区。可以说，华为的国际化道路继续稳步向前推进。

到了 2007 年，华为的产品与解决方案已服务于全球前 50 强运营商的 35 家，越来越多的领先运营商受益于与华为全面深入的合作。由于在产品与解决方案、运作与管理、网络性能等方面的杰出表现，华为被沃达丰授予“2007 全球杰出表现大奖”，是获得此殊荣的唯一网络设备供应商。在专利申请方面，华为 2007 年 PCT 国际专利申请数达到 1 365 件，位居世界第四位。2007 年，华为获得 UMTS/HSPA 全球新增合同的 45%，名列第一。华为也成为 GSM 全球市场前三位的供应商，并在中国移动集团 2007 年 GSM 集中采购项目中获得 23.6% 的合同份额。另外，2007 年华为 CDMA 新增合同市场份额为 44.8%，居业界第一，并在全球部署了 12 个 WiAMX 商用网络。2007 年底，华为发布第四代基站，第四代基站能大幅降低基站数量、减少相关配套设备投入、降低功耗并支持使用绿色能源，其总能耗比传统基站节省 60%。企业大力倡导绿色节能，并为此不懈努力。华为还将网络优势延伸至终端，为客户提供端到端的定制化移动宽带终端产品和解决方案。2007 年，华为移动宽带终端累计销售 1 000 万部，居全球第一。当年，华为与赛门铁克成立合资公司，为全球运营商及企业客户提供世界领先水平的网络安全与存储产品和解决方案。华为与 Global Marine 成立合资公司，为客户提供端到端的、具有竞争力的海缆通信解决方案。华为与行业伙伴建立互存共赢的合作关系，也正是华为一切从客户需求出发，与合作伙伴互利共赢的理念，促使它不断发展，在企业经营发展的道路上越走越好。

二、华为的成长之道

总结分析华为的成长之路，可以看出，华为能够成长发展，在本质上是靠它的不断创新。当然，在创新的道路上，企业通过各个方面的努力与进步，成就了华为 20 年的快速成长。总结认识华为的成长之道，对中小企业的永续经营有着重要的参考价值。

在20年的发展中，华为进行了全面的创新，包括战略创新、制度创新、管理创新、文化创新、人力资源管理创新、研发创新、营销创新、全球化创新。笔者将从这几个方面阐释华为的成长发展之路。

1. 战略创新

华为的总体战略是以客户为中心，为客户服务是华为存在的唯一理由，客户需求是华为发展的原动力。华为致力于人人享有基本通信和信息业务的权利，不断丰富人们的沟通与生活。一个公司的整体战略是对公司发展方向的指导，具体则可以细化到公司的方方面面。笔者从以下几个方面对华为的战略创新进行阐述：专业化战略、市场营销战略、人才发展战略。

专业化战略。华为的战略定位是成为世界一流的通信设备供应商，拥有自主的知识产权。这一定位使华为无论在硬件或软件技术上，都竭力采用当时能获得的最新技术，保持研发的高起点。为了实现自己的战略目标，华为决定“永不进入信息服务业”①，只作电信产品，专精于通信设备的生产与销售。因为只有通过这样一种专精战略，才能完成无依赖的压力传递，使队伍永远处在激活状态。如果企业向下游延伸进入信息服务业，自己的网络卖自己产品，内部就可能缺乏压力，对优良服务是企业的生命的理解也会淡化，有问题也会推诿，这样企业是不可能成功的。这样的战略定位，使得华为立意高远，动力源源不竭，不会陷入盲目多元化而影响主业的困境之中。

市场营销战略。华为初期“农村包围城市”② 战略的成功运用，为华为敲开了市场的大门。1992年，华为自主研发出交换机及设备，当时阿尔卡特、朗讯、北电等洋巨头把持着国内市场，任正非以“农村包围城市”的战略迅速攻城略地，展开强劲的市场营销攻势。1996年，华为开始在全球依法炮制，蚕食欧美电信商的市场。华为在销售产品的过程中，努力打造企业全球化的知名品牌。华为力求以核心技术和超值服务为坐标，二十年如一日打造华为的品牌。华为品牌在国内和国外实施了不同的战略。在国内，华为没有在各大媒体上做广告，而是依靠电信客户和代理商的口口相传，凭借产品技术和卓越服务低调地建立品牌的知名度和美誉度。而针对海外市场，品牌出口的重要基础之一是技术，特别是高科技行业，没有核心技术，品牌会空壳化，没有生命力。华为从一开始就非常重视自主的技术路线。华为一直坚持以创新获得技术的突

① 引自《华为基本法》第一条。

② 马宁．华为与中兴通讯：中国两大通信巨头的营销战略与竞争策略．中国经济出版社，2007：43.

破，以领先的技术塑造过硬的品牌。

人才发展战略。对于任何企业，人才的挖掘与培养对企业都至关重要。华为就是要网罗业界最优秀的人才，将其培养成无可复制的华为人，将华为做成通讯界的老大。为了能够在国际市场上保持营销和技术优势，华为从未停止过人才的寻觅。例如其在大学校园进行掠夺式的大规模人才招聘，以各种各样的优厚福利待遇及其他条件到其他同行企业中挖人，将全国1/3的3G人才尽揽怀中。对于华为来说，人才所掌握的知识才是真正处于最核心地位的，根据以人才为牵引的原则，制定出崭新的机制不断孵化“科学疯子”、“技术怪人”和一支盛名在外的“营销铁军”。

华为对干部提拔制定了六个标准：（1）各级干部都必须努力培养超越自己的接班人，不能培养接班人的干部不能被提拔。（2）要有强烈的进取精神与敬业精神，没有干劲的人不能进入高层，没有敬业精神的高级干部要调整岗位。（3）那种只说不做，或只会做表面文章的人，只会进行原则管理、不贴近事件的人，不能得到提拔和重用。华为将把没有实践经验的干部调整到科级以下去。（4）任何一个干部，不仅要团结与自己意见一致的人，也要团结那些与自己意见不一致的人，做不到这一点就谈不上接班人，就永远不会得到提拔。（5）做华为的干部就不能满足个人成就欲，任何未经社会责任改造的人，不能成为高级干部。（6）华为持之以恒地在高中级干部中贯彻坚持原则、反对贪污、反对浪费、反对盗窃、反对假公济私、反对任人唯亲。①

2. 制度创新

企业的制度创新主要包括：产权制度创新、组织结构创新和生产方式创新三种。华为的成长离不开企业制度的不断创新，企业制度的创新是华为成长的重要保障。在华为制度创新的道路上，“华为基本法”扮演着一个十分重要的角色。如果说1787年美国宪法，给美国带来了无限繁荣，那么华为基本法将是华为带来基业常青的重要基石。“华为基本法”要解决企业生存和发展的三个基本命题：一是企业的前途问题，二是解决华为的管理效率问题，三是员工的成就感问题。以此文件建立起企业与员工的价值核心与价值体系，以达到永续经营的目的。

华为制定《华为基本法》是华为制度建设的重要里程碑。在中国高科技企业界是一个管理上的创新，就是在世界范围内，也堪称企业管理制度创新的

---

① 马宁．华为与中兴通讯：中国两大通信巨头的营销战略与竞争策略．中国经济出版社，2007：75.

典范。法治区别于人治的一个重要方面，就是它比人治更加制度化，能够管理逐渐壮大的企业。制度化管理不仅能节省大笔的企业内部交易费用，而且还能有效的提高员工的工作效率。华为将企业成功的基本原则和要素系统化、规范化、制度化，将企业家的智慧升华凝结为企业的智慧资产。正是因为华为采用了法治，才能够有序地管理几万人的大企业，企业要想全球化，主体上也必须依靠法治进行管理。

华为从创立开始，随着企业的不断发展，企业也在进行着产权制度的变更。企业要发展，为了解决公司的融资问题及公司治理问题等等，产权制度就得随着企业的发展而发展。华为逐步由合伙制企业发展成为公司制企业，实施员工持股等等，这些都对企业的长久发展有着重要的意义。

企业制度创新的另一个重要内容就是组织结构的创新。华为同大多中国中小企业一样，在成立之初，员工较少的时候采用直线型组织结构，这种结构权责清晰、执行力强，能够将政策从上至下贯彻到底。但是在企业部门增多，就出现部门之间协调问题，随着人数增多，组织效率变得极其低下。因此，华为在这个时候进行了组织结构创新。华为采用华为式的矩阵型结构，即事业部制 + 中央集权制。华为基本法第四十四条：公司的基本组织结构将是一种二维结构：按战略性事业划分的事业部和按地区划分的地区公司。事业部在公司规定的经营范围内承担开发、生产、销售和用户服务的职责；地区公司在公司规定的区域市场内有效利用公司的资源开展经营。事业部和地区公司均为利润中心，承担实际利润责任。

华为对事业部坚持开放圆周、控制圆心的策略。如果控制了圆周，事业部就容易受到束缚，不利于发展；如果不控制圆心，事业部就会失去方向与公司不能保持一致，容易出现各自为政的现象，甚至出现独立问题。因此，华为通过人力资源委员会、财经管理委员会和产品战略投资综合评审委员会对事业部进行控制。事业部的总经理、财务总监、人力资源总监和审计总监由公司任免；依照流程办事，在各个流程中设立监控点、审计点，要求各级干部对不同的监控点负责任；事业部的全部利润由公司根据战略和目标统一分配；事业部总经理的自主权主要包括：预算内的支出决定权和所属经营资源支配权，以及在公司统一政策指导下的经营决策权、人事决定权和利益分配权。

从华为基本法上看出，华为实施中央集权制，实行有限的授权，即有序分层授权。这样，分到华为事业部总经理手上的权力相当有限，作为事业部对外扩张动力的三大权力：经营权、财务权和人事权，都掌握在公司手中。把事业部的三大权力集中在公司政策层面，实际上造成了组织结构上的矩阵结构。这是基于任正非清楚看到中国人的另一面，没有约束的情况下不能自治，不会主动工作、缺少责任感。在对人的管理上，任正非提出："只有当企业的员工认为自己是企业主人的时候，分权才有了基础，没有这样的基础，权力分下去就会乱。所以，文化是分权的基础，没有认同感，就不能实行分权。"矩阵结构不仅是一种灵活的产品管理方式，而且还是依托横向流程管理权力制约纵向的直线职能权力的重要工具。任正非看重的正是矩阵结构所表达的权力制衡的理念。

3. 管理创新

企业要具有持续的竞争优势就必须有自己的核心竞争力，而对一个企业来讲，核心技术与产品是企业竞争里的一个方面，管理与服务的进步比技术进步更加重要。华为公司与西方先进公司间最大的差距还在于管理。1997 年，华为公司提出与国际接轨的管理目标，同时请来西方顾问，在研发、生产、财务、人力资源等方面进行咨询，长期合作，使企业的职业化、制度化建设在发展的同时得到了改进，不仅建立了核心技术体系，更使企业的整体核心竞争力得到提升，企业内部管理开始走向规范化运作。

西方人崇尚法治，而东方人则倾向于人治。华为的管理，始终是中西方管理理念的碰撞和结合。西方的管理经验结合本企业实际，本着"先僵化，后优化，再固化"的原则实施管理创新。在 1998 年华为引进 IBM 做业务流程咨询顾问，华为的企业管理步入了正常轨道。华为与 IBM 进行的管理合作，使华为开始全面采用世界领先企业的产品开发理念，建立了科学高效的集成产品开发流程（IPD）和集成供应链（ISC），建立了覆盖公司所有部门的 IT 系统，用另一个制度来树立明确的标尺，促进员工文化和观念的转型。使创新成果更快、更高质量地转化为经得起市场考验的产品。这也是近年华为的技术实力和产品地位提升比较快的一个主要因素。目前，华为与 IBM 的合作已逐步延伸至公司各主要流程业务，使华为公司在管理的各方面都得到了很高的提升，基本建立了与国际接轨的管理框架。华为公司还与国际三大著名人力资源顾问公司之一的 HAY GROUP（美国合益集团）合作，引入世界一流职位评估体系，使人力资源评价体系逐渐完善。此外，生产工艺和质量控制系统上与德国国家技术应用研究院（FHG）合作，在财务管理上与全球知名咨询公司毕马威（KPMG）、普华永道（PWC）合作，致力于全面提升管理水平。由于这种合作均瞄准世界领先水平，有效地引导着华为迈向国际一流企业行列的步伐。管理上的开放合作给华为带来了积极的效果，使公司在开发与营销效率、干部的职业化、管理的制度化等方面逐渐完善，企业的核心竞争力和综合素质得到了很高的提升。通过管理的不断改进和积累，华为将不仅拥有一流的技术，而且将具备持续创新的能力和机制，源源不断地推出新的产品和技术。华为公司将摆脱对技术的单纯依赖，从一个拥有一流产品的公司，转变为一个具有一流竞争力的公司。

4. 文化创新

华为的企业文化，在很多人的眼里可能过于苛刻。在出现了员工过劳而死的事例之后，媒体大批华为的文化，近期华为也不再强调自己创造的与众不同的“狼文化”。但笔者认为，华为文化的核心依然是“狼文化”，就像任正非在题为《华为的红旗到底能打多久》的讲话中提到：“企业要想前进，就是要发展一批狼。狼有三大特性：一是敏锐的嗅觉，二是不屈不挠、奋不顾身的进攻精神，三是群体奋斗。”这种文化在华为的成长历程中起到巨大的作用。正是这种“狼性文化”使所有华为人具备敏锐的市场、技术嗅觉和锐利的眼光，永不间断地跟踪市场和电信技术，获取重要的外部知识。正是这种“狼性文化”使所有华为人具备进攻精神，击败一个个强劲的对手，攻克一个个难关，研发了各个关键技术。正是这种“狼性文化”使所有华为人具备团队精神，利用团队作战方式拿下一个个项目，完成一次次创新。也是这种团队精神，大家利益均沾，华为对内实施全员持股，对外与合作伙伴共享利益。正是这种“狼性文化”使所有华为人具备忧患意识，冬天即将来临，永远都会有危机感，担心在成功以后止步不前，丧失狼性，失去斗志。因此，华为永不满足，惟恐落后，要不断地学习，不断地创新，以自我批判的方式不断反省，二十年如一日在奋斗中不断前进。

企业文化是一个企业成长发展的根本，随着企业的发展文化的形式甚至内涵可能会变，但能适应环境的适合企业发展的优秀文化是企业永续经营的根本。“资源是会枯竭的，只有文化才能生生不息”已经写进了华为基本法。华为的文化已经根植在华为人的大脑中，一个文化的华为比数字的华为影响会更大。业内流传着这样一个故事，在招聘会上，一位老人因为他说出儿子在华为工作，某公司招聘人员当场录取了这位华为人的父亲为该公司的门卫。理由很简单：招门卫要的就是可靠。他说：我相信华为人的素质，华为人的父亲也错不了！还有一个华为人的妻子在深圳私企打工时，老板在公司会议上说“华为人的老婆，差不了”。当她到学校接孩子时，曾听老师这样评价华为人的孩子：我教过许多华为人的孩子，应该说华为人的孩子都是品学兼优！”华为的影响，已经进入了更广泛的社会生活（故事来源华为北京研究所赵丽丽讲述）。也许这些故事并不能全面反映华为的文化整体，但确实从侧面反映了华为文化对企业、员工乃至社会的影响。

5. 人力资源管理创新

华为与国际三大著名人力资源顾问公司之一的美国合益集团（HAY GROUP）合作，引入世界一流职位评估体系，建立了完善的职位体系、薪酬体系、任职资格体系、绩效管理体系及员工素质模型。这使华为的人力资源管理水平达到国际一流水准。

（1）人员招聘

华为招聘人才最根本是看人才是否有发展潜力。任正非曾经说过：人才的发展潜力是最重要的。邀请一名员工加盟我们的团队首先要看他的成长潜力。不唯学历、不唯经验、只唯发展潜力。我们认为一个可发展的人才更甚于一个客户或一项技术，宁愿牺牲一个客户或一项技术换一个人的成长。因为一个有创造性的人才可以为公司带来更多的客户。① 这样的人才最适合高科技企业需求，有利于创新。没有潜力可挖的人才，只能依照程序按部就班的工作，不可能有创新。基于上述原因，华为招聘以大批量地招聘应届大学毕业生为主，以社会招聘为辅，也是国内高科技企业独有的招聘规模。

（2）员工培训

华为实行“低重心”培训战略，从基础抓起，即要重视普通员工、普通岗位的培训。要苦练基本功，培养过硬的钳工、库工、工程师、秘书、统计员、业务经理等等，每个人每件工作都要有基本功。② 华为建立了全面的培训体系，该培训体系包括七个子系统：新员工培训系统、管理培训系统、技术培训系统、营销培训系统、专业培训系统和生产培训系统。每个子系统都配备专业的课程、设备和专业的教师队伍。华为拥有中国高科技企业一流的培训中心。华为的培训还有一个非常重要的“思想培训”课程即推行全员导师制，在华为所有员工都有自己的导师。除此之外，华为还有一种特别培训——下岗培训，华为对考核不合格的员工，不是马上解雇，而是让他们进行下岗培训，帮助员工成长。

（3）薪酬制度

华为员工的工资是业内第一高薪，这是因为任正非坚信：高工资是第一推动力。华为将国内知名大学的优秀毕业生招聘到企业很多是因为华为给的初始工资高的缘故。对于企业税后利润，华为采用动态的全员利益均沾分配方式。

---

① 文丽颜，等．华为的人力资源管理．海天出版社，2006：6-7.

② 程东升，刘丽丽．华为经营管理智慧．当代中国出版社，2005：98.

这种分配方式并不是福利制度，如果员工不努力、不奋斗，那么他无法得到利益。华为以贡献、能力、职位、劳动态度和发展潜力对员工进行综合绩效考核，以确定每个员工的配股额，破除论资排辈，不分学历高低、新老员工的差别。即使以前贡献很大，现在不努力，持股比例也会下降。

6. 研发创新

华为的学习能力很强，研发能力更强。华为注重技术知识的积累，进行有效的知识管理。它时刻盯紧世界通信产业最新科技成果，从交换机、高端路由器到3G技术，充分发挥知识管理作用，创新核心技术。

（1）引入IBM的IPD集成产品开发模式

从1998年开始，华为开始引进国际研发管理流程。华为耗资上亿元，与IBM进行管理合作，改造流程业务，全面采用世界领先企业的产品开发理念，建立科学高效的集成产品开发流程（IPD），建立了覆盖公司所有部门的IT网络系统。IPD对产品从研发到可生产性进行测试、优化。转产的产品也需经过多道严格工序，从物料采购、IQC测试，到最后产品出厂，都有严格的工序和流程文件把关。使创新成果能更快、更高质量地转化为经得起市场考验的产品。

（2）建立国际研究所

华为公司建立了多家国际研究所，如美国硅谷研究所、美国达拉斯研究所、瑞典研究所、印度研究所、俄罗斯研究所等，引进当地人才和借鉴国际研发流程和研发技术，提升整体研发水平和研发能力，实现全球同步开发NGN，WCDMA，ASIC芯片等。在软件开发方面，华为在印度的研究所获得了CMM标准五级国际认证。华为充分吸收西方和印度公司的软件管理办法、经验，在与众多世界级软件公司开展的项目合作中实践、优化。华为多年来坚持进行改善实践，目前已完全具备高质量、高效率的大型软件工程作业能力，已成功开发出多种大型复杂的产品系统如C&C08交换机、GSM、数据通信和智能网等，软件规模均接近千万行源代码。这些大型软件工程都是由数千人在2~3年的时间跨度内，分散在不同地域协同完成。

（3）研发高投入

在创业初期，华为就将赚来的全部利润投入到交换机的研发中，随后，华为以每年收入的10%及超过员工46%的人数投入到研发中，为中国高科技企业的伟大创举。据2005年的统计数据，华为85%的员工具有大学本科以上学历，其中技术研究及开发人员占46%，市场营销和服务人员占33%，管理及其他人员占9%，生产人员占12%。这个结构是典型的“微笑曲线”：两头的研发和营销力量特别强大。从2001年起，华为在技术研发上的投入年均超过30亿元。

(4) 奉行“知本主义”

华为创造性地引进了“知本主义”这个看似应涵盖在企业文化范畴内的概念，把它放在技术研发管理中，主要是因为华为非常重视知识，认为技术完全是知识转化过来的，提出把知识转为资本，简称为“知本主义”。① 华为认为知识是高科技企业的核心资源和价值创造的主导因素，“华为基本法”第十六条：我们认为，劳动、知识、企业家和资本创造了公司的全部价值。华为强调知识是企业的核心资源。华为主张给创造价值的知识劳动以合理的回报，华为股权并不是按照资本来分配的，而是依据知本来分配，充分体现知识的价值，按知分配股权使知识劳动者应得的劳动回报转化为股权，从而转化为资本进而获得股利。

(5) 专利申请保护

中国高科技企业深知没有专利的难处，特别是在将产品出口到全球，遇到的问题首先就是知识产权问题，中国高科技企业想走出去首先要拥有自主知识产权的产品。因此，华为公司在技术专利上非常重视，研发出来就马上申请专利获得保护。截至2008年6月，华为已累计申请专利超过29 666件，连续数年成为中国申请专利最多的单位。只有用法律武器保护知识产权，才能激发研发的热情，符合知识管理关于知识保护的要求。

7. 营销创新

华为营销创新的重要一环就是打造“营销铁军”。华为有一支素质高、分布广、收入高、人数巨大的销售队伍，这是中国企业史上前所未有的。他们是清一色的大学毕业生，经过华为系统的培训，经过华为“狼性文化”的洗礼，炼就了一身的本事，各个都是营销骨干。在客户代表的配置方面，华为采用的是“非本地化”配置方式。招聘来的新员工不是被派到原籍或母校而是被派到外地去开拓市场。这是因为华为想要建立一种长期的公司和客户关系而不是员工和客户之间的私人关系。这一政策虽然很少在其他公司采用，但是经过历史证明是非常奏效的。还有，销售人员到了外地不会分心，会更加努力工作，迎合客户，接受外地人的观念。

华为将客户变成为合作方。华为与客户成立合资公司，形成利益共同体，这是华为的另一种营销方式。华为的主要客户是电信局，与客户成立合资公

---

① 文丽颜，等．华为的管理模式．海天出版社，2006：104.

司。一方面，在销售上取得优势，在电信局对其电信项目器材的采购上，优先考虑采购华为的设备，这样的销售渠道可省去许多的环节。另一方面，在货款回收上也会顺利。

华为员工可以成为公司代理商。2000 年的下半年，华为出台了“关于内部创业的管理规定”，凡是在公司工作满两年以上的员工，都可以申请离职创业，成为华为的代理商。公司给创业员工提供优惠扶持政策，除了给员工所持股价值 70% 的华为设备外，还有半年的保护扶持期，员工半年创业失败还可以回到公司。这一政策使得当时离开华为并成立企业网事业部登记的代理商达 400 家，弥补了华为分销渠道方面与对手相比明显不足的劣势。

8. 全球化创新

对于中国高科技企业，一般的全球化方式有两种：（1）购并同行业国际知名企业，如 TCL、联想采用的方式；②在海外上市，如互联网络企业。华为的全球化不是通过上述直接的方式，而是采用间接方式，在全球宣传、销售产品，甚至是出售子公司。华为出售子公司目的是走专业化道路和间接在国际上获得一定的知名度和将自己的产品销向其他国家。华为通过国际联盟，走间接式全球化道路，将华为的产品通过联盟公司卖给相应的国家或地区。1998 年，华为与摩托罗拉公司合作，意在将华为的交换机与摩托罗拉的无线基站捆绑销售，后来 2003 年，华为成为摩托罗拉 3G 设备的 OEM 制造商。2002 年 6 月，华为与 NEC、松下成立宇梦通讯，使华为快速实现数据通讯产品在日本销售。2003 年 3 月，华为与 3COM 成立华为 3COM 公司，华为利用 3COM 的国际市场地位和品牌销售华为的数据通讯产品，打开美国市场。华为之所以能够在短短几年内实现全球化就是采取合作联盟的方式，它能够舍弃眼前利益，通过参股、让利获得与国际知名企业合作的机会。凭借 3COM、NEC、西门子、摩托罗拉等的知名度，快速进入国际市场。此外，华为非常注重和国外代理商的合作，在西欧，华为与当地著名代理商合作，华为的产品成功销售到德国、法国、西班牙、英国等发达国家。

9. 华为成长发展的启示

华为，由一个中小企业不断成长发展，成为现在拥有 8 万多员工的大公司。在世界加工厂的中国，华为能屹立于世界通信行业，并拥有众多产品专利，在竞争中打败了思科（CISCO）、北电（NORTEL）、朗讯（LUCENT）等国际知名电信公司。华为作为一流的通讯设备供应商，最近十几年以来取得的快速发展，引起国内企业界的许多思考。

当前有许多企业、学者探讨华为公司成功的原因，有的认为华为公司的成功主要取决于华为公司国内市场营销的成功，快速发展的主要因素之一是华为公司一流的市场营销能力；有的认为华为成功归因于华为的狼性文化；有的认为华为成功是因为有一部好的“华为基本法”；有的认为华为的成功是因为走了全球化道路；有的认为华为的成功是因为选对了电信行业；有的认为华为成功发展归因于走专业化道路；有的认为华为成功是因为实施了“农村包围城市”战略；有的认为华为成功于卓有成效的军事化管理；有的认为华为成功于自主技术的大量投入与研发；还有的认为华为的成功是因为华为的总裁任正非。这些观点都是从一个侧面反映了华为成长的原因，它们综合起来解释华为的成长道路可能会合适一些。在华为发展的初期，深圳有近 40 家中型以上的通讯设备从业公司，如今，这些企业里只有华为巍然屹立，其他则销声匿迹。究竟是什么成就了华为，华为为什么能够在短短的几年内打败众多国内外知名厂商？即使与同在深圳的中兴相比，华为的成长也要比中兴快，将中兴甩在后边。其实，在华为的内部有很多与其他企业不相同的地方，这些与众不同的地方充分体现在华为的战略、制度、管理、文化、人力资源、研发、营销和全球化的方方面面，在各个方面的持续创新，构成了华为领先其他企业快速成长的因素。

华为的快速崛起，纵观其成长之路可以发现，根本在于企业实施了全面创新。可以这么说，华为的巨大成功其实就是创新精神的成功。诚如管理学家彼得·德鲁克曾指出的：“创新的成功不取决于它的新颖度，它的科学内涵和它的灵巧性，而取决于它在市场上的成功”，华为以它在市场上的巨大成功，验证了这一论述。然而华为的创新能够取得巨大市场成功的根本不仅仅是技术创新，本质还是在于企业全面的创新，企业全方位的进步。

华为的成功表明，不仅在技术和产品层面，存在着中国企业跟国际著名公司较量中获胜的可能，而且在管理层面，也存在着中国企业跟随和超越它们的可能，关键在于企业能否把握发展的方向，进而实施全面的创新。无论将来会发生什么，华为的成功已经载入中国企业界历史，华为的崛起将激励中国企业依靠创新形成可持续发展的局面。

然而，到目前为止，华为的发展也只是经历了二十年的时间，华为能否在未来实现持续发展乃至“永续经营”，现在任何人都不应该妄断。笔者认为，如果华为能够在未来仍做到持续全面创新，获得持续的竞争优势，则华为的成长应该是不言而喻的。华为的经验是值得借鉴的，中国的中小企业可以从华为的成长道路上看到企业谋求发展的一些重要因素，为企业自身的发展提供一些启示。

参考书目

1. 邓荣霖．中小企业制度与市场经济．中国人民大学出版社，1998.

2. 张永成．永续基业——中小企业生存力提升法则．中国纺织出版社，2005.

3. 万兴亚．中小企业成长原理与方略．人民出版社，2005.

4. 常修泽，等．现代企业创新论——中国企业制度创新研究．天津人民出版社，1994.

5. 詹姆斯·柯林斯，杰里·波勒斯．基业长青．中信出版社．

6. 梁文潮．中小企业经营管理．武汉大学出版社，2003.

7. 常修泽．中国企业产权界定．南开大学出版社，1998.

8. 林汉川，等．中国企业经营机制探索．经济科学出版社，1989.

9. 侯先荣．企业创新管理理论与实践．电子工业出版社，2003.

10. 顾兆贵．创造竞争优势：21 世纪中国中小企业发展与创新．京华出版社，2002.

11. 王方华，吕巍．企业战略管理．复旦大学出版社，1999.

12. 刘冀生．企业经营战略．清华大学出版社，1995.

13. 胡建绩，陆雄文，姚继麟．战略经营战略管理．复旦大学出版社，1999.

14. 弗雷德·戴维．战略管理．李克宁，译．经济科学出版社，2001.

15. 张明玉，张文松．企业战略理论与实践．科学出版社，2005.

16. 王方华．企业战略管理．复旦大学出版社，2006.

17. 曹俊杰．中小企业经营方略．中国纺织出版社，2002.

18. 柳思维．市场营销学．中南大学出版社，2003.

19. 刘冀生．中小企业经营战略．中国人民大学出版社，1999.

20. 陈继祥．企业经营战略．上海交通大学出版社，2000.

21. 刘威．模仿中创新：标杆管理实操．中国管理传播网，2005.

22. 冯塈．标杆管理．中国纺织出版社，2004.

23. 刘国光．中小企业经营管理．民主与建设出版社，2001.

24. 刘冀生．企业战略管理．清华大学出版社，2003.

25. 徐二明．企业战略管理．中国经济出版社，2002.

26. C. K. 普拉哈拉德，加里·哈梅尔．竞争大未来．昆仑出版社，1998.

27. 迈克尔·波特．竞争战略．华夏出版社，1997.

28. 迈克尔·波特．竞争优势．华夏出版社，1997.

29. 赵光忠．核心竞争力资源整合与策划．中国经济出版社，2003.

30. 芮明杰．中国企业发展的战略选择．复旦大学出版社，2000.

31. 张石森，欧阳云．哈佛 MBA 核心竞争力全书．内蒙古远方出版社，2003.

32. 蒋学伟．持续竞争优势．复旦大学出版社，2002.

33. 王永贵．21 世纪企业制胜方略——构筑动态竞争优势．机械工业出版社，2002.

34. 徐康宁．现代企业竞争战略．南京大学出版社，2001.

35. 周三多，邹统钎．战略管理思想史．复旦大学出版社，2002.

36. 周三多．战略管理新思维．南京大学出版社，2002.

37. 宋养瑛，刘肖．企业创新论．上海财经大学出版社，2002.

38. 安德鲁·坎贝尔，凯瑟琳·萨默斯·卢斯．核心能力战略．东北财经大学出版社，2003.

39. 杰恩·巴尼．获得与保持竞争优势．清华大学出版社，2003.

40. 拉姆·查兰，拉里·博西迪．执行．刘祥亚，译．机械工业出版社，2003.

41. 保罗·托马斯．执行力．国际文化出版社，2003.

42. 保罗·托马斯．执行力Ⅱ．国际文化出版社，2004.

43. 保罗·托马斯．执行力——人员流程．国际文化出版社，2004.

44. 保罗·托马斯．执行力——战略流程．国际文化出版社，2004.

45. 保罗·托马斯．执行力——运营流程．国际文化出版社，2004.

46. 拉博·斯兰迪．有效执行．延边人民出版社，2004.

47. 余世维．赢在执行．中国社会科学出版社，2005.

48. 迈克尔·哈默，等．改革公司．上海译文出版社，1998.

49. 颜光华，刘光周．企业再造．上海财经大学出版社，1998.

50. 苗明杰，钱平凡．再造流程．浙江人民出版社，1997.

51. J. 佩帕德，P. 罗兰．业务流程再造．中信出版社，1999.

52. 詹姆斯·钱皮．企业X再造．中信出版社，2002.

53. 弗里蒙特，E. 卡斯特，詹姆斯，E. 罗森茨韦克．组织与管理．中国社会科学出版社，1985.

54. H. 法约尔．工业管理与一般管理．中国社会科学出版社，1998.

55. 胡雄飞．企业组织结构研究．立信会计出版社，1996.

56. 熊彼特．经济发展理论．商务印书馆，1991.

57. 刘东，杜占元．中小企业与技术创新．社会科学文献出版社，2001.

58. 刘自新．中小企业技术创新．浙江大学出版社，2001.

59. 傅家骥．技术创新学．清华大学出版社，1998.

60. 吴贵生．技术创新管理．清华大学出版社，2000.

61. 张文贤，高伟富．高级市场营销学．立信会计出版社，2000.

62. 吴丰．市场营销管理．四川大学出版社，2004.

63. 菲利普·科特勒．市场营销管理．梅清豪，译．中国人民大学出版社，2000.

64. 里斯，特劳特．定位．王恩冕，等，译．中国财政经济出版社，2002.

65. 里斯，特劳特．新定位．李正栓，等，译．中国财政经济出版社，2002.

66. 多萝西·伦纳德·巴顿．知识与创新．新华出版社，2000.

67. 张志迎．企业文化通论．合肥工业大学出版社，2004.

68. 张仁德，霍洪喜．企业文化概论．南开大学出版社，2001.

69. 刘光明．企业文化．经济管理出版社，2002.

70. 潘晓时．中小企业企业文化论纲．企业管理出版社，2005.

71. 王成荣，周建波．企业文化学．经济管理出版社，2002.

72. 李庆善．企业动力之源——企业文化．科学技术文献出版社，1991.

73. 陈亭楠．现代企业文化．企业管理出版社，2003.

74. 徐平华．企业形象经营．经济科学出版社，2001.